| 불교명저 | 6 | 선방야화 |

서음미디어

선방야화

일붕 서경보 저

써음미디어

머 리 말

　예나 지금이나 인간의 삶에 대한 진리는 변함이 없다. 그래서 삶의 존재 가치를 바르게 깨친 자는 그 이름이 천추에 남고, 그의 가르침은 훗날에도 삶의 지표가 되어 왔다.
　참다운 삶이란 누구나 할 수 있는 것 같으면서도 막상 그것을 실행하려면 여간 어려운 것이 아니다. 그래서 우리는 살아가는 참다운 지혜를 배우기 위해서 일생동안 공부도 하고 수도 정진도 한다.
　그러나 사람은 태어나서 죽을 때까지 배워도 다 배우지 못하고 간다. 따라서 진정한 삶의 의미가 무엇인지도 깨닫지 못한다. 그러나 우리는 인생철학의 거창함보다는 이 한권의 책을 통해서 옛사람들의 사랑과 의리와 믿음과 슬기를, 인간 본연의 도를 배울 수 있고, 또 옛 선인들의 삶속에서 오늘을 사는 우리의 삶을 연구하고 그분들의 운명 가운데서 내 운명을 점쳐 볼 수 있기도 하다.
　왜냐하면 그분들이 뿌리고 갖추고 거둔 열매를 우리는 한눈으로 보고 들을 수 있기 때문에 내 생활을 그분들의 세계에 옮겨 놓으면, 내가 장차 무엇을 얼마나 거두어들일 수 있는가를 환히 알 수 있을 것이다.
  아무쪼록 재미있게 읽어서 얻는 게 있다면 다시없는 보람으로 알겠다.

일붕 서경보 식

차 례

선방야화

  봉구황곡(鳳求凰曲) / 13
  천태산(天台山)의 두 선녀 / 15
  월희(越姬) / 18
  복자천(宓子賤) / 23
  죽음보다 어리석은 것 / 26
  절영지회(絕纓之會) / 30
  주애(珠崖)의 이의(二義) / 35
  섭공(葉公)이 좋아하는 용(龍) / 39
  목계(木鷄) / 41
  풍난의 기지(馮煖機智) / 42
  바보의 고집 / 48
  제봉(題鳳)의 탄식 / 51
  요희 달기(妲己) / 52
  조자룡(趙子龍)과 미부인(糜夫人) / 56
  신전수(神箭手) / 67
  하희(夏姬) / 75
  그런 줄은 몰랐다 / 77
  가장 위험한 것 / 78
  사관(史官)의 권리 / 79

차 례

장자(莊子)와 붕어 / 82

창해역사(蒼海力士) / 83

장량(張良)과 황의노인(黃衣老人) / 86

나뭇잎의 인연 / 89

용사(勇士)의 부끄러움 / 92

말로 정승을 빼앗다 / 96

말 한마디로 다섯 성을 얻은 소년 재상 / 106

빈천한 자라야, 교만하다 / 111

하백(河伯)이 장가들다 / 114

아내보다 첩이 좋다 / 125

결자해지(結者解之) / 134

이인(異人) 마개보(馬介甫) / 140

황발부인(黃髮夫人) / 157

스님의 온정(溫情) / 178

이태조(李太祖)와 석왕사(釋王寺) / 181

보은(報恩)으로 지은 절 / 184

군왕(君王)의 꿈 / 187

효성으로 이룬 가람(伽藍) / 190

어부(漁夫)의 꿈 / 192

지극한 기도(祈禱)의 힘 / 195

차 례

황제의 신심(信心) / 196
거룩한 순교자(殉敎者) / 199
지옥을 면한 염불공덕(念佛功德) / 201
서기(瑞氣) 중에 부처님이 / 206
베옷 입은 수도자(修道者) / 211
이상한 걸인 / 212
마음속에 밝힌 등(燈) / 214
7인의 친구 / 215
스님들의 삼매(三昧) / 228
명승(名僧)과 명찰(名刹) / 230
세 절의 이야기 / 232
신륵사(神勒寺)의 비화 / 235
수덕도령(修德道令)과 절 / 240
돌미륵(彌勒)과 임진란 / 244
신동(神童)이야기 / 246
미륵 영험담 (1) / 250
미륵 영험담 (2) / 251
미륵 영험담 (3) / 252
미륵을 만나려고 / 254
땅위에 솟은 돌 / 255

차 례

인생무상(人生無常) / 259
지심(至心)과 원력(願力) / 260
불은(佛恩)의 신비 / 267
원귀(怨鬼)와 다라니 / 270
교화(敎化)의 방편 / 272
죽음 앞에 나타난 부처님 / 274
불가사리와 고승(高僧) / 275
탁발승의 교화(敎化) / 279
세사무상(世事無常) / 281
반야사(般若寺)의 경이(驚異) / 283
학(鶴)의 죽음을 보고 출가하다 / 285
금강경(金剛經)의 영험 / 286
지성일심(知性一心)의 기도와 견성(見性) / 288
사자(死者)의 부활 / 289
정승의 애첩과 인연 / 292
화상(和尙)과 대망이 / 294
백학(白鶴)의 보은(報恩) / 295
유학자 동오(東悟)의 금생과 전생 / 296
돌고 도는 인생 / 299
신심(信心)으로 병을 고치다 / 300

차 례

환생(幻生)하지 못한 어머니의 한 / 302
이고득락(離苦得樂) / 304
관음사(觀音寺)와 효자 / 305
불심(佛心)과 효심(孝心) / 307
효자(孝子)의 지혜 / 309
젊은 수도승의 부모천도 / 311
효부샘과 잉어 / 313
효심으로 맺은 열매 / 314
자은사(慈恩寺)의 유래 / 316
스님의 효행(孝行) / 317
외로운 선비의 착한 아내 / 319
열녀성의 신부인 / 321
갸륵한 모정(母情) / 322
불심모정(佛心母情) / 324
공심(公心)과 사심(私心) / 326
소라의 무명(無明) / 327
사간정본에 얽힌 이야기 / 328
귀신이야기 / 330
김장군의 꿈 / 331
업장소멸(業障消滅) / 332

차 례

도령과 어사(御使) / 333
결초보은(結草報恩) / 337
수란각이야기 / 339
은혜를 갚은 까마귀 / 342
절을 세운 호랑이 / 345
무량자비(無量慈悲) / 347
환화(幻花) / 349
관음신앙(觀音信仰)의 은덕 / 438
해인성지(海印聖地) / 441
선악(善惡)의 업보 / 445

선방야화

□ 봉구황곡(鳳求凰曲)

　사마상여(司馬相如)는 한(漢)나라 때 사람이다. 그는 용모가 수려한 데다 문장이 당세에 뛰어나고 풍류호방하여 거문고도 잘 탔다.
　어느 날 사마상여는 탁씨(卓氏)네 집에 손이 되어 간 일이 있었다. 그는 그곳에서 하룻밤을 유숙하게 되었는데, 마침 달이 밝고 심회가 울적하여 객사에 홀로 앉아서 칠현금(거문고)를 무릎 위에 놓고 줄을 튕겨 봉구황곡(鳳求凰曲)을 탔다.

　　鳳兮鳳兮여 歸故鄕이로다
　　邀遊四海, 求其凰이로다

　　봉이여, 봉이여, 고향으로 돌아가도다
　　온 천하를 돌아다니며 그 황을 구하도다

　봉구황곡의 뜻은 이러하다. 사마상여 자신은 봉(봉: 숫봉)에 비유하고 자기의 짝이 되는 요조숙녀는 황(凰 : 암봉)에 비유함인데 즉 요조숙녀를 구하기 위하여 사방으로 돌아다녀도 찾을 수 없다는 뜻이다.

때는 사경(四更), 주위는 고요하고 아득히 높은 창공에는 홀로 달빛만이 휘황하게 밝았다. 이때 사창(紗窓)에 홀로 누워 엎치락 뒤치락하며 잠을 이루지 못하는 여인이 있었다. 그때 그녀 가까이 청아하고 유연한 거문고 소리가 들려오매 그녀는 바스스 일어나 창문 가까이 다가앉아서 그 거문고 소리에 귀를 기울였다.

'아, 저 곡조는 바로 봉구황곡(鳳求凰曲)이 아닌가?'

그녀는 웬지 모르게 그 곡조를 듣자 마음이 설레기 시작했다. '저 곡을 타는 이가 누군지는 몰라도 이다지도 나의 마음이 흔들리는가? 어쩌면 그이는 봉, 나는 황인지도 모른다'

그녀는 그 봉구황곡을 타는 사람은 필시 잘 생기고 풍류호방한 남자일 것이며, 그 남자는 필시 자기를 찾고 있는 것이라 생각했다. 그녀는 가만히 있을 수가 없었다. 이미 마음이 그 곡조를 타는 사람에게 끌려가고 있었다.

그녀는 일어섰다. 그리고 부랴부랴 나들이 옷으로 갈아 입고 그 곡조를 타는 주인공을 찾아 조심스럽게 발길을 옮겼다.

그녀가 당도한 곳은 바로 자기 집 안채에서 얼마 떨어지지 않은 객사(客舍)의 문 앞이었다. 그녀는 잠시 망설이다가 용기를 내어 객사 방문을 두드렸다. 곧 문이 열렸다. 마치 기다리고 있었다는 것처럼 거문고의 주인공은 그녀를 반겨 주었다. 두 남녀는 잠시 말이 없었으나 많은 말을 하는 것 이상으로 마음과 마음으로 주고 받는 말이 있었다. 서로 눈길이 마주치는 순간에 지기상합(知己相合)된 것이다.

그녀는 탁문군(卓文君)이란 여인이었다. 원래 사마상여가 손님이 되어 간 주인 탁씨에게는 딸이 하나 있었는데, 용모가 매우 아름다울 뿐만 아니라 재질이 비범하여 글도 잘하고 특히 거문고의 곡조도 잘 알았다.

그녀는 시집 간지 얼마 안되어 남편을 사별하고 청상과부의 몸이 되어 친정에 와 있었다. 그녀는 이날 밤도 신세를 한탄하며 외로운 회포를 이기지 못해 잠을 못이루다가 사마상여의 봉구황곡에 마음이 움직여 마침내 그를 찾아가게 된 것이다.

두 남녀는 손을 마주잡고 객사를 나섰다. 그들은 야반도주하여 얼마쯤 가다가 정착하게 되었다. 그러나 생활이 매우 어려워 끼니조차 이어가기 어려웠다. 그들은 이 궁리 저 궁리 하던 끝에 길가에 집을 마련하고 술이며 음식 등을 팔았다. 그러자니 사마상여는 잠방이를 입고, 화덕 앞에서 불도 피우고 술상도 나르는 등 온갖 일을 가리지 않고 하였으나 두 남녀는 그저 즐겁기만 했다.

뒤에 그녀의 부친 탁씨가 그들의 소식을 들었다. 탁씨는 그 딸을 사랑하는 마음도 있거니와 평소부터 사마상여의 문장이 탁월함을 아는 터라 특별히 용서하여 그들 남녀를 자기 집으로 데려 왔다. 뒷날 사마상여는 높은 벼슬길에 오르게 되었다.

□ 천태산(天台山)의 두 선녀

한(漢)나라 영평(永平)때 유신원(劉晨院)이란 사람이 있었다.

그는 친구 한 사람과 같이 약초를 캐기 위하여 천태산 깊숙이 들어갔다. 산은 높고 골짜기는 깊었으며 온갖 나무숲이 우거져 길이 몹시 험했다. 그들은 이곳 저곳 헤매며 약을 캐는 데만 정신이 팔려 그만 길을 잃고 말았다. 그들은 몹시 당황했다. 그리하여 이제는 약을 캐는 일보다 길을 찾기에 급급했다.

어딘지도 모르고 무작정 헤매던 중 한 곳을 바라보니 졸졸 시냇물이 흐르고 있었다. 그들은 마침 목이 마르던 참이어서 목을 축이고자 그 시냇물 가까이 다가갔다.

'엇 저게 뭐람'

시냇물 위에는 어떤 물건이 둥둥 떠내려 오고 있었다. 그들이 자세히 살펴본즉 다름아닌 술잔이었다. 그리고 그 술잔 안에는 깨(양념)가 담겨져 있었다. 참으로 이상한 일이 아닐 수 없었다. 그들은 서로 쳐다보다가 먼저 유신원의 친구가 입을 열었다.

"이 술잔이 떠내려 오는 것으로 보아 필시 시냇물 위에는 사람이 살고 있을 것이니 우리 곧 찾아보세."

유신원도 같은 생각이었으므로 그들은 시냇물을 따라 차츰 거슬러 올라갔다. 한 마장쯤 갔을 때, 시냇가 평평한 암석 위에 두 여인이 나란히 앉아 무슨 이야긴지 주고받고 있었다. 자세히 살펴보니 두 여인 모두 절대가인(絕代佳人)으로 청수하고 단아한 기상은 마치 월궁(月宮)의 선녀가 이 세상에 하강한 듯 너무도 황홀하여 차마 똑바로 바라보지 못했다.

그들은 뜻밖의 일인지라 정신이 나간 사람처럼 어리둥절 어쩔줄 몰라 했다. 그때 바위 위에 앉았던 두 여인이 살포시 일어서서 유신원 등이 서있는 곳으로 몸을 돌리더니,

"거기에 계신 분은 유신원 공자님이 아니십니까? 우리들은 공자님이 오실 줄 알고 기다린 지 오래 되었사온데 어찌 이다지도 늦게 오시나이까? 빨리 우리 집으로 가십시다."
하고 은근히 추파를 던졌다. 유신원과 그의 친구는 무엇에 홀린 기분이었다. 이 깊은 산중에 저토록 아름다운 여인은 웬일이며, 또 어떻게 자기들의 성명을 알고 있으며, 언제 그녀들과 약속하였길래 이다지도 늦게 오느냐고 말한단 말인가. 도무지 이해하기 힘든 의혹뿐이었다. 그러나 그들은 자석에 이끌리는 쇠붙이와 같이 망서릴 겨를도 없이 그 여인들의 뒤를 따라 갔다.

얼마 지나지 않아 한 곳에 당도하니 그림같이 화려하고 찬란한 집이 세워져 있고, 그 주위에는 기화요초(琪花瑤草: 아름다운 꽃과 아름다운 풀)가 사방에 벌려 있으며 앵무새, 공작 등 귀여운 새들이 쌍을 지어 날아가고 날아 왔다. 이곳이야말로 바로 별유천지(別有天地)요, 비인간지계(非人間之界 : 인간들이 사는 세계가 아닌 세계)가 분명했다.

"어서 오르십시오."
두 여인은 그들을 당(堂)위로 인도하여 앉게 한 뒤 선(仙酒 : 신선들이 마시는 술)에다 산양포(山羊脯)며 호마반(胡麻飯) 등 희귀한 안주를 내어 극진히 대접했다. 유신원은 그의 친구와 함께 그 미인(선녀)들의 집에 머물면서 매일 여인들과 더불어 신선주에 좋은 음식을 먹으면서 한없이 즐거운 세월을 보냈다.

그들이 천태산 별천지에 머문 지 반년쯤 되었다고 생각하였을 때 두 여인은 온다간다 말 한마디 없이 자취를 감추고 말았다. 그들은 몇날을 기다렸으나 종래 나타나지 않았으므로 하는 수 없이 그곳을 떠나 고향으로 돌아 왔다.
 고향의 산천은 한 가지도 변한 게 없었다. 그러나 웬일인지 그 집에 있던 집들은 모두 옛 모습을 찾아볼 수없이 바뀌었고, 아는 이란 단 한 사람도 없었다. 매우 이상히 여겼으나 알 도리가 없음에 이 사람, 저 사람에게 물어 간신이 자기가 살던 집을 찾았다. 그러나 역시 자기의 부모나 형제 처자의 모습은 찾아볼 수 없었고, 자기 집에는 자기로부터 이미 7대손이 생겨 있었다. 그러니까 그들은 천태산 별천지에서 반년 세월을 지냈다고 생각한 기간이 실제로는 3백년 가까이 되었음을 깨달을 수 있었던 것이다.

□ 월희(越姬)

 초(楚)나라 소왕(昭王)에게는 두 총희(寵姬)가 있었는데, 하나는 월(越)나라 임금 구천(句踐)의 딸 월희이고, 하나는 채(蔡)나라 사람의 딸 채희로서 두 여자는 모두 아름다웠으나 그 마음 쓰는 것은 같지 않았다.
 어느 날 소왕은 월희와 채희를 데리고 궁궐 밖 교외로 놀이를 나섰다. 수레의 오른쪽에는 월희를, 왼쪽에는 채희를 앉히고 마차를 몰아 사대(社臺)에 올랐다.
 왕은 사방의 아름다운 경치를 바라보았다. 왕의 주위에는 문무대신들이 왕을 시립했다. 왕은 기분이 매우 좋았다. 월희와 채희 등 아리따운 미인이 좌우에 앉아 있고, 신하들은 자기를 옹위하여 모두 자기 한 몸을 받들고 있음을 생각할 때 평소와는 달리 왕이란 신분의 위엄성을 한층 더 느껴지는 것 같았다. 왕은 얼굴에 희색을 띠고 두 여자를 돌아보며,

"아, 참으로 즐겁고 상쾌하도다. 그대들도 즐겁지 아니한가?"

채희가 곧 소왕의 말을 받았다.

"예, 참으로 즐겁기 한이 없사옵니다."

왕은 채희를 돌아보며,

"살아서 이 즐거움을 그대와 같이 누리고, 죽을 때도 그대와 같이 하고자 하는데 어떠한가?"

이에 채희가 망설이지 않고 대답한다.

"첩은 원래 미천한 몸입니다. 그런데도 불구하고 대왕의 총애를 입사와 분수에 넘치는 비빈(妃嬪)의 위치에 올랐으니 무한한 영광이로소이다. 살아서나 죽어서나 항시 대왕의 곁을 떠나지 아니하렵니다."

왕은 크게 기뻐하며,

"오 그러한가. 참으로 그대의 뜻이 갸륵한지고."

이렇게 칭찬하고 나서 좌우 신하들을 돌아보며,

"여봐라, 사관(士官: 역사를 기록하는 일을 담당한 벼슬)을 가까이 불러오너라."

하니 곧 사관이 소왕 앞에 부복했다.

"사관은 듣거라. 이 채희가 과인을 따라 같이 죽는다하니 그 절개가 참으로 아름답구나. 과인을 따라 죽는 것을 허락하는

바이니 이를 기록하도록 하라."
"예, 그리하오리다."
 사관은 예를 갖추고 물러났다. 소왕은 이번에는 월희를 향하여 채희에게 했듯이 '즐겁지 아니한가' 하고 물었다. 월희는 조용히 아뢰었다.
"지금 즐겁기는 즐겁사오나 이 즐거움이 길지 못함을 근심하옵니다."
 월희의 이 같은 대답에 소왕은 저으기 놀라면서,
"그건 또 무슨 말인가? 과인은 그대와도 살아서나 죽어서나 이렇게 같이 있으면서 즐기기를 원하는데, 이 즐거움이 길지 못함을 근심한다는 건 웬 말인가? 그대는 채희처럼 나와 같이 죽지 않겠는가?"
하고 다짐하듯 물었다.
"선군(先君)이신 장왕(莊王)께서는 3년 동안 여색을 탐하여 정사를 돌보지 아니하였으나, 그 잘못을 깨달으시고 어진 정사를 베푸시어 오패(五覇)의 한분이 되셨습니다. 첩은 대왕께서도 선왕을 본받아 언젠가는 이와 같은 향락에만 치우치는 일을 고치실 날이 오리라 믿고 있었습니다. 그러나 지금 하시는 말씀을 듣자옵고 첩은 놀랐습니다. 여자의 본분이란 그 남편의 착한 일을 위해서는 목숨을 버리지만 어두운 임금의 음락(淫樂) 끝에 돌아가는 데까지 따라 죽어야 된다는 말은 일찍부터 들어보지 못하였습니다."
하고 두려움 없이 아뢰었다.
 월희의 말을 듣고 난 소왕은 깊이 깨닫는 바가 있었다. 그리하여 묵묵히 입을 다문 채 말이 없었다. 월희의 말이 모두 옳은 줄을 알았던 까닭이다.

 그런 일이 있은 뒤 25년이 지났다. 소왕은 군사를 이끌고 진(陳)나라를 치러 전쟁터로 나갔다. 이때 월희도 왕을 따라 군중에 같이 있었다. 그런데 왕은 전쟁터에서 우연한 병을 얻어 드러눕게 되었다. 하늘에는 상서롭지 못한 조짐도 보였으므로 전쟁터에 있던 신하들은 이에 대해서 의론했다. 먼저 사관이 말하기를,

 "이것은 왕의 신상에 좋지 못한 일이 일어날 징조입니다. 그러나 이 재앙을 다른 데로 옮길 수도 있으니 그 대책을 강구해야 합니다."
하고 왕 대신 다른 사람을 희생하면 왕에게 미칠 재앙을 면할 수 있다는 것을 말했다. 사관의 말은 들은 신하들은 다투어 자기 몸으로 왕 대신 재앙을 받도록 해 주십사, 하늘에 빌겠다고 하였으나 왕은,

 "그대들(장수와 대신들)은 나의 팔과 다리이다. 그대들로써 내 목숨을 대신케 한다면 이 나라는 어찌 되겠는가? 그건 안될 말이다."
하고 허락치 않았다. 이때 곁에 있던 월희가 나서며,

 "대왕의 말씀은 참으로 덕망이 높은 말씀이옵니다. 그리고 대왕의 덕이 이미 광대하심이 증명되고도 남음이 있습니다. 옛날 대왕께서 향락만을 즐기실 적엔 대왕을 가까이 뫼시던 첩도 대왕을 따라 죽는 일은 못하겠다 하였습니다. 그러하온데 지금은 대왕을 위해서는 나라 사람들이 다 몸 바치기를 원하오니 이보

다 기쁜 일은 없습니다. 원컨대 이 첩이 대왕을 위해 목숨을 바치겠습니다."

하고 월희는 간곡히 청했다. 그러나 왕은,

"안될 말이로다."

하고 월희의 뜻을 거절했다. 이에 월희는 다시,

"첩은 오래도록 대왕을 뫼시면서 대왕의 총애하심을 입었사오매 그 은혜 갚을 날이 없었습니다. 이제 한 나라에 있어 가장 지중하신 대왕의 목숨을 한 사람의 죽음쯤으로 인해 대신할 수 있는데 어찌 첩이 하찮은 목숨 버리기를 아끼겠습니까? 첩은 마땅히 지하에 들어가 대왕의 재액을 모두 없애버릴까 하옵니다."

말을 끝마치자 월희는 품속에 간직해 둔 비수를 꺼내 만류할 겨를도 없이 자결했다.

"어, 이럴 수가…"

왕은 월희의 죽음을 보고 매우 슬퍼했다. 왕뿐만 아니라 곁에서 이를 지켜보던 여러 신하들도 슬퍼하지 않는 자 없었고, 월희의 강한 죽음을 탄복했다.

이렇게 하여 월희는 왕을 위해 스스로 목숨을 버렸다. 그러나 월희의 간곡한 뜻은 이루어지지 않았다. 월희는 희생하였으나 왕의 병세는 호전되지 않았고 얼마 안되어 세상을 떠나고 말았다.

왕이 운명하면 자기도 뒤를 따르겠노라 장담하던 채희는 죽지 않았다.

대왕이 운명하기 전 왕위를 아우에게 물려주려 했다. 그러나 왕의 세 아우는 한사코 사양하며 왕위를 받지 않았다. 그것은 월희에게 아들이 있었으므로 월희의 아들로 왕통을 잇게 하려

함이었다. 뿐만 아니라 그 어질고 착한 어머니로 보아 그 아들도 반드시 어질 것이라는 생각에서도 그러했다. 그리하여 마침내 월희의 아들인 웅장(熊章)을 맞아 세우니, 이가 곧 혜왕(惠王)이다.

어머니 월희의 어진 덕이 결국 왕위를 이어받게 된 영광까지 이르렀던 것이리라.

□ 복자천(宓子賤)

춘추시대 공자(孔子)의 제자 가운데 복자천(宓子賤)이란 사람이 있었다. 복자천은 당시 노(魯)나라에 벼슬하여 단보(亶父)라는 지방의 장관으로 부임하게 되었다.

그는 평소에 공자에게서 받은바 도덕정치(道德政治)를 이룩하고자 이상(理想)을 세우고, 그것을 실행키 위해 시정(施政) 계획을 짜서 임금에게 진언하면 간신배들의 훼방으로 말미암아 묵살되곤 했다. 이러하기를 한두 차례가 아니었으나 끝내 시행을 못하고 말았다.

복자천은 자기의 마음먹은 대로 되지 아니함을 유감으로 생각하고 있지만, 노공(魯公 : 노나라의 임금)에게 나아가 시정방침을 아뢸 때마다 번번이 임금 가까이 있는 소인배의 방해가 있으므로 노공이 자기의 청을 들어주지 않았다.

복자천은 하는 수 없이 일단 단념하고 적당한 기회가 오기만을 기다리고 있던 중 한 가지 묘계가 떠올랐다.
 어느 날 복자천은 노공에게 다음과 같은 글을 올렸다.
'신 복자천이 다스리고 있는 단보 땅에는 유능한 부하 관원이 없어 지방을 다스려 나가기가 어렵습니다. 대왕께서는 측근에 있는 유능한 인사 두 사람만 보내주시면 대왕의 은덕이 욕되지 않도록 지방을 잘 다스려질까 하옵니다.'
 노공은 복자천의 상서가 타당하다 여겨 곧 측근에 있는 신하 가운데서 두 사람을 가려 단보 땅으로 보냈다. 복자천은 왕이 보낸 관원 두 사람을 보자, '이젠 됐다'하고 마음속으로 매우 기뻐했다.
 복자천은 이에 자기 수하에 있는 관속 전원을 모아 놓고 새로 파견된 두 사람과 인사를 시키는 등 각별한 대우를 해 주었다. 그리고는 그들에게 문서 작성하는 직책을 맡도록 했다.
 며칠 뒤, 복자천은 그 두 사람의 관원에게 긴급한 공문서를 작성하도록 지시했다. 그리고는 그들의 옆에 가까이 앉아 문서 작성하는 것을 바라보고 있었다.
 그 관원 두 사람으로 말하면 원래 글도 잘하고 글씨도 잘 쓰는 유능한 인물들이어서 복자천의 지시를 받자 곧 문장의 초안을 작성한 뒤 좋은 종이를 펼쳐 놓고서, 먹을 갈고 붓을 골라 단정히 앉아서 정성스럽게 글씨를 쓰기 시작했다. 그들이 막 글씨를 두어 자 쓰는데 옆에 있던 복자천은 슬쩍 그들의 팔꿈치를 잡아당겼다. 그들은 웬일인가 하여 복자천을 돌아보았으나 자천은 시치미를 떼고 무심한 표정으로 그대로 있었다.
 두 관원은 다시 글씨를 써내려 가는 사이에 자천은 몇 번이고 두 사람의 팔꿈치를 잡아당기곤 했다. 그들은 당연히 신경질이 나는 일이었으나 그가 자기네의 웃사람이고 보니 어찌할 도리가 없어 꾹 참고 글씨 쓰기를 멈추지 않았다. 아무리 글 잘 쓰는 명필이기로, 정성들여 쓰고 있는 중간에 팔꿈치를 잡아당기니, 글씨가 잘될리 만무했다. 그래서 그들이 써 놓은 글씨가 빗나가서 엉망이 되어버린 것은 뻔한 일이다.

그들이 다 쓰고 난 글씨를 한참 바라보던 자천은,

"도대체 무슨 글씨가 이토록 형편없이 되었소? 이래서야 어찌 그대들을 유능한 문사(文士)라 칭할 수 있단 말이오?"

하고 책망했다. 그들 두 관원은 글씨를 그토록 망치게 된 원인이야 있었지만 어쨌거나 자기의 손으로 써놓은 글씨임은 분명한 사실이었으므로 아무런 대꾸도 못하고 그날로 사직서를 자천 앞에 내놓았다. 이에 자천은 도리어 책망했다.

"그같이 글씨 한자 제대로 못쓰는 사람이 헛된 이름만 얻어 관록만을 축내는 것이니 그들이 사직하는 것은 당연한 일이로다. 속히 물러가라."

하고는 그들을 손짓하여 내쫓았다.

글씨를 쓰고 복자천에게 꾸지람을 듣고 파면까지 당한 두 관원은 억울하기 이를 데 없었다. 그들은 마침내 억울함을 참을 길 없어 서울로 올라온 즉시 노공을 찾아가서 호소하기에 이르렀다.

"대왕께서는 신들의 억울함을 살펴 주시옵소서."

하면서 복자천이 글씨를 쓰도록 지시해 놓고 그 옆에 앉아서 번번이 팔꿈치를 잡아당기는 바람에 글씨가 엉망이 되었으며,

선방야화 25

그렇게 글씨를 못 쓰도록 훼방하고서는 글씨를 제대로 쓰지 못하면서 헛되이 관록만 축낸다고 도리어 트집하니 어찌 저희들이 그러한 분 밑에서 제대로 일할 수 있겠습니까? 그래서 사직서를 쓰고 돌아왔습니다."

 노공은 그들의 말을 다 듣고는 눈을 감고 한참 생각에 잠겼다. 얼마 뒤,

"그렇지"

하고 눈을 번쩍 떴다.

"오, 내가 그것을 미처 깨닫지 못했군. 복자천이 이 일을 가지고 나의 잘못을 풍자함이로다. 내가 이번에 너희들이 겪었던 일을 깨닫지 못했더라면 나는 이 후로도 계속 잘못을 저지를 뻔하였도다."

하고 자천의 충성된 기지(機智)에 탄복했다.

 이런 일이 있은 뒤로 노공은 간신들을 물리치고 복자천의 시정방침을 받아들여 선정(善政)에 힘을 기울였다. 그리고 복자천은 온갖 재능을 다 발휘하여 노공을 도왔으므로 노나라는 잘 다스려졌다.

□ 죽음보다 어리석은 것

 열국시대(列國時代) 초(楚)나라에 장왕(莊王)이란 임금이 있었는데, 장왕은 오패(五霸) 가운데 드는 어진 임금이었다. 그러

나 장왕이 즉위한 뒤 3년 까지는 여색과 풍류와 사냥하기를 즐겨 정사 따위는 아예 돌볼 생각을 하지 않았다. 그러므로 장왕은 궁중에서 밤낮을 가리지 않고 아름다운 여인들과 같이 술 마시고 풍류를 듣는 일만 즐겼으며, 그러한 일이 좀 싫증나면 사냥을 나가 노루며, 사슴 따위를 잡는 데만 세월을 보냈다. 그러면서도 혹 누가 자기의 하는 일을 못하도록 간하는 이가 있으면 귀찮은 일이라 생각되어 아예 간하는 짓을 못하도록 궁궐 문 위에다 글씨를 써 붙였는데 그 내용인즉,

"과인이 하는 일에 대하여 누구를 막론하고 감히 간하는 자는 곧 죽이리라."

하였다.

어느 날 대부(大夫) 벼슬에 있는 신무외(申無畏)란 사람이 장왕을 뵈러 궁중에 들어섰다. 이때 장왕은 오른편 팔로는 정희라는 계집을 안고, 왼쪽 팔로는 채녀라는 계집을 안았으며, 북과 거문고가 놓여진 가운데 비스듬히 앉아서 거만한 태도로,

"대부가 이곳에 온 까닭은 술을 마시려함인가? 풍류소리를 들으려 함인가? 아니면 나에게 무슨 할 말이 있어 왔는가?"

하고 힐문했다. 신무외가 대답하기를,

"소신이 술을 마시거나 풍류소리를 듣고자 해서 대왕 앞에 찾아온 것은 아닙니다. 마침 신이 교외로 지나갈 때 은어로 신에게 말하는 자가 있었습니다. 그의 은어를 아무리 생각해 보아도 신의 재주와 지혜로는 도저히 풀지 못하겠기로 대왕께 여쭙고자 찾아왔습니다."

장왕이 신무외의 말을 듣고서는,

"어, 슬픈 일인지고. 이 무슨 은어이기에 그대 같은 대부가 능히 풀지 못하고 나에게까지 물어온단 말인가? 어디 어떠한 은어인지 말해 보라."

"예, 여쭈오리다. 큰 새 한 마리가 있는데 몸에는 5색 털을 찬란하게 입고는 초나라의 높은 언덕 위에 꼼짝도 하지 않고 앉아서 3년 동안 그 새가 나는 것도 보지 못하고 우는 소리도 듣지 못하였다 하오니 이것이 무슨 새인지 신으로서는 알지 못하겠습니다."

장왕은 신무외가 자기에게 풍간(諷諫 : 곧바로 간하지 않고 다른 말로 비유해서 그럴싸하게 간하는 것)하는 줄 알고는 웃으며 대답했다.

"아 그건가? 과인은 새가 무슨 새인지 알겠노라. 이 새로 말하면 범상한 새가 아니로다. 3년을 날지 않았으니 한번 나는 날이면 능히 하늘을 뚫고 나갈 만큼 높이 날 것이고, 3년을 울지 않았으니 한번 울게 되면 반드시 사람을 놀랠만한 웅장한 울음일 것이다. 그대는 기다릴지어다."

신무외는 왕의 대답을 듣고 이젠 됐구나 하고 기쁜 마음으로 물러나왔다. 그리고는 며칠 동안 왕의 거동을 살피면서 마음 돌리기를 고대하였으나 장왕의 음탕함은 전일과 조금도 다름이 없었다.

역시 대부(大夫) 벼슬에 있는 소종(蘇從)이란 사람이 장왕을 보고는 갑자기 어허허허, 어허허허 하면서 크게 우는지라 장왕이 괴이하여 그 까닭을 물었다.

"그대는 어인 일로 나를 보자 통곡하는가?"

"예, 소신이 죽은 뒤에 이 초나라가 장차 망하겠기에 슬퍼서 우는 것입니다."

 말이 끝나기가 무섭게 장왕은 얼굴색이 변하며 크게 노하여,
"네가 죽을 줄을 뻔히 알면서도 나에게 그 같은 말로 간하니 너는 바보가 아니냐?"
하고 꾸짖었다. 소종은 태연히 대답했다.
 "대왕께서는 신보다 더욱 어리석은 줄로 아옵니다."
 "무엇이! 과인이 어찌하여 너보다 더 어리석단 말인고?"
 "대왕께서는 만승(萬乘)의 높은 지위에 계신 분입니다. 천리 밖까지 나라를 골고루 다스리시어 군마(軍馬)가 정강(精强)하고, 제후들이 복종토록 하는 것은 만세의 이로움이 되는 일입니다. 지금 대왕께서는 주색에 빠지셔서 정사를 돌보지 않으시고 어진 재사(才士)를 쓰지 않으시매 큰 나라는 쳐들어오고 작은 나라는 배반하게 될 날이 멀지 아니합니다. 그렇게 되면 즐거운 일은 눈앞의 일에 불과하고 근심은 장차 이르게 될 것입니다. 대왕께서는 한때의 향락을 탐하시고 만세의 이익을 버리시니 신보다 더 어리석은 게 아니고 무엇입니까? 신의 어리석음이란 이몸 하나 죽는데 불과하지만 그래도 후세에는 신을 용봉(龍逄), 비간(比干)같은 충신에 비유할 것이므로 도리어 신이 원하는 일이옵니다. 그러나 대왕의 어리석음은 나라가 장차 망한다면 필부(匹夫)가 되고자 하여도 마음대로 못할 것입니다. 신은 올릴 말씀 다 하였습니다. 원컨대 신을 죽여주옵소서."
하고 청산유수같이 줄줄 아뢴 후 장왕 앞에 엎드렸다.
 장왕은 이에 황연히 정신을 차렸다. 그리하여 벌떡 일어서며,

"대부는 그만 일어날지어다. 대부의 말은 진실로 충성된 말뿐이로다. 과인이 삼가 듣겠노라."
하고 그날로 여인들과 풍악을 물리치고 오직 나라 다스리는 일에만 전념하여 태평성대를 이루었으며, 아울러 장왕은 오패의 한 사람으로 후세까지 불리게 되었다.

□ 절영지회(絕纓之會)

초장왕(楚莊王)에 대한 이야기를 하나 더 소개한다.
위에서 말했듯이 장왕은 애당초 주색과 풍류에 빠져 있었으나 충성된 신하들의 간함으로 인하여 잘못을 깨우치고 어질고 밝은 임금이 되었다. 고로 나라의 백성들이 평안하고 국경에 침입하는 무리가 없어 그야말로 국태민안(國泰民安)이었다.
어느 날 장왕은 나라에 좋은 경사가 있어 이를 축하하는 의미에서 술을 빚고 안주를 장만하여 점대(漸臺) 위에서 크게 잔치를 베풀었다. 이 자리에는 조정의 여러 신하들이 모두 모였음은 물론, 궁중의 비빈(妃嬪)들까지 많이 모였다.
장왕은 이 자리에서 여러 신하들을 돌아보며 유쾌하게 말하였다.
"과인이 풍류를 멀리한 지가 6년이 지났소. 이제는 반역의 무리를 잡아 죽이고, 나라에 근심이 없으니 오늘은 경들과 더불어 마음껏 즐겨 보고자오. 그러하니 조그마한 허물은 탓하지 않으리니 경들은 짐과 더불어 술도 마시고 음악도 들으면서 하루를 즐겁게 놀지어다. 그리고 이 잔치를 태평연(太平宴)이라 이름지어 문무대소(文武大小)의 관원을 막론하고 차별없이 즐겨 주기 바라오."

여러 신하들은 모두 허리를 굽혀 왕의 덕을 칭송하고 각각 자리를 잡고 앉았다. 그야말로 이 태평연은 장관이었다. 푸줏간에서는 술과 음식과 고기 등을 내고, 태사(太史)는 풍락을 울렸다. 너나없이 마음껏 마시고 마음껏 취했다.

잔치는 왼 종일을 계속하여도 그칠 줄 몰랐다. 어느덧 해는 서산에 지고 날은 어두워졌다. 장왕은 명을 내렸다.

"여봐라, 등불을 휘황하게 밝혀라. 이 밤이 새도록 한껏 마시며 즐기도록 하라."

이곳저곳에 등불이 밝혀졌다. 주위는 다시 대낮처럼 밝았다. 궁중의 모든 비빈과 왕이 총애하는 허희(許姬)와 강씨(姜氏)는 왕의 명에 따라 신하들이 있는 곳으로 돌아다니며 대부(大夫)들에게 술을 건넸고, 대부들은 자리에서 일어나 술을 받아 마셨다.

이렇게 흥취가 한창 무르익을 무렵 홀연 한줄기 괴이한 바람이 일어나며 일시에 켜놓았던 등촉이 다 꺼져 버렸다. 주위는 갑자기 칠흑같이 어두워졌다. 시녀들이 아직 등촉을 밝히기 전의 어두운 순간이었다.

좌석한 신하들 가운데 그 누군가가 허희의 소맷자락을 끌어당겼다. 허희는 소스라치게 놀랐으나 내색은 하지 않고 왼편 손으로는 소매를 잡은 손을 뿌리치고, 오른손으로는 그 사람의 갓끈을 낚아채니 그 갓끈이 떨어지고 말았다. 허희의 소맷자락을 잡았다가 갓끈을 잘린 그 정체모를 사람은 앗차 큰일났다 하는 듯이 깜작 놀라 잡았던 허희의 소맷자락을 놓고는 황급히 도망쳐 다른 곳으로 옮겨 앉았다. 이 모두가 불을 켜기 전 캄캄한 순간에 일어난 일이다.

허희는 그 갓끈을 손에 쥐고 장왕 곁으로 바싹 다가앉아서 장왕의 귀에다 입을 대고 가만히 고했다.

"신첩이 대왕의 명을 받들어 여러 벼슬아치들에게 술을 보내는 도중에 불이 꺼졌습니다. 그 틈을 타서 어떤 자가 무례하게도 감히 신첩의 소매를 잡고 끌어당기며 은근히 수작하려 하와 신첩은 잡힌 소매를 뿌리치며 한편으로 그 사람이 쓰고 있는 갓끈을 떼어 이렇게 쥐고 있습니다. 대왕께서는 불을 밝힌 뒤 신하들 가운데 갓끈이 없는 자를 살피시면 그 범인을 쉽게 찾아낼 수 있을 것입니다."

허희의 말을 다 듣고 난 장왕은 허희의 손에서 그 잘린 갓끈을 뺏어 쥐고는 급히 등촉을 켜려는 자에게 명했다.

"여봐라, 아직 불을 켜지 말라!"

라고 이르고는 이어,

"과인이 오늘 이 자리를 베풀었음은 제신들과 즐거움을 같이 하자는 것이니 경들은 모두 갓끈을 떼고 술을 많이 마셔야 하오. 만일 갓끈을 떼지 않는 자는 이 자리가 즐겁지 않게 생각하는 것으로 여기겠소."

왕의 엉뚱한 명을 받은 신하들은 저마다 이상한 생각이 들었으나 왕의 명인지라 달리 망설일 겨를도 없이 모두 쓰고 있던 갓을 벗어 끈을 떼어버렸다.

왕은 마침내 불을 밝히도록 명했다. 사방은 칠흑의 어둠에서 갑자기 낮과 같이 밝아졌고, 신하들마다 갓끈이 떼어져 있었다. 그러므로 이제는 허희의 소매를 끌어당긴 자가 누군지를 알 수가 없게 되었다.

날이 거의 샐 무렵이 되어서야 잔치는 파했다. 신하들은 각기 제 집으로 돌아가고 장왕을 비롯하여 비빈들은 모두 궁중으로 돌아왔다.

허희는 장왕에게 말했다.

"첩은 들으니 남녀가 유별(有別)하고, 서로 손대지 말라 하였는데, 하물며 임금과 신하 사이에 있어서야 더욱 엄중하다 아니하오리까? 지금 대왕께서 신첩으로 하여금 제신들에게 술을 내도록 하였사온데, 감히 신첩의 소매를 잡고 희롱하고자 하는 것은 상하의 체통과 남녀유별의 도덕을 어지럽게 하는 것입니다. 그런데도 대왕께서는 어찌하여 도리어 그를 감싸주고 죄를 다스리지 않으십니까?"

이에 장왕이 웃으며 대답했다.

"이는 그대의 알바가 아니로다. 예로부터 군신 간의 술자리는 석잔 술에 불과하거늘 오늘은 낮부터 밤이 깊도록 마셨으니 어찌 크게 취하지 않았겠는가? 술이 마냥 취했으니 광태가 발작해서 어쩌다가 실수한 것이리라. 만약 그 사람을 가려 죄를 주면 그대의 절개를 나타내는 일은 되지만 선비의 마음을 상하게 하는 것이니 그렇게 할 수 없는 일이로다."

허희는 장왕의 말을 듣고 어진 마음에 탄복하고 말았다. 이러한 일이 있었던 관계로 이 잔치 이름을 절영회(絕纓會)라 불렀다.

 한편, 술김에 그만 실수하여 허희의 소매를 잡았다가 갓끈을 잘린 그 신하는 '앗차 큰일이구나!' 하여 이젠 죽음을 면치 못할 줄 알고 사색이 되어 속으로 벌벌 떨고 있었다. 그런데 뜻밖에 장왕이 '불을 켜지 말라' 하고는 모든 신하들에게 갓끈을 자르도록 명령하는 말을 듣고는 '아, 이젠 살았다. 장왕은 참으로 어진 임금이시다. 내 언젠가는 장왕의 은혜를 기필코 보답하리라' 하고 굳게 맹세했다.

 그 뒤에 장왕은 적과 싸우는 중에 아주 위급한 경지에 이르렀다. 그때 어떤 신하의 사생을 무릅쓴 용전분투로 인하여 장왕은 위급을 면할 수 있었다. 장왕은 난이 평정된 뒤 그 사람을 불러 크게 상을 주려 했다.

 "대왕께서는 소신에게 주실 상을 거두십시오. 신은 대왕의 하해같으신 재생지은(再生之恩)을 입은 사람입니다. 소신으로 말씀드리자면 전날 취중에 허희의 소매를 잡았던 사람입니다. 그때 대왕의 보살피심이 아니었으면 소신의 이날은 결코 있지 않았을 것입니다. 소신은 항시 대왕의 은혜의 만분의 일이라도 갚겠다고 맹세하였습니다. 마침 대왕께서 위급하심을 당하매 신은 이때야말로 대왕의 은혜를 갚는 기회라 생각되어서 물불을 가리지 않고 적진에 뛰어들어 다행히 대왕을 구하게 된 것이옵니다."

 "오, 그대는 참으로 장하도다."

 장왕은 더욱 그를 칭찬했다. 만일 장왕이 그 당시 그 신하를 죄로써 다스렸다면 오늘의 위급을 당하여 면하기가 어려웠을 것이다. 그러므로 모름지기 누구를 막론하고 후은(厚恩)을 베풀면 반드시 보은(報恩)을 받게 된다는 교훈적인 이야기인바, 이는 하늘의 생(生)을 아끼는 섭리요, 인간의 인과응보(因果應報)하는 이치라 하겠다.

□ 주애(珠崖)의 이의(二義)

한(漢)나라 때 주애(珠崖)라는 고을에 한 원이 있었다. 그는 일찍 아내를 잃고 후취를 얻었는데 그 마음이 매우 어질었다. 고로 전취 소생인 딸 하나가 있었으나 자기가 친히 낳은 자식 이상으로 그 전취의 딸을 사랑하고 아껴 주었다. 그 딸도 친어머니나 다름없이 계모를 따랐다.

대개 자식을 남겨 두고 아내가 죽은 경우, 후취를 얻으면 전취 자식에게 잘하느니 못하느니 하고 가정불화가 생기는 게 보통이었으나 이 집안은 조금도 그로 인한 말썽이 생기지 않고, 오직 단란하고 평화로운 가정만이 유지되었으므로 아무런 걱정이 없었다. 그러나 불행히도 원님이 죽고 말았다.

후취 부인에게는 이미 아홉 살이나 되는 아들이 있었다. 그리하여 후취와 그의 아들, 전취의 딸, 이렇게 세 사람이 남편의 영구를 모시고 고향으로 장사를 지내러 떠났다.

주애 고을은 남해바다에 인접해 있었다. 그 바다에는 진주 구슬 같은 보배가 많았다. 그러나 국법에 그러한 패물 등을 몸에 지니지 못하게 되어 있었다. 다른 지방과 달리 그러한 보배가 많은 곳이었으므로 특별히 이 지방을 지나는 자의 검문, 검색이 엄중했다. 만일 국법을 어기고 보물을 지닌 채 지방을 지나다가 관원에게 발각되는 날이면 그는 국법에 의해 처형되었다.

원의 아내, 즉 계모는 몸에 지니고 있던 패물을 다 풀어 내던져 버렸는데 아홉 살 사내아이는 그 구슬이 아까워서 그 어머니가 내던진 패물 가운데서 가장 아름다운 것 하나를 슬쩍 집어 어머니의 상자 속에 감추었다. 이런 줄도 모르고 그 부인은 자녀를 데리고 남편의 영구와 더불어 길을 재촉했다.

그들이 관문에 도착하자 관원은 그들의 행장을 일일이 수색했다. 마침내 상자 속에서 사내아이가 감춰 둔 구슬을 찾아냈다.

"이런 못된...이 구슬을 감춘 자가 누구냐?"

관원은 눈을 부라리며 호통을 쳤다. 부인은 정신이 아찔했다. 분명히 하나도 남기지 않고 버렸거늘 이 어인 까닭이란 말인가? 참으로 귀신곡할 노릇이었다. 부인은 몸을 떨었다. 이제는 꼼짝없이 처벌을 벗어나지 못하게 되었다. 이때, 전취의 딸인 계집아이가 그 관원의 앞에 다가 섰다.

"이 구슬은 제가 감춘 것입니다."

"네가 감춘 것이라… 그렇다면 이 구슬은 어디서 났지?"

"예, 이 고을에 들어서기 전 어머니가 버리신 것을 아까워서 제가 그 하나를 주어 어머니 몰래 상자 속에 감추었습니다."

계집아이는 서슴없이 대답했다. 그 실은 제가 감춘 것이 아니로되, 제가 나서지 않으면 분명히 계모가 죄를 뒤집어 쓰게 되고, 그렇게 되면 계모가 국법에 의해 처벌될 것을 생각하여 계모대신 죄를 받으려는 속셈이었다. 계모는 그럴 리가 없다고 생각되었다. 아무래도 그 말이 거짓말 같았다. 그래서 계집아이 가까이 다가서서 가만히 묻기를,

"정말 네가 구슬을 감추었느냐, 거짓말 하는 게 아니냐?"
"아니예요. 정말 제가 넣었어요."
하고 똑똑히 대답했다. 부인은 가만히 생각해 보았다.

"제가 그랬다고 제 스스로 대답하였으니 사실일지도 모르나 그렇다면 어린것이 죄를 면치 못하리라. 그 어린 것이 죄를 받게 하느니보다 차라리 내가 대신 죄를 뒤집어 쓰고 그 애를 구해야겠다."
하고 관원의 앞으로 나서며,

"사실인즉, 그 구슬은 이 애가 감춘 것이 아니라 제가 가지고 있던 것입니다. 남편이 세상을 떠나자 그 영구를 뫼시고 고향으로 가던 세간을 모두 내 싣고 나오는데, 분주해서 그 구슬 하나가 상자 속에 들어있는 것을 미처 모르고 나왔습니다. 그러므로 구슬을 지닌 죄는 저에게 있습니다. 이 몸을 벌해 주십시오."

계모의 말을 곁에서 듣고 있던 계집아이는 천부당만부당하다는 듯이 계모의 말을 가로 막았다.

"아니에요. 어머니 말은 거짓말이에요. 그 구슬은 제가 나중에 집어넣었어요."

계모는 딸을 밀치고 관원에게 다가서며,

"이 애가 어린 마음에 죄를 대신 뒤집어쓰려고 이런 거짓말을

하는 것입니다. 이 애의 말을 믿지 말고 저를 잡아 가십시오."
하고 울며 애원했다. 그러나 계집아이 또한 지지 않았다.
 "아니어요. 우리 어머님께서야말로 저의 죄를 대신 뒤집어 쓰시려고 그러시는 겁니다. 저를 낳은 어머니는 일찍 돌아가시고 이 어머님은 저를 길러주신 계모입니다. 제가 벌 받는 것을 불쌍히 여기시어 이러시는 겁니다. 실인즉, 제가 지은 죄올시다. 어머니께서는 이 일에 대해서는 아무것도 모르고 계셔요."
하고 계집아이도 울면서 애원했다. 옆에서 이 광경을 지켜보던 사람들도 이 모녀의 의의로운 정에 눈물을 흘리지 않는 자 없었으며, 조사하던 관원마저도 이 인정이 넘치는 계모와 전실 자식 사이의 의리에 눈시울을 적시고 어찌해야 좋을지 몰라 했다. 어머니와 딸의 애정 싸움은 날이 서산에 기울도록 그칠 줄 몰랐다. 관원은 드디어 감동한 나머지 기록하던 붓을 던지고 일어서며, '갸륵하도다. 그대 모녀의 착한 마음이어, 서로 죽기를 두려워 아니하고 스스로 희생하겠다 자처하니 이런 아름다운 인정이 어디 있으랴. 친어미, 친자식 사이라도 이렇지는 못하겠거늘 하물며 계모와 전실 자식의 사이에 있어서랴! 내 비록 죄를 밝히지 못한 책임으로 죄를 입는 한이 있더라도 그대들을 용서하겠노라.'하고 그들을 모두 돌려보냈다.
 나중에야 그 구슬을 넣은 사람이 그 모녀가 아니고 아홉 살 먹은 사내아이라는 것을 알게 되었다. 모녀는 물론 듣는 사람들은 더욱 탄복했다. 이들 모녀를 두고 세상 사람들은 이의효자(二義孝慈)라 칭했다.

□ 섭공(葉公)이 좋아하는 용(龍)

 춘추시대 노(魯)나라에 심저량이란 사람이 있었다. 그는 오랫동안 섭현(葉縣)의 현령(縣令)으로 있었으므로 세상 사람들이 그를 섭공(葉公)이라 불렀다.
 그는 기괴한 것을 좋아한 사람으로 특히 용을 심히 좋아했다. 어찌나 용을 좋아하던지 그의 집에 가보면 거의가 용의 형상뿐이었다. 즉 기둥, 대들보 또는 그의 집안에 있는 모든 물건마다 용의 그림이 그려져 있거나 용의 형상이 새겨지지 않은 것이라곤 별로 찾아볼 수 없었다. 그리하여 벽마다 온통 용의 그림을 그려 붙였고, 심지어는 의복이나 휘장까지도 용의 그림을 수놓았다. 그러므로 사람들이 그의 집에 들어가 보면 마치 용궁(龍宮)에 들어온 것이 아닌가 하고 착각할 정도였다.
 이런 소문은 당연히 퍼지게 마련이었다. 섭공이 용을 좋아한다는 소문이 널리 퍼져 모르는 사람이 없었고, 나중에는 수궁(水宮)의 용왕(龍王)까지도 알게 되었다. 용왕은 섭공이 용을 좋아한다는 것을 알게 되자 신통히 여겨 친히 섭공의 집을 찾아가 보기로 했다.
 하루는 용왕이 하늘로부터 내려와서 섭공의 집으로 향했다. 용왕은 섭공의 집에 이르자, 머리를 창문에 들이밀고 객실로 들어섰다. 이때 마침 섭공은 객실에 있다가 거대한 용이 실제로 꿈틀거리며 방안으로 들어오는 것을 보고는 너무나도 뜻밖의 일이어서 앗! 하고 소스라치게 놀라며 혼비백산하여 허둥지둥 문 밖으로 뛰어나와 도망쳤다.

섭공이 자기를 보자 깜짝 놀라며 도망치는 것을 본 용은 어처구니가 없었다. 그토록 용을 좋아하는 자라면 응당 실제의 용을 보면 반가이 맞이하리라 생각했었는데, 뜻밖에도 기겁을 하며 달아나는 것을 보고는 용은 크게 실망했다.

"섭공이 용을 좋아한다는 말은 헛소문이었군."

용왕은 중얼거리며 그곳을 빠져나와 용궁으로 돌아갔다. 원래 섭공이 좋아한 것은 진짜 용이 아니라 가상으로 그려진 용의 그림인 조각이었지 살아서 꿈틀거리는 용이 아니었다. 즉 섭공은, '용이란 조화무궁한 신비의 짐승이라, 인간이 출세하는 것을 용이 되는 것에 비유해 왔으므로 자기도 용과 같이 되고 싶다는, 즉 위대한 인물이 되고 싶은 꿈과 이상으로서 상징적인 용을 좋아하였을 뿐, 용 그 자체를 좋아한 것은 아니었다.

뒷날 공자의 제자중 자장(子張)이란 사람이, 노나라 임금 애공(哀公)이 선비를 좋아하고 등용한다는 말을 듣고는 천리길을 멀다 아니하고 애공을 찾아갔다. 그러나 애공은 바쁘다는 핑계로 자장을 만나주지 않았다. 애공을 만나지도 못한 자장은 밖으로 나와서,

"노나라 애공이 선비를 좋아한다는 것은 마치 섭공이 용을 좋아하는 격이다. 애공이 겉으로는 선비를 좋아한다고 말할 뿐 실상은 선비를 싫어하는 임금임에 분명하다."

하고 탄식하며 돌아갔다. 이런 일이 있은 뒤, 세상에서는 실제로 좋아하지 않으면서 말로만 좋아하는 체하는 사람을 두고 비유하기를 '섭공이 용을 좋아하는 격'이라 했다.

□ 목계(木鷄)

옛날 기성자(紀渻子)라는 사람이 있었다. 그는 닭싸움을 취미로 삼았으므로, 싸움닭 수십 마리를 길러, 다른 사람들과 내기를 걸고 싸움을 시켜 보았으나 번번이 자기 집 닭이 지고 말았다.
 기성자는 여간 분하지가 않았다. 반드시 이기고야 말겠다는 집념으로 싸움 잘하는 닭을 구하려고 사방으로 다녔다. 그러던 중 마침 그럴싸한 수탉 한 마리를 사가지고 돌아와 정성들여 길렀다.
 그 닭은 먹이를 주워 먹는 때도 간혹 있으나 항시 한곳에서 까딱하지 않고 우뚝 서 있는 것이었다. 마치 나무로 만들어 세워 논 닭과도 같고, 혹은 사람이 참선할 때 망아(忘我)의 경지에 들어간 것도 같았다.
 "허, 이상한 닭도 다 보겠군."
 기성자는 혀를 차며 닭의 거동이 심상치 않음을 이상히 생각하였으나 건드리지 않고 그대로 두고 보았다.
 닭이 그렇게 움직이지 않고 서 있기를 20일 정도 지났다. 닭은 비로소 움직이기 시작하여 보통 닭과 다름없이 울기도 하고 모이를 찾아 활발하게 돌아다녔다.
 "어디 한번 싸움을 시켜 보자."
 기성자는 그 닭을 들고 닭싸움 하는 곳으로 가서 다른 닭과 싸움을 시켜 보았다. 그런데 이게 웬일인가. 여러 싸움닭들이 기성자가 들고 온 닭을 보자 덤빌 생각은 하지 않고 날개를 사리고는 '엄마야, 나 살려라!' 하는 듯이 도망치고 마는 것이었다. 싸워 볼 것도 없이 무리 닭들을 이긴 셈이었다.

그런데 그는 자기의 취미로 닭을 기른 것이 아니고, 실은 선왕(宣王)을 미워하는 마음에서 길렀다고 한다. 자기 집 닭이 지면 이는 선왕에게 유능한 인재가 없어 남의 나라보다 힘이 약하다는 징조이고, 자기 집 닭이 이기면 선왕에게 동량지재(棟梁之材)가 있어 어느 나라와 싸워도 지지 않는 강국이 될 것이라 하여 선왕과 국가의 장래를 점쳐보기 위한 수단이었다고 한다.

□ 풍난의 기지(馮煖機智)

맹상군 전문(孟嘗君田文)은 제(齊)나라 사람이다. 그는 민왕(湣王)의 동생으로 타고난 성품이 호방하고 선비를 좋아하여 그의 문하(門下)에는 식객이 수천 명에 가까웠다.

하루는 풍난이란 자가 찾아와 맹상군의 문하에 있기를 청하매 맹산군은 이를 흔쾌히 허락했다. 그는 본시 성실하여 거짓이 없고, 게다가 지모(智謀)와 구변(口辯)이 능한 사람이었다. 그래서 맹산군은 그를 특별히 아끼고 후대했다.

한편, 진(秦)나라의 소양왕(昭襄王)은 일찍부터 맹상군에 대한 인품을 아는 터인지라 '이 사람이 제(齊)나라 상국(相國)으로 있는 한 마음을 놓을 수 없었다. 맹상군같이 훌륭한 사람이 제나라 임금을 도와 계책을 쓴다면 마침내 우리 진나라를 크게 해칠 것이다'고 생각하여 그를 파직시킬 어떤 묘계를 세웠다.
 진나라 임금은 사람을 시켜 유언비어를 퍼뜨리도록 했다. 그 유언비어는 이러했다.
 '맹상군은 덕망이 높고 지략이 출중해서 그의 명성이 천하에 진동하니 천하 사람들은 제나라에 맹상군이 있는 줄만 알고, 임금이 있는 줄은 모른다. 고로 불일간에 맹상군이 제나라 임금이 될 것이다.'
하는 내용이었다. 진왕은 이러한 말을 초나라 사람에게도 시켜 제나라 방방곡곡에 퍼뜨렸다.
 이러한 말이 삽시간에 퍼져 제나라 서울인 임치(臨淄) 성중은 물론이고 온나라 백성들의 귀에까지도 다 들어가게 되었으니 제나라 임금이 못들었을리 만무였다.
 제왕은 처음 그 말을 들었을 때는 '그런가? 하는 정도에 그쳤으나 한 번 듣고 두 번 들어 같은 말을 여러 차례 듣고 나니' '그럴지도 모른다' 하는 의구심이 나서 드디어 맹상군의 상인(相印)을 거두어 직위를 박탈하고 그를 봉했던 땅인 설(薛)이란 곳으로 내쫓았다.
 맹상군의 집에 기거하거나 드나들던 식객들은 그러한 말을 듣고 뿔뿔이 흩어져 떠나가고 오직 풍난 한 사람만이 떠나지 않고 그대로 맹상군의 측근에 머물러 있었다.
 하루는 그 풍난이 맹산군에게 요청하기를,
 "어른께서 저에게 일승(一乘 : 한대)의 수레를 빌려 주시면 이 몸이 어떻게 주선해서라도 틀림없이 어른을 다시 정승의 자리에 앉게 하고, 봉읍(封邑)도 더욱 넓힐 수 있도록 하겠습니다.

이를 허락해 주십시오."

 풍난의 말을 들은 매상군은 심중에 크게 놀라며,

 "그대가 과연 그만한 수단이 있는가?"

하고 반문하니 풍난은 자신 있는 어조로,

 "물론 있습니다. 염려 마십시오."

하고 대답했다. 맹상군은 그에게 말과 수레와 금폐를 주선해 주었다. 풍난은 그것을 받는 즉시, 수레에 오르며,

 "이 몸은 지금 진나라를 방문코자 합니다."

 맹상군은 이 말에 깜짝 놀랐다.

"풍난, 그대는 나로 하여금 진나라에 벼슬하게 하려는 작정인가?"

 "이번 일은 모두 저에게 맡기시고 가만히 계십시오. 곧 번천동지(飜天動地 : 하늘이 뒤집히고 땅이 진동하는) 수완을 짜내어 반드시 어른으로 하여금 다시 상국(相國 : 정승)의 지위를 회복토록 해 드리겠습니다. 염려 마시고 두고 보십시오."

하고 유유히 출발했다.

 풍난은 진(秦)나라 서울인 함양(咸陽)에 당도하여 객사를 정한 뒤, 곧 조정에 들어가 진왕 앞에 나타났다. 진왕은 그를 보고,

 "그대는 과인에게 무엇을 가르쳐 줄 것인가? 서슴없이 말해 보라."

 "예, 그리하오리다. 대왕의 조정의 지혜로운 선비들은 누구를 막론하고 대왕께 진나라를 부강시키고 제나라를 약화시키는 계책을 아뢸 것입니다. 반면에, 제나라가 쇠하도록 계략을 쓸 것입니다."

"음 그렇지, 그런데....."
"그렇게 되면 진나라가 강성해지므로 제나라는 약해지고, 제나라가 강성하면 진나라가 약해지는 것은 자연스런 이치입니다. 고로 진나라와 제나라의 두 나라는 서로 양립하지 못할 것이므로 둘중 어느 나라건 강한 나라가 천하를 얻을 것입니다."
가만히 듣고 있던 진왕은 흔연히 묻는다.
"어떠한 계책을 이용하면 이 진나라가 강국이 될 수 있겠소?"
"사람을 얻은 나라는 흥하고 사람을 얻지 못한 나라는 망합니다. 대왕께서는 혹시 맹상군이 파직된 일을 알고 계신지요?"
"과인이 듣기는 하였으나 믿기 어려운 말이오."
"맹상군이 파직되었단 말은 사실입니다. 그러나 제나라를 천하가 소중하게 아는 현능한 사람 맹상군이 상국이 되어 정치하기 때문이 아닌가요? 지금 제나라는 임금이 소인의 참소를 듣고 맹상군의 상인을 거두었으니 이는 공이 있는 사람에게 죄를 준 꼴입니다. 파직을 당한 맹상군으로서는 물론 분한 마음이 충천하여 안절부절 하고 있을 것입니다. 대왕께서는 이와 같이 그가 제나라 임금을 원망하고 기회를 타서 그를 맞이하여 높은 벼슬을 내리고 후히 대접하시면 맹상군은 즐겨 대왕을 따를 것입니다. 더욱이 맹상군은 말하자면 제나라의 정사를 직접 다스렸던 대신인지라, 제나라의 모든 비밀을 속속들이 아는 처지라서 철저한 계책을 짜내어 제나라를 도모한다면 제나라를 얻기가 어렵지 않을 것입니다. 어찌 이 진나라가 강대한 것에만 그치겠습니까? 지금 맹상군이 쫓겨 나서 설(薛)이란 땅에 있습니다. 대왕께서 이때를 놓치지 마시고 급히 맞아들이십시오. 어물어물하다가 만약 제나라 임금이 맹상군을 파면시킨 일을 후회하여 그를 불러 다시 상국을 삼는다면, 진나라와 제나라의 강약의 형세가 어떻게 될지 모르는 일이 아니겠습니까?

풍난의 말을 듣고 난 진왕은 뛸듯이 기뻤다. 그러지 않아도 현재 진나라의 정승으로 있던 저리질(樗里疾)이 죽고, 그 자리가 비어서 유능한 정승 재목을 구하느라 고심하던 참이었는데, 풍난이 스스로 찾아와 맹상군 같은 인물을 천거하매 기쁘지 않을 수 없었다.

진왕은 곧 좋은 거마(車馬) 10승(十乘)과 황금 백 냥에다 좋은 비단 수십 필을 주선하고 호위하는 의장병과 전후좌우에 오색기치(五色旗幟)를 나열하여 승상행차의 의식을 갖추도록 해서 사자를 보내어 맹상군을 맞아오도록 했다. 그러자 풍난이 진왕에게 아뢰었다.

"신이 먼저 가서 맹상군에게 사유를 말하고 행장을 준비하도록 하겠사오니 몇 시간 뒤에 사자를 보내십시오."

"그렇게 하도록 하오. 그대는 맹상군에게 과인의 뜻을 잘 말해주오."

풍난은 진왕과 작별하자 수레를 급히 몰아 제나라로 달려 갔다. 그는 맹상군을 만나려 하였으나 그럴 시간의 여유가 없음을 깨닫고 직접 제나라로 들어가 제왕을 급히 만나뵙고자 청했다. 제왕은 그를 불러들여,

"그대는 과인에게 무슨 급한 일이 있어 그리 서두르는가?"

하자, 풍난은 몹시 다급한 어조로 제왕에게 고한다.

"제나라와 진나라 두 나라가 서로 자웅(雌雄)이 되어 진나라

가 강하면 제나라가 약화되고, 제나라가 강하면 진나라가 약해지는 것은 뻔한 현실입니다. 어느 나라이건 어진 사람을 쓰면 흥하고, 어진 이를 잃어버리면 쇠퇴하는 법이 아닙니까. 신이 방금 길가는 사람들의 말을 들으니 진왕이 맹상군의 파직됨을 다행히 생각하여 비밀리에 좋은 거마 10승과 황금 백 냥 및 기타 굉장한 예를 갖추어 맹상군을 맞이하여 정승을 삼는다고 합니다. 만일 맹산군이 진나라 상국이 되면 진나라를 진심갈력(盡心竭力) 돕게 될 것입니다. 그렇게 되면 우리 제나라는 위험한 처지에 놓이지 않겠습니까?"

풍난의 말을 듣자 제왕은 깜짝 놀란다. '아, 큰일이구나!' 하는 마음에서였다.

"그렇다면 어떻게 해야 좋겠는가?"

"진나라의 사자가 곧 설 땅에 도착할 것입니다. 그들이 도착하기 전에 대왕께서 사자를 보내어 맹상군을 맞아 오십시오. 그런 뒤에 다시 상국을 삼으시면 맹상군이 대왕의 은덕에 감격하여 기쁘게 받을 것이며, 그 뒤 진나라 사자는 허탕치고 돌아갈 것입니다."

제왕은 풍난의 말이 옳은 줄 알고 있었으나 그래도 그게 사실인지 의심이 되어 사람을 급히 보내어 알아보도록 했다. 그자가 돌아와 보고하기를,

"과연 진나라에서 맹상군이 있는 설 땅을 향하여 수십 대의 군마가 달려가고 있습니다."

라고 고했다. 제왕은 급히 서둘러 풍난으로 하여금 절(節 : 왕명을 띤 표지)을 갖고 맹상군을 맞아오도록 명했다.

하나의 식객에 불과했던 풍난의 기지로 맹산군은 잃었던 지위를 다시 찾았고, 더욱이 천호(千戶)의 봉함을 더했다. 맹산군 앞에서 호언장담하던 풍난의 말에 조금도 틀림이 없었다. 맹상군이 정승으로 다시 등용되었다는 소문을 듣고 그 전날 출입하던 빈객이 다시 찾아들기 시작했다.

□ 바보의 고집

송(宋)나라 때 어떤 농부 하나가 있었다. 그는 해가 뜨면 밭에 나가 일하고 해가 지면 집에 돌아와 쉬는, 부지런하고 착실한 사람이었다. 그러므로 넉넉한 살림은 아니었으나 그날그날 끼니를 이어가는 데는 별로 걱정을 하지 않아도 되었다.

그런데 어느 날, 이날도 그 농부는 전날과 다름없이 호미며, 괭이 등을 들고 밭에 나가 김도 매고 거름도 주는 등 부지런히 일을 하고 있었다. 그가 일하고 있는 밭 가장자리에는 꽤나 오래 묵은 아름드리 나무 한 그루가 서 있었는데, 어찌나 큰지 무성한 가지는 능히 햇빛을 가릴만 하였고, 그 뿌리는 땅위로 불거져 십여 발이나 뻗혀 있었다.

농부는 오뉴월 뙤약볕에도 아랑곳하지 않고 땀을 흘리며 일을 하고 있었다. 이때 일하고 있는 밭 끝 쪽에서 토끼 한 마리가 날쌔게 뛰어오더니 농부의 옆을 스치며 나는 듯이 그 나무가 있는 쪽으로 달려 갔다.

농부는 무의식중에 일하던 손을 멈추고 그 토끼가 뛰어간 방향으로 눈을 돌렸다. 공교롭게도 급히 뛰어가던 토끼는 무엇이 그리 급했던지 무작정 뛰다가 그 앞에 나무가 있는 것조차 미처 못보고 그만 그 나무 밑둥에 머리를 부딪혀 그 자리에 나동그라졌다.

'앗! 저런.....'

농부는 그곳에 달려가 나동그라진 토끼를 집어 들었다. 토끼는 머리가 상하여 이미 죽어 있었다.

"아! 이게 웬 떡이람. 오늘은 재수가 좋은가보군. 아침부터 힘 하나 들이지 않고 이렇게 살이 통통하게 찐 토끼를 얻게 되었으니 가만 있자, 날마다 이렇게만 된다면 구태여 고생스럽게 일하지 않아도 되겠는걸."

농부는 기뻐 어쩔줄을 몰랐다. 그는 일하던 연장을 챙겨 들고 집으로 돌아갔다.

다음 날 농부는 연장을 깊숙이 넣어 두고는 팔짱을 끼고 콧노래를 부르며 어제 일하던 그 밭으로 나갔다. 그는 곧바로 토끼가 부딪혀 죽은 나무 곁에 앉아서 토끼가 달려와 죽어 주기를 기다리고 있었다.

참으로 어처구니 없는 일이라 하겠으나 미련한 농부는 그것을 꼭 믿고 있었다. 그러나 토끼는 고사하고 쥐새끼 한 마리도 오지 않았다. 농부는 쉽사리 단념하지 않았다.

"꼭 토끼가 와서 죽을 터인데 왜 아직 안올까? 그렇지 내가 이 곳을 떠나면 다른 사람이 재미를 볼 거야. 아무렴, 그렇고 말고."

농부의 고집은 여간이 아니었다. 비가 오나 바람이 부나 하루도 빠지지 않고 아침 일찍부터 해가 저물도록 기적이 일어나기만을 기다리고 있었다. 그렇게 하기를 한 달이 넘었다.
 같은 마을에 사는 사람들은 그가 일은 하지 않고 날마다 나무 밑에 앉아서 우두커니 나무 밑둥절만 바라보고 있는 것을 보고 하도 이상하여,
 "여보게, 자네는 요즈음 갑자기 일일랑 하지 않고 무엇 때문에 나무 밑에 앉아만 있는가?"
하고 물어 보았다. 어리석은 농부는 자못 의기양양하여,
 "흥, 나는 이제부터 어렵게 일을 안 해도 되겠구만. 저번에 말이여, 내가 일을 하고 있는데 큼지막한 토끼가 제 발로 달려와서 이 나무 밑둥에 부딪혀 죽지 않겠어. 그래서 나는 힘 하나 들이지 않고 토끼를 얻었지. 이 나무 밑에서 편안히 앉아 기다리기만 하면 힘들이지 않고도 먹을 것이 생기는데, 내가 왜 바보처럼 일할 것이어."
하고 퍽이나 약은 듯이 자랑삼아 대답했다. 농부의 말을 듣고 그 까닭을 알게 된 동네 사람들은 그만 배꼽을 움켜쥐고 웃었다.
 "이 어리석은 바보야, 어쩌다가 그러한 요행이 있었지 세상에 그런 기적이 또 생겨날 줄 아는가? 자네는 역시 밭이나 가는 게 상책이니 분수에 맞지 않는 생각은 집어치우게."
하고 그 어리석음을 일깨워 주었다. 그러나 농부는 동네 사람들의 말은 들으려 하지 않았다. 도리어 그는 생각하기를 '편하게 살수 있는 방법을 버리고 일만 하는 것은 어리석은 사람이다' 하며 그 뒤로도 계속 토끼가 나무 밑둥에 부딪혀 죽기만을

기다리고 있었다. 그러나 토끼를 얻을 리 만무함에 그는 결국 먹을 것이 없어 굶어 죽기에 이르렀다 한다.

분수를 모르는 어리석은 농부의 교훈적인 이야기로서 우리나라 속담에 '감나무 밑에 누워 입을 벌리고 감이 떨어져 입으로 들어오기를 기다린다'는 말과 비슷한 이야기이다.

□ **제봉(題鳳)의 탄식**

진(晉)나라 때 해강이란 사람이 있었다. 그에게는 가장 친한 벗이 있었는데, 그 친구의 이름은 여안(如安)이라 불렀다. 이 두 사람 사이의 우정이란 보통이 아니었다. 이른바 지기지우(知己之友)였다. 해강과 여안의 집은 매우 멀리 떨어져 있었으나 그들은 서로 만나보고 싶으면 천리길을 멀다 아니하고 찾아가 만나곤 했다.

어느 날 이 날도 해강은 여안이란 친구 생각이 간절했다. 그는 급히 수레를 몰아 여안의 집으로 향했다. 해강이 여안의 집에 당도하니 때마침 여안은 없고 여안의 아들이 영접하여 들어오기를 청했다.

해강은 여안의 아들을 힐끗 바라보다가 아무 말도 하지 않고 품속에서 붓을 꺼내어 대문 위에다 새봉(鳳)자 한 자를 써 놓고는 돌아갔다.

다음 날 여안이 집에 돌아와서 문 위에 봉(鳳)자가 씌여 있는

것을 발견하고는 아들을 불러,

"얘, 누가 여기에 이런 글자를 써 놓았느냐?"

하고 물었다. 아들이 대답하되,

"어제 해강 어른께서 찾아오셨는데 아버님이 안계시다는 말씀을 듣고 말없이 새봉자 한 자만 써놓고 돌아가셨습니다. 아마 소자를 봉(鳳)에 비유한 것이겠지요."

여안은 탄식했다.

"아니다. 그렇지 아니하다. 새봉자의 뜻은 이러하니라. 무릇 범(凡)자와 새조(鳥)자를 합한 글자가 봉(鳳)자니라. 그러니 너를 보고 범조(凡鳥 : 보잘것 없는 새) 같아서 상대할 처지가 못 된다는 뜻이다."

아버지의 설명을 듣고 난 그 아들은 대번에 얼굴빛이 붉어지며 부끄러워 했다. 이로 인하여 친구를 찾아갔다가 만나지 못한 것을 두고 제봉(題鳳) 또는 제봉지탄(題鳳之嘆)이라 한다.

□ 요희 달기(妲己)

상(商)나라의 주왕(紂王)은 중국 역사상 폭군으로 가장 알려진 임금이다.

어느 날 주왕은 여와씨(女媧氏 : 伏羲氏의 누이동생)의 사당에 가서 참배를 했다. 사당 안벽에는 여와씨의 초상을 그린 족자가 걸려 있었다. 그 족자에 그려진 여와씨의 초상은 아름답기가 비할 데 없었다.

 걸주는 그 초상을 보고 탄식하기를 '아, 아깝도다. 그대의 아름다움이여, 내가 당시에 있었더라면 당신을 맞아 아내로 삼았을 것을, 정말 아깝도다' 하고 불경스런 말을 함부로 했다.

 여와씨의 성신(聖神)은 주왕의 그러한 말을 듣고 크게 노했다.
"이놈이 망할 때가 되니 환장을 했구나. 내 이 몸이 망하더라도 편안히 망하지 못하도록 하리라."
하고 곧 구미호(九尾狐 : 꼬리가 아홉 개나 달린 여우. 여우가 천년을 묵으면 구미호가 된다고 한다)를 불러,
"너는 저 못된 주왕을 따라가 그놈을 망쳐 놓아라."
하고 내려 보냈다.

 한편, 주왕의 신하에 소호(蘇護)라는 사람이 있었다. 그는 주왕에게 죄를 짓고 죽음을 면치 못하게 되었다. 소호에게 딸이 하나 있었는데 아름답기가 천하일색이어서 그녀를 한번만 보면 곧 반해 버리지 않는 남자가 없었다.

 소호가 죽게 되었음을 아는 친구들은, '주왕은 본시 여색을 좋아하는 위인인지라, 그대가 목숨을 구하려면 미인(美人)을 바치는 것이 상책일세. 이 나라 전체를 찾아보아도 그대의 딸 달기(妲己)만한 인물은 없을 것일세. 그러한데 자네는 무얼 망설이나? 속히 달기를 주왕에게 바치도록 하게' 하고 여러 사람이 권유했다. 소호는 백이사지(百而思之) 하여도 살아날 방도가 없던 터이라 사람들의 권유를 받아들여 그 딸을 데리고 궁궐로 갔다.

 여와씨의 명령을 받은 구미호는 산을 내려와 슬금슬금 궁궐

선방야화 53

로 향하여 가는 도중에 마침 소호가 그의 딸 달기를 데리고 가는 것을 발견하게 되었다.

"흐흐흐, 잘 되었구나. 내가 저 여자로 둔갑해서 주왕을 홀려야겠는걸."

하고 구미호는 밤중을 이용하여 암암리에 달기를 죽이고 둔갑해서 달기의 모양으로 변해 버렸다. 그런 줄을 까맣게 모르는 소호는 그 딸 달기를 주왕에게 바치고 죽는 것을 면하게 되었다.

주왕은 여간 기뻐하지 않았다. 본래 여자를 심히 좋아하는 주왕인지라, 반반한 여자만 보면 왕의 권세를 빌어 자기 것으로 만드는 일에 여념이 없었는데, 소호가 스스로 바친 달기야말로 천하에 없는 일색이었으니 호색가의 희열이란 말해 무엇하랴.

달기는 용모만 아름다울 뿐 아니라 요염해서 한번 그녀를 보는 사람이면 정신이 황홀해질 지경이매 주왕이 달기에게 금새 홀딱 빠져 버렸음은 당연한 일이다.

달기, 즉 달기로 둔갑한 구미호는 갖은 교태와 아양을 다 부려 주왕의 마음을 사로잡았다. 그리하여 주왕으로 하여금 밤이나 낮이나 찬란하게 꾸민 궁궐 안 깊숙한 곳에서 춤과 노래와 색경의 환락 속에 취하여 정사 따위는 아예 돌보지 못하도록 했다.

한 나라의 임금이 이러한 환락 속에 빠지면 그 영향은 곧 백성들에게 미친다. 가렴주구(苛斂誅求), 즉 세금을 터무니없이 거두고 걸핏하면 잡아다가 부역을 시키는 등 온갖 학정을 자행하므로 백성들은 도탄에 빠져 아우성이었다.

왕의 방탕과 폭정은 날이 갈수록 더했다. 고로 미자(微子)는 벼슬을 그만두고 물러났고, 기자(箕子)는 쫓겨났으며, 비간(比干)은 간하다가 죽었다. 그럴 때마다 달기는 회심의 미소를 지었다. 심지어 달기는 주왕에게,

"호호호, 첩이 듣자오니 충신은 염통이 두 개라는데 대왕께서는 저 비간의 염통이 몇인가 꺼내 보소서."
하는 말을 듣고 주왕은 비간의 배를 가르고 염통을 꺼내 보이기까지 했다.

사방에서는 임금을 원망하는 소리로 가득 찼다. 천하에 뜻이 있는 사람이면 그대로 두고 볼수 없는 일이었다.

이때 8백 제후(諸侯)들이 이곳저곳에서 '와!' 하고 일어나 맹진(孟津)에 모여 장차 주왕을 치려고 작전계획을 짰다. 이때 주무왕(周武王)은 주왕을 섬기던 신하로서 도리상으로는 신하가 임금을 칠 수 없는 일이라 망설였으나 주왕의 폭정의 정도가 날로 심하여 도저히 그냥 둘 수 없었으므로, 천하만민(天下萬民)을 도탄에서 건지려는 대의(大義)를 행하고자 강태공(姜太公)이란 현인(賢人)으로 장수를 삼아, 8백 제후들을 이끌고 도성으로 쳐들어 갔다. 그랬더니 상(商)나라 성을 지키고 있던 장졸들까지도 도리어 주무왕의 군사들과 합세해서 성문을 활짝 열고 맞이하매 주왕이 거처하는 궁궐을 쉽게 점령할 수 있었다.

주왕은 이날도 주지육림(酒池肉林) 속에 빠져 있다가 갑자기 무왕이 거느린 군졸들이 밀어닥치자 허겁지겁 도망쳐서 녹대 땅까지 달아났으나, 사세가 이미 돌이킬 수 없음을 알고는 몸에 불을 질러 스스로 불타 죽었다. 강태공은 곧 달기를 잡아 결박하고는, "여봐라, 어서 저 요망한 계집을 죽여라!"

하고 부하들에게 명령했으나 군사들도 달기의 미모에 홀려 차마 죽이지 못하고 망설였다. 강태공은 하는 수 없이 달기의 얼굴에 보자기를 씌워 그 아름다움이 보이지 않도록 한 뒤에 달기를 죽였다. 이리하여 나라는 평정되고 백성들은 도탄에서 빠져 나왔으며, 주(周)나라 8백년의 기틀을 세우게 되었다.

여러 제후들의 권유와 추대로 무왕은 천자(天子)의 지위에 올랐으며, 이에 주무왕은 까다로운 정치를 폐하고, 어진 정치를 베풀었으므로 온 백성들이 마음놓고 살게 되었으며, 천하가 평정되었다.

□ 조자룡(趙子龍)과 미부인(糜夫人)

미부인은 한(漢)나라 삼국시대 소열황제(昭烈皇帝)인 유비(劉備: 字는 玄德)의 제2 부인으로서 미축(糜竺)의 누이동생이다. 미부인은 본래 유한정정(幽閒貞靜)하며, 어진 덕이 있었으므로 현덕이 그녀를 취하여 아내로 삼았던 것이다. 현덕의 큰 부인은 감부인(甘夫人)인데, 일찍이 아들 아두(阿斗)를 낳고는 얼마 되지 않아서 세상을 떠났다. 아두란 이름은 감부인의 태몽에 북두성을 삼켰다 해서 그 꿈을 쫓아 지었다고 한다.

미부인은 감부인이 낳은 아들 아두를 자기가 낳은 자식 이상으로 사랑하며 알뜰히 길렀다. 이때는 유비가 신야(新野)라는 조그만 성중에서 조조(曹操)와 싸우고 있을 때였다. 군사동맹의 기지로 몇차례나 조조를 물리쳤으나 힘에도 한계가 있는 터이라, 조조가 7만 대군을 거느리고 쳐들어오는데, 불과 수천의 병력밖에 없는 유비로서는 중과부적으로 도망치지 않을 수 없었다. 그러므로 유비는 신야와 번성(繁城)을 버리고 따르는 그곳 백성들과 같이 하구(夏口)로 피해 달아났다.

유비 현덕은 어진 사람이라 잠시동안 고을을 다스림에 있어서도 어진 덕을 베풀었으므로, 백성들은 유비에게 귀화하여 그가 다스렸던 신야의 백성 수만 명은 물론, 심지어 조조의 땅에 살던 백성들까지도 유비의 뒤를 따랐다. 그러자니 자연 행군이 늦어졌고, 조조는 급히 추격했다. 이때 유비의 측근에 있는 사람들은 한결같이,

"어서 백성들의 무리를 버리고 가시지 않으면 주군께서 위험합니다."

하고 간하였으나 유비는,

"나를 따르는 백성들을 어찌 차마 버리고 가겠는가? 죽어도 같이 죽고 살아도 그들과 같이 살아야 한다."

하고 그들을 거느리고 길을 재촉했다.

그러던 한밤중의 일이었다.

"현덕을 놓치지 말고 잡아라!"

하는 소리와 함께 함성을 지르며 조조의 대군이 바짝 추격해 왔다.

앗차! 하고 현덕은 소스라치게 놀라며 좌우의 병력을 모아 죽기를 각오하고 적의 포위를 벗어나려고 했다.

"주군, 어서 동쪽으로 피하십시오."

장비는 소리치며 조조의 군사와 맞서 싸웠다. 그러나 장비의 용력도 한계가 있는지라, 유비를 추격하는 적군을 막아낼 수는 없었다. 적군은 현덕의 뒤를 바싹 따라오며,
"현덕이 저기 있다. 쫓아라!"
하며 달려오는 적은 그 수를 헤아릴 수 없었다. 현덕은 허둥지둥 도망쳤다. 가는 곳마다 복병이 기다리고, 화살은 빗발치듯 했다.

현덕은 얼마쯤 도망치다가 멈추고 서서 뒤를 돌아다보니 자기의 뒤를 따르는 자 백여 명 밖에 되지 않았다. 그의 처자, 노유를 비롯하여 미방, 미축, 조운(자룡), 간옹 등 장수들은 어디로 갔는지 하나도 보이질 않았다.

"아, 백성들은 어찌 되었을까? 처자와 종복의 무리가 하나도 눈에 띄지 않으니 어떻게 된 일인가?"

현덕은 탄식하며 눈물을 짓더니 마침내 소리내어 울었.

이때 미부인도 아두를 안고 여러 백성들과 같이 피난하여 현덕의 뒤를 따르고 있었는데, 현덕은 조운에게 자기 가족들을 보호하는 책임을 맡겼다. 그리하여 조운은 양양을 나설 때부터 주군의 권속 20여 명과 특히 미부인과 아두 등을 수호하는 책임의 중대함을 절실히 느꼈으므로 사생결단하여 그들을 안전하게 보호하고자 굳게 다짐하고 있었다.

그런데 너무도 급작스레 밀어닥치는 적군의 추격으로 치열한 싸움이 벌어졌고, 잇따른 패주(敗走)로 미부인과 아두를 비롯해서 힘없는 노유(老幼)들을 대부분 어둠 속에서 잃고 말았다.

"아, 내 불찰이로다. 주군을 대할 낯이 없구나."

하고 조운은 닥치는 대로 베고 찌르면서 적군 사이를 이리 피하고 저리 피해, 미부인의 행방을 찾고 있었다. 그러나 미부인의 종적은 아득하기만 했다.

"내 비록 땅속을 파고 들어가는 한이 있더라도 주군의 가족을 찾기 전에는 주군 앞에 나타나지 않으리라."

이렇게 다짐한 조운은 다시 적진에 뛰어들었다. 그러자, 저편에서 10여명의 부하를 거느린 젊은 무사가 천천히 말을 몰고 왔다. 등에 장검을 메고 손에는 화려한 창을 든 폼이 예사 장수가 아님을 한눈에 알 수 있었다.

"아, 이놈들! 조자룡이 여기 있다. 목을 내 놓아라!"

하고 호통치며 조운은 달려 나갔다. 그들은 깜작 놀라며 조운을 에워쌌으나 조운의 적수가 아니었다. 군졸들은 금시 달아나고 젊은 대장은 조운에게 목이 베이고 말았다.

조운은 곧 적장의 등에서 칼을 취했다. 얼핏 보아도 명검이었다. 손잡이에는 금으로 청홍(靑紅)의 두 글자가 새겨져 있었다.

"아, 이 칼이 바로 조조가 충신 하주은에게 준 청홍검이로구나. 어쨌든 보검을 얻어 기쁘구나. 이는 하늘이 나에게 주신 칼이다."

조운은 그 칼을 등에 걸치고 다시 말을 달려, 벌판에 우글거리는 적진 속으로 뛰어들었다. 미처 달아나지 못한 백성들, 특히 노유와 현덕의 군사를 무자비하게 살육하는 광경이 눈에 들어 왔다.

"짐승같은 놈들!"

조운은 의분이 타 올랐다. 닥치는 대로 베고 찔렀다. 조운이 이르는 곳에는 적군들의 목이 추풍낙엽처럼 떨어져 갔다. 그러면서도 조운이 목이 터져라 하고 소리쳤다.
"부인, 부인, 유군, 유군, 어디계십니까?
하고 미부인과 아두의 행방을 찾는 데만 정신이 없었다. 조운의 주위에는 8방이 모두 적의 그림자로 뒤엎여 있었다. 그래도 조운은 꿈쩍도 하지 않았다.
이때 심한 상처를 입고 쓰러졌던 군졸 하나가 고개를 들며 조운에게 소리쳤다.
"장군, 장군이 찾고 계신 미부인이 그분인지도 모릅니다. 왼쪽 허벅지를 적병에게 찔린채 어린애를 안고 저편 농가의 담 모퉁이에 쓰러져 있는 귀부인을 보았습니다. 빨리 그곳으로 가 보십시오."
하면서 손으로 그곳을 가리키고는 숨을 거두었다.
조운은 나는 듯 그곳으로 달려 갔다. 그 지점에 이르러 말에서 내려 이곳 저곳을 살피고 있으려니 담 뒤에서 어린애 울음소리가 들렸다. 조운은 곧 그곳에 가까이 다가갔다.
"미부인이 아니십니까. 소장은 조운입니다. 뫼시러 왔으니 안심하십시오."
"오, 조장군이오? 반갑소. 빨리 이 아기를 남편에게 무사히 데려다 주시오."
"물론입니다. 자, 어서 부인께서도 이 말 위에 타시지요. 제가 보호하여 모시겠습니다."
"아닙니다. 그럴 수 없습니다. 어서 이 아기를 받으시오."
조운이 미부인에게서 아두를 받자 미부인은 말을 이어,

"나는 화살에 맞아 이미 상처를 심히 입었소. 비록 장군의 도움으로 남편 곁에까지 간다 해도 이 목숨을 부지하기는 어렵소. 만일 내가 장군의 말을 타고 간다면 장군은 아이를 안고 적군 속을 걸어서 가야 하오. 그렇게 되면 세 사람의 생명을 보전할 수 없는 게 아니겠소?"

 이젠 나를 돌보지 말고 한시바삐 어린것을 적진 밖으로 구해내 주시오. 그게 나의 간곡한 부탁이오."

 조운은 당치도 않다는 듯이 고개를 저으며,

 "그 무슨 약한 말씀을... 비록 말을 타고 가지 않더라도 이 조운이 모시고 가면 안심하실 수 있습니다."

 "아, 함성이 가까이 들립니다. 적이 가까이 다가오는가 보오. 조장군, 그대는 어찌 천금같은 유군을 맡고서도 망설이고 있소? 빨리 이곳을 떠나시오. 빨리, 나는 버려두고."

 "안됩니다. 어찌 부인을 남겨두고 그대로 떠날 수 있겠습니까? 소장이 죽기를 각오하고 부인과 유군을 보호할 것이오니 어서 말에 오르십시오."

 "조장군, 고집부리지 마오. 주인은 다른 혈육이 없고, 오직 이 아이 하나뿐이오. 원컨대 장군은 평일의 일을 생각하여 아두를 잘 보호하여 주인에게 보내 주면 이는 오로지 장군의 은덕이라 내 비록 구천(九天)에 돌아갈지라도 장군의 은혜는 잊지 않으리니 속히 아두와 같이 말에 오르시오."

 그러나 조운은 미부인을 남겨둔 채 그대로 떠날 수는 없었다. 조운은 몇 차례나 거듭 부인에게 말에 오르기를 간청하였으나 미부인은 한사코 듣지 않았다.

이러는 사이에 적의 추격은 점점 가까이 왔다. 조운은 황급하게 소리를 크게 내어 부르짖었다.

"적군의 추격이 가까이 왔습니다. 어서 말에 오르시지요."

그러자 미부인은 옆에 있는 우물로 가더니,

"장군, 아두를 부탁하오."

말을 마치자, 붙잡을 겨를도 없이 우물 속으로 뛰어들었다. 슬프다, 사람의 마음이란 누구를 막론하고 죽기를 싫어하고 살기를 좋아함이 인지상정(人之常情)이다. 누구나 그러한 형세를 당해서는 나중 일은 불문하고 급히 말에 올라 생명을 유지해 보려할 것이다. 그런데도 미부인은 자기 일신을 초개와 같이 여기고 오직 어린 아두를 살리고자 하는 장렬한 마음으로 자기 몸을 희생하면서 조운에게 부탁하였으니 미부인의 장한 뜻은 천추에 빛나고도 남음이 있으리라.

조운은 급히 우물로 달려가 그 안을 들여다보았다. 우물의 깊이가 얼마인지는 모르나 아득한 깊이의 우물은 그토록 훌륭한 미부인의 몸뚱이를 삼켜 버린 채 약간의 파동이 일었을 뿐 아무것도 보이지 않았다.

조운은 우물 속을 들여다보며 소리 내어 울었다. 그러니 이젠 울고만 있을 일이 아니다. 일각이라도 서둘려야 했다.

그는 이윽고 갑옷의 앞가슴을 풀어 아두를 조심스럽게 품고는 그 위로 갑옷 끈을 단단히 잡아매고는 번개같이 말에 올라 비호같이 달렸다.

조운의 앞에 안명이란 적장이 가로 막으며 삼첨양인(三尖兩刃)이란 칼을 휘둘렀다.

"건방진 놈!"

조운의 창이 번쩍 움직였다. 안명은 대항할 겨를도 없이 창에 찔려 말에서 굴러 떨어졌다.

조운은 또 달렸다. 이때 장합(張合)이란 자가 괴상한 무기를 휘두르며 번개 같은 솜씨로 조운의 창을 낚아채는 바람에 창을 빼앗기고는 '지금은 아두를 보호하는 것이 급선무이니 도망치는 게 상책이다' 생각하고 그와 대적하지 않고 달아났.

그런데 이 무슨 불행인가? 달리던 조운은 아두를 품은채 들판의 구덩이 속에 빠지고 말았다. 조운의 뒤를 쫓던 장합은,

"됐구나!"

하고 말 위에서 몸을 굽혀 끈이 달린 쇠뭉치를 구덩이에 빠진 조운에게 던졌다. 쇠뭉치는 구덩이에 빠진 조운에게 어깨를 슬쩍 스치면서 구덩이의 흙벽에 푹 박히고 말았다. 다음 순간 장합의 입에서는 몹시 당황한 부르짖음이 흘러 나왔다. 질퍽한 질흙 속에 깊이 박힌 쇠뭉치는 아무리 힘을 주어 끌어당겨도 좀처럼 빠져 나오질 않았다.

이 틈을 이용하여 조운은 구덩이 밖으로 뛰어 나왔다. 적에게는 창이 없었다.

"옳지! 하늘이 우리 유군을 버리지 않으셨다. 내게 청홍검이 있지 않은가?"

하고 등에 메고 있던 청홍검을 뽑아 장합을 위로부터 아래로 쪼개듯 베었다. 장합의 어깨에서 말 몸뚱이까지 싹둑 그어 솟구치는 피를 뒤집어 썼다.

조운은 다시 말에 올라, 닥치는 대로 적군을 베어 나갔다. 그

의 앞을 가로막는 자는 오직 죽음만이 있을 뿐이었다.
 그날 조조는 경산(景山) 마루턱에서 싸움의 대세를 살피고 있다가 무인지경으로 적진을 뚫고 나가는 적장을 보고 그가 누구인지 알아 보도록 명했다.
 그가 바로 상산의 조자룡임을 알고는 탄복했다. 조조는 본시 양장(良將)을 보면 적인 것도 잊고 그를 막하에 두고자 하는 마음이 병적일 만큼 있었던 사람이므로 조운의 용맹을 흠모한 나머지 그를 죽이지 말고 사로잡도록 하라는 명령을 내렸다.
 이것이 조운에게는 좋은 기회가 되었다. 자연히 공격이 누그러지고 적군을 포위하기만 했다. 조운은 악전고투하여 마침내 광야를 벗어나 산간 험로에 이르러서는 가까스로 숨을 돌렸다. 그러나 이곳에도 종진(鍾縉), 종신(鍾神)이란 형제가 진을 치고 있다가,
"이젠 달아날 수 없으니 항복하라!"
하고 소리치며 덤벼들었다.
"어림없는……"
 조운의 칼이 번득였고, 그들 두 적장은 일시에 목이 떨어졌다. 사방에서는 여전히 포위망이 좁혀들고 있었다. 조운은 사력을 다해 도망치다가 기진맥진했을 무렵 우군인 장비를 만났다.
"장비, 나를 도와다오. 내 몸에 유군 아두를 모시고 있네."
"조운, 염려말게. 뒤는 내게 맡기고 어서 이 다리를 건너가 주군을 만나게."
 한마디를 남기고 장판교를 건너 현덕이 있는 곳으로 찾아갔다.

"오, 여기로구나."
 조운은 자기 편 군사를 보자 말에서 미끄러지듯 내리더니 피투성이가 된 몸을 내던지듯 털썩 주저앉아 어깨를 들먹이며 숨을 할딱이고 있었다.
 조운의 곁으로 다가 온 현덕은,
"오오, 조운이 아닌가? 헌데 그 품에 안고 있는 건 뭔가?"
하고 볼록한 조운의 앞가슴을 보고 물었다.
"아두 공자입니다."
"뭣! 아두라고?"
"용서해 주십시오. 소장은 주군을 뵐 면목이 없습니다."
"어인 말인가, 그럼 아두가 죽었단 말인가?"
"아닙니다. 공자는 안전합니다. 다만 미부인께서……"
하고 조운은 미부인이 조운의 권유를 끝내 거절하고 우물에 투신한 자초지종을 상세히 고했다. 아울러 이곳까지 빠져 나오던 일도 대충 말했다.
 조운의 말을 다 듣고 난 현덕은,
"아, 아두를 대신해서 죽었단 말인가?"
하고 조운에게서 아두를 받아 들었다. 아두는 쌔근쌔근 곤한 잠에 빠져 있었다. 이때 아두의 나이는 세살이었다.
 현덕은 아두를 덥석 안고 볼에 자기 뺨을 비볐다. 그러더니 무엇을 생각하였던지 비비고 있던 뺨을 떼고는 느닷없이 아두를 풀밭에 집어 던지며,
"에끼! 누구든지 저리로 데려가라!"
하는 게 아닌가?

"주군! 왜 그러십니까?"

하고 조운도 놀라고 그 곁에 있던 여러 대장들도 놀랐다. 현덕의 마음을 이해할 수 없었다. 누군가 급히 달려가 풀밭에 나동그라져 울어대는 아두를 안았다.

"듣기 싫다. 멀찍이 데려 가라!"

현덕은 손을 저어 물리치고는,

"이 어린것 하나 때문에 하마터면 나의 고굉지신(股肱之臣)을 잃을 뻔했다. 아들은 또 낳을 수 있으나 조운과 같은 훌륭한 장수는 이 세상에서 다시 구할 수 없다. 어린 것으로 인하여 그 같은 신하를 전사시킬 뻔하였어. 그리고 이곳은 싸움터다. 아이의 울음소리는 범부의 마음을 약하게 만드니 안될 일이다. 그래서 내던졌을 뿐이다. 모두들 이상하게 생각지 말라."

"아, 과연 어진 주군이시다!"

조운은 너무도 감격하여 눈물을 흘리며 땅에 이마를 조아렸다. 이제까지 겪어 온 피나는 고초가 단번에 잊어지는 것 같았다. 사람은 자기를 알아주는 사람을 위해서는 목숨을 바쳐도 가하다고 했다. 이분이야말로 진정 사람을 알아주는 분이다. 이러한 분을 위해서라면 백번 죽어도 목숨이 아깝지 않다고 생각했다. 조운뿐 아니라 모두들 현덕의 어진 마음에 감동하여,

"간뇌(肝腦), 땅에 짓밟히는 한이 있어도 이 은혜는 보답할 길이 없습니다."

하고 재배한 뒤 물러 나왔다. 그리고 장비는 조운에게 다리를 건너게 하고는 장판교 위에서 떡 버티고 서서 대갈일성하는 바람에 조조의 대군은 그의 용맹을 두려워하여 감히 접근치 못하

고 군사를 돌려 돌아갔으며, 이로 인해 유비는 무사히 조조의 추격에서 벗어날 수 있었다.

뒤에 유비는 제갈공명 같은 인재와 관우·장비·조운 같은 명장들의 도움을 얻어 3분천하의 대업을 이룩하고 소열황제의 자리에까지 오르게 되었다.

□ 신전수(神箭手)

양유기(養由基)는 춘추열국시대(春秋列國時代)의 사람이다. 그는 명궁(名弓)으로 널리 알려졌는데 그가 시위를 당겨 활줄만 튕기면 화살은 백발백중 목표물에 명중했다. 고로 그는 당시 열국 가운데서 활 쏘는 재주로는 제1인자로 꼽혔으며, 그 당시 사람들은 그를 칭찬하되, '고금을 통하여 그와 견줄만한 궁재(弓才)는 드물 것이다' 했다. 고로 그를 가리켜 신전수 (神箭手)혹은 신전장군(神箭將軍)이라 칭했다.

그가 실제로 활쏘기 재주를 겨룬 이야기를 소개하기로 한다. 어느 때, 초(楚)나라 장왕(莊王)이 군사를 일으켜 육혼(陸渾)이란 오랑캐를 정벌하고 돌아오는 길이었다. 장왕의 신하 가운데 이영윤(令尹 : 정승 지위) 벼슬에 있는 투월초(鬪越椒)란 사람이 있었는데, 그는 무서운 용력을 지닌 장수 출신으로서, 자기에게 총권(總權)을 주지 않는다고 해서 불만을 품고 있던 차, 장왕이 출전하고 없는 틈을 타서 부하 장병들을 거느리고 장왕이 돌아오는 길목을 지키고 있다가 장왕을 치려 기도했다.

　장왕은 그 소식을 오는 도중에 들었으나 그는 급한 마음에 밤낮을 가리지 않고 도성으로 돌아오다가 도성에서 멀지 않은 지점에 이르렀을 때 투월초를 위시해서 그의 군사들과 만나 두 군사들이 대치하게 되었다.

　장왕은 장졸들에게 명하여 투월초를 무찌르도록 명했다. 그러나 초나라 군사들은 투월초의 무서운 용력을 겁내어 감히 대항하기를 꺼려했으나, 왕의 명령인지라 하는 수없이 응전하다가 크게 패하고 말았다.

　장왕은 일단 군사를 물려 하수(河水)를 끼고 진을 쳤다. 그런데 투월초가 그의 군사들과 같이 활을 난사하는 통에 초나라 군사들은 그 화살에 맞아 수없이 죽어 갔다. 투월초도 세상에 드문 명궁이었으므로, 그의 화살은 도저히 피하기 어려웠다.

　"이를 어찌하면 좋단 말인가?"

　장왕은 투월초를 물리칠 신통한 계책이 없어 고심했다. 왕이 근심에 싸이자 초나라의 3군(前軍, 半軍, 後軍)들은 더욱 사기가 저하되어 어쩔줄을 몰랐다. 화살은 계속 날아오며 군사들은 픽픽 쓰러져만 갔다.

　이때 신하 한 명이 장왕 앞에 나서더니,

　"낙백(樂伯)의 수하에 말직장교(末職將校)로 있는 양유기(養由基)란 자가 있사온데 그로 말하면 명궁으로 알려진 자입니다. 대왕은 낙백장군에게 청하여 그를 불러다가 투월초를 제거하도록 하십시오."

　"오, 과인도 그가 신전이란 말을 들은 지 오래로다. 내 어찌 그것을 미처 생각 못하였을까?"
 장왕은 기뻐하며 곧 사람을 시켜 낙백 수하에 있는 양유기를 데려 왔다.
 "그대의 활 솜씨가 천하제일이란 말을 들었소. 과인을 위하여 투월초를 제거할 계책을 말해 보시오."
 "재주껏 해보겠습니다."
 양유기는 하수(河水)가에 이르러서 적진을 향하여 크게 소리를 쳤다.
 "투장군님, 그렇게 여러 생명을 해치지 말고 나와 더불어 양쪽에 서서 각각 화살 3개씩을 쏘아 사생결단할 용기가 있소?
 투월초는 이 말을 듣고 가소로웠다. 다른 무예도 그러하려니와 더욱이 활쏘는 재주에 있어서는 천하에 자기보다 나을 자 없다고 자부해 오던 터였다. 그는 짐짓 물었다.
 "너는 누구냐?"
 "나는 낙장군의 부하 소장인 양유기란 사람이오."
 투월초는 양유기의 말을 듣고 더욱 깔보는 마음이 들었다. 한낱 이름 없는 자가 자기와 더불어 활쏘기 겨룸을 하자니 웃지 않을 수 없는 일이었다.
 "하하하……, 참으로 웃기는구나. 네가 나와 활쏘기 내기를 하겠다니 그 용기를 높이 여겨 내 응락하거니와 조건이 있다. 내가 먼저 너에게 화살 3개를 쏘겠는데 어떠한가?"
 양유기가 웃으며 대꾸했다.
 "3개는 고사하고 백 개를 쏘아도 좋소. 그러나 나도 조건이 있소. 화살을 피할 때는 말 위에 그대로 앉은 채 털끝하나 까딱

말고 피해야지 몸을 돌려 요리조리 피하는 것은 창피한 일이며, 영웅이 할 짓이 아니오."

"건방진 놈. 그렇게 하라."

두 사람은 시합의 조약이 타협되었다.

투월초와 영유기는 각각 하수의 남북에서 말을 타고 화살 3개와 활을 지닌채 의연하게 자리를 잡았다.

먼저 투월초가 쏠 차례다. 그는 활시위를 당기며 마음속으로 '단 한 개의 화살로써 저놈의 가슴통을 꿰뚫어 하수물 속에 떨어지게 하리라' 하고 정신을 수습하여 겨냥한 뒤 시위를 놓았다.

윙, 시위를 떠난 화살은 양유기의 가슴팍을 향해 날아갔다. 양유기는 까딱도 않고 서 있었다. 이를 바라보는 양쪽 군사들은 숨소리도 크게 내지 못하고 긴장하고 있었다.

그들은 투월초의 화살이 틀림없이 양유기의 가슴을 꿰뚫으리라 직감했다. 그만큼 투월초의 활 솜씨는 빈틈이 없었다. 그래서 '앗' 하고 양유기가 쓰러지는 착각을 느꼈다.

양유기는 눈 한번 까닥 않고 날아오는 화살을 노려 보았다. 화살이 자기 가슴팍에서 서너 자 거리까지 육박했을 때 들고 있던 활로 그 화살을 살짝 튕겼다. 날아오던 화살은 힘없이 물속으로 떨어졌다.

이를 바라 본 양편 군사들은 일제히 '아!' 하고 탄성을 내질렀다. 양유기는 크게 소리치기를,

"투월초, 네 화살이 아직 2개 남았으니 나머지도 빨리 쏘아라."

투월초는 더욱 정신을 가다듬은 다음 두번째 화살을 보냈다.

이번에는 몸을 살짝 구부리자 그 화살은 양유기의 머리 위로 지나갔다. 투월초는 신경질적으로 소리쳤다.
 "네 이놈, 몸 하나 까닥 않기로 하고서 몸을 움추려 화살을 피하다니, 너는 장부가 아니로다."
 이에 양유기는 웃으며,
 "네 손에는 아직도 화살 하나가 남아 있으니 다시 쏘아라. 이번에는 정말 터럭 하나 까딱 않겠다."
 "네가 만일 까닥하지만 않는다면 내 반드시 너를 정통으로 맞히리라."
하고 마지막 하나를 시위에 걸었다. 만약 이번마저 실패하면 큰일이다. 절대적으로 맞혀야만 한다고 생각한 투월초는 이날까지 닦아 온 솜씨를 최대한으로 발휘하고자 정신을 가다듬어 한참동안 겨냥했다가 시위를 당겼다.
 '윙' 하고 울리며 날던 화살은 번개 같은 속력으로 양유기의 얼굴 정면을 향하여 일직선으로 날아갔다. 그러나 양유기는 과연 몸 하나 까닥하지 않고 태산보다 무겁게 앉아 있었다. 지켜보는 사람들은 이번에는 양유기가 피하지 못하리라 생각했다. 그도 그럴 것이 몸 하나 까딱 않고 저토록 빠르고 정확하게 날라 가는 화살을 어떻게 막을 수 있단 말인가.
 '앗! 저런.....'
 과연 이를 지켜보던 군사들의 생각은 적중되었다. 세번째 화살은 너무도 정확하게 양유기의 얼굴 아랫 부분에 바르르 떨며 꽂혀 있는 것이었다.
 장왕을 비롯하여 초나라 군사들마저 놀라 투월초의 활 솜씨에 칭찬을 아끼지 않았다. 그러나 군사들은 잘못 보았다. 왜냐하면 양유기는 결코 그 화살에 맞지 않았던 것이다. 그렇다면 어찌 되었을까?

 양유기는 천하의 신궁(神弓)이다. 그는 화살이 날아오는 속도와 거리와 방향을 정확히 잴 수 있는 사람이었다. 고로 그 화살이 얼굴 가까이 이르는 순간 입을 벌려 화살촉의 끝을 꼭 물어 버렸던 것이다. 때문에 약간 떨어져 바라보는 사람들의 눈에는 양유기의 목구멍이나 턱에 화살이 꽂힌 줄 알았음은 당연한 일이다.

 양유기는 입에 문 화살을 탁 뱉아 물속에 떨어드리고는,
 "하하하하, 투월초, 어떠냐? 이번에는 네가 내 화살을 받을 차례다."
하고 소리쳤다. 군사들은,
 "아! 저럴 수가……귀신도 능히 못할 일이로다."
하며 벌어진 입을 다물지 못했다. 투월초 또한 여간 놀랍지가 않았다. 순간 전신에 진땀이 흥건히 베었다. 첫번째 화살을 막았을 때 그는 양유기가 결코 만만치 않은 상대임을 깨달았다. 그대로 세번째 화살은 절대로 피하지 못하리라 생각했다. 그런데도 양유기는 마지막 화살까지 거뜬히 막지 않았는가?

 투월초는 순간 두려움이 앞섰다. 전율이 오싹하게 일어났다. 그러나 부하들이 지켜보는 앞에서 그러한 내색을 할 수는 없었다. 투월초는 '나도 저자의 화살 3개만 막아 내면 되는 것이다' 스스로 위로 하고 양유기를 향해,
 "과연 잔 재주깨나 있는 놈이구나. 이번에는 네 차례니 어서

쏘아 보거라. 만약 너도 3개의 화살로 나를 맞히지 못할 때는 나에게 또 쏘기를 허락해라."
 양유기는 태연히 대답했다.
 "물론, 네 말대로 하마. 내가 만일 3개의 화살로 너를 맞힌다면 이는 서투른 궁수(弓手)에 불과한 일이다. 그러므로 나는 단 1개로 너를 맞히겠다."
하고 화살을 시위에 걸고는,
 "영윤(令尹: 투월초의 벼슬 이름)은 내가 활 쏘는 것을 보라."
하고 거짓으로 활 시위를 퉁겼다. 투월초가 들으니 '윙'하는 소리가 났다. 그는 실제로 화살이 날아오는 줄로 알고 몸을 이리저리 피했다.
 '이때다' 하고 양유기는 진짜로 활시위를 당겼다. '윙' 하는 소리가 두번째 울렸다. 투월초는 먼저 번의 시위 소리가 진짜인 줄 알고 그 화살을 피하느라 몸을 젖히다가 두번째 진짜 화살이 날아오는 줄은 까맣게 몰랐다. 그러므로 양유기의 빈틈없는 화살은 번개같이 날아가 무방비상태인 투월초의 머리통에 정통으로 꽂혔다.
 '으악!'
 단발마의 비명을 지르며 투월초는 그만 말 위에서 떨어져 죽고 말았다. 이런 일도 있었다.
 어느 해인가 군영(軍營)에서 초(楚)나라 반당(潘黨)이란 자가 과녁판에다 홍심(紅心: 과녁판 중앙에 붉은 색으로 조그맣게 동그라미를 그려 화살의 목표로 삼는데, 이 홍심에 화살이 꽂혀야만 명중이 되는 것)을 목표로 활을 쏘아서 연거푸 화살 3발을 명중시켰다.

이를 지켜보던 여러 장졸들이 극구 칭찬하고 있는 참에 마침 양유기가 오는 것을 보고 여러 장수들이,

"아, 저기 신전수(神箭手)가 오는군!"
하니 반당이 역정을 내며 하는 말이,

"내 활 솜씨가 어찌 양유기만 못할소냐."
양유기가 이 말을 듣고,

"너는 다만 홍심을 세번 맞혔지만 그러한 정도의 솜씨는 보통 잘하는 정도의 일이다. 그러나 나는 백보(百步: 실상은 2백보, 좌우를 떼어 놓는 것이 1보) 밖에 있는 버들잎을 쏘아서 맞힐 수 있다. 다시 말해서 누구든지 백보 밖에 있는 버들잎 하나를 지정하면 그 잎의 중심을 화살로 뚫는 일이다. 한번 보겠느냐?"
여러 장수들이 기뻐하며,

"오늘에야 양장군의 신전(神箭)을 구경하게 되었군."
하고 곧 그 근처에 있는 버드나무에 어느 한 사람이 가서 따로 떨어져 있는 버들잎 3개에다 1, 2, 3의 번호를 먹으로 써놓고는 백보 떨어진 곳에서 쏘아 보라 했다. 버들잎에 번호까지 쓴 것은 양유기의 재주를 시험해 볼 목적으로 반당이 시킨 것이었다.

양유기는 활을 잡았다. 그리고는 시위를 당겨 망설이지 않고 계속 3개의 화살을 날려 보냈다. 그런 뒤 양유기는 장군들을 돌아보며,

"가서 확인해 보라!"
하고는 활을 놓았다. 여러 장수들은 다투어 버드나무 있는 곳으로 달려 갔다. 가서 보니 먹으로 번호를 매긴 그 버들잎에 차례대로 3개의 화살이 뚫고 지나갔다. 그들은 입을 모아,

"아! 양유기가 신전수란 별명을 얻었음은 결코 헛된 말이 아니다."
하고 깊이 탄복했다. 물론 양유기에게 뒤지지 않노라 뽐내던 반당도 진심으로 굴복했다. 그 밖에도 이런 이야기도 있다.
 형산에 통비원(通臂猿)이라 부르는 수백 년이나 묵은 원숭이가 있는데 사냥꾼들이 화살을 쏘면 귀신같이 받아 내어 도저히 잡을 수가 없다고 했다. 그래서 그 원숭이를 잡고자 활 잘 쏘는 장병 수십 명을 가려서 그 통비원의 전후좌우로 멀찍이 둘러서서 활을 쏘았는데, 아무리 쏘아도 맞히지를 못했다.
 그 원숭이는 화살 받아내는 묘기가 신에 가까웠던 까닭이었다. 할수없이 양유기를 불러다가 그 원숭이를 잡도록 했다.
 양유기는 원숭이를 잡으러 형산에 올랐다. 그 원숭이는 양유기가 왔다는 말을 듣고는 줄줄 눈물을 흘렸다. 그리고 원숭이는 결국 양유기의 화살을 피하지 못하고 죽고 말았다.
 양유기는 춘추시대 제일가는 명궁(名弓)중 명궁(名弓)이라 전해 내려 온다.

□ 하희(夏姬)

 정(鄭)나라 목공(穆公)에게 딸이 하나 있었다. 딸은 나이 열다섯 살 때 우연한 인연으로 신선을 만나 채양보음(採陽補陰 : 陽을 채취하여 陰을 補함)하는 술법을 배워 별로 늙지 않게 되었다.

그녀는 하숙(夏叔)이란 사람에게 시집을 갔으나 얼마 안되어 남편인 하숙이 죽자 주림(株林)이란 곳으로 이사하여 살았다. 하희의 나이 40이 되었지만 20세에 불과한 처녀와 같았으며, 게다가 용모도 아름답고 음탕하기까지 했다.

 진나라 영공(靈公)이 하희의 용모를 탐하여 미복으로 갈아입고 주림에 가서 하희를 만나 정을 통하게 되었다.

 그런데 하희에게는 징서라는 아들이 있었다. 징서의 나이 이미 20을 넘었다. 징서는 그 어머니가 영공과 더불어 행락하는 것을 미워하여 영공을 살해하고 말았다. 이틈을 타서 초나라 장왕은 군사를 이끌고 진나라로 쳐들어가 징벌했다.

 장왕은 징서를 잡아 죽이고는 하희를 데려 왔다. 물론 하희의 아름다운 용모에 장왕 같은 어진 왕도 마음이 끌려 그 여인을 데려 온 것이었다. 그러나 조정의 신하들은 그 불가함을 간하였으므로 장왕은 할 수 없이 그녀를 놓아 보내며,

 "네가 다시는 내 눈에 띄지 않도록 조심해라. 다시 내 눈에 걸리면 나로서도 진정하기 어렵다."

하였으니 이로 미루어도 실상 40을 넘은 여인이었지만 얼마나 젊고, 아름답고, 여염하여 남자를 끄는 매력이 있었던가를 짐작하고도 남음이 있다고 하겠다.

 그 뒤 하희는 다시 연윤(連尹 : 관명) 양로에게 가서 살다가 양로가 죽자 굴무란 사람이 하희에게 반하여 그녀를 데리고 진나라로 도망가 살았다. 그때 하희의 나이는 이미 60을 넘은 노경에 이르렀지만 젊은 여자와 같았다고 한다.

□ 그런 줄은 몰랐다

　아주 옛날 가대부(賈大夫)란 못생긴 사람이 있었다. 가대부의 용모가 어찌나 추했던지 그에게 시집오겠다는 처녀가 한 사람도 없었다. 가대부가 믿는 거라곤 약간의 재물뿐이었다. 고로 그는 많은 돈과 비단을 주고 여자를 사다시피 해서 맞아들였다.
　가대부의 아내는 그 남편과는 정반대로 훌륭한 미모를 지닌 여자였다. 그녀는 돈에 팔려 시집가기는 하였으나 추루한 남편의 얼굴을 바라볼 때마다 징그러운 생각이 들어 정나미가 떨어졌다. 그러므로 앙앙불락, 평생을 웃지도 않고 그 남편과 더불어 한마디의 말도 하지 않았다. 그러자니 그녀의 심정이야 오죽 했겠는가.
　어느 날 가대부는 그 아내를 데리고 교외로 나들이를 나갔다. 가대부는 본시 활 쏘는 재주는 뛰어났던 사람인지라 어디 나갈 때는 반드시 활과 화살을 지니고 다녔다. 이날도 평소와 다름없이 활을 지닌 채 아내와 들길을 걸었다.
　마침, 하늘을 바라보니 새 몇 마리가 날아가고 있었다. 가대부는 곧 활을 당겨 연속으로 몇 개를 쏘았다. 가대부가 쏜 화살은 단 한 개도 헛되이 나가지 않고 모두 나는 새에 적중되어 많은 새를 잡게 되었다.
　"아, 당신이 그러한 재간이 있는 줄은 미처 몰랐습니다."
　이날까지 한마디의 말도 하지 않던 아내는 비로소 입을 열었다.

그리고 아리따운 이를 드러내고 살짝 웃어 보이기도 했다.
이로부터 두 부부는 서로 말을 주고받으며 정답게 살았다고 한다.

□ 가장 위험한 것

　동진시대(東晉時代)에 남군(南郡)의 군수인 환현과 형주도독(荊州都督) 은중감(殷中堪)은 서로 절친한 친구로서 당대의 명사(名士)들이었다.
　하루는 두 사람이 이런 이야기, 저런 이야기를 하던 끝에 '세상에서 가장 위험한 것이 무엇이냐?' 하는 말에 까지 이르렀다. 환현이 먼저,
"이 세상에서 가장 위험한 것이란 긴 창의 날카로운 칼날로 부지깽이로 삼아 불을 때며 밥을 짓는 일이야."
했다. 여러 사람이 같이 있다가 환현의 말을 듣고는 가장 위험한 것을 형용함에는 어딘지 부족하다고 느끼고 있었다. 이번에는 은중감이 나섰다.
"그것보다도 위험한 일이 있네. 들어보게. 백살쯤 먹은 노인이 썩은 고목나무 가지에 기어 오른다면 얼마나 위험하겠나."
　이 말도 몹시 위험한 것을 형용함이었으나 역시 좀 부족한 것 같다고 느껴졌다. 이때 환현과 은중담 두 사람의 이야기를 묵묵히 듣고 있던 한 참군(參軍) 벼슬에 있는 사람이 그들의 말에 참견했다.

"내가 생각하기로는 가장 위험한 일이란 앞을 못 보는 소경이 눈먼 말을 타고 캄캄한 오밤중에 깊은 연못 위에 놓인 다리를 건너는 일인가 합니다."

이 말을 들은 은중감이 갑자기 전율을 느끼며 몸을 사시나무 떨듯 하면서,

"오, 이 얼마나 무서운 말인가."

하고 참군의 말에 동감했다.

은중감은 일찍이 한쪽 눈이 보이지 않았다. 그는 원래 효성이 지극한 사람으로서 그가 어렸을 적에 그 부친의 병환이 위중하여 그 부친의 병환을 간호하느라고 며칠 밤을 한잠도 자지 못하다가 종말에는 너무 슬퍼한 나머지 그만 한쪽 눈이 멀었다. 그러므로 눈이 보이지 않는 것이 그 얼마나 두려운가를 절실히 깨닫고 있었기 때문이다.

□ 사관(史官)의 권리

진(晉)나라 영공(靈公)은 무도하여 정사가 몹시 어지러웠다. 고로 상국(相國) 조순(趙盾)이 영공의 잘못을 지적하여 여러 차례 간했다. 영공은 삼국 조순 보기를 눈에 가시처럼 여겼다. 그리하여 영공은 조순을 없앨 계획을 세웠다.

마침내 영공은 자객을 시켜 조순을 죽이도록 했다. 그러나 자객은 영공을 죽이지 못하고 달아났다. 첫번째 계획에 실패한

영공은 조순이 조의하러 대궐에 들어오는 때를 타서 사나운 개를 풀었다. 개로 하여금 조순을 물어 죽이려 함이었다. 그러나 이번에도 실패했다.
 조순은 영공의 이러한 속셈을 미리 간파하고 있었다. 그래서 항시 좌우에 날렵한 무사들이 자기를 호위하도록 준비하고 있었다. 이번에는 군사를 매복시켰다가 조순이 지나갈 때 불의에 습격을 가했다. 그러나 조순의 날쌘 군사가 매복한 군사를 물리쳐 뜻을 이루지 못하고 말았다.
 조순은 그대로 있다가는 아무래도 언젠가는 죽음을 면치 못하리라 생각하고 피신하여 멀리 떠나려 했다. 이를 본 조순의 조카뻘 되는 조천(趙穿)이 만류하기를,
 "상국께서는 멀리 떠나지 마시고 좀 기다려 보십시오. 수일 내에 좋은 소식을 전하겠습니다."
하고 의미심장한 말을 했다. 조순은 그가 무엇을 하려는지 짐작할 수 있었다.
 "내가 잠시 수양산(首陽山)에 들어가 있을 터이니 너는 매사를 조심하거라."
하고 이르고는 집을 떠났다.
 조천은 결국 영공을 시해(弑害)한 뒤 사람을 수양산에 보내어 조순을 맞아들였다.
 영공이 시해 당하자 성공(成公)이 임금의 자리에 올랐다. 조순은 도원사건(桃園事件 : 도원에서 영공을 시해한 일)을 꺼림칙하게 생각하던 중 하루는 느린 걸음으로 사관(史館 : 역사를 기록하는 곳)에 이르러 태사(太史 : 사기를 맡은 벼슬) 동호에게

사간(史簡 : 역사를 기록한 대나무쪽)을 달라 하여 읽어 보았다.
그 사간에 '추칠월(秋七月) 을축일(乙丑日)에 조순이 도원에서 영공을 시해했다'고 명백하게 기록되어 있었다. 조순은 깜짝 놀라 태사에게,

"이것은 태사가 잘못 기록한 것이 아니냐? 그 당시는 내가 이미 하동지방으로 달아났고, 그곳과 서울의 거리는 4백여 리나 떨어졌는데, 어찌 그러한 일을 내가 할 수 있으며, 나와 관련이 있단 말인가? 자네는 어찌하여 그 죄를 나에게 뒤집어 씌우는가?"

하고 나무랐다. 태사 동호는 침착하게 대답했다.

"상국이 망명(亡命)할제 진나라 국경을 넘어서지 아니했고, 나라에 돌아와서는 임금을 시해한 역적을 치지 않고 그대로 두었소이다. 이로 볼 때 이 일은 상국(相國)이 주모자가 아니란 것을 누가 믿겠소이까?"

"이 사기(史記)를 가히 고치겠는가?"

"옳은 일은 옳다 하고, 그른 일은 그르다 하는 것이 바른 사기(史記)이며 사관(史官)의 책임이오. 내 머리가 잘릴지언정 이 사간에 기록된 것은 고칠 수 없소."

하고 정색을 했다. 이에 조순은 사관의 말을 듣더니,

"아, 사관의 권리가 정승보다 더 하도다. 내가 국경을 넘어서지 못하고 만세에 나쁜 이름을 전하게 되었으니 한이오이다. 지금 후회한들 무슨 소용이 있으랴."

하고 길게 탄식했다고 한다.

□ 장자(莊子)와 붕어

　주(周)나라 때 장자(莊子)라는 기인(奇人)이 있었다. 그는 일찍이 선도(仙道)에 뜻을 두고 일심전력 수련한 끝에 마침내 도를 통하게 되었다. 그리하여 장자는 둔신둔갑은 물론이고 신출귀몰하는 조화를 부릴 줄 알았다. 심지어 새나 짐승, 물고기들이 말하는 소리도 알아들을 수 있었다.
　하루는 장자가 어디를 가는 길이었다. 도중에 길옆에서 자기를 부르는 소리(장자만이 알아들을 수 있다)가 들렸다.
　"여보세요. 장자님."
　장자는 그 소리가 나는 방향을 찾아보았다.
　'?.....'
　소리가 나는 곳에는 아무도 없고 다만 메마른 웅덩이 속에 붕어 여러 마리가 바싹 말라 거의 죽어가는 지경에 있었다.
　'설마?'
　장자는 이상한 생각이 들었으나 발길을 돌려 가던 길을 가려 했다. 그런데 그 웅덩이 속의 붕어들이 장자를 부르며 애걸했다.
　"우리들은 지금 웅덩이에 물이 없어 비늘이 말라 목숨이 위태로운 지경에 이르렀습니다. 원컨대 장자께서는 한 말(一斗)의 물을 길어다가 이 웅덩이에 부어 주시면 저희들은 곧 살아날 것입니다."
　"오, 그러냐. 한 말 정도의 물은 얼마가지 않아서 또 마르게 된다. 그러하니 잠시만 기다려라. 내가 저 서강(西江)의 물줄기를 이곳으로 대어 주마."

장자의 말을 들은 붕어들은 기뻐했다.

"우리들은 지금 시각이 급해서 그러는데 만일 장자께서 서강의 물을 이곳에 대자면 많은 시간이 소요됩니다. 그러느라면 우리는 물이 이르기 전에 말라죽고 말 것이니 결국 시장의 어물전에서나 우리들은 만나게 될 것입니다."

"아, 그런가. 그렇다면 내 임시변통으로 너희들을 살려 주지." 하고는 순식간에 얼마간의 물을 길어다가 웅덩이에 부어 주었다. 죽어 가던 붕어 떼가 비늘을 축이고 살아났음은 물론이다.

□ 창해역사(蒼海力士)

진시황이 초(楚)·연(燕)·제(齊)·한(韓)·위(魏)·조(趙) 등 6국을 정벌하여 통일천하를 이룩하던 때의 일이다.

한(韓)나라 사람인 장양(張良: 字는 子房)은 그 조상이 5대나 한나라 임금을 섬겨 벼슬하여 왔는데, 진시황에게 한나라가 망하자 조국의 원수를 갚으려고 맹세했다. 장양의 이러한 결심은 일구월심(日久月深)으로 굳어져 갔다.

장양은 그 일책으로 천금을 아끼지 않고 천하의 장사를 찾아다니며 사귀었다. 그 장사를 시켜 진시황을 죽이고자 함이었다. 그래서 사방으로 돌아다니다가 하루는 어느 객점에 머물러

잠시 쉬고 있었다.

 마침 객점 뒤에서 어떤 거대한 체구를 가진 장사가 나타났는데 바라본즉 신장은 1장(丈)이나 되고, 상모(相貌)가 당당하여 매우 용력이 있어 보였다.

 장양은 마음속으로 기뻐하며 곧 그 장사 앞에 가서 먼저 읍하며 말하니 그 장사는,

 "귀하는 한나라의 장선생이 아니십니까? 귀하께서 천하를 위하여 무도한 진시황을 제어하려는 뜻을 품고 계신 것을 어느 자리에서 귀하가 비밀리에 말하는 것을 들어 알고 있었습니다. 만일 귀하께서 나를 써 주신다면 나는 귀하를 위하여 힘을 다 하겠습니다."

 "고맙네, 그토록 내 뜻을 알아주다니. 이곳은 이목이 번거로우니 우선 다른 곳으로 가서 이야기하세."

 장양은 그 장사를 데리고 조용한 곳으로 갔다.

 "자네의 이름이 무엇인가?"

 "나의 성은 여(黎)라 합니다. 거주지가 해변이고 힘께나 쓴다 해서 사람들이 나를 창해역사(蒼海力士) 또는 창해공(蒼海公)이라 불러 줍니다. 약간의 힘이 있어 백여 근 되는 철추를 무기로 사용하며, 협기도 있어 천하의 부정을 바로잡고 다니는 성격입니다. 마침 귀하를 대하고 본즉, 기우가 범상치 않은 데다 언변이 뛰어나 보통 분이 아니심을 아는 고로 이렇게 흉금을 털어놓고 말씀드리는 바입니다."

 이 말에 장양이 흔연히 대꾸했다.

 "나는 한나라 사람 장양이다. 우리 한나라가 진시황에게 망하

였으므로 그 한이 골수에 사무쳤네. 그래서 장사를 구하여 원수를 갚으려 하였으나 그 장사를 얻지 못하여 노심초사하고 있던 중이었네. 하늘이 도우심인지 오늘 우연히 그대 같은 장사를 만났으니 천만다행이네. 진시황은 우리 한나라의 원수일 뿐 아니라 천하의 공적(公敵)일세. 왜냐하면 그는 포악무도하여 천하의 백성들이 다 원망하고 있는 터이나 그대가 무도한 폭군을 없애서 여섯 나라의 원수를 갚아 준다면, 온 천하가 그대의 은덕을 높이 찬양할 것은 물론이려니와 그대의 명성은 청사에 빛날 것이네."

창해역사는 장양의 간곡한 부탁을 쾌히 승낙했다.

그로부터 며칠 뒤, 장양은 진시황이 순행차 양무박랑사(陽武博浪沙)란 곳에 이른다는 소식을 들었다. 장양은 창해역사를 불러 당부했다.

"그대가 공을 세울 기회가 닥쳐왔네. 마침 진시황이 순행길을 나선다 하니 그대는 길가에 숨어 있다가 진시황이 지나가거든 뛰어나가 그를 살해하게."

"예, 그리하겠소이다."

창해역사는 철퇴를 잡고 진시황이 지나갈 길목에 바싹 엎드려 기다리고 있었다. 과연 그 길로 거창한 행렬이 다가왔다. 전후좌우에 호위한 군졸들이며 일산(日傘)을 꽂고 화려하게 장식한 수레로 보아 그 속에 있는 사람은 진시황임에 틀림없다고 확신한 창해역사는 그 수레가 가까이 이르자 벼락같이 뛰쳐나가 철퇴로 수레를 후려쳤다.

수레는 박살이 났다. 그러나 그 수레 안에는 아무도 타고 있지 않았다. 진시황은 누가 암암리에 자기를 습격할지도 모른다는 생각에 그를 두려워하여 어디 다닐 때는 항시 부거(副車: 사람이 타지 않는 가짜 수레)를 앞에 가도록 했다. 그것을 창해역사가 알 까닭이 없었으므로 실패하고 말았다. 장사는 그때 호위하는 군사들에게 잡히게 되자 자살해 버리고 말았다.

□ 장량(張良)과 황의노인(黃衣老人)

장량(張良)은 창해역사를 시켜서 진시황을 죽이려다 실패하자 그곳을 탈출하여 친구인 항백(項伯)의 집에 숨어 있었다.
며칠이 지난 뒤, 장양이 외출했다가 우연히 기(杞)라는 다리에 이르렀다. 이때 공교롭게도 맞은편에서 노인 하나가 황의(黃衣)를 걸치고 어슬렁어슬렁 그 다리를 건너오고 있었는데, 그 노인은 다리 중간쯤 오다가 신발을 밑으로 떨어뜨렸다.
'아, 이런 쯧쯧.'
노인은 혀를 차더니 자기가 주을 생각은 않고, 저편에서 마주 건너려는 장양을 보고 소리를 쳤다.
"너는 빨리 다리 밑으로 내려가서 신을 주워 오너라."
하는 게 아닌가. 장양은 '아무리 노인이기로니' 하고 좀 언짢게 생각하였으나 아무 대꾸도 않고 신을 주워다가 노인에게 내밀었다. 노인은 신을 받을 생각은 않고, 그대로 다리 위에 털썩 주저 앉더니,

"너는 무얼 꾸물거리느냐, 어서 신을 신겨라!"
하고 명령조로 말하는 것이었다. 장양은 어처구니가 없었다. '신을 주워 오라' 하는 것도 체면을 아는 사람이라면 아니할 터인데 이 노인은 무슨 뱃심이기에 신까지 신기라고 한단 말인가?
 장양은 배알이 틀렸으나 노인이거니 하는 마음에 마음을 돌이켜 공손히 꿇어 앉아서 조심스럽게 신을 신겼다. 그러자 노인은 얼굴에 희색을 띠며,
"음, 그렇지! 선비녀석을 가르칠만 하군."
하고 나서 손으로 다리 가에 있는 큰 나무를 가리키며, '너는 지금부터 닷새째 되는 날, 일찍이 저 나무 밑에 와서 나를 기다려라. 내가 너에게 줄 한 가지 물건이 있다. 내 말을 어기지 마라.'
하고 이르고는 노인은 다리를 건너 어디론가 가버렸다.
 장양은 그 노인이 예사 사람이 아님을 깨닫게 되었다. 그래서 그 노인과의 약속을 지키려 했다. 그는 그날로 황백의 집에 돌아와 있다가 닷새째 되던 날 일찌기 그 노인이 가리키던 큰 나무 가까이 가 보았다. 노인은 언제 왔는지 장양보다 먼저 와 있었다. 노인은 장양을 보더니,
"선비 녀석이 어른과 약속을 하였거늘 어찌 이다지도 태만하여 늦게 오느냐? 너는 물러갔다가 또 닷새 후에 일찍 오너라.."
하고 꾸짖었다. 장양은 사례하고 하릴없이 돌아왔다. 그리고는 닷새째 되던 날 전보다 훨씬 일찌기 나무 밑에 가 보았다. 그러나 노인은 장양보다 먼저 와서 기다리고 있었다. 그 노인은 나무 밑에 앉았다가 벌떡 일어서며 크게 노한 목소리로,
"선비녀석이 어찌 이다지도 게르른고? 고얀지고! 냉큼 돌아

가거라. 가서 닷새 뒤에 다시 오거라."

이번에도 장양은 하는 수없이 돌아왔다.

나흘째 되던 날 저녁 장양은 아예 그 다리로 일찍 가서 초저녁부터 자지 않고 기다렸다. 그리하여 앉아서 꼬박 밤을 새면서 닷새째 되던 날 이른 새벽을 맞이 했다.

노인은 동이 틀 무렵 어디서부터 오는지도 모르게 홀연히 나타났다.

장양은 노인이 나타나자 곧 그 앞에 엎드려 절을 하고는 고개를 들었다. 새벽달이 밝았다.

그 노인은 전일과는 달리 정결한 도포를 입고, 머리에는 윤건(淪巾)을 썼으며, 죽장망혜(竹仗芒鞋)로 표현히 서 있는데 그 용모와 풍채는 참으로 천상에서 내려 온 신선(神仙)이었다. 장양은 노인 앞에 꿇어 앉아,

"원하거니와 가르침을 받겠습니다."

하고 공손히 말하자 노인은,

"네가 골격이 창수하니 후일에 임금님의 스승이 될 것이다. 다행이 오늘 너를 만났으니 가히 천재기우(千載奇遇: 천 년만에 한번 있는 기이한 만남)로다. 내 너에게 비장의 책 3권을 주는 바이니 받거라. 이 글을 익힌다면 기모신산(寄謨神算)은 비록 손빈(孫臏: 孫子) 오기(吳起: 吳子)라도 미치지 못할 것이며, 공성신퇴(功成身退)하는 것은 비록 노중련(魯仲連)과 범여(范蠡)라도 이에 못미치리라. 부탁하노니, 너는 한나라를 위하여 원수를 갚고 참다운 임금을 도와 명성을 만세에 떨치고 공(功)이 해와 달로 더불어 빛을 다투게 하라. 부디 나의 말을 저버리지

말지니라."
하고 책자를 내어주었다. 장양은 책을 두 손으로 받으며,
"원컨대 높으신 이름을 듣고자 합니다."
하고 간곡히 청했다. 이에 노인은,
"내 이름은 알 필요가 없다. 13년 뒤에 대곡성(大谷城) 동쪽에서 어느 임금을 장사지낼 때 땅속에서 한 조각의 황석(黃石)이 나올 것이다. 그것이 바로 나다."
하고는 온데간데 없이 사라졌다.
 그 후에 장양은 한태조(漢太祖) 유방(劉邦)을 도와 큰 공을 세우고 과연 공성신퇴(功成身退)했다.

□ 나뭇잎의 인연

 당(唐)나라 희종때 우우(于祐)란 선비가 있었다.
 그는 산천풍경을 두루 구경하다가 서울로 올라가서 어구(御溝 : 궁중으로부터 흘러나오는 개울) 근방에 이르러 쉬고 있었다.
 이때 홀연히 붉은 나뭇잎 하나가 개울을 따라 떠내려 오고 있는 것을 본 우우는 호기심에 그 나뭇잎을 주어 보았다. 기이하게도 그 나뭇잎에는 시 한수가 적혀 있었다. 그 시를 읽어보니 다음과 같은 내용이었다.

　　流水何甚急 隱勳謝紅葉

深宮盡日閑 好去到人間

흐르는 물은 어찌하여 그리 급한가
깊은 궁중의 이 몸은 온종일 한가하기만 하다
은근히 홍엽에 내 마음을 부탁하노니
좋게 흘러가서 그 사람이 있는 곳에 이르거라.

그는 마음속으로 기뻐하며 곧 화답시(和答詩)를 홍엽(紅葉)에 써서 개울에 띄웠다. 그 홍엽은 물에 떠서 궁성 있는 곳으로 거슬러 올라갔다. 흐르는 물은 아래로 내려가는 게 정한 이치로되, 이 개울은 그리 경사가 되지 않고 약간 낮은 곳으로 거의 수평이 되었다. 그래서 바람만 거꾸로 불면 그 위에 떠 있는 나뭇잎 등은 물길대로 행하지 않고 거슬러 올라가기도 한다.
이때 공교롭게도 바람이 물길을 거슬러 불어오므로 그가 화답시를 써서 띄운 홍엽은 궁중으로 되돌아 갈수 있었다. 이러한 것도 인력으로는 되지 않는 일이고 우연히 그렇게 되는 것임에야 어찌하랴.
한편 그 궁중에는 궁녀 하나가 있었는데 그녀는 한가로움을 이용하여 궁궐 안에 있는 연못가를 배회하고 있었다. 그녀는 무어라 말할 수 없는 고독감에 텅빈 듯한 마음을 이기지 못하여 홍엽에 한 수의 시를 써서 물에 띄웠다. 홍엽은 궁궐 담벽 사이로 뚫린 물길을 따라 궁궐 밖으로 떠내려 갔다.
그녀는 우두커니 서서 떠내려 가는 나뭇잎을 하염없이 바라보며 무언가 아쉬운듯 무엇을 기다리는 듯, 그곳을 떠나지 않고 있었다.

 아, 이 무슨 조화인가. 그녀가 멀거니 바라보고 있는 개울물 위에는 자기가 떠내려 보낸 듯한 홍엽이 궁궐 밖으로부터 바람결을 따라 거슬러 올라오는 게 아닌가.

 그녀는 그것을 기다렸다는 듯이 급히 그 나뭇잎을 주워 들었다. 거기에는 다음과 같은 시가 적혀 있었다.

   曾聞葉上題紅怨
   葉上題詩寄阿誰

 일찍 듣건대, 나뭇잎 위에 홍규의 원망하는 글을 썼다는 말을 들었으나 지금 나뭇잎 위에 씌어 있는 그대의 글은 누구에게 부친 것인가?

 궁녀, 즉 한부인은 그 화답시를 쓴 주인공은 반드시 자기의 짝이 될 만한 선비라 생각했다. 그녀는 그 주인공을 만나보지 않고는 못배길 것 같았다.
 궁녀는 곧 궁궐을 빠져 나와서 연못가에 앉아 있는 우우를 만났다. 두 남녀는 만나자마자 지기(知己)가 상통했다. 그래서 그들은 곧 길일을 가려 혼례를 지내고 동방화촉의 초야를 맞게 되었다. 두 남녀의 기쁨이란 이루 형언할 수 없었다. 고로 원앙 한쌍이 녹수에서 정답게 노는 것 같고, 봉황이 단산(丹山)에서 춤을 추는 것 같았다.
 한부인은 시 한수를 읊었다.

一聯佳句隨流水　今日始成鸞鳳侶
　　十載幽思傷素懷　方知紅葉是良妹

일련의 아름다운 글귀가 흐르는 물을 따라 떠내려 가니
10년이나 그윽한 생각이 여자의 회포를 상하게 한다.
오늘에야 비로소 난새와 봉새가 짝을 만났으니
바야흐로 홍엽이 좋은 중매인줄 알겠도다.

하였음에 한부인은 그날 궁중에서 홍협에 띄운 시로 인하여 이와같이 꽃다운 인연을 만났음을 감사했다.

□ 용사(勇士)의 부끄러움

오(吳)나라에 초구흔(椒邱訴)이라는 용사(勇士)가 있었다.
그가 하루는 말을 타고 호수가를 지나다가 말에게 물을 먹이고 있었다. 이때 돌연 큰 이무기 한 마리가 물속에서 나오더니 물을 먹고 있는 말을 끌고 갔다.
'앗! 저런.'
너무도 갑작스러운 일이어서 초구흔은 크게 놀랐으나 미처 손을 써볼 틈이 없었다. 그는 크게 노하여.
"저 망할놈의 이무기 같으니라고."
하고 소리치고는 옷을 벗어 던지고는 물속으로 뛰어들어 이무기와 맞서 싸웠다.

 이무기와 초구흔의 싸움은 매우 치열했다. 초구흔은 이무기를 쉽사리 제압하기 어려웠다. 그는 힘께나 쓰는 장사였으나 이무기가 어찌나 흉녕한지 죽이기는 고사하고 자칫 잘못하면 이무기에게 목숨을 빼앗길 판이었다. 초구흔은 오기가 생겼다.
 "내 저놈을 처치하지 않고서는 절대 물러나지 않으리라."
하고 이무기와 사흘 동안 주야를 가리지 않고 처절하게 싸움을 했다. 그러다가 드디어 이무기에게 한쪽 눈을 상하고는 하는 수 없이 말을 잃은 채 물에서 도망쳐 나왔다.

 그는 아는 사람의 집에 가서 잠시 쉰 뒤에 여러 사람이 모인 자리에서 이무기와 싸운 경위를 자랑삼아 이야기했다. 그는 실제보다 과장해서 떠들어대는데 그의 행동은 안하무인격으로 불손하고 오만하여 그곳에 모인 사대부(士大夫)들을 업신여기는 폼이 역력했다.

 이 자리에는 마침 요이(要離)라는 사람도 있었는데 그는 모인 사람들 중에서 가장 체질이 섬약하였으나 다만 돌올(突兀)한 두 눈이 유난히 빛나고 있었으므로 누가 감히 범치 못할 위엄을 지닌 자였다. 그는 거침없이 일어서더니 불쾌한 기색을 하고 초구흔에게 대들었다.

 "자네는 사대부들이 모인 앞에서 오만무례하기 짝이 없도다. 그래, 자네가 용사인 체하는가. 내 들으니 용사란 용과 싸울 때 조금도 물러서지 아니하고, 사람과 싸울 때는 큰소리를 치지 아니하며, 차라리 죽을지언정 욕을 당하지 않는다 하는데 지금 자네는 이무기와 싸워 결국 잃은 말도 찾지 못하였을 뿐 아니라 도리어 한쪽 눈까지 멀었잖은가? 그러한 수치를 당하고서도 둘 중에 하나는 죽을 각오로 그 이무기와 끝까지 싸우지 못하고 간신히 목숨 하나 보존하고자 도망쳐 나와서 무엇이 장하다고 떠들어대는가? 자네는 용사라는 명예를 손상하였고, 또는 형체도 온전치 못한 불구의 몸을 가지고 여생에 미련을 두고 있으니, 이는 천지간에 무용지물인지라. 그러한 수치와 그러한 얼굴을 가지고는 사람들을 대하기가 부끄럽다 해서 마땅히 숨어 살아야 할 처지에 놓였거늘 네가 무엇이 잘났다고 사대부들을 업신여기느냐? 어림도 없는 일이다."
하고 꾸짖었다.
　요이의 말을 듣고 난 초구흔은 금시 얼굴이 빨개지며 한마디 대답도 못하고 곧 그곳을 물러났다.
　초구흔을 면박한 요이는 해가 저물 무렵 집으로 돌아왔다. 그는 아내에게,
"내가 오늘 초구흔이란 용사를 대중들이 모인 자리에서 공박하였는데 그는 그 자리에서는 꼼짝 못하고 물러났지만 필시 나를 죽여 창피당한 원수를 갚으러 찾아올 것이오. 내가 방안에 가만히 앉아서 그를 기다릴 것이니 오늘 저녁은 특별히 문을 닫지 말아주시오."
하고 일렀다. 이 말은 들은 그의 아내는 깜짝 놀라,
"그렇다면 빨리 몸을 피하시지 않고 도리어 그를 기다린다니, 웬 말씀입니까?"
하고 남편을 피하도록 권유하였으나 요이는 듣지 않고, 걱정을 말라 이르고는 태연히 누워서 초구흔이 오기를 기다리고 있었다.

그날 밤, 과연 초구흔은 창피당한 분풀이를 하고자 칼을 들고 요이의 집으로 향했다.

초구흔이 요이의 집 대문 앞에 당도하니 문은 닫히지 아니하였고, 중탕의 두 문도 활짝 열려 있었다.

초구흔은 칼을 쥔채 거침없이 주당 마루에 올라서서 방안으로 들어섰다. 안에는 요이가 평상 위에 반듯하게 누운 채로 초구흔이 들어서는 것을 물끄러미 바라보고 있으면서 털끝 하나 까닥 않고 태연히 누운 자세 그대로였다.

초구흔은 요이가 누운 곁에 다가서더니 요이의 목줄기에 칼을 바싹 대고는,

"네가 마땅히 죽을 죄를 지었노라. 너는 그 까닭을 아느냐?"
이 말에 요이는 꼼짝도 하지 않고 대답했다.

"모른다."

"이놈 모르다니 될 말이야? 네가 대가집 여러 사람들이 모인 자리에서 나에게 욕을 했으니 그 죄가 한 가지요, 돌아와서는 문을 닫지 않았으니 죽을 죄가 둘이며, 나를 보고도 자빠져서 일어나지도 않고 피하지도 않았으니 그 죄가 세 가지로다. 네가 자처하여 죽음을 구한 것이니 나를 원망은 말라."

"나는 세 가지 죽을 죄가 없으나 너는 세 가지 잘못을 저질렀으니 그것을 아느냐?"

"모른다."

"내가 여러 사람이 모인 자리에서 너를 공박하였으나 너는 한 마디의 답변도 못하였으니 한 가지 잘못이요, 문을 들어설 때 인기척을 내지 아니하고 방안에 들어올 때도 살금살금 몰래 들

어왔으니 이는 도둑놈의 행색이라, 그 잘못이 두 가지며, 칼을 내 목에 대고서도 능히 나를 곧 죽이지 못하는 놈이 그래도 큰 소리를 치느냐, 이것이 세 가지 잘못이다. 그럼에도 불구하고 도리어 나를 꾸짖으니 어찌 비루하고 무식한 놈이 아니냐."

 이 말을 듣고 초구흔은 부끄러움을 이기지 못하다가 도리어 칼을 던지고는 사과한 뒤 돌아갔다고 한다.

□ 말로 정승을 빼앗다

 채택(蔡澤)은 연(燕)나라 사람이다. 그는 학식이 깊고 쾌활한 기풍이 있으며, 겸하여 청산유수같이 줄줄 외어 대는 웅변(雄辯)이 있었다. 그러므로 자신의 자격을 자부하고 여러 나라 제후(諸侯)들에게 천하경륜(天下經綸)의 계책을 설득하였으나 아직 운(運)이 막혔음인지 그를 중히 써 주는 이가 없었다.

 하루는 대량(大梁)이란 곳에서 상(相)을 잘 보기로 이름난 당거(唐擧)와 우연히 만나게 되었다.

 "내 들으매 선생은 몇년 전에 조(趙)나라 이태(李兌)의 상을 보고, '백일 이내에 상국(정승)이 되리라' 하였던바 뒤에 선생의 말과 같이 정승이 되었다는 소문이 들리던데 과연 그 말이 사실이오?"

 "그렇소."

 "그렇다면 나의 상을 보아 주구려. 나 같은 이는 어떻다 하겠소?"
 당거는 채택의 얼굴을 한참 바라보다가 웃으면서 하는 말이,
"선생의 코는 빈대코, 어깨는 정수리보다 높이 솟고, 도깨비 얼굴, 게다가 두 무릎은 굽고, 두 눈썹은 찌그러져 기괴하구먼."
 채택은 당거가 농하는 줄을 알고,
"부귀는 나의 손에 있는 것이니 알 필요가 없겠으나 다만 모르는 것은 수한(壽限)이오."
"선생의 수명은 지금부터 43년을 더 살겠소."
"내가 고량진미를 먹고 좋은 거마(車馬)에 거드럭거리고, 또는 금인(金印)을 차고, 검붉은 띠를 허리에 매고 임금 앞에 나아가 봉명(奉命)하기를 43년간 산다면 만족할 것이니 무엇을 더 바라겠소."
 채택은 다시 한(韓)나라와 조(趙)나라 등을 돌아다니며 공명(功名)을 구하려 하였으나 뜻을 이루지 못하고 돌아오는 길에 당거를 또 만났다.
"선생은 아직 부귀를 얻지 못하였소?"
하고 조롱한다.
"지금 찾아가는 길이오."
하고 얼굴빛 하나 변하지 않고 유들유들하게 대답했다. 당거는 정색하며 진지한 태도로,
"선생은 금수(金水)의 골격이니 반드시 부귀의 자취가 사방에 있을 것이오. 지금 진나라 정승 범수(范雎)가 추천한 정안평(鄭安平)과 왕계(王稽)가 중죄를 지은 탓으로 범수가 책임을 느낀

나머지 한편 부끄럽고, 한편 두려워 어찌 처리해야 좋을지 유예중에 있다 하는데 선생은 어찌 한번 찾아가 보지 않고 여기서만 빙빙 돌고 있소?"
 "아, 그렇소이까. 그렇지만 길은 멀고 여비가 없으니 어찌하겠소."
 당거는 말없이 주머니를 끌러 깊이 간직하였던 돈을 채택에게 주었다. 채택은 기뻐하며 노비를 받고 당거와 헤어진 뒤 그 길로 함양으로 갔다.
 그는 객관을 정하고 그 주인에게,
 "너는 내 밥상에 고량진미에다 좋은 어육을 장만해 올려라. 내가 정승이 되면 후히 갚겠다."
 객점 주인은 채택의 말을 듣고 기가 막혔다.
 "손님은 어떠한 사람이기에 망명되게 정승이 되기를 바라오? 흥! 별꼴 다 보겠군."
 "나는 다른 사람이 아니라 성은 채씨요, 이름은 택이다. 알고 보면 참으로 무서운 사람이란 말이야. 내가 바로 천하에 당할 수없는 웅변가요, 지략이 출충한 고사(高士)로다. 내 특별히 진나라 임금을 만나러 왔는데 진나라 임금이 나를 한번 보고 반드시 나를 좋아하여 범수를 쫓아내고 나를 정승으로 삼을 것이다. 고로, 나는 말(斗)만한 금인(金印)을 허리에 차고 거들먹거린단 말이다."
 주인은 뱃살을 쥐고 웃었다. 이 자가 미친 사람이 아니고서야 그런 말을 감히 떠들어댈 수 있단 말인가? 객점 주인은 하도 기막히고 엄청난 말이기에 보는 사람마다 웃음거리삼아 채택이 하던 말을 옮기곤 했다.

 이러한 말이 한 입 건너고 두입 건너서 범수의 문객(門客)들에게까지 들어갔고, 문객들은 그 말을 범수에게 고했다.

 범수는 그 말을 듣고 껄껄 웃었다.

 "오제(五帝) 삼대(三代)의 일과 제자백가(諸子百家)의 말을 내 듣지 않은 것이 없고, 삼교구류(三敎九流) 및 삼재(三才)의 서적을 내 아니 본 것이 없으며, 천하호걸의 말 잘한다는 웅변 대가들도 내 앞에서는 무릎을 꿇는데 저 채택이라는 자는 대체 어떠한 사람이기에 진왕을 설득하여 내가 지닌 상인(相印: 정승 벼슬을 임명받은 印牌로서 지금의 임명장과 같은 것)을 뺏겠다는 말인가?"

하고는 사람을 시켜 채택을 불러오도록 했다.

 한편, 채택이 유숙하고 있는 객점의 주인은 밖으로부터 허겁지겁 들어오며, 채택을 보고 책망 비슷이 말한다.

 "손님, 큰일났습니다. 손님은 괜히 무슨 범수를 대신하여 정승이 된다느니 하는 말을 선전적으로 하더니 그 말이 응후(應候: 범수)의 귀에 들어가 지금 승상부에서 손님을 불러들이라고 호령이 추상같다 합니다. 손님은 쓸데없는 말을 지껄이다가 화를 당하지 않겠소."

 채택이 주인의 말을 듣더니,

 "하하하하, 아 잘됐어 잘됐어, 내가 범수를 만나보면 그가 반드시 정승 지위를 내게 양보할 것이니 참 잘된 일이야. 이젠 진왕을 만나볼 필요도 없어."

 주인은 어이가 없었다. 그도 따라 웃으며,

"손님은 참으로 미친 사람인가 보군. 내게 누를 끼치지나 말게 하시오."
하고는 그의 처소로 돌아갔다.
 범수가 채택을 불러들인다는 말을 들은 채택은 범수에게서 사람이 이르기도 전에 객점에서 나와서 포의를 입고 띠풀로 만든 짚신을 질질 끌며 범수를 찾아가는 도중, 범수의 문인(門人)을 만나 범수가 있는 처소에 안내되었다.
 "숭상, 이 사람이 바로 채택이란 자입니다."
 범수는 의자에 걸터앉은 채로 대수롭지 않게,
 "들여보내라."
하고 일렀다.
 채택은 범수 앞에 가서는 길게 읍(揖)만 하고 절은 하지 않았다. 범수는 그를 힐끗 쳐다보고는 앉으라는 말도 없이 세워 둔 채 큰소리로 꾸짖는다.
 "외부에서 들리는 말에 의하면 나를 대신하여 정승이 되겠다고 장담하는 자가 있다는데 그게 과연 너였더냐?"
 채택은 조금도 두려운 빛이 없이 태연자약하게 범수의 곁에 한 걸음 다가서며,
 "예 그렇습니다."
 "그래? 그렇다면 네가 어떠한 말로 내가 맡고 있는 정승의 지위를 뺏겠다는 것이냐?"
 이번에는 아무 노여움도 섞이지 않은 나지막하고 부드러운 음성이다.
 "허, 숭상께서는 어찌 사리를 보는 것이 늦으십니까? 대체로

사시지서(四時之序)의 차례에 성공한 자는 물러가고, 장차 와야 할 자는 진출하는 것(봄이 가면 여름이 오고, 여름이 가면 가을이 오며, 가을이 가면 겨울이 오고, 겨울이 가면 다시 봄이 오는 것)은 하늘의 자연스런 이치입니다. 고로 상승께서는 이제 물러나야 할 때가 된 줄로 압니다."

"스스로 물러나지 않는다면 누가 나를 물러나게 하겠는가?"

"대개 사람으로 말할진대, 육체가 건강해서 아무 질병이 없고, 수족이 튼튼하며 게다가 총명한 두뇌와 매사에 통달하는 슬기가 있어 도덕을 천하에 펴는 이는 세상에서 그를 공경하고 사모하는바, 이러한 사람이 현인(賢人) 또는 호걸이 아닙니까?"

"그러하다."

채택은 에헴 하고 목을 가다듬고는 다시,

"진나라의 상앙(商鞅)과 초나라의 오기(吳起)와 월나라의 대부종(大夫種) 같은 이는 큰 성공은 하였어도 결국 죽을 때는 옳게 못죽었습니다. 승상께서도 혹시 이들과 같은 일을 원하십니까?"

범수는 이 말을 듣고, '이 사람의 말하는 폼이 이해관계를 따지면서 점점 다그쳐 묻고 있으니 내가 만일 그러한 일을 원하지 않는다 대답하면 그 꾀에 빠지겠구나'하고 생각하고, 거짓으로 대답한다.

"무엇이 원하지 않을 바 있느냐? 대개 상앙은 효공(孝公)을 도와 일할 때 사사로운 마음이 조금도 없이 공도(公道)를 행하였고, 법령을 제정해서 정치를 바로 잡았으며, 대장이 되어서

선방야화 101

는 천리의 땅을 개척했다. 오기(吳起)는 초도왕(楚悼王)을 섬겨 정승이 된뒤 쓸모없는 귀척(貴戚)을 폐하여 군병을 양성하고 남으로는 오월(吳越)을 평정하고, 북으로는 삼진(三晉)을 물리쳤다. 대부종으로 말하더라도 월왕(越王)을 도와 약한 나라를 강하게 만들고 오국(吳國)을 멸하여 그 임금의 원수를 갚았으니, 얼마나 장한 일인가? 대장부로 태어나 자기 몸을 죽여 인덕을 이룩하고(殺身成仁) 죽는 것 보기를 돌아가는 것 같이 여겨 공은 당세에 떨치고 이름은 후세에 까지 빛나리니 이 세 사람이 옳게 죽지 못했다. 해서 이분들을 원하지 않겠느냐?”

 말은 그럴듯이 굽히지 않고 하였으나 어쩐지 자기의 말에도 불만이 있었으므로 채택을 누르고자 하는 역설적인 이론도 삽입된 까닭에 불안하여 앉았던 자리에서 일어나 듣는다.

 채택이 그 말을 받아서,

 “임금이 성인답고, 신하가 어진 것은 한 나라의 복이요, 아버지는 인자하고 아들은 효도하니 우연한 가정의 복입니다. 효자된 사람이 누군들 인자한 부모를 원하지 않을 것이며, 어질고 충성된 신하라서 누군들 밝고 어진 임금 섬기기를 원치 않겠습니까? 비간(比干)은 충성을 다하여 목숨까지 바쳤으나 은(殷)나라가 망하고, 신생(申生)은 효도를 하였으나 나라가 어지러웠습니다. 비간 선생 두 분이 비록 악사(惡死)하였지만 임금이나 어버이에게 도움이 되는 일이 없었던 것은 그 임금과 아버지가 밝고 어질지 못하였던 까닭입니다. 상앙·오기·대부종 같은 이도 불행히도 악한 죽임을 당한 것이지, 그분들이 일부러 죽임을 구하여 명예를 사고자 함이 아닐 것입니다.”

채택은 말을 계속했다.

"대개 비간은 배를 갈라 죽었으나 미자(微子 : 비간과 같이 왕을 간하던 신하)는 물러나는데 그쳤고, 소홀(召忽)은 죽임을 당하였으나 관중(管仲: 역시 소홀과 같은 임금을 섬기던 사람)은 살았습니다.

미자와 관중이 죽지 않고 살았다 해서 후세 사람들이 이 두 사람을 비간과 소홀만 못하다고 평하는 말을 들었습니까? 그러므로 대장부, 세상에 처함에 목숨과 명예가 모두 온전한 이가 상등(上等)인물이요, 명예는 세상에 떨쳤지만 죽임을 당한 이는 중등(中等) 인물이며, 오직 목숨은 온전하나 욕을 받은 자는 하등(下等)에 속하는 사람이라 합니다."

채택의 긴 논설은 억지 구변으로 꾸며 대어 하는 말이 아니고 모두 도리에 합당한 말로 마치 도도히 흐르는 장강유수(長江流水)처럼 막힘없이 흘러 나왔다.

범수는 채택의 말을 들으매 막혔던 체증이 뚫린 듯이 가슴이 상쾌해지고, 찌는 듯이 더운 여름에 얼음을 먹은 듯 정신이 맑게 깨어남을 미처 깨닫지 못했다.

그는 당상당하(堂上堂下)로 슬슬 거닐며 고개를 끄덕여 칭찬을 아끼지 아니했다.

채택은 다시 말을 잇는다.

"승상께서 상앙(商鞅)·오기(吳起)·대부종(大夫種) 같은 이의 살신성인(殺身成仁)한 일을 원한다 하시는데, 그렇다면 굉요(閎夭)가 문왕(文王)을 섬기고 주공(周公)이 성왕(成王)을 도운 일과 누가 더 낫습니까?"

선방야화 103

이에 범수가 곧 대답을 한다.

"그야 상앙·오기 등이 굉요와 주공만 못하니라."

"그러시면 지금 임금이 현신(賢臣)을 대우함이 진효공(秦孝公) 초도왕과 비교할 때 누가 더 낫습니까?"

범수가 한참 생각하다가 고개를 갸웃하며,

"글세, 잘 모르겠다."

"승상께서는 국가에 큰 공이 있고, 계략에 실수가 없음은 상앙·오기·대부종과 비교할 때 어떻게 생각하십니까?"

"내가 그분들만 못하다."

"지금 진왕(秦王)께서 공신(功臣)에게 친절하고 신임하는 바가 진효공, 초도왕, 월왕보다 나으시지 못하고, 승상의 공업이 또한 상앙·고지·대부종만 못하면서 지금 승상께서 받는 녹(綠)이 지나쳐 영화로움이 세분보다 갑절이나 됩니다. 이러하거늘 용감하게 그 자리를 물러나지 못하시니 어인 일입니까? 저 상앙·오기·대부종 세분들도 역시 공성신퇴(功成身退 : 공업을 성취한 뒤 그 자리를 물러나는 것) 하지 못한 관계로 화를 당했거늘 하물며 승상에 있어서야 어떻다 생각하십니까? 대개 큰 물고기가 깊은 물 가운데만 있다면 누가 해치겠습니까? 결국 죽임을 당하는 원인은 먹이를 즐겨 미끼를 삼키다가 잡혀 죽는 것입니다. 저 지백(智伯)같이 지혜로운 인물도 넉넉히 자신을 보전할 만한 능력이 있을 터이지만 마침내 죽은 것은 이익을 너무 탐하여 그 일을 그칠 줄 몰랐던 까닭입니다. 승상이 천리 길을 걸어 오셔서 진왕을 만나 지위는 상국(相國)에 이르고, 부귀는 극(極)에 이르렀으며 은혜와 원수도 각각 갚으셨습니다. 그러나 오히려 권세와 명리(名利)만을 탐련(耽戀)하여 나아갈 줄만 알고 물러설 줄은 모르시니, 저 소진(蘇秦)과 지백(智伯)의 화를 면치 못할까 적이 두렵습니다. 〈논어〉에 이르기를 '해가 중천에 솟으면 곧 기울고, 달이 가득하게 둥글면 이지러진다(日中則昃이오 月滿則勤)라 하였습니다. 승상께서는 어찌하여 지금 상국의 지위를 내놓고 어진 이를 천거하지 않으십니까? 승상께서 물러나신 뒤에 경치 좋은 곳을 가려 사택을 아담하고 정결하게 지으시고 그곳에 거처하면서, 강산의 명승지를 유람하시며 자유자재로 안락한 삶을 누리시다가 수(壽)한대로 세상을 떠나신다면, 자손도 부조(父祖)의 업적으로 대대로 정승이 나올 것이니, 이 얼마나 훌륭한 대장부의 일입니까?"
하고 길고 긴 말을 끝냈다. 범수는 탄복했다.
"선생이 스스로 웅변에 능하고 지혜로운 선비라 칭한다 하더니 과연이로다. 내 어찌 가르침을 받지 않겠는가?"
하고 이에 채택을 상좌(上座)에 앉히고는 주색(酒色)으로 후히 대접했다. 다음 날, 범수는 조정에 들어가 진왕에게 아뢰기를,
"채택이란 사람은 왕백(王伯)의 재주가 있어 시사(時事)를 통달하고 변화체를 아는 터이라, 족히 이 진나라 정사를 그에게 맡길만 하옵니다. 그러므로 이 사람을 대왕께 삼가 천거하오니 이 사람으로 정승을 삼아 주십시오. 소신은 신병도 있고 해서 물러가겠습니다."
범수의 말을 들은 진왕은,
"아, 그러한 인물이 과연 있는가? 그렇다면 불러들이라."

하고 곧 채택을 불러 국사를 의논해 본뒤 객경(客卿)을 삼았다.
 범수는 병을 핑계하고 누워서 나오지 아니함에 진왕은 채택으로 상국(相國)을 삼고 강성후(剛成候)를 봉했다.
 그 뒤 범수는 봉읍(封邑)인 응읍(應邑)에 돌아가서 여생을 한가롭게 보냈다.

□ 말 한마디로 다섯 성을 얻은 소년 재상

 감라(甘羅)는 진나라 감무(甘茂)의 손자로서 어려서부터 총명하여 말을 잘하고 사리에 밝았으며 담력도 월등했다.
 감라의 나이 겨우 열두 살 때 일이다. 당시 상국(相國)으로 있는 여불위(呂不韋)가 장당(張唐)이란 사람을 연나라에 보내고자 하였으나 장당이 고집하여 여불위의 뜻을 따르지 아니하므로 이를 심히 근심하고 있었다.
 이에 감라는 여불위의 문객(門客)으로 있었다. 여불위에게 어떤 근심거리가 있음을 눈치 챈 감라는,
"승상께 무슨 일이 있습니까?"
하고 물으니,
"너 같은 어린애가 알 일이 아니다."
하고 대꾸조차 하지 않았다. 감라는 천연덕스럽게,
"남의 문객으로 있으면 당연히 그 주인의 걱정을 나누어 드리고 어려운 일을 맡아 이행함이 옳지 않겠습니까? 그래서 여쭈

는 바이온데 승상께서는 어떤 일이 있어도 감추고 들려주시지 않는다면 아무리 일을 보아 드리려 해도 할 수 없는 게 아닙니까?"

"네 말이 타당하다만 아직 나이가 어리니 너에게 들려준들 무슨 소용이 있겠느냐. 그러나 네 정성이 그러하니 말해 주마." 하고 대략적으로 장당에 대해서 이야기를 했다.

"그런 일을 왜 진작 말씀하시지 않으셨습니까. 소생이 장당으로 하여금 연나라에 가도록 하겠습니다."

감라의 말을 듣고 여불위는 금세 역정을 냈다. 어린 것이 너무 당돌하고 건방지게 군다하여,

"이놈, 썩 물러가라. 네가 무엇을 안다고 중얼대느냐? 내가 직접 가라고 해도 듣지 않는 터에 너 따위 어린놈의 말을 듣겠느냐?"

하고 꾸짖었다. 그러나 감라는 조금도 두려워하거나 무안한 기색이 없이 '그걸 가지고' 하는 듯이 피식 웃었다.

"승상, 그렇지 아니합니다. 옛적에 항두는 일곱 살 때 공자의 스승이 됐다는데 지금 소생의 나이는 그 항두보다 다섯 살이나 더 먹었습니다. 한번 시켜 보시고 감당치 못하면 꾸짖어도 늦지 않으시거늘 어찌 천하의 선비를 가벼이 다루어 그토록 노한 안색으로 상대해 주십니까?"

여불위는 너무도 당돌하고도 깜찍스러우면서도 한편 그 말이 사리에 맞지 않음이 없는지라 이에 감라를 기특히 여겨 사례한다.

"내가 잘못했다. 네가 만일 장당을 연나라로 보내 준다면 경상(卿相)의 큰 벼슬을 시켜 주겠다."

감라는 그 나라로 장당을 찾아갔다. 장당은 감라의 나이 어린 것을 보고 가볍게 상대했다.
"어린 선비, 어찌 왔는가?"
"특별히 귀하에게 조상(弔喪)하러 왔습니다."
"나에게 무슨 조상할 일이 있단 말인가?"
"귀하의 공업이 무안군(武安君 : 白起)과 견줄 때 어떻다 생각하십니까?"
"왜 그런 말을 하느냐? 무안군은 남으로 강한 초나라를 꺾고, 북으로는 연나라와 조나라를 위협하였으며, 정벌코자 싸우기만 하면 반드시 이겨서 성읍(城邑)을 위한 일이 무수하니, 나의 공으로 말하면 무안군의 10분의 1도 따를 수 없노라."
"그러면 응후(應候)가 진나라를 맡아 행사한 권리가 문신후(文信候 : 呂不韋)와 어떻습니까?"
"응후가 비록 국사를 전담했지만 어찌 지금의 문신후만 하겠는가?
그러자 감라는 또박또박 말한다.
"전날에 응후가 무안군을 시켜 조나라를 정벌코자 하였으나 무안군이 듣지 않았으므로, 무안군은 그 일에 문책을 받고 두우(杜郵)에서 스스로 죽지 않았습니까? 그런데 지금 문신후가 귀하에게 연나라에 가서 정승이 되라 권하는데 귀하가 고집하고 가지 않으시니, 이러한 일은 응후가 무안군을 용서하지 않은 것과 비슷한 일이라 문신후는 능히 귀하를 용서하겠습니까? 귀하가 세상을 떠날 날이 멀지 않음이 분명한데 어찌 조상(弔喪)하지 않겠습니까?"

장당은 이 말을 듣고 금시 두려워 하는 빛을 감추지 못하며,
"아, 어린 선비가 나를 가르쳐 주니 내 감히 그 뜻을 거역하랴?"
하고는 즉시 여불위를 찾아가 그간 연나라에 가지 않겠다고 고집하던 일을 사과한 뒤 장차 출발코자 행장을 수습하고 있었다.
감라는 여불위에게 고한다.
"금일 장당이 소생의 말을 듣고 부득이 하여 떠나기는 하지만 그 마음속에는 조나라를 두려워하고 있을 겁니다. 소생이 먼저 조나라 임금을 찾아가 보고하고 오겠습니다."
여불위는 감라가 장당을 설득시킨 일로 보아서도 그가 탁월한 재주가 있음을 아는 터이라, 쾌히 응락하고는 좋은 수레 10대와 수행원 수백명을 따르도록 하여 감라를 조나라에 사신으로 보냈다.
이때 조나라 임금은 진나라와 연나라 양국이 화친하고 있다는 말을 듣고 만일 두 나라가 협력해서 자기 나라를 침공할까 겁이 나던 차에 진나라의 사신이 도착한다는 전갈을 받았다.
"옳지, 마침 잘 되었구나. 진나라 사신을 잘 구슬려 연나라와의 화친을 폐하고 조나라와 화친하도록 설득하면 좋은 일이로다."
하고 조왕은 기뻐하며 친히 성밖까지 나가서 진나라 사신을 영접했다.
그런데 막상 그 사신을 대하고 본즉 뜻밖에도 불과 10여살 밖에 안되는 어린 소년이 아닌가? 조왕은 심중에 기이하여 물었다.
"선생은 나이가 얼마나 되는가?"
감리가 대답한다.

선방야화 109

"열두 살이옵니다."

 조왕이 웃으며,

"진나라 조정에는 나이먹은 이가 부족해서 선생같이 어린 소년을 사신으로 보냈는가?"

 감리가 태연히 대답했다.

"진나라 임금께서 사람 쓰는 법은 각각 그 맡기는 일의 크고 작음에 따라 사람을 씁니다. 나이 많은 사람에게는 큰일을 맡기고 나이 어린 사람에게는 작은 일을 맡기지요. 고로 이번 일이 가장 작은 일이고, 소생은 가장 어린 까닭에 귀국의 사신으로 온 것입니다."

 조왕은 감라의 언사가 분명하고 씩씩한 것을 보고 기특히 여기고 다시 물었다.

"선생은 과인에게 무슨 가르칠 말이 있는가?"

"대왕께서는 연나라 태자를 진나라에 볼모로 보내온 것을 알고 계십니까? 또, 장당을 보내어 연나라의 정승으로 있게 하려는 일을 아십니까?"

"다 들었노라."

"이러한 일을 행한 것은 다른 까닭이 아닙니다. 연과 진의 두 나라가 화친을 맺자는 의미에서 서로 사람을 교환한 것입니다. 뿐만 아니라 연나라와 진나라가 군사를 합하여 조나라를 징벌한 뒤 그 땅을 빼앗아 진나라 하간(河間) 땅을 넓히자는 계획입니다. 대왕께서는 가만히 앉아 보고 있지 마시고 다섯 성(城)을 비워 진나라에 바치십시오. 그리하시겠다면 소생이 진나라에 바삐 돌아가서 진왕께 아뢰어 장당을 연나라에 보내지 않도록 하고, 아울러 진나라는 조나라와 더불어 화친을 맺도록 할 것입니다. 그러면 다음에 조나라가 약한 연나라를 칠 때 우리 진나라가 연나라를 돕지 않는다면 진나라에 바친 다섯 개의 성 따위에 비교할 수 없이 연나라 전토가 조나라 땅이 될 것입니다. 대왕은 이 어찌 대업을 성취하는 묘계(妙計)가 아니겠습니까?"

감라의 말을 다 듣고 난 조왕은 크게 기뻐하며,

"내 선생의 말대로 하겠으니 귀국에 가거든 진왕께 잘 말해 주오."

하고는 감라가 돌아가는 길에 황금 백냥과 백벽(白璧 : 구슬) 두 쌍을 주어 보냈다. 이리하여 열두 살난 소년의 두치 혀로써 싸우지 않고 조나라 땅 5성을 차지하게 된 진왕은 크게 기뻐하여 감라의 공을 치하하는 한편, 벼슬을 주어 상경(上卿)을 삼고 장당을 연(燕)으로 보내지 아니했다.

□ 빈천한 자라야, 교만하다

전국시대(戰國時代)에 진(秦)·초(楚)·연(燕)·제(齊)·한(韓)·위(魏)·조(趙) 일곱 나라를 가리켜 전국칠웅(戰國七雄)이라 했다.

이 일곱 나라의 임금 가운데 오직 위나라 임금인 문후(文侯)는 선비를 좋아하였음에 복자하(卜子夏 : 공자의 제자)와 전자방(田子方)을 스승으로 삼아 예로써 대접함이 각별했다. 뿐만 아니라 문후는 단간목(段干木)이란 사람의 문 앞을 지날 때는 반드시 수레 위에서 몸을 굽히고 지나갔다 한다. 그러므로 사방의 선비들은 이 소문을 듣고 위나라로 많이 모여 들었다.
  위왕 문후는 악양(樂羊)이란 장수를 시켜 중산국(中山國)을 쳐서 항복받고 세자(世子) 격(擊)으로 중산군(中山君)을 삼았다.
  세자는 부왕(父王)의 명을 받고 수레에 올라 중산으로 가는 길에 전자방을 만나게 되었다. 전자방은 답례도 없이 세자를 본체만체하고 지나가 버렸다. 세자 격은 전자방의 오만한 거동이 괘씸하여 속으로 '나는 세자로서 선생을 공경하는 마음에 수레에서 내려와 그에게 인사하였는데도 전자방은 몸 하나 까딱하지 않고 지나가니 그러한 방자한 행동이 어디 있단 말인가?' 하고 좌우를 돌아보며,
  "여봐라, 전자방의 수레를 멈추도록 하라."
하고 명령했다.
  호위군 몇 사람이 달려가서 자방의 수레를 멈추도록 했다. 자방의 수레가 멈추자 세자는 그의 앞에 나아가,
  "내가 선생에게 물어 볼 말이 있으니 들어보시오. 부귀한 사람이 교만한가, 빈천한 사람이 교만한가요?"
하고 전자방에게 힐문했다. 전자방은 그 말을 듣더니 피식 웃으며 대답한다.
  "자고이래로 빈천한 자가 교만하지만 어찌 부귀한 자가 교만할 수 있겠습니까? 나라의 임금이 교만하면 충성된 말이 그 귀에 들어오지 않을 것이오, 어진 이가 물러갈 것이니 누구와 더불어 나라를 다스리겠습니까? 결국은 종묘사직을 보전치 못할

것입니다. 대부(大夫 : 높은 벼슬)로써 교만하면 원망하는 사람이 많은지라, 신명(身名)과 종묘를 보전치 못할 것입니다. 예를 들자면 열국시대(列國時代)에 초나라 영왕(靈王)이 교만 무례함으로써 나라가 망하였고, 지백(智伯)은 교만 방자한 탓으로 자기 목숨을 빼앗겼음은 물론, 집안이 망했으니 부귀권력이 끝끝내 믿지 못할 것입니다. 그러나 빈천한 선비는 아침 저녁 두끼니 먹는 것이 나물죽에 지나지 않고, 의복으로 말하면 추한 삼베 정도이니 티끌만큼도 남의 물건을 탐내지도 않고 남에게 요구하지도 않습니다. 오직 선비 좋아하는 임금이 스스로 즐거워하여 방문하고 성의가 갸륵하면 마지못해 조정에 나가서 임금을 돕는 것입니다. 그리하여 옳은 말을 들어 주고 계책을 써 준다면 그대로 조정에 머물러 있을지로되 말을 들어 주지 않고 꾀를 써 주지 않는다면 그 자리(관직)를 헌신짝같이 버리고 물러나 산수간(山水間)에 숨어 살면서 물에서 고기 잡고 산에서는 나무하며, 나물 먹고 물 마시며, 도(道)를 즐기게 됩니다. 그러하니 어디로 간들 빈천이야 얻지 못하리오? 그리고 그러한 자유자재로 사는 여생을 누가 감히 금합니까? 옛적 주(周)의 무왕(武王)이 만승천자인 상(商)의 주(紂)는 베었어도 수양산에서 고사리를 캐먹고 지내는 백이(伯夷), 숙제(叔齊) 두 선비의 뜻을 굽히지 못했습니다. 그러므로 빈천의 권한이 이와 같아서 오직 빈천한 자라면 교만해질 수 있는 것입니다."

세자 격이 전자방의 말을 듣고 못내 부끄럽게 여겨 자방에게 잘못했다고 사과한 뒤 중산으로 갔다.

문후(文侯)는 전자방이 세자에게 굽히지 않았다는 말을 듣고 더욱 그를 존경으로 대했다고 한다.

□ 하백(河伯)이 장가들다

위(魏)나라 땅에 업(鄴)이란 고을은 한(韓)나라와 조(趙)나라의 경계에 끼어 있어 걸핏하면 조나라 혹은 한나라의 침략을 받기가 일쑤였다. 그러므로 여간 지혜로운 사람이 아니면 그 고을을 지키기가 어려웠다.

위왕 문후는 그 고을을 지킬만한 인물을 구하지 못하여 주야로 근심하고 있던 차에 마침 책황이란 상신(相臣 : 정승)이 서문표(西門豹)란 사람을 천거하였으므로 왕은 그를 군수로 삼았다.

서문표는 업성(鄴城)에 부임하여 3일 동안 공사(公科)를 마친 뒤에 아전을 데리고 사방을 순시하러 나섰다.

서문표가 한 곳에 이르니 어쩐지 동리가 쓸쓸하여 보였다. 즉 가옥들이 드문데다 허술하고 그곳에 사는 주민들도 생기가 없고 근심이 있는 것 같았다. '아무래도 무슨 곡절이 있는게 틀림없다' 라고 생각한 군수는 곧 백성들 몇 사람을 불러오게 해서 물어 보았다.

"여보시오 노인들, 이 고을은 집마다 다 낡아 사람이 살지 않는 것 같고, 또 백성들이 눈에 잘 뜨이지 않으니 웬 일이요?"
하니 한 노인이 대답하기를,

"이 고을에 골칫거리가 하나 있어 그러합니다. 사또."
"아, 그렇소. 내가 이미 이 고을의 수령으로 부임해 왔으니 백성들의 근심되는 일을 어찌 모르는체 하겠소. 무슨 일인지 모르나 어떤 어려운 일이 있으면 숨기지 말고 솔직하게 말해 주시오."
노인이 말한다.
"이 고을은 하백(河伯: 물귀신)이 처녀에게 장가들어 데려가는 일 때문에 그럽니다."
"뭣이? 하백이 처녀에게 장가든다고요?"
군수는 놀라지 않을 수 없었다. 그는 두 눈이 휘둥그레지며 그 자초지종을 다그쳐 물었다.
"하백이 어떻게 처녀에게 장가들고 데려가오? 노인들은 좀더 자세히 말해 보시오."
노인은 다음과 같은 말을 들려주었다.
장수라는 강(江)은 그 근원이 태원(太原) 지방에서 비롯되어 사성(沙城) 땅을 거치고, 그 사성에서 동으로 꺾어 질러 업성을 경유, 장하(章河)를 이루었다.
하백이란, 이 장하의 물귀신이다. 그런데 이 고을에서는 해마다 한차례씩 미녀를 가려 이 하백에게 바쳤다.
미녀를 가려 하백에게 시집보내면 그 해에는 비가 제때에 오고 바람이 순하여 풍년이 들지만 만약에 미녀를 바치지 않는 해는 그 하백이 대노하여 폭우를 내리고, 폭풍을 몰아다가 농작물을 망치고, 홍수로 가옥을 비롯해서 사람과 가축이 장마에 떠내려 가는 참상을 면치 못한다. 그래서 하는 수 없이 미녀를 하백에게 바치지만 이제는 웬만한 처녀는 거의 다 데려가서 바칠 사람도 없고 해서 이 고을 사람들은 하나 둘 다른 곳으로 옮겨 가게 되었으며, 아직 남은 사람들은 그로 인하여 골치를 앓고 있다는 것이었다.

군수가 그들의 말을 들어본 즉 사실 같지 않았다. 그러나 사실이 아니라면 그들이 무엇때문에 거짓말을 하랴는 생각에 다시 물었다.

"그렇다면 이러한 일을 누가 맨 처음 주장해서 시작하였소?"
"애당초 이 고을 무당의 주장으로 비롯한 것입니다. 물 가까이 사는 주민들은 항시 홍수가 넘칠까 두려워 하던차 무당의 말을 듣고는 더욱 겁이 나서 할 수 없이 미녀 바치는 일을 찬동하였습니다. 그리하여 해마다 이호(里豪 : 고을에서 세력깨나 쓰고 똑똑한 사람)와 정연(廷椽 : 아전)이 무당과 같이 이 일을 주장하매 고을 주민들에게 강제로 금전을 요구해서 백만 금을 추렴해서는 다만 이 삼십만 금으로 미녀를 사서 하백에게 바치는 비용으로 쓰고 나머지 돈은 그들이 나누어 가집니다."

군수는 다시 묻는다.

"그렇다면 그들 세 사람이 큰돈을 강제로 거두어 비용으로 쓰거나 나누어 가져도 어찌 말 한마디 해보지 않고 그들에게 순순히 복종하였소?"

"무당은 기도하는 일을 맡고, 이호와 정연은 그 일을 주선하는 수고가 있어 그 돈을 나누어 가져도 당연하다고 여겨 비록 많은 돈을 추렴당해도 무어라 이의를 제기할 수 없습니다. 그런데 그것보다도 더 억울하고 원통한 일이 있습니다."

"그보다 더 원통하다.... 빠짐없이 말해주오. 내 노인들의 억울한 것을 처리해 주겠소."

그들은 다음과 같이 들려주었다.

겨울이 가고 따뜻한 봄이 오면 농부들은 밭을 갈고 씨앗을 뿌리기에 바쁘다. 이때가 되면, 그 무당은 집집마다 돌아다니며 미녀들을 점찍는다. 그래서 밉지 않은 처녀를 발견하면 그 무당은 몹시 기쁜 빛을 띠며 거침없이 말하기를,

"이 처녀는 얼굴이 아름다워 마땅히 하백님의 부인이 될만 하겠는걸..."

하고 지목하게 된다. 그래서 일단 무당의 눈에만 들면 불가항력으로 그 처녀를 내놓고야 말게 된다. 무당은 마치 천신(天神)인양 명령은 절대적이었다. 다행히 돈이 많은 사람으로서 무당의 지목을 받게 된 경우에는 그 무당에게 많은 재백(財帛)을 듬뿍 집어 주고 애원한다. 그러면 무당은 그녀를 놓아 주고 다시 다른 여자를 구하러 다닌다.

그래서 항시 억울한 것은 돈 없는 백성들이다. 한번 무당의 눈에 띄어 지목을 받으면 비록 애지중지하는 딸이지만 빼앗기지 않을 수 없었다. 고로 하늘이 무너지는 듯한 충격과 오장이 찢어지는 듯한 아픔을 느껴 가슴을 두드리며 울부짖어도 어쩔 도리가 없었다.

무당은 장수 가에 제궁(齊宮: 하백에게 제사 지내는 곳)을 수리하고 비단 장막을 둘러치고 좋은 자리를 까는 등 온갖 수선을 떨고는 뽑힌 여인을 데려다가 목욕시키고 새옷을 입혀 제궁 안에 거처하도록 한다. 그리고 길일(吉日)을 가려 갈대를 엮어 만

든 배에 태워 보낸다.
 그 배는 물결을 따라 몇 십리고 떠내려 가다가 마침내는 배가 물결에 휩쓸려 엎어지고 그 처녀는 수중고혼(水中孤魂)이 되고 만다는 것이다.
 이것이 바로 하백이 장가를 드는 순서인데 주민들은 이로 인하여 많은 돈을 내놓기가 쉽지 않은 일이며, 더욱이 반반한 딸을 둔 사람은 사랑하는 딸이 하백의 아내로 지목될까 두려워 먼 곳으로 이사하여 떠나는 관계로 보다시피 인가(人家)가 드물고, 그럴수록 부담이 더 커지고 딸을 빼앗길 확률도 더 커서 어찌해야 좋을지 몰라 한다는 사연이었다.
 군수는 이상과 같은 말을 듣고는 '아, 그럴수가!' 하고 탄식하며 다시 물었다.
 "그렇다면 이 고을에는 하수가 넘쳐 위험을 당하거나, 흉년이 든 일이 없소?"
 "하백에게 미녀를 바친 공으로 인하여 하백의 노여움을 사지 않았습니다. 그래서 우리 읍은 지형이 높고 하수에서 멀리 떨어져 있기도 해서 아직까지 물난리를 당해본 적이 없으나 해마다 가뭄이 들어 전답이 말라버리는 걱정은 면치 못합니다. 그리고 하수 가까운 얕은 지대에만 비가 와서 물이 불으면 언제나 강물이 넘쳐 피해가 적지 않았습니다."
 군수는 어처구니가 없었다. 이는 주민들이 모두 무당 등 몇 사람(이호, 정연 등)에게 속고 있음이 분명했다. 참으로 나쁜 자들이며, 백성들은 너무도 어리석었다.
 군수는 무언가 계책을 세우고는 짐짓 그들에게 일렀다.

"하백이 이미 영검이 있는 바에는 그가 장가드는 때를 당하여 나도 그곳에 가서 하백에게 처녀 바치는 일을 돕고 싶소. 뿐만 아니라 그대들을 위하여 기도해 주겠소. 그러하니 하백이 장가드는 날이 어느 날인지 알아서 나에게 알려 주오."
하고는 돌아가서 그 날을 기다렸다.
얼마 뒤 그 노인이 찾아와 하백이 장가드는 날을 일러 주고 갔다.
그날, 군수는 의관을 단정히 차려 입고는 관속들과 같이 그 장수 가의 재궁에 이르렀다.
그 곳에는 이호(里豪)와 정연(廷椽), 삼노(三老), 그리고 그 고을 관속을 비롯하여 남녀노소 할것 없이 많은 사람들이 모여 있었다.
얼마 후 삼노(이 일을 주선하는 간부급 인물과 이장)가 무녀 하나를 데리고 나타났는데, 그 무당의 거동이 심히 거만하게 보였다.
군수는 특히 그 무당을 눈여겨 보았다. 그는 나이가 60쯤 되어 보이는 늙은 여자로서 몸이 거대한 데다 행동거지가 오만방자함이 가히 꼴불견이었다. 그녀의 뒤에는 여제자 20여명이 화려한 복장에 손에는 수건이며, 빗이며, 향료 등을 들고 늙은 무당 뒤에 시립(侍立)했다.
군수는 거침없이 무당 앞에 나아가,
"그대는 수고스럽지만 하백의 아내가 될 처녀를 내 앞에 불러와라. 내가 직접 그 처녀의 용모가 어떠한지 살피겠노라."
하자 무당은 불쾌하였으나 그가 바로 이 고을의 태수인지라 감히 명령을 어길 수 없음을 깨닫고는 제자를 시켜 그 처녀를 데려 오도록 했다.
　이윽고 그 처녀를 군수 앞에 대령했다.
　군수가 그 처녀의 용모를 본즉, 화려한 비단 옷을 입고 화장을 곱게 하였는데, 미녀는 아니로되 밉지 않은 얼굴이었다.
　군수는 무당, 삼노, 이호와 기타 여러 사람들을 돌아보며,
　"내 들으니 하백신(河伯神)은 아름다운 여자를 좋아한다 하니 반드시 특별한 아름다움을 갖춘 여자가 아니면 불가하다. 이 처녀는 보통 인물에 불과하지 그다지 아름답지 못하니 하백의 아내가 될 자격이 없다. 그대(무당)는 하백신과 통하는 치지라 당연히 수중왕래에도 능할 것이다. 수고스럽지만 그대는 즉시 물속으로 들어가 하백을 만나보고 본 고을 태수의 말을 전하되, 지금 선택한 여자가 아름답지 못하므로 다시 아름다운 여자를 구한 뒤에 보내겠으니 후일을 기다리라 일러라. 어서 들어가거라."
　군수의 말을 들은 무당은 금새 얼굴색이 흙빛으로 변하며 어쩔줄을 몰랐다. 군수는 이졸(吏卒)들에게,
　"애들아, 냉큼 저 늙은이를 물속에 넣어 주어라."
하고 호령하니 이졸들은 달려들어 그녀를 물속에 던졌다.
　'풍덩!'
　늙은 무당은 하수의 깊은 물속으로 그 거대한 몸을 감췄다. 잠시 물결이 이는 듯 하였으나 무슨 일이 있었느냐는 듯 강물은 유유히 흐르기만 했다.
　이 광경을 바라보고 있던 모든 사람들은 벌벌 떨며 어찌해야

좋을지 몰랐다. 하백이 두려워서인지, 아니면 서슬이 퍼런 군
수의 위압에 눌려 떠는지, 여하튼 그들은 모두 공포에 싸여 있
었다.
군수는 좌우를 돌아보며 입을 연다.
 "지금 무당이 물속으로 들어가서 하백을 만나 내 말을 전하고
올 것이니 조금 기다려라."
하고는 묵묵히 서서 한참 강물을 바라보고 있다가,
 "그 무당은 나이가 많은 노인이라 앞을 잘못 보는 게 아닌가?
어찌 오랜 시간이 되어도 돌아와 보고 하지 않는고, 안되겠는
걸.... 그래도 젊은 사람이라야 행동이 빠르고 일도 잘 볼터이
지."
하고는 무당의 여제자 하나를 불러,
 "네 곧 물속에 들어가 너의 스승(무당)더러 속히 일을 끝내고
돌아와 보고 하라고 일러라."
하니 그 여자는 얼굴이 사색이 되어 벌벌 떨었다. 그러나 군수
는 역시 군졸들에게 명하여 그녀를 안아다가 물속에 던지도록
했다. 한참 후 군수는 말하기를,
 "허! 젊은 여제자가 물속에 물러간 지 오래 되었는데 어찌 돌
아오지 않는단 말이냐?"
하니 이제는 군수가 장차 무슨 일을 하려는지 모두 깨달을 수
있었다. 그래서 남은 여제자는 물론 삼노와 이호 등 그 일에 관
련된 주동자들은 사시나무 떨듯 벌벌 떨고 있었다. 그러나 태
수는 천연덕스럽게 다시 두번째의 여제자를 물속에 보내고는
또 기다리는 체한다.

"허, 이거 어쩐 일이냐? 늙은 무당도 소식이 없고, 여제자 두 사람을 다시 보냈는 데도 역시 감감 무소식이니 어찌할고."
하며 이졸을 시켜 제자 하나를 또 던졌다.
 여제자 세 사람을 모두 물속으로 보냈건만 물속에 집어넣기만 하면, '풍덩'하고 들어가서는 온데 간 데가 없었다.
 군수는 탄식하듯 말했다.
 "그렇지, 내가 미처 생각못했군. 여자가 아무리 똑똑하다 해도 남자만은 못하군. 늙은이를 비롯해서 네 사람을 보냈어도 일을 마치지 못했으니."
하고는 삼노를 돌아보며,
 "수고롭지만 삼노께서 물속으로 들어가 하백에게 명백하게 내 말을 전한 뒤 네 사람과 같이 돌아오라."
 말이 끝나기도 전에 삼노는 태수가 무슨 말을 하려는지 짐작하고 정신이 아찔했는데, 과연 자기를 지명하자 그만 혼비백산하여 슬그머니 자리를 피하려 했다. 이럴 줄 미리 안 군수는 큰 소리로 꾸짖었다.
 "이 늙은 것아, 무엇을 피하려 하느냐! 속히 다녀와서 보고하라!"
하고는 눈짓하니 이졸 4, 5명이 좌우로 붙들고는 다짜고짜 물속에 던졌다.
 그 광경을 바라보던 구경꾼들은 모두 혀를 내두르며 공포에 떨고 있었다. 군수는 다시 의관을 고치고는 하수(河水)를 향해 공경하는 마음으로 조용히 기다리다가 쩝하고 입맛을 다시고는 무슨 말을 하려다 말고 또 한식경을 기다렸다. 그러나 수십

길 깊은 물속에 빠진 네 사람의 소식이 있을 리 없었다.
 군수는 여러 사람들을 돌아보며,
"삼노가 비록 남자이지만 역시 늙은지라, 일을 제대로 못하는 모양이나, 아무리 생각해도 이호나 정연이 한번 다녀와야겠다. 그러나……"
 이 말이 끝나기도 전에 이호와 정연은 얼굴이 흙빛같이 변해지고 온몸에서는 진땀이 흘러 옷을 흠뻑 적셨다. 그들은 황급히 군수 앞에 엎드려 머리를 땅에 찧으니 피가 흘러 얼굴에 가득했다.
 이호와 정연은 머리를 땅바닥에 찧듯 굽신 굽신 절하며 애원한다.
"저희들이 죽을 죄를 지었사오니 제발 한번만 용서해 주십시오. 다시는 이런 짓을 않겠습니다."
 군수는 나직이 대답한다.
"아직 그럴 필요는 없다. 조금만 더 기다려 보자. 물속에 들어간 사람이 돌아올지 모르잖는가?"
사람들은 모두 전전긍긍 어찌할 줄 모르는 가운데 두어 식경이 지났다.
"너희들은 내 말을 귀담아 들어라. 하백이 실제로 아내를 맞이한다면 몇 사람을 물속에 던졌으니 하백의 신통력으로 그 사람들이 무사히 돌아와야 옳지 않겠는가? 그런데 사람을 던지기만 하면 죽고 살아 돌아오지 못하니 어찌 하백이 있다 하겠느냐? 내가 악담을 하는 게 아니라, 하백이 분명 물속에 있어 미녀를 요구하여 데려 가는 일이 있고, 또는 그 하백이 홍수가 나게 하여 강물을 넘치게도 하며, 흉년과 풍년을 마음대로 하는 신력(神力)과 영험이 있다면 이번 일을 그대로 보고만 있겠느냐? 그렇거늘 아무런 기미도 보이지 않으니 하백이란 존재는 분명히 없는 것이 확인된 셈이다. 너희들이 어떤 허황된 말에 현혹되어 죄 없는 처녀들을 수없이 희생하였으니 너희들 죄는 만 번 죽어 마땅하다. 어떻게 해서 억울하게 그 처녀들의 원혼을 위로해 줄 것이며, 어떤 방법으로 속죄하겠느냐?"

여러 사람들이 일제히 엎드려 머리를 조아리며 사죄하기를,
"저희들은 모두 어리석고 무식한 탓으로 늙은 무당에게 속아 이 지경에 이르렀으니 죽어도 아까울 게 없는 줄 아옵니다."
군수는 약간 부드러운 말씨로,
"그만들 일어나거라. 그 늙은 무당이 이미 죽었으니 이 일은 매듭이 진 셈이다. 그러나 이후에 다시 하백에게 처녀 바치는 일을 논하는 자가 있으면 가차 없이 처단하여 죽음을 면치 못할 것이다."
하고는 이호와 정연에게,
"네 이놈들, 그러한 핑계로 백성들의 제물을 약탈하였으니 쌓아 둔 재산이 많으렷다. 하나도 남기지 말고 민간인들에게 변상해 주어라, 알겠느냐?"
"명령대로 따르겠습니다."
이리하여 하백에게 처녀를 바치던 사건은 일단락이 되었고, 그 고을 백성들의 근심거리는 말끔히 없어졌다. 참으로 서문표 군수 같은 명관(名官)이 아니고서는 해결하기 어려운 일이었다. 그 뒤 이호, 그리고 정연은 재산을 털어 민간인들에게 나누어

주고, 나이가 차도록 장가들지 못한 늙은 총각들은 무당의 여제자들과 성혼시켜 주었다. 그리고는 군수 서문표가 그 지방의 지형을 일일이 살펴본즉, 범람하기 쉬운 천의 물을 통할 곳이 있음을 발견하고, 장정들을 뽑아 지형이 낮은 곳을 골라 12군데의 물똘을 파서 장수의 물을 끌어다가 건조한 전답으로 대게 했다.

이로부터 이 고을은 메마른 땅이 없게 되어 해마다 풍년이 들었다. 고로 그 전보다 몇배나 많은 수확을 얻게 되었다.

이리하여 백성들은 배불리 먹고 잘 살게 되었으니 군수의 공덕을 칭송하지 않는 이가 없었다.

▢ 아내보다 첩이 좋다

홍대업(洪大業)의 아내 주씨(朱氏)는 용모가 퍽 아름다웠다. 그래서인지 홍대업이 주씨를 맞이해서는 그 아내를 매우 사랑했고, 따라서 부부의 금실이 좋아 마치 녹수(祿水)의 원앙과 같았다.

참으로 행복한 가정이었으므로 인근 사람들은 그 부부를 부러워하지 않는 자가 없었다. 그런데 이들 부부가 결혼한 지 몇 년 후 홍대업은 비녀(婢女 : 여종) 보대(寶帶)를 첩으로 삼았다. 보대의 용모는 보통 밑지 않을 정도일뿐 본부인 주씨에 비하면 훨씬 못했다. 그런데도 웬일인지 남편은 보대를 들여앉히자 본처는 점점 등한시하고 보대만을 극진히 사랑했다.

주씨는 몹시 속상했다. 자기만도 못한 첩에게 남편의 사랑을 뺏기게 되었으니 보대가 죽이고 싶도록 밉고 남편이 원망스러웠다.

남편 홍대업과 아내인 주씨는 하루에도 몇 번이고 말다툼이 생겼고, 날이 갈수록 부부간의 사이는 멀어져 마침내는 서로 본체만체하기에 이르렀다.

남편은 주씨의 불평에 못이겨 보대의 방에 자주 드나들 수는 없었으나 그럴수록 남편의 관심은 더욱 보대에게 쏠리고 있었다. 주씨는 이를 알고 있었으나 더 이상 어찌해 볼 수가 없어 가슴만 태우고 있었다.

그 뒤 홍대업은 다른 곳으로 옮겨 가서 살게 되었다. 그런데 그곳에서 비단장수인 적씨(狄氏)와 이웃하게 되었는데 그 비단장수의 아내가 새로 이사 온 집에 인사를 와서 홍대업의 아내와 이야기를 주고 받았다.

비단장수의 아내는 항랑이란 여자로써 나이는 이때 30이 되었을까 한데 보통 얼굴에 말씨가 쾌활하고 성격이 명랑해서 사람의 호감을 사는 여자였다. 해서 주씨도 그녀를 만나자 금세 친근해졌다.

"우리는 나이도 비슷하고 서로 이웃하였으니 앞으로 서로 친근하게 지냅시다. 나도 댁을 방문하였으니 댁도 우리 집에 놀러가는 게 어떻겠소?"

하고 항랑이 제의하자 주씨는 그녀를 따라 적씨 집으로 같이 갔다. 그런데 항랑의 집에도 역시 첩이 있었다. 주씨가 보니 묘령의 앳된 여자로 항랑보다 훨씬 아름다웠다. 주씨는 속으로 생각하기를 '이 집은 우리 집보다 가정불화가 더 하겠구나. 나는 보대보다 얼굴이 고운 데도 남편은 보대만을 사랑하는데, 이 집으로 말하면 첩이 본부인 보다 훨씬 아름다우니 그 남편은 더욱 첩에게 혹하겠구나' 하고 은근히 그 집의 동태를 살펴 보았다.

　주씨가 이곳에 이사온 지도 어언 반년이 지났다. 그런데 웬일일까? 마땅히 가정 불화가 많을 줄로만 알았던 항랑의 집안은 평온해서 부부 싸움이 있다거나 혹은 부인과 첩 사이의 말다툼을 하는 소리를 들어볼 수가 없었다. 뿐만 아니라 비단장수 적씨는 본처인 항랑만을 깊이 사랑하고 첩은 일이나 시킬 뿐 적씨와 첩이 다정하게 이야기하는 것을 한 번도 본 일이 없었다.

　'이상도 해라, 적씨의 집안은 이해할 수가 없다.'

　궁금히 여긴 주씨는 항랑을 찾아갔다. 마침 그 집안에는 항랑 혼자 있었다. 주씨는 항랑에게 물어 보았다.

　"내가 전에 남편이 아내보다 첩을 특별히 사랑하는 까닭은 첩이 아내보다 예뻐서가 아니라 그 첩이라는 이름 때문에 사랑하는 것이라 해서 내 생각으론 아내의 이름을 바꾸어 첩이라 하였으면 좋겠다 하였는데 지금 댁의 경우를 본다면 그렇지도 않다고 느꼈소. 댁은 어떠한 방법으로 남편의 사랑을 독차지 하고 있는가요? 만일 남편의 사랑을 독차지 할 수 있는 방법을 배울 수만 있다면 나는 댁을 스승으로 모시고 댁의 제자가 되기를 원하오."

　주씨의 말을 들은 항랑은 탄식하며 대답했다.

"슬프도다, 당신의 어리석음이어! 댁은 자기 스스로 잘못해서 소홀한 대접을 받는 것을 모르고, 남편을 원망한단 말이오? 당신이 아침 저녁으로 바가지를 긁어 남편을 괴롭히니 당신 남편이 마음 붙일 곳은 어디인지 뻔한 게 아니오? 당신이 하는 짓은 마치 떨기풀을 위해 새를 몰아주고(爲叢驅雀 : 연못을 위하여 물고기를 몰아주는(爲淵驅漁) 이상의 두 가지는 모두 일을 거꾸로 하는 것을 비유한 말로서 원칙상으로는 새를 위하여 풀숲이 있어야 하고, 고기를 위하여 연못을 마련해야 하는데 그 반대가 되었다는 뜻) 격이 된 셈이니, 당신은 이제 곧 집으로 돌아가거든 그 남편을 자유롭게 놓아 주시오. 남편이 첩을 위하든지 지극히 사랑하던 간에 하등의 간섭을 말아야 하오. 어쩌다가 당신 남편이 당신의 방에 들어오려 해도 문을 잠그고는 절대 받아들여서는 안되오. 그렇게 한 달이 지나면 내가 당신을 위하여 두번째의 계책을 가르쳐 주겠소."

 항랑의 말을 들은 주씨는 그 뒤로부터 보대를 곱게 단장시켜 남편의 침실에 항상 있게 하고, 아침 식사도 겸상하여 남편과 같이 먹도록 하였으며, 남편이 혹 자기 일을 거들어 주면 한사코 거절했다.

 남편과 보대는 돌변한 주씨의 태도에 저으기 놀랐다. 그러나 한결같은 주씨의 정성에 그 어진 덕을 칭송하게 되었고, 심지어 동리 사람까지도 주씨의 착한 마음을 칭송하기에 이르렀다.

 한 달이 지난 뒤 주씨는 다시 항랑을 찾아갔다. 항랑은 주씨의 손을 잡고 기뻐하며,

"자네가 드디어 인심을 얻었도다. 이제 돌아가서는 어떻게 하

는고 하면 화려한 옷을 벗고 남루한 옷으로 바꿔 입을 것이며, 얼굴에 화장을 하지 말고, 도리어 때묻게 하고 머리도 빗지 말고 흐트려 뜨린채 집안 일하는 사람들 속에 섞여 부지런히 일만하라. 그렇게 하기를 또 한 달간을 행한 뒤 다시 나를 찾아오게. 다음 방법을 가르쳐 주겠네."

"그렇게 하리다."

주씨는 돌아와 곧 항랑이 가르쳐 준대로 실천했다. 이곳 저곳 기운 헌옷으로 갈아입고, 머리도 빗지 않고 얼굴도 씻지 않은 채 추하게 생긴 모습 그대로 밖의 일도 거들고, 안에서는 음식 준비며 설거지 등에 매달려 분주히 돌아다녔다. 그리고 남편과 보대에 관한 것은 단 한마디도 없이 여율령시행(如律令施行)했다.

주씨가 이와 같이 하기를 또 한 달이 된 후 항랑을 찾아갔다. 항랑은 반색을 하며,

"그대는 참으로 가르칠 만한 나의 제자로다."

하고 칭찬한 뒤 다시,

"2월 아무 날은 마침 상사절(上巳節)이라, 내 당신과 같이 동산에 가서 풍경을 구경하며 심신을 소창코자 하니, 그날은 일찍 서둘러 곱게 단장하고 옷도 새롭고 화려한 것으로 갈아 입은 뒤 우리 집으로 오라."

"그렇게 하겠소."

그리고 주씨는 집으로 돌아왔다.

항랑과 약속한 상사일이 되었다. 주씨는 항랑이 말한대로 얼굴에 분도 바르고, 입술도 칠하고 눈썹도 그리고, 머리도 곱게

매만지고, 화려한 비단 옷으로 갈아 입고는 항랑을 찾아갔다.
 항랑은 반가히 주씨를 맞아들이며,
"됐어, 족하지."
 칭찬하고는 가까이 다가와 머리도 다시 만져주고, 의복도 이리 저리 살펴가며 가다듬어 주고는 상자 속에서 좋은 신을 꺼내어 바꾸어 신으라 한다. 간소한 술상을 차려 몇잔 주거니 받거니 하며 그 곳에서 하루를 지냈다.
 저녁 무렵, 항랑은 주씨에게 당부한다.
"그대는 이제 집으로 돌아가라. 남편을 한번 슬쩍 본 뒤 곧장 그대의 방에 들어가 문을 잠그고는 일찍 잠자리에 들라. 그리하면 반드시 남편이 와서 문을 두드리며 열어 달라 할 것이니 열지 말고 있다가 세번째 와서 문을 열어 달라 조르거든 열어 주어라. 한번만 몸을 허락하고는 남편이 다시 무슨 짓을 요구하려 들거든 절대 허락하지 말거라. 그렇게 한 뒤 한 달이 지나거든 나를 다시 찾아와라."
 주씨는 그 말을 듣고 집으로 돌아갔다. 문에 들어설 무렵 남편과 마주치게 되었다.
 홍대업은 갑자기 예뻐진 아내의 모습을 보고는 놀랐다. 그도 그럴 것이 몇달째 화장도 하지 않고 옷도 남루하게 입었으므로 그 모양이 별로 신통치 않게 느꼈으나 본래 밉지 않은 주씨의 용모인지라 특별히 차려 입고 가꾸고 다듬은 얼굴은 그야말로 천하일색같이 보였다.
"저렇게 예쁜 아내임을 왜 미처 몰랐던고."
 하는 듯이 의아한 표정을 짓더니 얼굴에 기쁜 빛을 띠고 친절하게 말을 건넨다.
 주씨는 남편의 묻는 말에 몇마디 간단히 대꾸하고는 자기 방으로 들어가 문을 잠그고는 드러누웠다.
 날은 아직 어둡지 아니했다. 그럼에도 불구하고 홍대업은 참을 수가 없었던지 주씨의 방문 앞에 찾아와서 문을 두드렸다. 그러나 주씨는 짐짓 모르는체 문을 열어주지 않았다. 남편은 하는 수 없이 그대로 돌아갔다.
 다음 날도 남편이 찾아왔으나 역시 그대로 돌려 보냈다. 그 다음 날 아침, 남편은 주씨를 보자 꾸짖었다. 이에 남편이 대답하기를,
 "나는 혼자 자는 버릇이 생겨 이제는 누구와도 같이 자기가 싫어졌습니다."
하고 대답하니 홍대업은 아무 말도 하지 못했다.
 그 날은 홍대업이 날이 저물 무렵 아예 주씨의 방에 들어가 주씨가 들어오기를 기다리고 있었다. 주씨는 마지못해 자기 방에 들어가 그 남편을 상대해 주었다.
 홍대업은 마치 화촉동방에 갓 시집온 신부를 상대하는 기분이었다. 그래서 그는 아내의 손목을 잡고 이불 속으로 이끌고는 한없이 즐거운 정을 나누었다.
 다음 날 아침, 남편은 주씨의 침실을 나서며,
 "오늘 밤도 부인을 찾겠소."
라고 하자, 주씨는 고개를 저으며,
 "아닙니다. 그리할 수 없습니다. 사흘에 한 차례씩만 찾아오십시오. 그렇지 않으면 이제부터 하룻밤도 맞아들이지 않을 것

입니다."

하고 강경하게 말하자 남편은 그렇게 하기로 약속하고 돌아갔다.

한 달이 또 지났다. 주씨는 전과 같이 항랑을 찾아갔다. 항랑이 주씨에게 다시 말해 주었다.

"이제부터는 그대가 남편의 사랑을 독차지 하게 될 것이다. 그러나 한 가지 부족함이 있다. 그대의 용모는 아름다우나 교태가 없는 게 흠이로다. 그대만한 미모로 한번 교태를 나타내면 옛날 서시(西施)의 사람도 빼앗을 수 있으리라."

하고는 주씨에게 교태 부리는 요령을 가르치기 시작했다.

항랑은 주씨에게 눈웃음치는 법, 흘겨보는 법, 추파 던지는 요령, 살짝 웃는 법, 말할 때 박씨같은 이를 드러내고 몸을 꼬며 아양을 떠는 법, 심지어는 남편과 더불어 잠자는 요령 등 가지가지의 남편 홀리는 요령을 일일이 가르쳐 주고, 또 그같은 교태가 능숙해지도록 거울 앞에 서서 몇 번이고 연습하도록 했다.

주씨는 이와 같은 교태를 터득한 뒤 돌아와 그것을 실제로 행한즉, 남편 홍대업은 그만 넋을 잃은듯 주씨에게 홀딱 빠져서 그야말로 아내의 치마폭에서 헤어나지 못했다.

홍대업은 날이 저물기가 무섭게 주씨의 방을 찾는 일을 하루의 일과 중 가장 큰 즐거움으로 여겼다. 그러자니 자연 그토록 총애하던 보대에게서는 점점 멀어지게 되었다. 주씨는 그럴수록 보대를 더욱 잘 대접하고 매사에 남편과 더불어 한방에 같이 있게 하면 남편은 보대를 본체만체 하기에 이르렀다.

이런 일이 있은 뒤로는 보대가 한을 품고는 이 사람 저 사람에게 남편을 원망하고 비방하는지라 홍대업이 이를 알고 날이 갈수록 더욱 보대를 더욱 멀리하게 되었다.
 하루는 항랑이 찾아와 주씨에게 묻기를,
"내가 가르쳐 준 술법이 과연 어떠한가?"
하고 넌즈시 물으니 주씨가 대답하기를,
"도(道)인즉 지극히 신묘합니다. 그러나 제자로서 선생의 가르침을 따랐을 뿐이지 어떻게 해서 이와 같이 되어가는 줄은 알지 못합니다. 맨 처음 남편을 놓아주라 하셨는데 어찌 그랬습니까?"
 이에 항랑이 대답한다.
"그대는 듣지 못했는가? 사람의 마음이란 묵은 것은 싫어하고 새것을 좋아하며, 어려운 것은 중히 여기고 쉬운 것은 하찮게 여기는지라, 남자가 첩을 아내보다 사랑하는 까닭은 그 첩이 반드시 아름다워서가 아니라 새롭기 때문이다. 본처는 만난지가 오래되어 사랑이 식어 가고, 첩은 새로 만났으니 새로운 정을 좋아함이다. 그리고 첩을 얻은 뒤에도 본처의 질투를 꺼려 눈치를 살피느라고 마음대로 만나지 못하고 어쩌다가 접촉하기 때문에 그 첩이 중하게 여겨진 것이고, 아내는 마음대로 누구의 간섭을 받지 않고도 상대할 수 있으니 자연 가벼워지게 된다. 그러므로 그 남편을 자유롭게 놓아 주어 실컷 첩을 상대하도록 하면 소중한 마음이 차차 없어진다. 진수성찬도 자주 먹으면 물려 버리는데 하물며 나물국 정도를 자주 먹는대서야 금세 싫증이 나지 않겠는가?"
"그 까닭을 이제야 알겠습니다. 다음에 가르쳐 준바, 헌옷을 입었다가 다시 좋은 옷으로 갈아 입고, 때묻은 얼굴을 했다가 다시 곱게 화장해서 남편을 황홀하도록 하는 방법은 무엇 때문에 한 건가요?

이에 항랑이 대답한다.

"오래도록 눈여겨 보지 않으면 오랫동안 만나지 못한 것 같고 추루한 옷과 얼굴을 지닌 사람이 홀연 곱게 가꾸고 나타나면 새 사람을 대하는 듯한 기분이 들기 마련이다. 비유하건대 가난한 사람이 고량진미를 얻으면 그 전에 먹든 음식은 맛이라 할 수 없음과 같다. 또한 첩은 자주 만나고 아내는 자주 만나지 못하게 되면 첩은 옛 물건이 되고, 아내는 새것이 되며 첩은 용이하고 아내는 어려워진다. 이것이 그대가 아내를 바꾸어 첩으로 만드는 묘책이로다."

주씨는 크게 깨달아 항랑의 지혜에 탄복하기에 이르렀다. 이로 인해 주씨는 계속 남편 사랑을 독차지하게 되었으며, 항랑과 주씨는 더욱 친밀해져 틈만 있으면 그들 두 여인은 서로 만나 즐거운 이야기 꽃을 피우게 되었다.

□ 결자해지(結者解之)

사람이 이 세상에 태어나 살다보면 자칫 원수를 맺기가 쉽다. 그러나 그 원수는 넓은 이해와 아량으로 풀어버리는 게 옳고, 깊이 맺고 풀지 않는 것은 좋지 않다. 그러므로 도가(道家)에서는 원한을 푸는 참회(懺悔)가 있고, 불가(佛家)에서는 맺은 것을 푸는 경문(經文)이 있으며, 공자(孔子)는 '예전의 악한 것을 생각지 말라'고 했다.

또 예수는 '원수를 사랑하라'고 가르치고 있다.

옛날 왕소삼(王小三)이란 사람이 송(宋)나라 서울 동성(東城) 밖에서 살고 있었다. 그는 본래 가세가 빈한하여 남의 집 품팔이를 해서 그날 그날 생계를 유지하고 있었다. 그는 천성이 유순한 데다 근면 성실한 탓에 점차 가세가 나아져 여유 있는 생활에 까지 이르게 되었다.

그는 본시 부처님을 숭배하는 마음이 두터워서 항시 마음속으로 부처님을 섬겨 왔으나 가세가 궁하여 뜻을 이루지 못하다가 생활의 안정을 이룩하자, 곧 화공(畵工)을 불러 관세음보살의 존상을 그리도록 해서 정결한 곳에 모시고는 지성으로 공양했다. 즉, 아침 저녁으로 하루도 빠지지 않고 소향예배(燒香禮拜)하기를 몇년이나 계속했다.

이 무렵, 금(金)나라가 군사를 일으켜 송(宋)나라 서울을 향해 물밀듯이 쳐들어 오고 있었다. 그래서 서울 가까이 사는 백성들은 난리를 피하여 너나없이 피난 가는 통에 인근 부락이 텅 비어 있었다.

왕소삼은 형세를 보아 피난하리라 생각하고 있다가 금나라 군사가 가까이 이른다는 소문을 듣고는 하는 수 없이 피난을 가기 위해 가재도구를 챙기고 있었다. 내일 날이 밝으면 일찌감치 피난가려는 심산이었다.

삼경(三更)이 지났을까, 왕소삼은 갑자기 졸음이 와서 자신도 모르는 순간에 스르르 눈을 감았다. 아직 몽롱한 가운데 백의

(白衣)를 입은 관세음보살이 손에 버들가지를 쥐고 나타나 왕소삼에게 말을 했다.

"너는 듣거라. 너는 전생에 군인이 되어 싸움을 하다가 너의 한 칼로 파수를 보는 군졸 하나를 죽인 일이 있다. 너는 이생에서 이곳에 태어났고, 너에게 죽음을 당한 그 파수병은 역시 인간으로 환생하여 금나라 장수가 되었는데, 그 장수 이름이 묵리(墨利)라 한다. 지금 금나라가 군사를 움직여 송나라를 침략하는데 묵리 장수가 군사를 거느리고 내일 오시(午時)에 이곳을 지나가게 된다. 그래서 묵리가 너를 만나면 곧 죽여서 전생에 맺은 원수를 갚게 된다. 고로 네 비록 그를 피하여 멀리 도망갈지라도 결국은 그에게 죽음을 면치 못하리니 안타까운 일이다. 그런데 네가 지성으로 나를 공양하였고, 또 네 마음이 착하여 중생을 자비로 대하는 부처님의 거룩한 뜻을 저버리지 않고, 소나 개 등 짐승을 죽이지 않은 공덕을 생각해서 특별히 너를 액(厄)에서 면하도록 하고자 찾아왔으니 내 말을 명심하여 들으라. 내일 날이 밝거든 즉시 양고기 대여섯 근과 약간의 술을 준비했다가 오시에 쌀밥을 지어 묵리가 이르거든 즉시 대접하고 정성들여 받들면 혹 죽을 것을 면할 수 있겠으나 확실하다고 단정하기는 어렵다. 알겠느냐?"

말을 마친 뒤 손에 들고 있던 버들가지로 왕소삼을 후려치는 바람에 깜짝 놀라 잠을 깬즉 꿈이었다.

"아, 보살님께서 나를 구해 주려 오셨구나. 이 은혜는 이 목숨 다 하여도 갚을 길이 없구나. 내 보살님의 가르치심을 저버리지 않아야지."

그는 뜬눈으로 그 밤을 새다시피 하고는 이른 새벽에 길을 달려 돌아왔다.

왕소삼은 고기를 굽고 반찬을 장만하고 쌀밥을 지어 준비가 완료된 뒤, 뒷문을 잠그고 집안에 홀로 앉아서 묵리가 오기를 기다리고 있었다.

정오가 가까워 오자 문밖에서 갑자기 말발굽 멈추는 소리가 들리더니,

"여봐라, 문을 열어라!"

하고 우렁찬 목소리로 고함치는 소리가 들렸다.

왕소삼은 이미 예기하고 있던 터이라 별로 놀랄 것도 없이 달려 나가 문 안에서 물었다.

"묵장야(墨將爺 : 장군이란 뜻)께서 오셨습니까?"

하고는 급히 문을 열어 주며,

"장야께서는 어서 안으로 드십시오."

왕소삼은 묵리를 안내하여 방에 들어 앉혔다. 묵리가 왕소삼을 따라 방안에 들어서자 언제 준비하였는지 상 위에는 양고기와 술병이 놓여 있어 구수한 고기 냄새와 향기로운 술 냄새가 코를 찔렀다.

'아니, 저건?'

묵리는 눈이 휘둥그레졌다. 그리고는 침을 꿀꺽 삼켰다.

원래 금나라 군사들은 송나라 서울로 쳐들어 오는 도중에 닥치는 대로 노략질하여 백성들을 괴롭혀 왔다. 그러다가 이 고을에 들어서니 주민들이 이미 피난을 가서 집집마다 텅 비어 있으므로 아침부터 낮까지 음식이란 단 한 젓가락도 입에 넣지

못하여 매우 시장하던 판에 상 위에 놓인 고기며, 술을 보자 어찌 회가 통하지 않을 수 있으며 또한 반갑지 아니하랴.
"장군, 빨리 드십시오. 음식을 마련해 놓고 장군을 기다렸습니다."
묵리는 대답할 겨를도 없이 대뜸 양고기 한 점을 집어다가 입에 넣고 질근질근 씹더니 곧 술병을 들어 잔에 따라서 벌컥벌컥 마셨다.
왕소삼은 큰 그릇에다 술을 가득 부어 공손한 태도로 묵리에게 받들어 올렸다. 묵리 역시 그 술잔을 받아 단숨에 쭉 들이켰다.
왕소삼은 일어나 부엌으로 나가서는 곧 김이 무럭무럭 나는 쌀밥을 큰 그릇에 담아다가 묵리 앞에 놓고는,
"야장께서는 술일랑 나중에 더 잡수시고 진지부터 드십시오. 퍽이나 시장하시겠습니다."
묵리는 밥그릇을 보자 게눈 감추듯이 한 그릇 밥을 치우고는 왕소삼이 따라 주는 술을 받아 마셨다.
"아, 이젠 살겠구나."
묵리는 기분이 매우 상쾌했다. 밤낮을 달리면서 음식을 먹지 못해 한껏 배가 고프던 차에 좋은 고기에 좋은 술, 좋은 반찬에 좋은 밥을 배불리 먹고 나니 천하에 부러울 것이 없는 듯했다. 그러나 좀 이상한 생각이 들어 왕소삼에게,
"너는 어떻게 나의 이름을 알고 있으며, 다른 사람들은 다 도망을 가서 집집마다 텅 비어 있는데, 너는 어찌하여 도망가지 않고 혼자 남아서 이렇게 음식까지 준비하여 나를 대접하느냐? 아무리 생각해 봐도 이해를 못하겠구나."

왕소삼은 무릎을 꿇고 차분히 대답했다.
"제가 장군님을 속일 필요가 없지요. 다 말씀드리겠습니다."
하고는 이어서 어젯밤 꿈에 관세음보살이 나타나 이러 이러한 말을 들려주었으므로 보살님의 지시에 따라 묵리 장군께 음식을 대접하고 전생에 지은 죄를 갚기 위해 처분을 기다린다 했다.
"그래서 저는 달아나지 않고 장군을 기다렸으니 이제 장군님께서는 나머지 술과 고기를 마저 잡수신 뒤에 저를 죽여 전생에 진 빚을 갚도록 해 주십시오. 이것은 원수와 원수를 서로 갚는 이치로서 그렇게 되면 제가 다시 환생할 것입니다."
묵리는 왕소삼의 말을 듣고는 얼빠진 사람처럼 우두커니 앉아서 무엇인가 골똘이 생각하고 있었다. 묵리는 마음속으로, '저자가 전생에 나를 죽였다 해서 내가 저자를 죽이면 또 저자가 다시 태어나 나를 죽이게 될 것이다. 이렇게 된다면 저자와 나는 언제까지나 서로 죽이는 일을 되풀이 할 것이니 이 원한이 언제 청산될지 모른다. 항차 나는 이 세상에서 저자와 원수진 일이 없고, 그가 정성들여 차린 음식을 배불리 얻어먹었으니 은혜를 입은 셈이다. 무엇 때문에 저자를 죽여 다시 원수를 맺는단 말인가?'고 생각하고,
"너, 듣거라. 우리는 지금 너희 나라 재물을 약탈하고자 들어온 것이지 너에게 원수 갚음을 하려고 온 것이 아니다. 설사 전생에 너와 원수를 졌다 하더라도 전생은 이미 지났고, 금세에 와서는 나와 네가 원한이 없는 바에야 내 어찌 괴롭게 또 너를 죽이겠느냐? 옛 속담에 결자해지(結者解之)라 하였는데 내가 먼저 원수진 것을 풀겠다. 내가 이미 너의 음식을 먹어 주린 창

자를 배불리 채웠는데도 보상할 만한 게 없다."
하며 허리춤에서 조그마한 기(旗) 하나를 꺼내더니 왕소삼에게 주면서,
"네가 이 기를 대문 위에 꽂아 두면 우리 군사가 보고 감히 침입을 못할 것이며, 또 이 기를 들고 길을 걸으면 무사할 것이니 이것이나 받아라."
하고 묵리는 바쁜 듯이 문을 열고 나갔다.
'아, 자비로우신 관세음보살!'
왕소삼은 즉시 관음보살상 앞에 나아가 소향 재배하고 살려 주신 은혜를 치하했다.
그 뒤 왕소삼은 아무런 탈이 없이 90여세까지 편안히 살다 세상을 떠났다고 한다.

▫ 이인(異人) 마개보(馬介甫)

옛날 양만석(楊萬石)이란 사람이 있었다. 그는 학문이 있는 선비였으나 그 아내에게는 꼼짝도 못하는 공처가였다. 그의 아내 윤씨는 성질이 어찌나 사나운지 남편 만석이 조금만 잘못하면 야단법석을 부리는 것은 고사하고 매질까지 했다.
만석의 부친은 나이가 60이 지난 노인으로 일찍 아내를 사별하고 홀아비 신세로 지내는 처지인데, 며느리가 그 시아버지를 노예 취급하듯 하였으며 먹을 것도 잘 주지 않았다. 고로 만석

은 동생 만종(萬種)과 더불어 아내 몰래 음식을 훔쳐다가 아버지를 공양하곤 했다.

더군다나 시아버지에게 헤진 옷을 입혀 거지꼴과 다를 바 없었으므로 손님이 찾아와도 창피해서 그 아버지에게 인사를 시키지 못할 정도였다.

만석은 나이 40이 되도록 자식을 두지 못했다. 그러나 첩을 얻을 생각은 엄두도 못내고 있다가 아내 윤씨의 주선으로 첩을 맞아 들였지만 아내가 무서워 감히 사사로운 말조차 첩과 주고받지 못했다.

어느 날 만석과 만종은 향시(鄕試)에 응하고자 시험장에 참석했다. 그곳에서 역시 시험을 보러 참석한 사람 가운데 용모가 준수하고 거동이 단아한 소년 하나를 보고 호감이 가서 인사를 통하니,

"나는 마개보(馬介甫)라 합니다."
하고 성명을 대었다.

만석은 그날로 그 소년과 다정하게 이야기를 나누다가 매우 친밀해져서 의형제를 맺은 뒤 헤어졌다. 그로부터 반년이 지났을까, 마개보는 동복(僮僕 : 나이어린 종)을 이끌고 양만석을 찾아왔다. 때마침 만석의 아버지가 따뜻한 햇볕을 쬐며 이를 잡고 있었다.

그 노인이 누더기 옷을 걸치고 앉은 모습이 거지와 다를 바 없었다. 마개보는 그 노인에게,

"노인은 누구십니까?"
하니 그 노인이 대답하기를,

"나 만석의 애비요."

하는지라 마개보는 '아니 이럴 수가?'하고 한편 놀라고 한편으론 자기 눈을 의심했다.

잠시 후 양만석 형제가 의관을 정제하고 나와서 마개보를 맞이하여 방안에 안내했다. 마개보는 자리에 앉기 전에,

"춘부장께서 어디 계신지 인사하고 오겠습니다."

하고 청하니,

"아버님께서는 지금 편찮으셔서 누워 계십니다. 다음에 뵙도록 하게."

만석 형제가 사양했으므로 그는 그만두고 세 사람이 이런 얘기 저런 얘기를 하면서 그럭저럭 저녁이 되었다.

"여보! 무얼 좀 들여오구료."

하고 만석이 음식 내오기를 재촉하였으나 끝내 음식을 차려 오지 않았다. 만석 형제는 안절부절 몇 번이고 번갈아 나갔다 들어왔다 하더니 아내가 술 한 병과 김치쪽 한 그릇을 차려 들여왔다. 그것을 본 만석 형제는 부끄러워 얼굴이 빨개졌다.

얼마 후 저녁상이 들어 왔다. 잘 찧어지지도 않은 보리밥에 나물 두어 그릇뿐 먹을 만한 반찬은 눈에 띄지 않았으며 차려 놓은 꼴이 추잡하기 이를 데 없었다.

밤이 깊었다. 만석은 먼저 인사한 뒤 안으로 들어가고, 만종은 이불을 가지고 동반하려 하는지라 마개보는 몹시 불쾌하여 만종을 꾸짖었다.

"당신 형제가 학문과 의리가 높은 줄 알고 결의형제를 삼았더니 이제 보니 크게 실망하였소. 그대의 부친을 보건대 입지도

못하고 잡수지도 못하여 거지에 불과하니 이런 수치가 어디 있으며, 이런 불효가 어디 또 있단 말이오?"
 이에 만종이 눈물을 흘리며,
 "그대는 용서하고 내 말을 들어 주게. 우리 형제 가슴 속에 맺힌 한을 창졸간에 이야기할 수는 없네. 가문이 불길한 탓인지 포학무도한 형수로 인하여 아버님을 비롯해서 전 가족이 억울하게 당하고 있으나 이 부끄러운 말을 감히 발설할 수 없네."
 마개보는 만종의 말을 듣고 탄식하다가 무슨 생각이 들었던지 하는 말이,
 "내가 애당초 형댁(兄宅)을 방문할 때는 내일 일찍 가려는 참이었는데, 지금 형의 심상치 않은 말을 듣건대 내가 직접 목견(目見)하고 싶소. 그러니 어떤 방 하나를 빌려 내가 며칠 동안 머무를 수 있도록 해주시오."
"그야 어렵지 않네."
 만종은 마개보의 청대로 방 하나를 주선해 주고, 조석 때를 당하여는 술이나 반찬 등을 갖다 주는데 형수가 알까 두려워하는 기색이 있으매 마개보가 그 눈치를 알고 그런 일을 못하도록 거절했다. 그리고는 자기가 데리고 온 심부름꾼을 시켜 식사 등을 주선하도록 했다. 또한 만석 형제의 부친을 모셔다가 침식을 같이 하고 시장에 나가 옷감을 끊어다가 만종의 부친에게 맞추어 입혔다.
 "그대의 은혜를 무엇으로 갚아야 하나?"
하고 부친과 아들 형제는 너무도 고맙고 감격하여 눈물을 흘리며 감사를 표했다.

그런데 만석의 아우 만종에게는 일곱 살 먹은 아들이 있었다. 그 이름은 희아(喜兒)라 하였는데 그 할아버지를 닮았으므로 밤에는 할아버지와 같이 자게 되었다. 마개보는 희아의 머리를 쓰다듬으며,

"이 애의 수복(壽福)은 그 아버지보다 더 나으나 다만 소년시절에 고생하고 고적하게 될 운명이 있어 안되었구나."
하고 탄식했다.

만석의 아내 윤씨는 그 시아버지가 요즈음 좋은 옷에 배불리 먹으며 안락하게 지낸다는 말을 듣고 크게 화를 내며,

"대체 마(馬)가가 어떠한 사람이기에 제멋대로 남의 집안일에 간섭한단 말인가. 제 부모나 잘 봉양할 일이지 남의 집 노인을 제가 어쩌자고 먹여살리라? 이것은 필시 아비와 그 형제를 이간질하려는 속셈임이 틀림없다."
하고 소리쳤다.

처음에는 그의 고함치는 소리가 집안에서 그쳤지만 급기야는 대문 밖에 나서서 고래고래 발악을 하는 통에 마개보가 거처하는 곳까지 들리게 되었다.

만석 형제는 그녀의 발악하는 소리를 듣고 어찌해야 좋을지 몰라 쩔쩔매고 있는데 마개보는 듣고도 못들은체 태연했다.

어느 날 만석의 첩인 왕씨(王氏)가 임신한 지 다섯달만에 윤씨가 비로소 알게 되었다.

"이 망측한 년!"

윤씨는 노발대발 욕지거리를 했다. 그래도 분이 풀리지 않았던지 왕씨의 옷을 벗기고는 남편 만석을 불러 그 앞에 꿇어앉

아 여자의 옷을 입으라고 강요했다.

 만석은 아내가 무서워 벌벌 떨며 거역하지 못하고 그 옷을 받아 입었다. 윤씨는 이에 그치지 않고 매를 들고 만석을 때리니 만석은 놀라 밖으로 달아났다.

 윤씨는 남편의 뒤를 쫓아갔다. 만석은 아내를 피해 달아나다가 마개보가 있는 것을 보고 부끄러워 더이상 달아나지 못하고 멈칫거리고 있었다. 그 틈을 타서 윤씨가 달려들어 종아리를 사정없이 후려치며,

 "이놈, 보기 싫다. 어서 썩 나가거라."

하고 호통치는 것이었다. 만석은 벌벌 떨며 문밖 멀리 쫓겨 달아나는데, 이때 동리 사람들이 그것을 구경하느라 남녀노소 할 것없이 모여 길을 메우다시피 했다.

 보다 못한 마개보는 만석의 앞을 가로막고 윤씨를 향해,

 "가거라, 썩 들어가지 못할까!"

하고 꾸짖었다.

 이게 웬일인가? 그토록 사납고 독살스런 윤씨이니 만큼 당연히 대들고 앙탈을 부릴 것이 뻔하거늘 마개보의 호통치는 소리를 듣자 마치 귀신이라도 만난 것처럼 갑자기 얼굴에 공포의 빛을 띠더니 벌벌 떨며 치맛자락이 내려가는 것조차 살피지 않고 신발도 벗은채 엄마야, 날 살려라 하고 허겁지겁 달아나 집안에 들어와서는 얼굴빛이 흙빛처럼 된채 꼼짝 못하고 서 있다가 한참 뒤 뛰는 가슴을 진정한 후에야 여종이 치마와 신을 갖다 주자 그것을 걸치고는 크게 소리내어 울었다. 그러나 집안 사람들은 윤씨를 두려워 하여 감히 그 까닭을 묻지 못하고 다

만 고개를 갸웃거리며 이상히 생각하고 있었다.
 마개보는 아직까지도 여자의 옷을 걸치고 있는 만석을 보고,
"마형은 어서 그 옷을 벗으시오,"
하니 만석은 그 아내가 무서워 차마 벗지 못하고 주저주저했다. 이에 마개보가 달려들어 억지로 그 옷을 벗겨 버렸다.
 만석은 옷 벗은 것을 아내가 알까 두려워 불안해 하는 눈치가 역력했다. 그러다가 그 아내의 울음소리가 그치자 내실로 들어가 윤씨 앞에 서서 주춤거리고 있었다.
 윤씨는 남편을 거들떠보지도 않을 뿐 아니라 한마디 말도 없다가 돌연 일어나서 자기 방으로 들어가서는 이불을 뒤집어 쓰고 누워버렸다.
 윤씨의 거동을 본 만석 형제는 이상히 여겨 어리둥절하였으며 집안사람들도 이상하여 서로 눈짓하며 소곤거리고 있었다.
 윤씨는 집안이 조용하자 가만히 일어나 문틈으로 동정을 살펴본즉 온 집안사람들이 모두 자기를 가리키며 혹은 웃고, 혹은 고개를 갸웃거리며 속삭이고 있는 것을 발견하고는 부끄럽던 마음이 금시 사라지고 울화가 만장이나 솟구쳐 문을 왈칵 열고 뛰어 나왔다.
"요것들, 무엇이 그리 고소해서 히히적거리고 있느냐?"
하고 버럭 소리를 지르고는 곧 비복(婢僕)들을 불러 모조리 때려 주고 왕씨를 불렀다.
"왕씨는 몸이 불편하여 나오지 못하겠다 합니다."
하는 보고를 받고,
"거짓말이다. 내 요것을 직접 가서 혼내 주겠다."

하고는 이를 갈며 왕씨를 심하게 때렸다.
 왕씨는 윤씨에게 얼마나 맞았는지 모른다. 그녀는 마침내 정신을 잃고 기절하였으며, 결국 다섯달 된 아이를 낙태하기에까지 이르렀다.
 어느 날 만석은 조용한 틈을 타서 마개보의 처소로 찾아왔다. 그는 마개보에게 신세타령을 하면서 슬피 우는지라 마개보가 위로해 주고 한편, 음식을 대접하여 밤늦도록 놓아주지 않았다. 이럴 즈음 독부 윤씨는 규방에 혼자 앉아서 남편을 기다리고 있었다.
 이때 대문 열리는 소리가 나고 이어서 방문이 스르르 열리며 어떤 거인이 들어서는데 바라본즉 키는 천장에 닿고 얼굴은 흉측하여 악귀의 형상이었다. 그 뒤에는 역시 험상스런 귀졸 서너명이 칼을 들고 서 있었다.
 "사람살려....."
 윤씨는 소스라치게 놀라 비명을 지르며 하인들을 부르려 하는 찰나에 그 거인이 성큼 성큼 다가서서 칼끝을 윤씨의 목에 대고 위협했다.
 "조용히 해라, 소리치면 이 칼로 당장 죽이겠다."
 윤씨는 공포감에 얼굴이 백짓장처럼 되어 애걸했다.
 "제가 재물을 많이 드리겠으니 제발 살려만 주십시오."
 "나는 명부에서 온 사자이다. 그러니 재물 따위는 필요없고, 다만 너같이 사나운 계집의 심장을 취하여야겠다."
 이 말을 들은 윤씨는 더욱 두려워 어쩔 줄을 몰라 하는데 거인은 날카로운 칼끝으로 윤씨의 심장이 있는 부분을 찌르며 꾸짖었다.

"너는 백번 죽어 마땅하다."

라고 호령한 뒤 윤씨가 지난날 저지른 일을 낱낱이 말하면서 한가지 일에 한 차례씩 찔러 유혈이 낭자했다.

거인은 마지막으로,

"네가 이 집안에 시집와서 아들을 낳지 못하였으니 칠거지악을 범했다. 그런데도 첩을 버리지 아니하고 얻어 아들을 두려 하였던바, 그 첩은 다행히 임신한 몸이 되었다. 첩이 아들을 낳으면 역시 네 아들이나 다름이 없고, 더욱이 이 집의 종사를 이어가는 것이거늘 네가 무슨 억하심정으로 기어코 첩을 구타하여 낙태까지 시켰느냐? 다른 잘못은 고사하고라도 이 일만은 용서할 수 없다."

하고 귀졸들을 돌아보며,

"얘들아, 어서 이 사납고 추악한 계집의 심장을 아주 발라 내어라!"

하고 명령했다. 이에 윤씨는,

"명부의 사자님, 한번만 용서해 주십시오. 다시는 잘못을 저지르지 않겠습니다. 제발 한번만……"

윤씨의 애걸하는 말을 듣고 있던 거인은 무언가 생각하는 듯 묵묵히 있다가,

"얘들아 양만석이 들어온다. 이 여자는 이미 잘못을 뉘우치고 있다하니 아직 살려 두고 보자. 만일 그런 잘못을 또 저지르면 그때는 용서하지 않겠다. 어서 나가자."

하고 귀졸들을 이끌고 어디론지로 사라졌다.

거인의 무리가 나가자 곧 양만석이 마개보와 헤어져 아내의 처소로 들어왔다.
'앗, 저런....'
만석은 놀라지 않을 수 없었다. 아내 윤씨는 몸에 실오라기 하나 걸치지 않은 채 발가벗은 알몸으로 가슴 부분이 묶여 있고, 가슴은 칼끝에 찔려 피가 낭자하여 차마 보지 못할 참상이었다.
"이게 웬일이오."
만석은 곧 달려들어 묶였던 밧줄을 풀어 주면서 그 까닭을 물었다.
윤씨는 아직 공포심이 가시지 않은 채 벌벌 떨면서 자초지종을 대략 들려 주었다.
만석은 아내의 말을 듣고 크게 놀라는 가운데 '혹 마개보의 짓이 아닌가' 생각하고 마개보를 찾아가 지난 밤 아내가 겪었던 일을 빠짐없이 말했다. 그러나 마개보도 또한 놀라며,
"그런 일도 있을까?"
하면서 그 일은 도무지 모르는 것 같았다. 이런 일이 있은 뒤로 윤씨의 그 포악이 차츰 덜해져서 수개월이 지나도록 한 번도 그 짓을 하지 않고 유순한 사람과 같았다.
이 말을 듣고 마개보는 크게 기뻐하며 만석에게 말하기를,
"실상은 내가 약간의 술법을 써서 그대의 아내를 혼내준 것이오. 그러니 형은 누설치 마시오. 다행히 형의 부부가 금실이 좋아졌으니 나는 이만 떠나는 게 좋겠소."
하고 마개보는 훌훌히 떠나갔다.

윤씨는 매일 밤 그 남편 만석과 더불어 다정하게 이야기도 하고 남편의 뜻을 맞추고자 가진 아양을 다 부렸다. 만석으로서는 이날껏 이런 즐거움을 모르다가 그 아내에게서 이와 같은 대우를 받으매 너무도 기쁘고 황공하여 몸둘 바를 몰랐다.

어느 날 밤, 윤씨는 그 전날 밤에 거인(巨人)에게 당했던 일이 떠오르자 갑자기 오싹 소름이 끼치며 불안하여 안절부절 했다. 만석은 그것을 느끼고는 그 아내를 안심시키고자 그날 밤의 사자가 거짓임을 넌지시 말해 주었다.

남편의 말을 듣자 무언가 눈치를 채고 다짜고짜 캐물었다.
"그 사람이 누구요? 어서 말해 봐요."
"아차, 내 실수로다."
하고 후회하였으나 이미 때는 늦었다. 하는 수없이 반석은 마개보가 한 말을 털어 놓았다.

남편의 말을 다 듣고 난 윤씨는 벌떡 일어나며 만석을 꾸짖고 마개보를 욕했다.

만석은 아내가 두려워 평상 아래에 꿇어앉아 빌었으나 윤씨는 들은 체도 아니하고 고함을 쳤다.
"무엇! 용서하라고? 어림없다. 만약 내 용서를 바라거든 네 스스로 칼을 갖고 네 가슴을 찌르되 내가 찔렸던 만큼 난도질 해야만 내 한이 풀리겠다."
하고 뛰어나가 부엌칼을 갖고 들어 왔다.

만석은 혼비백산하여 도망치고 아내는 칼을 들고 뒤를 쫓았다. 이러니 개가 짖고, 닭이 푸드득거리며 집안이 요란해져서 그 집안 사람들이 놀라 깨어 이 광경을 바라보았으나 어찌해

볼 도리가 없었다.

 만종도 영문을 몰라 다만 자기 몸으로 형을 보호하고 있을 즈음 윤씨는 마침 그 시아버지가 좋은 옷을 입고 오는 것을 발견하고는 더욱 분통이 터져 시아버지에게 달려들어 그 옷을 갈기갈기 찢고는 그래도 분이 덜 풀렸던지 시아버지의 볼때기를 때리고 수염을 낚아채는 등 가진 행패를 다 부렸다. 이것을 바라본 만종은 울화가 만장이나 솟구쳤다. 마침 앞에 있는 큰 돌을 들어 윤씨를 내리치니 윤씨는 그만 기절하고 말았다.

 만종이 형수가 쓰러진 것을 보고는,
"내가 죽고 아버님과 형님이 무사하다면 여한이 없다."
하는 말을 남기고는 말릴 겨를도 없이 울 안에 있는 우물로 달려가 몸을 던졌다.

 잠시 후 기절했던 윤씨가 깨어났다. 그 시동생 만종이 자살하였음을 알고는 그처럼 날뛰던 발광을 멈췄다.

 만종이 죽자 그 아내(만석의 재수)는 그 아들을 불쌍히 여겨 시집가지 않기로 맹세한 뒤 수절하여 살았다. 그러나 윤씨는 그 동서를 욕하고 학대하여 음식도 주지 않다가 결국은 강제로 시집을 보내고 말았다.

 그런 뒤 어린 조카를 몹시 때리고 밥도 잘 주지 않아 어린 것의 몸이 바짝 말라서 보기에 측은했다.

 어느 날, 오랜만에 마개보가 만석의 집을 찾아왔다. 만석은 집안 사람에게 부탁하여 마개보가 온 것을 아내에게 알리지 말도록 했다.

 마개보는 인사차 만석의 부친을 찾았다. 그런데 그 노인은

선방야화 151

여전히 남루한 의복에다 몸이 몹시 야위었으며 얼굴에는 슬픈 빛을 띠고 있었다. 마침 만종의 아들 희아가 마개보를 발견하고는 달려 들어 몸을 비비고 울었다.

"마숙님, 어째 이제야 오셨나요?"

 마개보는 처음 그 아이가 누군지 몰라보았다. 그만큼 변해 있었던 까닭이다. 그러다가 나중에야 만종의 아들 희아임을 알고 깜작 놀라며,

"이 아이가 왜 이다지도 여위었나요?"

하고 물으니 그 노인이 마개보가 떠난 뒤에 일어났던 일들을 대략 말해 주었다.

"내가 전일에 그대더러 '인간이 아니다' 하였더니 과연이로다. 집안 꼴이 이 지경으로 되었으니 어찌하겠는가?"

 만석은 대답을 못하고 머리를 숙이고는 울기만 했다.

 독부 윤씨는 마개보가 찾아온 것을 알았다. 그러나 감히 마개보의 앞에 나타나지 못하고 그 남편을 불러들여,

"그 마가란 사람과 교제를 끊고 즉시 쫓아 보내시오."

하고 만석을 욱박질렀다.

 만석이 울상이 되어 나오는데 만석의 얼굴을 본즉 볼기에 뺨 맞은 손자국이 벌겋게 나타나 있었다. 마개보가 대노하여 만석을 꾸짖었다.

"세상에 이런 못난이가 또 있는가. 제 아버지를 구타하고 동생도 그로 인하여 죽었는데 저렇게 제 아내를 무서워하여 벌벌 떨고만 있으니 어찌 사람이라 하겠는가?"

 만석은 단번에 얼굴색이 변하며 태도가 달라졌다.

마개보는 또 만석을 부추긴다.

"그대는 그 못된 계집을 내쫓으라. 만약 가지 않거든 죽여도 좋다. 내 친구 몇 사람이 조정의 요직에 있으니 그대의 생명은 보장하겠다. 염려 말고 악독한 계집을 없애버려라. 그래야만 집안이 안정될 것이오. 그렇지 못하면 패가망신하는 화를 면치 못하리라."

그 말을 듣자 만석은 안으로 뛰어들어 가다가 아내 윤씨와 마주쳤다. 윤씨는 남편을 보자,

"무엇하러 뛰어오는 것이오?"

하고 꾸짖었다. 만석은 그만 실색하여 손으로 땅을 짚고 하는 말이,

"마생이 그대를 내쫓으라 하기로 달려 왔소."

윤씨는 이 말을 듣고는 칼과 몽둥이를 찾았다. 만석은 깜짝 놀라 도망쳐서 마개보에게 달려와 구원을 청했다.

"에이 퉤!"

마개보는 침을 뱉고는,

"당신은 참으로 어쩔 수 없는 인간이로다. 할 수 없는 일이니 당신에게는 장부재조환(丈夫再造丸)이란 약을 먹이지 않을 수 없도다. 잘못하면 사람을 해치는 약이어서 함부로 쓰지 못하였는데 이제는 부득이한 일이로다."

하고는 품속에서 환약 한 개를 꺼내어 만석의 입에 넣어 주었다.

잠시 후, 만석은 분기가 충천하여 도저히 참을 수가 없었다. 그는 버럭 고함을 지르면서 안으로 달려가 아내 윤씨를 만나자

발길로 걷어 찼다.

 불의에 습격을 받은 윤씨는 저항할 틈도 없이 남편의 발길질에 앞으로 고꾸라졌다. 만석은 아내가 넘어지자 이제는 돌을 들어 아내를 계속 내리쳤다.

 윤씨는 전신이 피투성이가 되었다. 만석은 이에 돌을 집어 던지고 칼을 찾아 들고 윤씨 다리의 살점을 도려내고 다시 배려는 찰나, 윤씨가 제발 살려달라고 애걸했으나 만석은 들은 채도 아니하고 다시 살점을 도려 냈다.

 '악! 사람 살려.'

하는 비명소리를 듣고 온 집안사람들이 달려들어 만석을 밖으로 내보냈으나 만석은 이를 뿌리치고 다시 뛰어들어 가려는 것을 보고 마개보가 억지로 붙잡아 두었다.

 얼마 뒤, 그 환약의 효력이 다했는지 역시 평상시처럼 의기소침해서 두려운 기색을 띠었다.

 마개보는 만석을 격려했다.

 "형은 이 찰나 아까 지녔던 강건한 기운을 잃지 말아요. 만약 그 기백이 풀어져 부인이 그 틈을 타서 발작하게 되면 그때는 어찌해 볼 수 없는 일이오."

 만석은 이에 용기를 내어 안으로 들어가서는 아내의 거동을 살폈다. 아내는 몸을 떨며 공포에 싸여 있었다.

 양만석이 다시 나와 마생에게 고하고 부자(父子)가 감사해 마지 않았다.

 마개보는 만석 부자와 작별하고 떠났다.

 그 뒤 한두 달은 집안이 무사태평했다. 윤씨는 남편을 성심으로 받들었고, 만석도 그 아내를 사랑했다. 그러나 차츰 친밀해지고 점점 허물없이 되고 본즉, 말다툼이 생기기 시작했다. 즉, 윤씨는 만석이 사랑해 주는 것을 믿고 말도 함부로 내뱉고 비웃기도 하며 심지어는 남편을 꾸짖기도 했다.

날이 갈수록 옛 버릇이 발작하기 시작한 것이었다. 그렇게 되고 본즉 아내의 포악을 막을 방도가 없이 되었다.

만석의 아버지는 견디다 못해 하남(河南) 땅으로 떠나갔고, 만석은 못내 근심이 되었으나 아내가 두려워 감히 찾아나서지 못했다.

마개보와 헤어진 지 1년쯤 되었다. 마생은 다시 만석의 집을 찾아왔다. 와서 본즉 여전히 그 모양인지라 만석을 꾸짖고는 만석의 조카 희아만을 말 위에 태우고 훌쩍 떠나갔다. 그 뒤로 동네 사람들은 만석을 사람으로 취급하지 않았다.

그럭저럭 4, 5년이 또 지났다. 만석은 화재를 만나 집과 재산을 송두리째 태워버리게 되었다. 만석은 집도 없고 해서 고향을 떠나 이곳저곳 전전하다가 한곳에 이르게 되었다. 이때는 매우 오랜 세월이 지난 뒤였다.

우연히 만난 벼슬아치가 만석의 성명을 물어보더니 깜짝 놀라며,

"백부님이 아니시오? 어찌해서 이렇게 방랑하고 계십니까?"
하며 반가워했다.

만석이 자세히 보니 그 벼슬아치는 다른 사람이 아닌 조카 희아였다. 그는 희아를 붙들고 반가움에 울었다.

"큰아버님, 우선 저의 집으로 가십시다."

하고 희아는 만석과 같이 자기 집으로 갔다. 희아의 집은 굉장히 으리으리했다. 고대광실에 금벽사창(金碧沙窓)이 영롱하여 보기 드문 호화주택이었다.

얼마 후 한 노인이 나오는데 바라보니 자기 부친이었다. 만석은 그 앞에 달려가서 엎드려 재배한 뒤에 아버지를 붙들고 슬피 울었다.

그들은 지나간 이야기의 꽃을 피웠다. 희아와 아버지의 사연인즉 이러했다.

지난 날, 마생이 희아를 데리고 이곳에 온 며칠 뒤 만석의 부친을 모셔와 조손(祖孫)이 동거하도록 했다. 그리고는 스승을 초빙하여 희아에게 글 공부를 시켰다. 원래 총명했는데, 글을 배우자 일취월장 학업이 진취되어 희아는 뭇사람에게 뛰어날 만큼 성취되었다. 마생의 주선으로 15세에 시험을 본 결과 어렵지 않게 과거에 올라 훌륭한 규수와 결혼까지 하게 되었다. 이 모든 것이 마생의 은덕이었다. 그토록 은혜를 베푼 마생이 어느 날 작별을 고했다. 만석의 부친과 희아의 두 조손은 눈물을 흘리며 떠나지 못하도록 만류하였으나 마생은 듣지 않으며 타이르기를,

"나는 실상 이 세상 사람이 아니오. 당신들과 다소 인연이 있어 약간 도와 준 것뿐이오. 지금 나는 속세를 떠날 길이 바쁜 몸이니 잡지 마오."

하고는 홀연히 떠나갔다.

이상과 같은 말을 부친으로부터 들은 만석은 감개가 무량했다. 한편 만석의 아내 윤씨는 집과 재산이 다 타버리자 남편과

헤어져 역시 전전걸식하다가 어떤 사람을 만나 개가(開架)하게 되었다.

윤씨의 두번째 남편은 어찌나 포악한지 날마다 술에 취해 들어와서는 불문곡직하고 구타하여 윤씨의 몸이 성한 곳이 없었다. 그때에야 비로소 윤씨가 뉘우치기를,

"아, 내가 그 전날 남편과 집안 사람들을 들들 볶고 매로 때리고 한 일들이 내가 지금 고통을 받는 것과 똑 같았으리라."
하고 참회의 눈물을 흘렸다.

윤씨는 고통 속에서 몇 년을 지낸 뒤 그 남편이 죽었다. 그녀는 의지할 곳이 없어 다시 거리에 나와 이리저리 방황하다가 우연히 만석을 만났다. 윤씨는 무릎 걸음으로 엄금 엉금 기어 만석의 앞에 가더니 말없이 눈물을 흘렸다.

만석은 그래도 측은한 마음이 들었던지 윤씨를 기다리라 이르고는 곧 집으로 돌아와 조카 희아에게 윤씨를 받아들이자 간청하였으나 희아는 대답을 하지 않았다. 할 수 없이 윤씨에게 가서 조카의 뜻을 전하고는 윤씨와 헤어져 집으로 돌아왔다. 그 뒤 윤씨는 어떻게 되었는지 아무도 아는 사람이 없었다. 거리를 헤매다가 결국 객사하고 말았으리라.

□ 황발부인(黃髮夫人)

후한(後漢)의 삼국시대(三國時代)에 성은 제갈(諸葛)이오, 이

름은 양(亮)이며, 자(字)는 공명(孔明), 호를 와룡(臥龍)이라 하는 일대 명사(一代名士)가 있었다.

그는 일찌기 천문지리(天文地理)와 육도삼략(六韜三略), 인사(人事)를 모두 통달하고 마음속에는 큰 포부를 감추었으나 어지러운 때를 당하여 벼슬이나 명예 따위를 구하려는 마음은 갖지 않고, 남양(南陽)땅 융중(隆中)이란 곳에서 낮에는 밭을 갈고 밤에는 글 읽는 것을 낙으로 삼으며 살았다.

그러다가 뒤에 유비(劉備: 字는 玄德, 후에 蜀의 황제가 됨)의 삼고초려라는 성의에 감동하여 유비를 도와 삼분천하(三分天下)의 큰 업적을 성취하고 그 이름을 천하에 떨쳤으며, 그의 덕망과 재주는 지금까지도 흠모하지 않는 자 없다.

그의 신기 묘출하는 재주와 지극한 충성은 〈삼국지〉를 통하여 상세히 알 수 있으므로 다시 기록할 필요가 없겠으나 그에 기록되어 있지 않은 숨은 이야기, 즉 공명의 사생활 가운데 있었던 기담(奇談) 한 토막이 전해지고 있으므로 여기에서 그것을 소개하기로 한다.

공명은 본시 제갈풍의 자손으로 공명의 시조되는 제갈풍은 사예교위라는 벼슬에 있었는데 그의 성격이 지나치게 곧아 불의를 용서하지 않았던 관계로 소인들의 참소를 당하여 관직을 박탈당하고 귀향하여 일개 서민의 신분으로 생애를 마쳤다.

공명의 부친인 규는 태산군승을 지냈고, 공명의 숙부 현은 예장(豫章)의 태수로 있었으며, 그때만 해도 그의 가정은 상당히 여유가 있었다. 그런데 공명이 나이 겨우 열 살이 넘을 무렵 그의 생모가 세상을 떠났고, 부친은 장(章)씨라는 후처를 얻었으며, 후처를 얻은 지 얼마 안되어 부친도 세상을 떠나고 말았다.
  공명은 형 하나와 아우, 그리고 누이동생 이렇게 4남매의 둘째로 태어났는데 아버지마저 이별하자 계모 장씨와 더불어 숙부에게 의지하여 살아오다가 그 숙부도 세상을 떠나매 공명의 가족은 이곳 저곳으로 옮겨 다니며 살다가 형인 근(瑾)은 오나라 땅으로 계모 장씨와 같이 들어가고, 공명은 동생 균(均)을 데리고 남양땅 융중에 정착하여 살게 되었다. 그리하여 삼간초옥과 박전(薄田 : 토박한 밭) 15경과 8백 그루의 뽕나무가 있었으나 생활이 그리 윤택하지 못했다. 그래서인지 공명은 약관(弱冠 : 혼인할 나이)이 되도록 아직 아내를 맞이하지 못했다.
  어느 날 공명은 초당(草堂)에 홀로 앉아 책을 보고 있다가 피로함을 이기지 못하여 스르르 잠이 들었다. 그런데 어떤 노인이 나타나 공명에게,
"그대가 이미 장성하였으니 장가 갈 나이가 지난 것이 아닌가. 그러나 마음대로 하는 것은 아니지. 그대의 연분은 따로 있는 까닭이로다. 그대는 내일 아무 시에 아무 곳으로 가면 이러이러한 일이 있으리니 그대는 반드시 그곳으로 가서 여차 여차 하라. 그 처녀는 그대와 하늘이 정해 준 인연이라 내 말을 잊지 말고 지킬지어다."
하고 어디론지 사라졌다. 공명이 잠을 깨어 보니 꿈이었다. 그러나 꿈이라 하기에는 너무도 분명하여 현실에서 노인을 만난 것과 조금도 다름이 없었다.
  다음 날 아침, 공명은 어제 낮에 꾼 꿈이 한낱 허무한 꿈인 줄 알면서도 너무나 분명하여 노인의 지시대로 하리라 마음먹었

다. 그는 아침 일찍 일어나 세수하고 아침밥을 먹은 뒤에 자기의 사주(四柱)를 써서 품속에 넣고 집을 나섰다.

 공명은 꿈속의 노인이 지시한 대로 어떤 곳으로 가 본즉 길옆에 아름드리 되는 큰 나무 한 그루가 서 있었다. 공명은 곧 그 나무 밑 그늘에 앉아 쉬고 있었다. 때마침 하인들이 가마 한 채를 메고 오다가 나무 가까이 이르러서는 메고 오던 가마를 내려놓고 그들도 역시 나무 그늘에 앉아서 잠시 쉬어 가려는 참이었다.

 공명은 힐끗 가마 앞을 보았다. 가마 앞에 족자를 걸었는데 그 족자에 얼굴이 곰보인 데다 보기에도 매우 추하게 생긴 여인의 그림이 그려져 있었다.

 공명은 꿈속에서 노인이 하던 말을 생각했다.
'그 여인은 외면상으로는 추하고 볼품없지만 내용은 참으로 아름답고 현철하니 이 기회를 놓치지 말고 그 여인에게 사주를 건네주라' 하였으니, '그렇다면 저 족자에 있는 그림은 비록 추악하고 못생겼으나 실제로 가마 속에 앉은 여인은 반드시 아름답고 훌륭한 규수이겠지' 하는 마음을 먹고 품속에서 사주를 꺼낸 뒤 그늘에서 쉬고 있는 하인을 불러,
 "나는 남양 땅에 사는 제갈공명이란 사람이다. 그대들의 아가씨와 연분이 있어 정혼코자 하니 나의 사주를 그대의 상전에게 올릴지어다."
하고 자기의 사주를 하인에게 주었다. 하인은 그 사주를 공손히 받아들고 매우 기쁜 듯 어쩔 줄 몰라 하다가 내려놓았던 가마를 메고 돌아갔다.

공명은 곧바로 자기 집으로 돌아왔다. 그는 사람을 시켜 규수 집에 폐백를 보내는 동시에 혼인 날짜를 가려 연길서(涓吉書)도 함께 보내어 꿈속의 노인이 지시한대로 실제의 얼굴조차 모르는 그녀와 혼인하기로 작정했다.

 한편 공명과 우연히 만나 인연을 맺게 된 그 처녀는 다른 사람이 아닌 황승언(黃承彦)이란 처사(處士)의 외동딸이었다. 황승언은 늦도록 슬하에 일점 혈육이 없음을 한탄하다가 천우신조로 딸 하나를 얻었다. 그런데 웬일인지 어려서부터 그 용모가 추하여 보통 인물의 수준에도 훨씬 미치지 못하였으므로 처녀의 나이 스물이 가깝도록 혼처를 정하지 못했다. 물론 황처사의 외동딸이 얼굴이 매우 추하다는 소문이 사방에 퍼져 그 누구도 청혼하려는 사람이 없었다. 더욱이 얼굴도 못생겼을 뿐 아니라 머리카락마저 노랗게 물들인 것 같아서 그 처녀의 별명이 황발(黃髮)처녀였고 혼인한 뒤에는 황발부인이라 불렀던 것이다. 그러나 이 여자는 그토록 추한 얼굴과는 달리 그 마음은 비단결같이 곱고 아름다웠다.

 즉, 온화하고 유순한 가운데 유한정정(幽閑貞靜)하여 여자로서 갖춰야 할 부덕을 전부 갖추었다. 뿐만 아니라 침선공예(針線工藝)는 물론이오, 학문의 깊이가 측량할 수 없이 깊어 심지어 천문·지리·인사에 통달치 않음이 없으매 가위 불세출(不世出)의 기재(奇才)라 아니할 수 없었다.

 그러나 세상에서 누가 그녀의 그러한 인품을 올바르게 알아주랴. 대개 여자란 무엇보다도 용모의 아름다움을 취하는 게 예나 지금이나 다름없는 인지상정이거늘 제 아무리 무궁한 재간을 지니고 있다손치더라도 우선적으로 사람의 마음을 끄는 것은 겉으로 나타나는 용모가 아니겠는가? 그래서 과년한 나이에 이르렀어도 어느 누구 하나 청혼해 들어오지 않으니 어찌 한심한 일이 아니랴. 처녀의 입장으로 볼때 자기 하나 시집 못가는 근심은 둘째 치더라도 자기의 부모가 자기 때문에 얼마나 마음 상하실까 생각하면 더욱 민망스럽고 안타까운 일이었다.

황발처녀는 오늘도 깜박거리는 등잔불 밑에 누워서 엎치락 뒤치락 잠을 못 이루며 박복한 신세를 한탄하고 있었다. 그러다가 자신도 모르게 스르르 눈이 감기면서 비몽사몽간에 머리와 수염이 하얀 백발노인이 앞에 나타나더니,

"그대는 너무 신세를 한탄하지 말라. 세상만사가 모두 자기가 지은 업의 보를 받음이로다. 그대는 전생에 아주 아름다운 천하일색으로 태어나 자신의 아름다움을 믿고 모든 여인들을 깔보고 박대하였노라. 그래서 그 보를 받느라고 이생에서는 추물로 태어나 그와 같은 고통을 받는 것이니라. 그러나 그대의 마음이 심히 착하고 아름다워 지난 생에서 지은 잘못을 용서받을 수 있을 것이다. 그래서 내가 그대의 인연을 맺어 주고자 찾아왔으니 그대는 내가 이르는 말을 명심하라. 아무 날 아무 시에 이러 이러한 곳에 가마를 타고 가되 반드시 가마 앞에는 그대의 얼굴을 그린 족자를 걸어둔 채 가마를 타고 다녀 오거라. 그러면 우연히 그대에게 사주를 전해 주는 남자가 있을 것이다. 그 사람이 곧 그대의 남편될 사람이니 노부의 말을 잊지 말고 그대로 행할지어다."

하고 자취를 감추었다. 황발처녀는 황연히 놀라 정신을 차렸

다. 꿈같기도 하고 현실 같기도 했다. 너무도 놀랍고 기이하여 그녀는 곧 부모에게 꿈 이야기를 고했다.

 황승언 부부는 그렇지 않아도 과년한 딸의 장래를 항시 근심하고 있던 차에 딸에게서 그러한 꿈 이야기를 듣고는 한편 기이하고 한편 기뻐, 즉시 그 노인의 말대로 행하고자 서둘러 주선했다.

 그리하여 부랴부랴 화공을 불러 딸의 화상을 그려 그 족자를 가마 앞에 걸고는 노인이 일러 준 날짜와 시간에 맞춰 회가에 다녀오도록 하였고, 그녀가 다녀오는 도중에 공명을 만나 사주를 받게 된 것이다.

 황승언 집에서는 이보다 더 큰 경사가 없었다. 그의 집안은 원래 벼슬아치의 집안으로서 문벌도 좋고 가세도 부유한지라 자식의 경사로는 처음이며 마지막이오, 더군다나 추루한 용모를 가진 딸을 처녀로 늙도록 하는 게 아닌가 하고 근심하던차, 공명(孔明)같은 준수하고 학덕이 높은 선비로 사위를 삼게 되었으니 그야말로 무한한 영광이 아닐 수 없었다. 그래서 특별히 진수성찬을 많이 장만해 놓고 인근의 친척이며 벗들이며 기타 알만한 사람들을 모두 청하여 성대한 잔치를 베풀었다. 그리하여 황씨 집에서는 며칠을 두고 인산인해를 이루었으며, 온갖 풍악소리가 끊이지 않고 온 집안은 경사를 축하하러 온 손님으로 가득 찼다.

 초례식이 끝난 그날 밤, 곱게 차려 입은 시녀 두 사람이 청사초롱에 불을 밝혀 들고 신랑인 공명을 내실로 인도했다.

 신랑 즉, 제갈공명은 그 안내된 방에 앉아서 방안을 둘러보았다. 조촐한 장판에는 화문석을 깔아 놓았고, 비단 병풍을 둘러쳤으며 홍촉을 밝혔으니 과연 재상가의 호화로운 풍치가 그대로 엿보였다. 또 동방화촉의 황홀한 분위기에 아리따운 신부를 맞이하기 직전의 공명의 마음은 자못 설레기도 했다.

 공명은 회심의 미소를 짓고 장차 만나 볼 신부의 용모를 머릿속에 그리면서 잠시 기다리고 있었다. 곧 고리달린 패가 흔들리는 소리가 쨍그랑하고 들렸다. 뒤이어 두 시녀가 신부를 부축하여 공명이 있는 동방(洞房)으로 들어와 신부를 공명의 맞은편에 조용히 앉히고는 두 시녀는 허리를 굽혀 공명과 신부에게 인사하고 물러갔다.

 공명은 맞은편에 다소곳이 머리를 숙이고 앉아 있는 신부의 발치에 눈을 돌렸다. 아무래도 그 전날 족자 속에 그려진 추한 여인의 화상이 공명의 마음을 불안하게 만들었다. 공명은 그 당시 꿈속에서 노인이 하던 말을 잘못 인식하고 '겉에 그려진 족자의 모습은 추루하지만 그 가마 안에 앉아 있는 실제의 여인은 아름답다'로 해석했다. 공명 같은 총명한 인물이 노인의 말 속에 있는 참뜻을 깨닫지 못할 리 없건마는 인연이 되려니 그런지 그 당시 공명으로선 얼굴은 추해도 속마음은 아름답다는 뜻으로 말한 노인의 말을 미처 깨닫지 못하고, 생각해 볼 겨를도 없이 청혼하는 뜻으로 사주를 내어 주고 곧 폐백과 연길서를 보냈던 것이다.

 그 뒤에 곰곰이 생각해 보니 '실제로 그 족자에 그려진 얼굴의 모습과 같이 처녀의 용모가 추루하면 어쩌나' 하고 의심도 하였지만 '설마 그럴 리야 없겠지' 하고 자위하면서 오늘의 대례식을 치뤘고, 이제는 그녀의 얼굴을 대할 화촉동방의 첫날밤을 맞이하게 된 것이다. 그러므로 공명의 마음 한구석에는 불안한 마음이 없지 않았으므로 곧바로 신부의 얼굴을 쳐다보지 못하고 조심스럽게 신부의 아래 부분으로부터 서서히 위로 살펴 올라갔다.

공명의 눈길이 신부의 얼굴에 이르는 순간,

'이럴 수가 아니 이럴 수가…'

하고 경악을 금치 못했다. 자칫하면 외마디 소리가 입에서 터져 나올 뻔 했다. 그도 그럴 것이 공명이 마음속으로 그려 오던 아름다운 신부의 모습은 어디로 갔는지 찾아볼 수가 없고, 다만 추악하기가 비할 데 없는 괴물이 능라금수(綾羅錦繡) 찬란한 옷을 걸치고 공명의 앞에 앉아 있는 게 아닌가?

공명은 너무도 놀랍고 해괴망측하여 하마터면 기절할 뻔 했다가 간신히 마음을 안정하여 신부의 얼굴을 자세히 살펴보았다. 희고 부드럽고 윤택해야 할 미인이 신부의 얼굴에는 빡빡 얽은 곰보에다 검기가 구리빛 같고 눈이며 코며 입 등이 한 군데도 제대로 되지 못하고 비뚤어지거나 볼품이 사나워 차마 똑바로 바라보지 못할 지경이니 정나미가 천리만리 떨어져 나갔다.

'아, 내가 확실히 속았구나.'

탄식하고 공명은 망설일 것도 없이 벌떡 일어나 문 밖으로 나가려 했다. 숨소리도 들리지 않을 만큼 다소곳이 고개를 숙이고 앉아 있던 신부는 어느 사이에 급히 일어나 나가려는 공명의 옷자락을 단단히 거머잡고 놓지 않았다. 공명은 잡힌 옷자락을 뿌리쳤다. 그러자 도포자락이 찢어지고 말았다.

공명은 도포자락이 찢어졌건 말건 아랑곳하지 않고 그대로 문밖으로 나서려는데,
"잠깐만 기다리세요. 군자께서 찢어진 옷을 입고 어떻게 문밖에 나설 수 있겠습니까? 잠시 기다려 찢어진 옷이나 꿰매어 입고 가셔도 되지 않습니까?"
하고 급히 나가려는 공명을 만류했다. 공명은 신부의 말소리를 듣고 귀를 의심했다.
저토록 추한 얼굴에다 그 목소리는 이다지도 아름답단 말인가, 하고 이상한 생각이 들어 즉시 돌아서서 도포를 벗어 놓았다.
신부는 공명에게서 도포를 받아 들고는 그 하는 꼴이 또한 가관이었다. 선반에서 바느질 채비를 내리더니 작대기만한 바늘에다 새끼줄만한 굵기의 실을 꿰어 듬성듬성 서너 바늘 맞잡아 꿰내는게 아닌가? 신부의 하는 꼴을 어이없다는 듯 바라보던 공명은 속으로 탄식했다.
'그러면 그렇지, 그 얼굴에 그 솜씨로군. 얼굴이 저토록 추악한 바에야 그 솜씨인들 오죽하겠는가?'
하고 나오는 웃음을 참고 그녀의 거동을 살피고 있었다. 신부는 공명이 어이없이 물끄러미 바라보고 있는 시선을 아는지 모르는지 아랑곳하지 않고 듬성듬성 꿰맨 도포자락을 자리 위에 펴 놓고 손바닥으로 두어 번 다림질 하듯 문지른 뒤에 그 도포를 들어 공명에게 입기를 권했다. 공명은 도포를 받아 들었다.
'아, 이게 웬일인가.'
작대기만한 바늘에 새끼줄같이 굵은 실로 듬성하게 서너 바늘 꿰맨 그 도포의 찢어진 자국이 흔적은 없고 찢어지기 전의

흠집없는 도포 그대로가 아닌가? 공명은 기이한 생각이 들었지만 그렇다 해서 그곳에 오래 머물 마음이 내키지 않아 도포를 입고는 그 집을 나와서 곧장 자기 집으로 향했다.

공명은 걸음을 재촉하여 얼마쯤 걸었다. 그러다가 한 곳에 당도하니 큰 호랑이 한 마리가 느닷없이 나타나서 공명이 가는 길을 막고 웅크리고 있었다. 공명은 깜짝 놀라 가던 길을 멈추고는 어찌할 바를 몰라 했는데 그때 마침 등 뒤에서 공명을 부르는 소리가 들렸다.

공명은 짐짓 뒤를 돌아보았다. 그런데 이건 또 웬일인가? 공명의 생각으론 신부의 집을 나와 상당한 거리를 왔으리라 하였는데 한동안 걸은 것이 신부의 집에서 백보 밖에도 벗어나지 못하였고, 그 집 대문 앞에는 황부인이 서서 자기를 손짓하며 부르고 있었다.

공명은 적이 의심스럽고 이상했다. 그리하여 신부의 집으로 돌아가려다가 '사람의 명은 하늘에 달렸거늘 그까짓 호랑이가 나를 어떻게 하랴' 하고 다짐하고 호랑이가 웅크리고 있는 곳으로 향했다.

그 호랑이는 어느 사이에 어디로 갔는지 보이지 않았다. 공명은 마음을 놓고 곧장 자기의 집을 향하여 걸었다. 그러다가 짐짓 뒤를 돌아보았다.

'원, 이럴 수가……'

이제껏 걸어 온 결과가 역시 황부인의 대문 앞을 벗어나지 못하고 있었다. 이상하고 괴이쩍은 마음은 무어라 표현할 길이 없었으나, 이번에는 뒤도 돌아보지 않고 2, 3마장쯤 걸은 뒤 다시 뒤를 돌아보았다. 그러나 황부인의 문전에서 조금도 벗어나지 못한 것이 아닌가.
 '이러다가는 밤이 새도록 달려도 결국 저 집 문 앞을 벗어나지 못하겠군.'
 공명은 무언가 지피는 게 있어 자기 집으로 가려던 생각을 단념하고 그 집으로 되돌아가 신방에 들어섰다.
 "군자께서 마음을 돌려 다시 찾아 주시니 더없이 감사하올 뿐입니다."
 황부인은 반겨 공명을 맞았다. 공명은 불쾌하여,
 "부인이 이럴 수가 있소? 부인으로 말하면 문벌 높고 덕망 있는 재상집 규수로서 당연히 가정교육을 잘 받았을 터인데 어찌 그다지도 방자하고 부끄럼을 모른단 말이요? 맨 처음 내가 문 밖으로 나가려 할 적에 부인이 옷자락을 붙잡은 것은 수치를 모르는 행동이오. 부인이 약간의 재주가 있다 해서 남편인 나를 그토록 조롱하였으니 어찌 배움이 있는 집안의 여자라 하겠소?"
 하고 책망했다. 공명의 꾸지람을 듣고 난 황부인은 눈물을 흘리더니 얼굴빛을 바로잡고는,
 "제가 잘못을 저질렀음을 알고 있사오니 군자께서는 널리 이해하시고 첩의 간곡한 말씀을 들어 주시기 바랍니다. 첩은 본시 전생에서 그 무슨 죄악을 지었는지 모르오나 이토록 추악한 용모를 타고 났습니다. '그러므로 시집갈 나이가 찼는데도 누가 첩과 같은 추물에게 청혼을 하겠습니까? 그러므로 부모님께서는 자나깨나 저의 걱정때문에 하루 한시도 마음 편하실 때가 없으셨으니 이는 오로지 저로 인한 것입니다. 이와 같이 불

효막심한 일이 어디 또 있겠습니까? 스스로 목숨을 버리려 해도 부모님 앞인지라 할 수 없고 살자니 오직 한숨과 눈물뿐입니다. 다행히 천지신명의 지시를 받고 군자를 만나 오늘의 동방화촉을 밝히는데 이르렀습니다. 그런데 만일 군자께서 버리고 가신다면 우리 부모님의 심정은 어떻겠습니까? 물론 끼니를 전폐하신채 누워 계실 것은 뻔한 일입니다. 이보다 더 불효막심한 일이 어디 있겠습니까? 그래서 첩이 예절에 어긋나는 일인 줄 알면서도 할 수 없이 군자의 옷자락을 당돌하게 잡은 것입니다. 또 군자를 못 가시도록 술법을 행사한 것도 역시 부모님을 위하는 마음에서 예절 따위는 돌아볼 겨를 없이 이를 악물고 감히 군자를 괴롭혔습니다. 이 못생긴 첩을 위해서 그런 것은 아닙니다. 만일 군자께서 영원히 가신다면 우리 전 가족은 불행에 빠지고 말 것이 아닙니까? 그러므로 수치심과 예절을 돌아보지 아니하고 대사를 그르치지 않기 위하여 부득이 그와 같은 일을 감행했던 것입니다. 뿐만 아니라 군자를 만나기 전, 꿈속에서 신명께서 첩에게 지시하기를, '어떠한 수단과 방법을 써서라도 군자를 못 가시도록 막아야 하느니라'고 하였습니다. 그러나 막상 그와 같은 일을 저지르고 본즉 지나치게 예절에 어긋나는 것이어서 너무도 부끄럽고 송구하였습니다. 바라옵건대 군자께서는 첩의 정상을 불쌍히 여기시어 널리 용서하시고 널리 이해하여 주시기 바랍니다."

 기나긴 하소연을 끝마친 황부인의 두 눈에서 눈물이 한없이 흘러 내렸다. 그리고 복받치는 슬픔을 억제하느라 안간힘을 썼지만 가슴 속 깊이 오장육부로부터 격동된 슬픔을 쉽사리 진정하기가 어려웠다. 그래서 그녀는 흐느껴 울었다.

  공명은 본시 다정다감한 사람이며, 정인군자(正人君子)였다. 부인의 간곡한 애소를 듣고 마침내 감동했다. 그래서 황부인의 손목을 잡고,

"부인, 염려 마시오. 내 결코 이제는 가지 않겠소."

하고 위로한 뒤 그 곳에서 신혼 초야를 지내게 되었다. 일설에는 이런 이야기도 전해지고 있다.

  첫날 밤, 화촉을 밝히던 그날 밤 부인의 간곡한 청에 의하여 공명은 마침내 그 부인과 더불어 원앙침(鴛鴦枕)을 가지런히 베고 자게 되었다.

  공명은 깊은 잠속에 빠졌다가 이른 새벽에 잠이 깨어 눈을 떠 보았다. 그런데 응당 곁에 있어야 할 추루한 용모의 왕부인은 간곳 없고, 엉뚱하게도 꽃같이 아름다운 미인이 공명의 곁에 단정히 앉아 있었다. 공명은 놀랍고 의아하여,

"이 사람의 신부 황부인은 어디로 가고 없소. 그리고 당신은 대체 누구이기에 여기에 앉아 있소?"

하고 물었다. 그 미인이 대답하기를,

"첩은 바로 군자의 아내인 황발부인입니다. 첩은 전생에 지은 죄로 인하여 추한 탈을 쓰고 태어났다가 지금은 그 죄가 다 속량되었고, 공덕을 가득 쌓았으므로 부처님의 은혜와 신명의 조화로 다시 옛 모습을 찾게 된 것이니 과히 놀라시거나 의심치 마시기 바랍니다."

공명은 부인의 말을 듣고 고개를 끄덕이며,

"그랬구려. 진정코 하늘이 내리신 사람이오."

하고 감탄해 마지않았다. 뿐만 아니라 그 부인을 더욱 공경하고 사랑하게 되었다고 한다.

 공명은 신부의 집에서 며칠간 머물러 있다가 길일을 택하여 황부인과 같이 우례(于禮)하여 자기 집으로 돌아왔다.

 또 이런 이야기도 있다.

 첫날밤, 황발 부인의 간청을 차마 뿌리치지 못하고 그 곳에서 하룻밤을 지낸 공명은 다음날 일찍 부인을 놓아두고 혼자 집으로 돌아왔다. 비록 황부인과 혼인은 하였으나 그토록 추한 아내를 집에 데리고 올 마음이 없었다. 그리하여 공명 부부는 혼인한 뒤 계속 별거하게 되었다.

 어느 날 공명은 장인되는 황승언을 다른 일로 인하여 만나 볼 일이 있어 어쩔 수 없이 황승언의 집을 찾게 되었다. 마침 황승언이 출타중이어서 그 집 마루에 걸터앉아 잠시 기다리고 있었다. 그런데 안에서 그 추한 용모를 지닌 공명의 부인이 나왔다. 공명이 바라보니 그렇지 않아도 보기에 흉측스런 인물인 데다 머리에는 수건을 질끈 동여매고 어깨에는 괭이를 메었으며, 손에는 씨앗 그릇을 들고는 대문 밖으로 나가는 게 아닌가. 공명은 그 부인의 하는 꼴이 하도 어이없고 우스워서 멍하니 부인의 뒷모습을 바라보다가, 도대체 무슨 짓을 하는지 보아야겠다고 생각하고는 마루에서 일어나 부인의 뒤를 쫓아 대문 밖까지 나섰다.

 황부인은 대문 밖에서 그리 멀지 않은 밭으로 가더니 씨앗 그릇을 내려놓고는 메고 가던 괭이로 꽝꽝 밭을 파기 시작했다. 잠시 후 공명은 너무도 놀라운 광경을 목격하게 되었다. 황부인은 괭이로 일군 땅을 고르더니 그 위에 씨앗을 뿌렸고, 그 씨앗 뿌린 곳에서는 새싹이 돋아 점점 자라고 드디어는 꽃이 피고, 열매를 맺고 그 곡식이 익어 갔다. 공명은 순식간에 일어나는 현상에 넋을 잃은 채 계속 바라보고 있었다.

 황부인은 그 곡식이 익자 곧 낫으로 거두어 한 아름 안고 집으로 돌아왔다. 그리고는 마당에다 털어 그 곡식으로 묵을 쒔다. 잠시 후 공명의 앞에 술상이 나왔다. 그 술상에는 조금 전에 씨를 뿌리고 익어서 거둔 메밀로 쑨 묵이 먹음직한 안주로 놓여 있었다. 공명은 마치 꿈을 꾸는 것 같았다.

'아, 부인이야말로 신인(神人)이로다.'

 공명은 무언가 확연히 깨달은바 있어서 곧 부인에게 그간에 냉대하였음을 사과하고, 황승언을 만나 본 뒤에 부인을 데리고 집으로 돌아왔다 한다. 그래서 공명도 본시 초인적인 지혜와 높은 학덕이 있었으나 유비를 도와 싸움터에서 보여 준 공명의 신기묘산(神機妙算)은 부인이 음으로 양으로 공명을 도와준 덕이 컸다고 한다.

 공명에게는 경천위지(經天緯地)하는 재주와 신출귀몰(神出鬼沒)하는 계책이 있었다. 본시 북극진인(北極鎭人)의 제자로 학문을 닦은 데다가 장인되는 황승언에게서도 다소 배운바 있었을 것이며, 그 황부인에게도 습득한 점이 적지 않았다고 한다.

 공명에게는 친하게 사귀는 벗 4, 5인이 있었다. 즉 맹공위, 최주평(崔州平), 석광원(石廣元), 서서(徐庶), 방통 등이다. 그들은 주로 학문을 전공한 이들이었고, 공명은 학문을 비롯하여 병법은 물론, 천문지리와 음양오행 술서 등에까지도 고루 통달한 인물이었다. 그러므로 공명은 맹공위, 최주평 등에게 말하기를,

"그대들의 학문은 가히 자사(刺史: 제후국의 왕)와 군수(郡守)의 자격이 충분하도다."

하고 학식의 풍부함을 칭찬하였으나 한편, 그 이상의 자격이 되지 못함을 은근히 시사했다.

어느 날 공명은 황부인과 같이 앉았는데 무슨 근심이 있는지 혼자 탄식하고 있었다. 남편의 거동을 살핀 황부인은,

"군자께서는 무슨 난처한 일이 있으시기에 그토록 자탄(自嘆)하고 계십니까? 이 첩에게 들려주실 수 없겠습니까?"

하고 물었다.

"내 본시 가난한 사람으로서 친구 몇이 있고, 또 알고 지내는 사람들도 다소 있는지라, 그들은 자기 생일이나 제사 때를 당하면 반드시 손님을 청하여 접대하여 왔소. 그런데 나는 그분들의 초청을 거절할 수 없어 술과 음식을 얻어먹었으나 나는 가난한 탓으로 한 번도 그들을 불러 대접을 못하였으니 실로 부끄럽고 미안하오. 그런데 아무 날은 마침 나의 생일이 아니오, 이번 생일 만큼은 예의상 그들을 초청할 계획이었으나 이 처지에 무슨 음식을 장만하겠소? 해서 자연 탄식이 나오는구려."

공명의 말을 듣고 난 황부인은 서슴없이 말한다.

"그러한 일쯤은 아예 걱정하지 마세요. 제가 알아서 준비하겠습니다."

공명은 부인의 말에 어이가 없어서 아무런 대꾸도 하지 않고

입을 다문 채 묵묵히 있었다. 그 눈치를 알아챈 부인은,
"첩이 무엇때문에 헛된 말을 하겠습니까? 아무 걱정 마시고 청할 만한 손님들에게 빠짐없이 청첩을 보내십시오. 그렇게 되면 그날 수치를 당하지 않도록 음식 준비를 하겠습니다."
 공명은 반신반의하며 부인의 말을 깊이 믿지 않았으나 혹 무슨 방도가 있는 게로구나 하고 모든 친구와 친지들에게 청첩을 보냈다.
 손님들을 청한 공명의 생일날, 공명은 안절부절했다. 왜냐하면 전번에 그토록 호언장담하던 황부인은 어제, 오늘까지도 음식 준비를 하는 기색이 없었으므로 도대체 어떻게 하려는 속셈인지 몰라 걱정되었고, 또 한 가지는 초려삼간(草廬三間)인 자기 집이 너무 좁아서 손님들이 다 앉을 자리가 없으니, 이를 어쩌나 하고 걱정했다. 그러나 공명의 집에는 아침부터 손님이 모여들기 시작했다. 사랑이 두간(二間)은 되지만 어느새 손님으로 꽉 차서 더 앉을 자리가 없었다. 그럴수록 공명은 더욱 불안해졌다. 그런 줄도 모르는 손님들은 떠들며 법석거렸다.
 "공명, 자네처럼 빈약한 처지에 우리들을 청하다니, 참으로 고마운 일일세."
하면서 탄복하는 사람도 있었다. 공명은 아무 대답도 못하고 마음속으로 쩔쩔 매고 있었다.
 사시(巳時)가 지나고 정오(正午)가 되었다. 그러자 사랑문이 바시시 열렸다. 방에 가득 앉아 있던 손님들은 일제히 열리는 문으로 시선을 모았다. 그리고 손님들은 모두 눈이 휘둥그레졌다. 무리도 아니었다. 공명의 처지를 너무도 잘 알고 있는 손님

들이었다. 그런데 문이 열리자 아름다운 시녀들이 녹의홍상(綠衣紅裳)을 곱게 차려 입고는 큼지막한 음식상을 받들고 들어오지 않는가. 손님들은 음식상에 놓인 성대한 음식을 보고 또 한 번 놀랐다. 시녀들은 상을 들고 들어와서 손님들 앞에 거침없이 놓고 나갔다. 상은 계속 들어왔다. 웬일인지 상이 들어올 때마다 그 상을 놓을 만한 자리가 생겼다. 그리고 상 위에 놓인 음식은 모두가 진수성찬이 아닌가.

 손님들은 넉넉히 편한 자세로 음식상에 둘러앉을 수 있었으며, 공명의 집에 모인 손님들로서는 아직까지 한 번도 먹어보지 못한 음식뿐이었다.

 "공명, 이게 어인 일인가? 자네의 형세로 말한다면 탁주 약간과 나물 안주면 족하거늘 이렇게 보지도 듣지도 못한 진귀한 음식들을 어떻게 마련하였나?"

하고 탄복하기를 그칠 줄 몰랐다. 공명은 그러한 경탄의 말을 듣고도 다만 웃고 있을 뿐 아무런 말도 못했다.

 손님들은 푸짐한 음식을 마음껏 마시고 먹으며 놀았다. 날이 서산에 기울 무렵, 손님들은 헤어져 각기 집으로 돌아갔다.

 그날 밤, 공명은 낮에 있었던 일들을 아무리 생각해 봐도 불가사의했다. 그 진수성찬은 웬 것이며, 또 그토록 비좁은 방안에 음식상을 네댓이나 차려 놓고도 많은 손님들이 불편없이 앉을 수 있었다니 말이다. 공명은 부인에게 그 까닭을 물었다.

 "부인, 나는 아무리 생각해 봐도 도무지 알 수 없는 일이오. 내가 보기로는 음식 준비하는 것을 보지 못하였는데, 졸지에 어떻게 그러한 음식을 마련하였으며, 음식상을 나른 시녀들은 어디서 데려 왔소? 그뿐만이 아니오. 좁은 방안이 점차로 넓어졌으니 그것이 모두 무슨 조화란 말이오?"
　이에 부인이 웃으며 대답했다.
　"오늘이 마침 조조(曹操)의 어머니 생일입니다. 물론 조조의 집에 좋은 음식이 있을 줄 알고 첩이 약간의 술법을 써서 조금 나누어 온 것이오며, 그 시녀로 말하면 허깨비를 만들어 부렸던 것입니다. 그리고 방이 넓어진 것은 둔갑천서(遁甲天書)에 축지법을 사용한 것입니다."
　공명은 부인의 말을 듣고는,
　"역적 조조의 물건을 좀 가져 왔기로 하등 상관이 있습니까?"
　공명은 불가하다는 듯이 머리를 흔들었다.
　"아무리 조조의 음식이라 하지만 올바른 사람이 취할 일은 아니오. 이 후에는 그런 일을 하지 않는 게 좋겠소."
　부인은 웃으면서 말없이 고개를 끄덕였다.

　어느 날 공명의 친구 몇 사람이 찾아왔다. 그들은 이런 이야기, 저런 이야기를 하던 끝에 공명에게,
　"공명, 자네는 모든 것을 자네 부인에게서 배운다는 말을 들었는데 사실인가? 만일 그게 사실이라면 남아대장부로서 아내에게 배운다는 것이 우습지 않은가?"
　하고 조롱조로 말했다. 공명은 그들의 말을 듣고 탄식하기를,
　"자네들의 그 말은 옳지 않네. 무릇 사람이란 배워야 하며, 배우자면 선생이 필요한데, 배우는 데는 '스승의 신분을 가지지 말라' 하였으니 나보다 모든 것이 나은 사람이면 곧 선생인지

라. 그 선생이 누구이건 불문하고 배울만한 게 있으면 당연히 배워야 하거늘 어찌 지정된 선생이 따로 있겠는가? 그러므로 공자님 같은 대성(大聖)도 '아랫사람에게 묻는 것을 부끄러워 말라' 하셨고 실제로 공자는 거문고를 사양(師襄)에게 배우셨다 하니 배우는데 있어서 자기 부인이면 어떻고, 손아래 사람이면 어떠하겠는가?"
여러 사람들은 공명의 사리정연한 말을 듣고 탄복했다.
어쨌든 공명은 몇 백년을 두고 나올까말까한 기재(奇才)였다. 그는 천하사를 모르는 게 없었다. 거듭 말하거니와 공명은 육도삼략(六韜三略)과 천문·지리·인사에 모두 통달하였으며, 뒤에 유비를 도와 삼국정립의 대업을 성취하고 그 이름을 천하만방에 떨쳤다. 다만 아쉬운 점이 있다면 그토록 갈망하던 천하통일을 이룩하지 못한 채 하늘의 부름을 받고 오장원(五丈原)에서 일생을 마친 일이다.
  끝으로 공명의 시 한수를 소개한다.

    大夢誰光覺　草堂春睡足
    平生我自知　窓外日遲遲

    큰 꿈을 누가 먼저 깨우치랴
    평생의 일을 내 스스로 알도다
    초당에 봄 졸음이 족하니
    창 밖에 해가 느리게 가는도다.

두자미(杜子美)는 공명에 대하여 다음과 같은 시를 지었다.

　　諸葛大名垂宇宙　三分割據運籌策
　　宗臣遺像肅淸高　萬古雲霧一羽毛
　　伯仲之間見伊呂　運移漢祚終雅復
　　指揮若定失蕭曹　志決身纖軍務勞

제갈의 큰 이름이 우주에 뻗치니 종신의 끼친 화상은 엄숙하고도 청고하도다. 천하를 셋으로 나누어 계책을 쓰니 만리창공에 아득히 나는 한 개의 새 깃과 같도다. 저 유명한 이윤, 강태공 같은 이와 비견하기에 족하고, 만일 천하통일이 되어 정치를 한다면 소하 조참 같은 명신이 없어도 무방하다. 천운이 옮겨 가서 한나라를 다시 회복하기 어려운지라 몸을 다하도록 충성을 받치기로 결단함에 군무에 전념함으로써 편안한 날이 없었다.

☐ 스님의 온정(溫情)

신라 40대 애장왕은 열세 살의 어린 나이로 왕위에 올랐으나 숙부인 언승이 사실상 섭정을 했다. 이때 현덕왕이 역모하여 애장왕을 살해하고 41대 왕의 자리를 계승하니 신라는 민심이 흉흉하였고, 더군다나 섭정을 했던 언승은 일본 무사들을 끌어들여 난을 일으켰다. 그리하여 일본 무사들은 닥치는 대로 약탈과 방화를 일삼고 조정을 괴롭혀 민심은 더욱 소란해지고 심지어는 서라벌의 번화가가 폐허가 다 되었던 것이다. 모두가 두려움에 황룡사로 통하는 길로는 감히 갈수가 없었고, 주민들도 이사를 하여 집이 모두 비어 있었다.

 추운 겨울날 이토록 황량한 곳을 지팡이에 몸을 의지하고 걸어가는 노스님이 있었으니 그가 바로 현덕왕의 왕사(王師)였다.
 워낙 혹심한 추위였기에 이 노승을 보는 사람도 없었거니와 노승이 왕사인 줄 아는 사람도 있을 리 없었다.
 이 스님은 현덕왕의 간곡한 부탁도 아랑곳없이 몰래 궁성을 빠져나와 차가운 눈보라를 맞으며 무서운 길을 걷고 있었다. 물론 스님은 황룡사를 찾아가는 길이었다.
 어느덧 눈이 무릎을 넘어 스님은 길을 가기가 더욱 어려운데 세차게 바람까지 불어 노약한 체구는 눈 위에 몇 번이나 넘어졌다. 그러나 스님의 마음은 궁궐에 있는 것보다 편했다.
 "이렇게 많은 집들이 폐허가 되어 버리다니....."
 스님은 약탈한 중생들의 마음가짐과 태도를 탄식을 하며 길가에 있는 초가집 처마 밑으로 들어가 숨을 돌리는데, 어디서 고양이 울음소리가 들리는 것이었다. 이상하게 생각하면서 다시 황룡사를 향해 부지런히 걷고 있는데 발 뿌리에 꽁꽁 언 고양이가 채였다.
 "가엾어라, 이 추위에 텅빈 마을에 너 혼자였구나."
하며 노승은 고양이를 덥석 품에 안고 발걸음을 재촉했다. 노승이 가쁜 숨을 몰아쉬며 천암사 가까이 이르렀을 때였다. 어디서인지 어린 아이의 울음소리가 간간이 들리다가 끊기고, 또 들리다가 끊기곤 하는 것이었다.
 스님은 고양이를 안은 채 그 자리에 서서 귀를 기울였다. 허겁지겁 달려 가보니 가엾게도 산모는 간신히 아기는 낳았으나 원기가 없어 탯줄을 잡은 채 끊지 못하고 신음하고 있었다. 피를 얼마나 흘렸는지 벌거벗은 아기와 산모의 주위를 홍건히 적셨고 냉기가 맴돌아 그나마 목숨까지 위태로웠다.
 설상가상으로 아기를 낳기 위함인지, 거지여서인지는 모르나 산모의 몸에는 실오라기 하나 걸친 것이 없었다. 스님은 이 비참한 광경을 보고 놀라기에 앞서 황급히 달려들어 탯줄을 끊고 두루마기와 누더기 옷을 벗어 어린아이와 산모를 감싸주고 자리를 옮겨 누인 다음에, 지극한 염불을 하며 서둘러 산모의 몸을 주무르기 시작했다.
 발끝에서 목덜미까지 전신을 주무르는 노승의 손길은 쉴새가 없었다. 원체 다급한 일이기에 자신에 대한 피로나 괴로움은 여지없이 사라지고 오직 두 생명을 살려야 한다는 일념뿐이었다.
 사경에 놓인 불쌍한 두 생명을 놓고 그야말로 노스님은 인생의 뼈저린 고해를 절실히 깨닫는 것이었다. 그 깨달음의 경지가 바로 부처님의 위없는 경지인 것이다.
 한편 거의 사경을 헤매던 산모는 스님의 정성어린 손길 덕분에 드디어 정신이 드는 모양이었다. 스님은 산모의 뺨을 세차게 후려쳤다. 그러자 산모는 정신을 퍼뜩 차리고 좌우를 살피더니 스님을 의식하자 깜짝 놀랐다.
 "이제 정신이 드시오?"
 "아니, 스님께서...스님, 저를 살려주신 은혜, 죽어도 잊지 못하오리다. 거지 몸이기에 천엄사를 찾아가다가 그만 스님께 이 더러움을 보였습니다."

"괜찮소. 여생이 있으니 어디에 살거나 착한 마음으로 부처님에게 신심을 다하시오. 거지 몸은 전생에 복이 없는 탓에 받는 것이오."

하는 한마디를 산모에게 일러 주고 스님은 발가벗은 몸으로 눈 속을 걸어 황룡사에 닿았다.

 그런데 워낙 날씨가 추운 데다가 발가벗고 걸었던 몸이라 꽁꽁 얼어버리고 말았다. 그리하여 육중한 문을 두드리지 못하고 소리도 지르지 못한 채 문턱에 쓰러지고 말았다.

 한참 후 스님은 있는 기력을 다해 헛간으로 기어들어 어느 사이엔가 따라 온 고양이를 껴안고 거적 한 장을 뒤집어 쓴 채로 고요히 잠이 들었다.

 그 후 거지 산모의 입을 통하여 노스님의 자비로운 행동이 크게 알려졌고, 사람들은 그를 일컬어 관음보살의 후신이라 하였는데 그가 바로 신라의 왕수국사였던 것이다.

□ 이태조(李太祖)와 석왕사(釋王寺)

 고려 말엽, 하늘을 덮을 듯한 청운의 포부를 지니고 팔도명산을 찾아다니며 소원을 빌던 한 무사가 있었는데 그는 함경도 출신의 이성계였다.

그가 고향 함경도 안변의 어느 산 속에서 산신령에게 백일기도를 지성껏 올리고 하산하려던 바로 그날 밤, 이상한 꿈을 꾸었는데 곰곰이 생각을 해 보아도 영문을 알 길이 없어 답답한 가슴을 안고 부리나케 내려와 마을의 한 노파를 찾아 간밤의 꿈이야기를 하고 해몽을 부탁했다.
"대장부가 받은 꿈의 계시를 한낱 계집이 어찌 말할 수 있겠소. 저기 높은 설봉산을 오르면 때를 기다리는 도승이 계실 터이니 지극한 마음으로 알현하고 여쭙도록 하시오."
 하며 손으로 길을 가리켜 주는 노파는 범상치 않았다. 그리하여 이성계는 노파가 가르쳐 준 설봉산을 향해 바삐 걸었다. 과연 산기슭 커다란 바위 밑에 도승이 선정에 들어 때를 기다리는 듯이 앉아 있었는데 그 노승이 곧 지용대선사에게 법을 받은 무학스님이었다.
 "스님, 어지러운 이 나라를 바로잡고자 힘을 얻으려고 정성을 드렸는데, 간밤에 촌가의 많은 닭들이 일시에 꼬끼오 하고 우는가 하면, 다듬이 소리가 요란하게 들려 왔고, 또한 바람이 꽃에 날리며, 느닷없이 하늘에서 거울이 떨어지고, 저는 등에 서까래를 셋이나 짊어졌으니, 무슨 연고이지 소인은 도무지 알 길이 없어 큰스님을 찾아왔습니다."
 "어서 오시오. 장군이 올 줄 내 알았소. 그 꿈은 왕위에 오를 꿈입니다. 자세히 말하면, 닭이 꼬끼오 하고 울었음은 고귀의 위를 불러댄 소리이며, 다듬이 소리 또한 군마를 인도하는 소리이고, 꽃이 날면 열매가 맺게 마련이며, 거울이 땅에 떨어졌다면 반드시 소리가 나니 그것이 바로 왕업을 이룰 큰 길몽입니다. 또 서까레 셋을 지었다니, 그것은 임금 왕자를 확인하는 꿈인 것입니다. 산승이 장군의 상을 보아 하니 상호가 이루어짐이 분명하오. 그러나 이런 말을 입 밖에 내서는 큰일을 그릇치기 쉬우니 각별히 조심하시고, 이곳에 절을 지어서 왕업을 무난히 성취하도록 기도하시오."

이성계는 무학대사의 말에 하늘을 날듯 기뻤다. 자신은 오직 왕업을 위해 세상에 태어났다고 생각하였고, 또 그것 때문에 희망찬 날을 보냈던 것이다. 이성계는 무학대사의 곁을 물러나와 쉬지 않고 방방곡곡을 순방하며 기도를 올리고 송도로 다시 돌아왔다.

그때 마침 고려는 이성계를 시켜서 중국대륙을 쳐서 북방 우환을 없애라고 했다. 이성계는 이때다 생각하고 군사를 돌려 썩어빠진 고려 왕조를 단숨에 무너뜨리고 조선을 세우고 자신이 스스로 왕위에 올랐다.

그는 용상에 오르자 곧 무학대사의 권유대로 설봉산에 큰 가람을 이룩하라고 분부하고 이름을 석왕사라 부르도록 했다. 그리고 그 사찰이 완성되자, 길주의 천불사에서 5백 나한을 한분씩 업어다 일일이 모셨는데 마지막 두분을 한꺼번에 업고 갔었으므로 조선국은 5백년을 채우지 못하고 4백 90여년만에 몰락했다고 전해진다.

이성계는 그 후에도 자신의 생활과 인연이 깊은 고향땅 석왕사에 자주 들러 국가의 무궁한 태평을 빌었다. 그러나 고려 말기 승려들의 많은 비행을 보아 왔던 개국공신들의 한결같은 반대 때문에 무학대사를 제외하고는 전국 승려들이 피해를 보았던 것이다.
 그러나 이성계만은 스스로 궁안에 재불당을 짓고 오직 부처님의 거룩한 모습을 매일같이 우러렀던 것이다. 그리고 그의 옆에는 항상 무학대사가 있어 왕업의 기반을 닦을 때부터 한평생을 그와 함께 했던 것이다.

□ 보은(報恩)으로 지은 절

 옛날 승주 고을에 유씨 부자가 있었다. 재물은 억척같이 벌어들였으나 자손이 없어 시름으로 나날을 보냈었는데, 뜻밖에도 유씨 부인의 정성스런 기도로 옥동자를 낳게 되었다. 말할 나위도 없이 유씨 부부는 아들을 금지옥엽 산들바람만 불어도 날아갈까 쥐면 터질까 애지중지하며 기르는 것이었다.
 그런데 아이는 성장함에 따라 부모의 지나친 애정때문에 점점 자만심이 하늘로 치솟는 것이었다. 얼마 후 아기의 이름을 달수라 지어 주고 오직 아이 하나를 위해 부모가 존재하는 양 지성이었으나 실상 부모의 그러한 태도가 달수에게는 독이 되었던 것이다.
 열네 살이 지나도록 제 이름자도 쓸줄 모르고 성질이 괴팍하여 독선생의 상투를 잡고 호령을 하여 스승을 쫓아버리는 패륜아가 되고만 것이다. 이제는 부모도 후회하고 탄식했으나 정으로 얽힌 자식이었기에 어쩔 수 없이 방관할 뿐이었다.

그러던 어느 날 보성 고을 중봉산에 있는 대원사에서 스님 한 분이 유씨 집을 찾아와 긴한 이야기를 하고 있는데 달수는 친구들을 몰고 와서 두 사람의 얘기를 방해했다.
"스님, 우리 부부가 재산은 모았으나 나이 40이 넘도록 자식을 못보던 차에 늦게야 부처님의 가피를 입어 하나 얻은 것이 어찌나 천성이 못되었는지 버릇은 조금도 없고, 누구의 말도 어려워하지 않고 천하가 저를 위해 있는 것으로 알고 있으며, 열네 살이 넘도록 제 이름자도 쓸줄 모르는 멍청이니 어찌하면 좋겠습니까? 스님께서 무슨 좋은 묘안을 가르쳐 주십시오."
"알겠습니다. 하오나 산승과 어떤 약속이라도 하실 수 있겠습니까? 저 애의 목숨까지도 노승에게 맡기신다면 책임지고 사람을 만들겠습니다."
"예, 자식의 사활을 오직 스님께 일임하겠습니다. 부디 사람만 만들어 주십시오."
스님은 유씨 부부의 청대로 약속을 하고 억센 손으로 달수의 목덜미를 움켜쥐고 절로 끌고 가 경문을 내놓고 하루에 석장을 외우도록 했다. 그러나 망아지처럼 제멋대로 자란 달수는 코웃음을 치며 경문을 찢어서 코를 풀어버렸다. 그것을 본 스님은 크게 호통을 치며 당장 달수를 꽁꽁 묶고 화로와 못을 가져 오라고 분부하여 벌겋게 달군 못으로 달수를 사정없이 지지라고 호령했다. 그러자 좌우에 대기하고 있던 스님들이 이글이글 달군 못을 제각기 집게로 집어 들고 달수의 몸을 사정없이 지져댔다. 달수는 집에서 하던 버릇이 그대로 남아 온갖 욕설을 퍼붓고 이를 갈았으나 뜨거움에 질려 펄쩍펄쩍 뛰면서 비는 것이었다.

"스님, 시키는 대로 하겠으니 용서해 주십시오."
 "옳다. 이제는 그만 풀어주되 감시를 잘하고 조금만 무례한 짓을 해도 나에게 알려라."
 그런 후부터 달수는 어려움을 참으며 공부를 계속하여 '천자문'을 시작해서 '사서삼경'과 부처님의 어려운 경까지 착실히 공부하여 문리(文理)가 대통하자 집으로 돌아와 과거에 응시하여 급제했다. 그러나 달수는 주지스님에 대한 복수심을 품고 고향에 돌아와 암자를 찾았다. 그러나 주지스님은,
 "순사또, 이 몸이 사또의 평생 사주를 짚어보니 관위가 대신에 까지 올라 세도는 물론 부귀영화가 한이 없겠으니, 장수하는 데는 끊어진 일진이 있으니, 그때 삼가 근신하고 소승의 제자를 감영에 보낼 테니 숙식을 같이 하십시오."
 하고 신신당부했다.
 과연 달수는 얼마 안되어 스님의 말대로 어김없이 평양감사가 되었는데 마침 감영에 가무와 애교가 뛰어난 홍매라는 나이 어린 관기가 있었다.
 달수는 홍매에게 반하여 잠시도 곁을 떠나지 못하게 하고 며칠을 보내며 축하연을 베푸는데, 보성에서 가장 친했던 무혜스님까지 찾아와 달수는 더욱 즐거웠다. 달수는 무혜스님이 찾아온 후로는 관기도 내보내고 그와 같이 바둑으로 시간을 보냈다. 무혜스님은 감사와 침식도 같이 하며 어느덧 일주일째 접어드는 날 밤이었다.
 방바닥이 너무 뜨거워 윗목과 아랫목을 서로 바꿔 누웠는데 귀신도 모르는 사이에 무혜스님은 핏덩이로 변해 있는 것이 아닌가?

유감사는 새벽녘부터 하인들에게 호령하여 무혜스님의 가슴에 칼이 꽂힌 연유를 즉각 알아내어 범인을 잡아오라고 분부했다. 육방관속들이 눈을 벌겋게 뜨고 가가호호 수색을 하여 이틀만에 범인을 잡아왔다.

범인은 원래 부중의 관노인 최삼돌이라는 장사꾼이었는데, 홍매와 깊은 정을 통하고 있던 중에 감사가 빼앗아 가서 오랫동안 놓아주지 않자 감사를 죽여 버리고 홍매와 멀리 도망가려 했던 것이다.

유감사는 주지스님의 더없는 은혜와 보살핌에 감사하여 눈물을 흘리며 대원사를 향해 머리를 숙이는 한편, 자기 대신 죽은 무혜스님의 명복을 빌기 위하여 대원사를 증축하고 죽원사라 부르도록 했다.

□ 군왕(君王)의 꿈

지금으로부터 6백년 전 당시 중국은 국호를 원이라 했는데, 순제가 왕위에 오르기 전 부왕의 노여움을 사서 이웃 나라인 고려국 황해도에 위치한 대청도에서 귀양살이를 하게 되었다.

천자의 엄명으로 멀리 고도까지 귀양을 오게 된 몸이라, 누구 한 사람 접근하지 않아 그야말로 지옥살이였기에 하루가 1년인 듯하였고, 몸은 날로 수척해 갔다.

몇 해가 흐르던 어느 날 비몽사몽간에 한 노인이 수염을 날리며 태자 앞에 나타났다.
"나는 이 나라 수양산에 살고 있는 사람인데 한번 나를 찾아와 보시오."
하는 말을 남기고 사라지는 것이었다. 태자는 즉시 자기를 지키는 한 대신에게 그 꿈을 이야기해 주고 자기는 몸이 몹시 쇠약해 있으니 대신 수양산에 다녀오도록 부탁했다. 그러나 수양산에 다녀 온 대신은 아무도 만나 보지 못했다고 말했다.

그날 밤 꿈에 다시 그 노인이 나타나 태자를 힐책하는 것이었다.
"영광을 얻기 위해서는 어떤 어려움도 참아내야 한다. 그대가 만약 직접 찾아오지 아니하면 다시는 나를 볼 수 없을 것이니라."
"이 몸 몹시 황공하옵니다. 저의 부덕을 용서하소서. 하온데 어른은 뉘시옵니까?"
"와 보면 알리라."

태자는 놀라 잠에서 깨어나 날이 새기가 무섭게 불편한 몸을 이끌고 수양산을 찾아 나섰다. 넓고 높은 수양산을 헤매느라고 기진맥진했으나 생명에 애착은 남아 죽을 힘을 다해 그 노인을 찾아 헤맸으나 해가 서산에 진지 오랜데도 만날 수가 없었다.
'분명히 이 산에 계시길래 두 번이나 꿈에 나타나셨을 텐데….'

태자가 이렇게 생각하며 두번째 솟은 봉우리를 올라보니 건너편 수풀 사이로 조그마한 암자가 눈에 띄었다.

태자는 그 순간 힘이 생기는 듯했다. 그리하여 있는 힘을 다 내어 그 암자에 당도했다. 그러나 태자가 겨우 도달한 그 암자에는 아무도 없고, 거룩한 약사여래만이 암자의 도량을 굽어보는데, 그 모습이 꿈에 나타났던 노인의 모습과 똑같았다.
 태자는 거기서 이 부처님이 곧 그 노인임을 예견하고 머리가 땅에 닿도록 수없이 절을 했다.
 "자비하신 부처님이시여, 저의 허물을 용서해 주시고 하루속히 고향으로 돌아가게 해 주옵소서. 저의 원하는 바가 이룩되면 이곳에 부처님의 도량을 넓히고 가람을 크게 세워 많은 중생들로 하여금 복전이 되도록 하겠나이다."
 태자는 그곳에서 하룻밤을 묵으며 약사여래 부처님께 수없이 예배를 올렸다. 그랬더니 신기하게도 그토록 아프던 몸이 풀리고 새 정신이 솟는 것 같았다. 태자는 더욱 부처님의 신력에 감사를 올리고 거처로 돌아왔다.
 태자는 그곳에서도 오직 약사여래 부처님을 향해 지극히 예배하고 발원하기를 하루도 쉬지 않았다.
 그러한 생활을 한 지 얼마 안되어 부왕으로부터 빨리 고국으로 돌아오라는 파발이 전해졌다.
 태자는 일구월심 부처님께 정성을 다한 보람이라고 크게 기뻐했다.
 그는 고국에 돌아와 즉시 부왕의 대를 이어 순제란 칭호로 등극했다. 태자는 왕위에 오르자마자 도독 송골아와 한림 이수산을 시켜 공장 35인과 함께 고려국 벽성현에 큰 절을 짓고 신광사라 이름한 뒤, 큰 공양의식을 거행하라는 분부를 내렸다.
 이리하여 원나라 천자의 분부로 백성현 석동 고을에 신광사 건립 공사를 한 지 8년만에 웅장한 모습으로 낙성되었는데, 지금도 남아있다.

□ 효성으로 이룬 가람(伽藍)

 한반도에 자리 잡은 우리나라는 많은 부족국가로 형성되었다가 3국으로 분립되었는데, 이를 한나라로 통일한 신라 제 31대 문무왕은 재위하는 동안 무엇보다도 왜구의 노략질을 골칫거리로 생각한 나머지 살아서는 민족통일의 성업을 완수했으니 죽어서는 이 나라가 오래도록 태평성대를 누리게 한다는 갸륵한 마음으로 죽으면서,
 "태자는 짐의 말을 명심해서 짐이 숨을 거두면 곧 동해의 바위에서 화장을 할 것이며, 유물은 바다 속에 넣도록 하라. 짐은 죽어서 용이 되어 우리나라를 수시로 괴롭히는 왜구들을 막아 이 나라를 지키리라."
하는 말을 남기고 백성들의 슬픈 곡성을 뒤로 하고 승하했다.
 그의 뒤를 이어 아들 신문왕이 즉위하였는데 훌륭한 업적을 남기신 부왕의 시신을 화장하여 유골을 망망대해에 뿌림은 차마 할 수 없는 일이다 하며 장례까지도 미뤘다. 그러던 어느 날 밤에 꿈속에 부왕인 문무왕이 나타나 엄히 꾸짖는 것이었다.
 "너는 부왕에 대한 효도와 불효도 가리지 못한단 말이냐. 나의 영은 일단 내려진 영이니라. 구중심처에 맺힌 뜻을 그토록 깨닫지 못하는 네가 어떻게 이 나라 강토를 다스려 나간단 말이냐. 지금 바다 건너 왜놈들이 이 나라를 침범하려고 기회를 노리고 있으니 부왕인 나로서는 가슴이 찢어지는 것 같다. 너의 티끌만한 효성에 집착해 있지 말고 어서 내 유언대로 장사

를 거행할지어다."

 문무왕은 추상같은 목소리로 한마디를 하고는 표연히 사라졌다. 신문왕은 잠에서 깨어나 부왕의 영전에 무릎을 꿇고 절을 한 다음 어명대로 실행할 것을 다짐하고 날이 밝기를 기다려 문무백관에게 부왕의 명을 받들 것을 표명했다.

 이리하여 문무왕의 유해는 감포 앞바다에 이르렀고, 즉시 화장이 개시되어 유골은 바다에 뿌려졌다. 문무왕의 유해가 화장된 바위를 대왕암(현 경북 월성군 소재)이라 부르며, 때때로 그곳에 배례했다.

 한편 부왕의 유언을 받든 신문왕은 그래도 부왕의 정을 잊지 못해 애통해 하며 나라 안의 모든 사찰에 부왕의 명복을 비는 축원과 기도를 올리라고 분부했다. 그리고 자신과 중전도 몸소 불국사까지 거동하여 기도에 참례하기도 했으나 선산능 하나 지어드리지 못한 것이 끝내 가슴 아팠다.

 "상감마마, 부왕마마에 대한 정으로 말미암아 그렇게 침통해 하시다가 옥체라도 상하실까 심히 염려되옵니다."

 "괜찮소. 중전이나 무리가 없도록 하시오."

 "아니옵니다. 이 몸의 소견이옵니다만 선왕마마는 이 나라를 위해서 그토록 큰 업적을 남기고도 능 하나 없으니 그대신 부왕마마를 영구히 기리기 위한 큰 가람을 새로 세우시면 어떠할지 여쭙니다."

 "중전, 고마운 일이오. 중전의 생각은 옳은 일이오. 당장 영을 내리어 새로 절을 이룩하도록 하겠소. 그런데 어디에 세우는 것이 좋겠소?"

"부왕마마를 모신 동해 바닷가에 세우는 것이 좋겠나이다."
"좋은 의견이오. 대왕암이 마주 보이는 곳에 절을 이룩하여 부왕마마의 뜻을 기리고 감사한다는 의미로 감은사라 하겠소."
이리하여 감은사는 왕의 총지휘하에 2년에 걸쳐 원만히 이룩되었다. 신문왕은 그 절이 완성되자 해마다 부왕의 승하일을 기해서 기도와 재를 올리고 큰 법사를 초빙하여 설법회를 열기도 했다.
지금은 아깝게도 절이 없어지고 말았으나 옛날의 초석과 석탑은 뚜렷이 남아 옛 흔적을 나타내 주고 있다.

□ 어부(漁夫)의 꿈

신라 선덕여왕이 즉위한 지 4년째 되던 해 봄이었다. 지금의 강화도 서단 항구 외포리 건너편인 삼산도에 고씨라는 한 어부가 살고 있었는데 그는 바다에 나가 고기를 잡아서 먹고 사는 것이 천직이어서 그날도 여느 때처럼 바다에 그물을 던지고 한참 후 정성을 쏟아 그물을 건져 올렸다.
그런데 이게 웬일인가? 고기는 한 마리도 올라오지 않고 사람 모습을 한 돌들이 그물에 걸려 올라오는 것이었다. 고씨는 너무도 이상하여 이리저리 그 돌들을 만지다가,
"에잇, 이따위 돌들이 재수없이 남의 그물에 걸려오다니…"
하고 다시 물속에 놓고 그물을 걸어 넣고 집으로 돌아왔다. 그

런데 그날 밤 꿈에 한 노승이 나타나서 고씨에게 정중히 입을 열었다.

"그대가 오늘 바다에서 건진 석상은 먼나라 천축국에서 인연지를 찾아 온 부처님들인데 그대가 쳐놓은 그물을 빌어 올라오시려 하니 내일 아침 동이 트면 건져 올려 그대의 집 뒷산에 있는 자연 석굴에 잘 모시고, 조석으로 소원을 빌면 무엇이든지 성취가 될 것이니 내 말대로 하여라."

노인은 말을 마치고 어느새 사라졌다. 그러자 고씨는 너무나 기뻐서 어서 동이 트기를 기다렸다. 분명히 석상을 건졌음이 확실한 것을 생각해서 노인의 꿈이 헛된 것은 아님을 깨닫고, 날이 새기가 무섭게 일어나 바닷가로 나가서 그물을 들어 올렸다. 그랬더니 과연 노인의 말대로 부처님의 상호를 갖춘 석상들이 22개나 올라 왔다.

고씨는 지난밤의 생생한 가르침대로 석상을 등에 업고 뒷산 바위굴을 찾았다. 그리하여 그곳을 깨끗이 청소하고 부처님들을 적당한 자리에 각각 안치하고 지극한 정성으로 잘살게 해달라고 빌었다.

고씨가 노승의 말대로 조석으로 몇일을 오르내리며 소원을 비니 참으로 부자가 되었다. 한편 그러한 사실을 알게 된 이웃 마을 선남선녀들은 모두 어부가 마련해 놓은 석굴을 찾아 소원을 비니 모두 성취되는 것이었다.

이러한 소문은 금새 임금의 귀에까지 들어갔다. 임금은 나라에 경사스런 일이라고 회색이 만면해 혜정대사로 하여금 그곳에 절을 짓게 하고 보문사라고 이름하기를 분부했다. 그래서 혜정대사는 왕명을 받고 즉각 그곳에 가람을 이룩하여 부처님들을 잘 모셔 안치하고 자신을 그 부처님과 같이 기거했다. 그러자 나라 안에서는 혜정대사가 그곳에 계시니 많은 스님들이 모이게 되고, 절도 크게 증축했는데, 어느 날 그 소식을 듣고 한 도둑이 보문사까지 들어와 몰래 불상 한분을 훔쳐 달아났는데, 날이 새어 도둑이 둘러보니 역시 보문사 경내를 맴돌고 있을 뿐이어서 도둑은 잡히고 말았다. 그 후로는 도둑이 얼씬도 못했다고 한다.

또 많은 선남선녀들의 덕분에 절이 부자가 되자 한 승려가 많은 돈을 가지고 다니며 술을 먹고 기생을 가까이 하게 되었다. 매일같이 그 짓을 하던 그 승려는 어느 날 산 너머에서 술을 잔뜩 먹고 돌아오는데, 기생이 나타나 절에까지 전송해 주겠다며 앞장서서 걸어가므로 중은 좋아서 히죽히죽 웃으며 따라가다가 높은 벼랑에서 떨어져 다리를 부러뜨렸다고 한다. 물론 제자의 버릇을 경각시켜 주려는 뜻에서 부처님 한분이 기생으로 변하여 낭떠러지로 유인했던 것이다.

그 후부터 그곳의 승려들은 부처님의 영검에 탄복하고 나쁜 마음을 제거하고 한결같이 수도에 전력하여 도를 깨친 자가 많았다고 한다.

오랜 세월이 지난 지금도 보문사의 부처님들이 옛 모습 그대로 자연으로 된 석굴 속에 안치되어 있는데 그의 영겁은 오늘날까지도 전해져 수많은 선남선녀들이 줄을 이어 기도를 올린다.

□ 지극한 기도(祈禱)의 힘

조선 세조는 등극한 후로 온몸에 마신창이 생겨 크게 고생을 했다. 등극한 지 9년이 되던 해 문수보살의 영검도량인 강원도 오대산의 상원사에서 한 여름을 지내면서 기도를 했다고 전해진다.

무더운 어느 날 세조는 시중을 모두 물리치고 홀로 시냇물을 찾아서 더러운 부스럼을 씻고 있었다. 등에 손이 닿지 않는 곳이 있어 갑갑하게 여기고 있던 차에 어디선가 동승이 나타나서 딸기를 따며 서성거리고 있어서, '등에 손이 닿지 않아 그러하니 물을 끼얹고 문질러 줄 수 없겠는가?' 하고 물었다. 동승은 선뜻 응낙한 후 발을 벗고 물을 철벅거리며 걸어오더니, 소매를 걷고 등에 물을 끼얹으며 시원스럽게 등을 문질러 주는 것이었다.

세조는 그 동승에게 고맙다는 말을 하고 명일 사시 공양 후에 다시 만나자고 간청을 했다.

"이제는 괜찮을 터이니 아무 걱정 마십시오."

"그래? 그럼 혹시 다른 사람을 만나더라도 행여 상감의 육체를 만졌다고 이야기하지 말아라."

하고 타이르자, 동승은 웃으면서,

"염려마십시오. 오히려 상감께서 문수보살을 친견했다고 누구에게도 말씀하지 마십시오."

하고는 자취를 감추었다. 놀란 세조는 화공을 불러서 홀연히 나타났던 문수동자의 화상을 그리게 하여 상원사에 봉안했다.

지금도 오대산 상원사에 있는 문수동자상은 그 당시 조성한 것이라고 전해지고 있다.

□ 황제의 신심(信心)

지금으로부터 약 1300년 전 중국의 당나라 문종황제 때의 이야기다. 문종황제는 일찌기 부처님께 귀의하여 신앙심이 대단히 돈독한 분이셨다.

분주히 국정을 살피는 여가에 틈만 나면 큰 사찰에 거동하여 부처님께 예배드림은 물론이거니와 재를 베풀어 대중을 공양하고 큰스님을 청하여 설법을 듣곤 했다. 그리고 내전에는 불당을 따로 정하여 관음상을 모신 뒤에 조석으로 예배하며 특히 불법 공부에 정진했다.

종남산의 유정선사를 청해〈화엄경〉의 강설도 듣고〈법화경〉의 강설도 들어 불교에 대한 조예가 심히 깊었다. 또한 유정선사를 왕사나 다름없이 섬기고 신뢰했다.

문종황제는 이같이 신심이 강한 까닭으로 국가에 대사가 있을 때마다 현몽을 얻을 수 있었다. 그래서 그 현몽에 따라 일을 처리하면 아무리 어려운 일일지라도 쉽사리 소원대로 되는 일이 많았던 것이다.

문종황제는 불교에 귀의한 이후로 어육(魚肉)의 찬을 멀리하고 소찬만으로 식사를 하여 왔는데 그 중에는 생선같은 것은 먹지 않고 유독 조개만을 즐겨 먹었다.

어느 날 아침에 수라상에 조개를 지져서 올렸는데 조개껍데기가 벌어진 것을 하나하나 살을 떼어 초장을 찍어 먹는 맛이 보통이 아니었다. 헌데 이중에 껍데기가 열리지 않는 것이 하나 있었다. 젓가락으로 아무리 쑤셔 보아도 통 벌어지지 않았다. 그래서 문종황제는 그 조개를 힘껏 던져 쪼갰더니 이 무슨 조화인지, 조개 살점이 변하여 관음상을 나타내며 광명을 발하는 것이 아닌가? 이목구비가 수려하고 사지가 잘 갖추어진 좌상은 틀림없이 상아로 조성한 관음상이었다.

그래서 종남산의 유정선사를 급히 불러 들였다.

"스님, 이것을 보시오. 이것이 조개 속에서 나왔구려. 진주가 나온다는 말은 들었으나 불상이 나온다는 말은 들어보질 못하였는데 이 관음보살상은 대체 어찌된 것인지요?"

"이것은 32상으로 응화신을 나타내어 중생을 교화시키는 음보살의 화신이라고 합니다."

"32상 가운데 불신·보살신·벽지불신·범왕신·소왕신·제상신·장군신·비구신·비구니신·장자바라문신·부녀신·8부금강신·집금강신 등은 있으되 조개신은 보지도 듣지도 못하였는데 이것을 어찌 응신의 화신이라고 하십니까?"

"불신은 백억화신을 나타내신다고 하지 않았습니까? 백억화신 가운데 어찌 조개로 나타내는 화신인들 없겠습니까?"

"관음보살은 보살이오, 부처가 아니거늘 어찌 백억화신을 나타낸다고 말씀하십니까?"

"관음보살은 과거에 이미 성불하신 부처님이건마는 중생을 제도하기 위하여 대자대비하신 원력으로 보살이 되셨다고 하지 않았습니까?"

"이런 것이 모두 경전 가운데 있거늘 폐하께서는 어찌 의심하십니까? 아니 믿으십니까?"

"보문품인 〈관음경〉에 보면 관음보살이 각각 그 형상을 나누어서 설법하신다고 하였는데 이 조개는 비록 관음상을 나타내었으나 설법이 없으니 어찌된 일입니까?"

"폐하께서는 이 조개 속에서 관음상이 나온 것을 아무나 볼 수 있는 일이라고 생각하십니까? 또 보통으로는 볼 수 없는 신비한 일이라고 생각하십니까? 또한 이것을 관음보살의 신통력이라고 믿으십니까?"

"짐도 처음 보는 해괴한 일이라 관음보살의 신통력이라고 깊이 믿고 있습니다."

"그러하다면 폐하께서는 관음보살의 설법을 듣고 계신 것이 아니겠습니까? 귀로 듣고 믿으나 눈으로 보고 믿으나 견문은 한가지라고 생각합니다. 관음보살은 설함이 없이 설하시는 무설이설이온즉, 폐하께서는 들리지 아니하여도 들은 것으로 생각하시어서 불문이문이 되셔야 합니다."

문종황제는 유정선사의 말을 듣고 크게 깨달아 기뻐하여 어느 집에든지 관음상을 모시게 하였으며, 이후로는 수라상에 조개 반찬도 올리지 못하게 했다.

관음보살이 조개 속에서 나타난 것은 황제가 다른 육식은 모두 끊었으면서 유독 조개를 살생하는 것을 깨우쳐 주기 위함이요,

또 하나는 황제의 지극한 신심을 가상히 여긴 까닭이라 하겠다.

☐ 거룩한 순교자(殉敎者)

　신라 법흥왕때 아도가 불법을 펴려다가 우매한 신민의 반대로 뜻을 이루지 못하였고, 미추왕 때는 천경림에 절을 지으려다가 역시 신하들의 완강한 반대로 뜻을 이루지 못했다.
　언제인가 왕이 신하들에게,
　"짐이 창생을 위하여 복을 닦고 죄를 멸할 장소로 절을 세우고자 하는데 경들은 어찌 생각하오?"
하고 물었다. 그러자 중신들은,
　"우리나라에 고유한 명신이 있는데도 불구하고 타국의 객신을 받아 절을 지어 모시는 것은 불가한 줄 아뢰오."
하며 완강하게 반대했다. 대왕이 탄식하여 말했다.
　"아, 짐이 부덕하여 불법을 이룰 수 없으니 누구와 더불어 일을 같이 할 것인가?"
　이때에 충심이 깊고 불심이 돈독한 이차돈이 왕의 뜻을 헤아려 아뢰었다.
　"신이 전하의 뜻을 실천해 볼까 하나이다."
　"이는 네가 할 일이 아니다."
　"나라를 위하여 몸을 바치는 것은 신자의 절개요, 임금을 위하여 목숨을 바치는 것은 백성의 의리이거늘 아무리 나이어린

신이나 못할 바가 있겠습니까? 이제 천경림에 절을 짓게 하겠사오니 거짓으로 왕명을 전한 죄로 신의 머리를 베시면 비상한 일이 있을 것이니 그것을 보면 모두 감화하여 뜻을 이루실 수 있을 것입니다."

"너의 뜻은 가상하나 짐승의 목숨도 아끼는 내가 어찌 무죄한 충신을 죽일 수 있겠느냐?"

"버리기 어려운 것이 목숨이오나, 신이 저녁에 죽으면 아침이 되어서는 대교가 성하여 부처님의 해가 중천에 떠오르고 대왕께서는 길이 편안하실 것입니다."

"너는 참으로 나라를 위하는 충신이오, 불법을 지키는 대보살이라 하겠다. 착하고 착함이여, 너의 이름은 영원히 남으리라."

그 이튿날 백관 군중이 모인 자리에서 대왕이 분노한 얼굴로 말하기를,

"너는 어찌하여 중신들이 반대함에도 불구하고 왕명을 사칭하여 천경림 숲속에 절을 짓게 하였느냐?"

"비록 왕명을 거짓 전한 것은 만 번 죽어도 지당하오나, 대왕께서 하시고자 하는 일을 행하였기에 상을 받아도 떳떳하다고 생각하옵니다."

"그러나 짐은 두 가지의 길을 쫓을 수가 없으니 어찌하면 좋겠는가?

하고 신하들을 둘러보자 중신들은 입을 모아 말하기를,

"이차돈은 위로 왕명을 어기고 아래로는 천하 세인들의 뜻을 거역하였으니 참형에 처함이 옳은 줄로 아뢰오."

라고 하자, 왕이 이차돈에게 일렀다.

"너는 중신들의 반대에도 불구하고 자의로 어명이라 전하여 절을 짓게 하였으니 엄벌에 처함이 마땅하노라."

이차돈은 아무 말도 하지 않고 중신들을 쳐다보며 비웃는 표정을 지었다. 참형의 어명이 내려지니 그는 천지신명께 맹세하여, '대서법왕이 불법을 일으키고자 하므로 목숨을 돌보지 않고 그에 응하였으니 하늘은 상서를 기리사 만민에게 두루 보이소서' 하는 서원을 외쳤다.

이윽고 이차돈의 목을 베니 목에서는 붉은 피가 흐르지 않고 흰젖이 한 길이나 용출하고, 그의 목은 날아서 금강산정에 떨어졌다.

동시에 맑던 하늘이 갑자기 어두워져서 일월이 빛을 잃고 천둥이 진동하니 성왕은 슬퍼하여 눈물로 용포를 적셨고, 중신들은 두려움에 몸을 떨었다.

이 일로 하여 백성들은 앞을 다투어 불교를 신봉하게 되었고, 불법은 날로 번성하게 되었던 것이다.

□ 지옥을 면한 염불공덕(念佛功德)

조선조 세종때 함경북도 길주에 왕랑이란 자가 있었다. 그가 57세때 어느 날 밤 꿈에 죽은 지 이미 10여년이 지난 그의 부인 송씨가 찾아와 동창 밖에서 불렀다.

"여보 영감, 벌써 주무십니까? 만일 깨어 있거든 내 말을 좀 들으시오."

왕랑이 놀라 깨어 대답하고 내다보았으나 아무것도 보이지 않았다.

"거 누구요?"
하자 공중에서 소리만 들린다.

"나를 모르시겠소? 11년 전에 당신과 같이 살다가 죽은 당신의 아내요."

"죽은 지 11년이나 된 당신이 어찌하여 찾아왔단 말이오?"

"임자에게 꼭 부탁할 말이 있어 찾아왔소이다."

"그 부탁이란 게 무엇이오?"

"내가 죽은 지 11년이나 되었으나 죄의 심판이 끝나지 못해 임자를 기다리고 있었는데 내일 아침이면 저승차사(差使 : 죄인을 잡으려고 보내던 관원)들이 당신을 잡으러 올 테니 당신은 이제 집안에 향불을 피우고 서쪽 벽에 아미타불의 글자를 써서 걸어 모시고 서쪽을 향해 앉아 이 밤이 새도록 나무아미타불을 암송하시오."

"그렇게 시키는 대로 하겠으나 염라대왕이 대체 왜 나를 잡아간답니까?"

"여보, 내 말을 좀 들어보시오. 우리 집 북쪽에 사는 늙은 안씨가 매일 아침마다 서쪽을 향해 50번씩 절을 하고 매달 보름날이면 만 번씩 절을 하지 않았소? 그런데 우리 내외는 그 안씨를 미친 사람 취급을 하며 흉을 보고 그 노인의 염불하는 것을 미워하지 않았겠소. 그리고 부처님을 불신하고 삼보를 비방하고 스님네를 욕하고 살생하기를 좋아하고, 술 마시기를 즐기고, 거짓 말하기를 예사로 여기지 아니했소. 그 결과 죄 값으로 내가 먼저 잡혀 왔는데 당신을 잡아 와야만 심판을 마치고 무간지옥으로 보낸다고 하니 이런 불행한 일이 어디 있습니까? 그러니 아무 염려 마시고 내가 시키는 대로 염불을 지성껏 하여 지옥의 고초를 면하도록 합시다."

송씨는 이 말을 남기고 사라졌다. 그래서 왕랑은 그 말을 명심하여 부인이 시킨대로 당장 그날 밤부터 나무아미타불의 염불을 창호지에 써서 서쪽 벽에 걸어 놓고 향로에 불을 사르고, 지성으로 염불을 하고 있었다.

그 이튿날 새벽 5명의 저승차사가 홀연히 와서 왕랑의 집을 돌아본 뒤 먼저 부처님 위목에 절을 하고 그 다음에는 왕랑에게 절을 했다. 왕랑이 답례하니 저승차사가 이르기를,

"우리는 염라대왕의 명으로 당신을 잡으러 왔소이다. 그런데 당신이 도량 청소를 깨끗이 하고 불단을 차려 놓고 단정히 앉아 염불을 하고 있으니 우리가 매우 고맙게 생각은 하오마는 상부의 명령을 어길 수가 없는 까닭에, 정식으로 결박을 지어 끌고 갈수는 없으나 저승까지 아니 갈수도 없는 일이니 어서 행장을 차리시오."

했다. 이어 다른 한 저승차사가 나서면서,

"염라대왕이 명령하시되 엄중하게 저 백성을 묶어 오라고 하셨는데 그대로 묶지 않고 데리고 가면 어찌하려 하는가?"

라고 했다. 이에 다른 차사가,

"우리들이 꼭 명령대로 남의 혼신을 혹독하게 다루고, 선도를 닦지 못한 죄로 지금까지 이 귀신보를 받고 있지 않소? 그러니

우리가 죽을 죄를 받더라도 감히 염불하는 사람을 묶을 수는 없지 않겠소?"
하니, 처음의 차사가 명쾌히 말했다.
"그대가 비록 죄를 지은 것이 태산과 같을지라도 염불을 하고 있는 것을 우리가 보고 들었으니 염라대왕께 잘 사뢰어서 인간에 다시 태어나게 해줄 테니 너무 슬퍼하지 마시오."
왕랑이 안심하고 명부에 들어가니 염라대왕이 대노하여 차사들을 꾸짖기를,
"급히 잡아오라고 하였더니 어찌 이토록 늦었느냐? 그리고 죄인을 묶어 오지 않은 것은 어찌된 일이냐?"
하자 차사가 보고 들은대로 아뢰었다.
"전에야 무슨 죄를 지었든지 간에 지금은 염불을 하고 있는 행자를 묶어 올 수 없어 그저 붙들고 왔습니다."
하자 염라대왕이 기뻐하며 일어나 왕랑을 영접했다. 10대왕들도 일제히 일어나 왕랑에게 절을 했다. 염라대왕이 말하기를,
"그들이 일찍이 안씨 노인의 염불하는 것을 비방하고 욕설하고, 삼보를 욕하고 스님네를 미워하고 살생과 망언과 음주를 하여 사람을 괴롭게 한 죄로 먼저 송씨를 잡아가두고 나서 다시 그대의 수한을 기다려 역시 잡아다가 문초하고 매질한 뒤 무간지옥으로 보내려고 하였는데 차사에게 들으니 그대들이 이미 개심하여 참회하고 지성으로 염불을 한다 하기에 모든 죄를 용서하노라."
그리고 염라대왕은 왕랑 부처를 다시 인간으로 보내어 30년을 연장시켜서 염불을 잘하게 하여 주고, 판관을 불러 말하기를,

"이 왕랑 부처가 먼저는 남의 염불하는 것을 비방하고 삼보를 공경치 않는 큰 죄를 지었기에 무간아비지옥으로 보내려 하였으나 그간에 개심하여 염불을 지성껏 하여 죄가 모두 없어졌다. 그러므로 다시 연명을 시켜 인간으로 돌려보내고자 하니 판관이 적당하게 처리하라!"

이에 판관이 염라대왕에게 아뢴다.

"왕랑은 시신이 있으므로 다시 환생할 수가 있으나 송씨는 육체를 버린 지 11년이나 지났으므로 시체가 다 썩어 없어졌으니 송씨의 혼을 어느 곳으로 보내오리까?"

"그것도 그렇구나, 과연 난처한 일이로다."

이때 왕랑이 재빨리,

"소인이 집을 떠나올 때 길주의 원님인 성주의 딸이 스물 한 살인데 명이 다하여 죽었으므로 그 시체가 아직 그냥 남아 있는 줄로 아옵니다. 그런즉 송씨의 혼을 그의 시체로 돌려보내주시오면 좋을까 하나이다."

하자 염라대왕도 기뻐하며 말했다.

"네가 나가거든 안씨 노인을 부모와 같이 섬기고 일심으로 염불을 잘 하도록 하여라. 안씨는 앞으로 3년을 지나 3월 1일에 서방에 계신 아미타불이 연화대를 가지고 가서 영접하여 이곳에 들르지 않고 바로 서방 극락세계로 왕생하리라."

이리하여 왕랑이 죽은 지 사흘만에 깨어보니, 집안 사람들이 자기 시체를 관에 넣어 장사를 지내려 하고 있었다. 왕랑이 다시 살아나자 모든 사람들이 기뻐했다.

한편 송씨는 길주 성주의 딸에게 의탁되어 되살아났는데 딸

이 되살아났다고 기뻐하는 성주와 그의 부인에게,

"나는 11년 전에 이 세상을 떠난 왕랑의 처로 염라대왕의 심판을 받고 인간으로 돌아오게 되었는데, 의지할 곳이 없어 따님의 몸을 빌었으니 그리 아시고 친딸같이 여기시어 왕랑에게 시집보내 주소서."

하니, 성주 부인은 어이가 없었으나 원래의 친딸이 아니라 하여도 죽어서 없어진 것보다는 낫다고 생각하여 송씨의 말대로 해주었다. 이후로 왕랑 부처는 오래도록 장수하며 지성으로 염불했다고 한다.

▫ 서기(瑞氣) 중에 부처님이

당나라에 무착선사라는 큰스님이 있었다. 선사는 성품이 곧고 마음이 선하더니 열두 살 되던 해에 용천사로 의율사를 찾아 머리를 깎고 대승경전과 게송을 외웠다. 신망이 돈독하고 학법이 뛰어나서 득도한 지 20년만에 스님의 법을 계승했다.

다시 금릉 우두산에 들어가 충선사에게 참선하는 방법을 묻고 정진하기를 잠시도 쉬지 아니했다. 충선사는 다음과 같이 말했다.

"그대는 너무 총명하여 진리와는 멀어지느니 만일 총명한 허물만 없다면 크게 깨달으리라. 삼세제불(三世諸佛)이 중생의 마음 밖에는 한 가지 법도 얻음이 없느니라. 요술 같은 눈병이 없어지면 허공은 본래 청정하니라."

무착은 이 말을 듣고 법을 보는 눈을 뜨게 되어 각지로 유람하려던 생각이 없어지고 산중에 있기로 결심했다. 그 후에는 깊은 오대산에 들어가 화엄사에 머물면서 경루 마루에 앉아 입정산매에 들어 좌선을 시작했다.

새벽이 되자 흰 광명이 동북방에서 뻗쳐와 무착의 머리에 비치더니 얼마 후 사라지고, 무착의 몸과 마음이 상쾌했다. 법의 즐거움을 얻은 것이다.

날이 샐 무렵에 광명이 뻗치던 곳을 생각하고 동북쪽으로 가다가 누관곡 어귀에 이르러 성인이 계신 데를 생각하며 백번 절하고 앉아 쉬다가 잠간 잠이 들었다.

소 모는 소리를 듣고 깨어 보니 어떤 노인이 칡베 옷을 입고 소를 끌고 앞으로 지나가는 것이었다.

무착은 절하고 물었다.

"노인은 어디서 오시나이까?"

"산중에서 동냥 나가는 길이네."

"댁은 어디입니까?"

"이 골짜기 안에 있네."

이번에는 노인이 무착에게 물었다.

"그대는 어디로 가려는가?"

"금강굴을 찾아가는데 길을 모릅니다."

"내 처소에 가서 쉬면서 차나 한잔 마시세."

무착은 노인을 따라서 북으로 50걸음쯤 가니 거기에 아담한 암자가 있었다. 노인이 '균제야! 하고 부르니 동자가 나와서 소를 끌고 들어가고, 노인은 무착을 데리고 방으로 들어갔다.
 방안은 더없이 정결하고 장식품은 세상에서 흔히 볼 수 없는 희귀한 것들이었다. 주객이 마주앉아 묻고 답했다.
"그대는 어디로부터 오는가?"
"남방에서 옵니다."
"좋은 염주를 가지고 왔는가?"
무착은 염주를 노인에게 주었다.
"그대의 것을 내놓게."
"그것이 제 염주올시다."
"그대의 것이라면 어째서 남방에서 왔다 하는가?"
 이때 동자가 차를 가지고 와서 한잔은 무착의 앞에 놓고 한잔은 노인에게 드렸다.
"남방에도 이런 것이 있는가?"
"없습니다."
"이것이 없으면 무엇으로 차를 마시는가?"
"……"
"남방에서는 불법을 어떻게 행하는가?"
"말세 비구들이 계율을 지키는 이가 드뭅니다."
"대중은 얼마나 되는가?"
"3백 내지 5백명이 됩니다."
 이번에는 무착이 노인에게 물었다.
"여기서는 불법이 어떻게 유지됩니까?"
"앞에도 셋씩, 뒤에도 셋씩."
 노인은 또 물었다.

"무슨 일을 하는가?"
"항상 마음공부를 하려 하오나 요령을 얻지 못하고 있습니다."
"얻지 못하는 것이 요령인걸....."
노인이 다시 물었다.
"그래 처음 출가하여서부터 무엇을 구하는가?"
"성불하기를 서원합니다."
"첫 마음에 얻느니라. 나이는 몇살인가?"
"서른 한 살이옵니다."
"서른 여덟살이 되면 복이 오겠군. 여기서는 조심해서 다니게. 발을 다치기 쉬우니 이제 나는 피곤하여 한잠 자겠으니 그대는 그만 가게."
"날도 저물었으니 하룻밤 쉬었으면 하나이다."
"그대는 두 친구가 있으니 그것이 탈이야. 그래서 여기서는 잘 수 없네."
"본래 친구도 없고 미련도 없습니다."
"미련이 없다면 왜 여기서 자자고 하는가? 미련이 있으니까 그것이 친구 아닌가? 그대 가사를 가졌는가?"
"비구계를 받은 후부터 항상 가사와 바리때를 가지고 있나이다."
"중은 가사를 버리지 않는 법이지, 잘 가게나."
무착은 하직하면서 또 물었다.
"의심나는 일이 있사와 여쭈려 하나이다. 오탁악세에 있는 중생은 선근(善根)이 없사오니 어떻게 하오면 해탈할 수 있겠나이까?"
 노인은 게송(偈頌)으로 대답했다.
 "사람이 잠깐 좌선하는 것은 칠보탑을 쌓는 일보다 나으리. 칠보탑은 필경에 티끌이 되지만 좌선은 깨달음을 이루게 되리."
 게송을 마치고 동자를 시켜서 무착을 바래다 주라고 했다. 무착은 동자에게 물었다.
 "아까 노인 말씀중에 앞에도 셋씩, 뒤에도 셋씩이라 하셨는데 그게 무엇인가?"
 "금강신의 등 뒤의 것입니다."
 무착은 어리둥절하여 다시 물었다.
 "금강굴이 어디 있는가?"
 동자는 몸을 돌려 가리키면서,
 "이것이 반야사입니다."
라고 했다. 무착이 그 말을 듣고 돌아보니 동자도 절도 온데간데 없고 다만 산빛이 창창한데 숲만 우거졌을 뿐이었다.
 한편 처량하고 신기하기도 하여 주저하고 있노라니까 문득 이상한 구름이 사방으로 퍼지면서 둥근 광명이 거울처럼 비치었다.
 여러 보살의 그림자가 오락가락하듯, 측병과 육환장과 연꽃과 사자들이 어렴풋이 보이는 것이 아닌가? 이후 무착선사는 화엄사에 돌아와서 대중을 제도하고 후에 금강굴 앞에서 열반에 들었다.

□ 베옷 입은 수도자(修道者)

풍간이라는 당나라 선사가 있었다. 그는 천태산 국청사에 은거했는데, 머리카락은 눈썹까지 자랐으며, 항상 베옷을 입고 지냈다. 누가 불교의 교리를 물으면 언제든지 '때에 따라서'라고 대답할 뿐이었다.

한번은 노래를 부르면서 범을 타고 산문으로 들어오는데, 수행이 얕아 놀라는 이가 많았다.

이 무렵 풍간과 한산, 습득은 서로 가까운 사이였다.

하루는 한산이 물었다.

"구리 거울을 닦지 않으면 어떻게 되지?"

풍간이 말하기를,

"어름 병은 영상이 없고 원숭이는 물속의 달을 건지느니."

이에 한산이 말한다.

"그것은 비치는 것이 아니야, 다시 말해 보게."

풍간이 다시 물었다.

"만 가지 공덕 가져오지 않고, 날더러 무슨 말을 하라고?"

하루는 풍간선사가 한산과 습득에게 말했다.

"나와 함께 오대산에 가면 내 친구요, 함께 가지 않으면 친구가 아니야."

한산과 습득이 말했다.

"나는 안갈 테야."

"그럼 내 친구가 아닌가?"

"그대 오대산에 가서 무얼 하려나?"
"문수보살에게 예배하려고."
한산이 말했다.
"그대 내 친구가 아니군."
얼마 후에 선사는 홀로 오대산에 들어가서 우연히 한 노인을 만났다.
"문수보살이 아니십니까?"
"문수보살은 둘이 아니지."
선사가 절하고 일어나니 노인은 보이질 않았다. 풍간선사는 오대산 곳곳을 순례하다가 3년 만에 남방으로 돌아갔다.

□ 이상한 걸인

위나라 때 오대산 영추사에서는 춘삼월마다 무차법회(無遮法會)가 열렸다. 남녀노소, 빈부귀천을 막론하고 수많은 음식을 차려서 잔치를 했다. 먹는데 평등하게, 법에 있어서도 평등하게 한다는 뜻이었다.
하루는 어떤 거지 여인이 두 아들과 개 한 마리를 데리고 왔는데 몸에는 아무것도 가진 것이 없어서 머리카락을 잘라 시주했다. 아직 식사 때가 되지 않았는데 그 여인은,
"급히 볼일이 있어 곧 가야 하겠으니 밥을 먼저 주면 좋겠소."
했다. 여자는 개도 먹어야 하겠으니 한 몫을 더 달라고 하는 것

이었다. 할 수 없이 한 몫을 더 주니 이번에는 태아가 있으니 한 몫을 더 달라고 했다.

이에 주장이 화를 벌컥 내며,

"그대는 스님 잿밥에 욕심이 너무 많도다. 배 안에 있는 것은 아직 낳지도 않았는데 무슨 밥을 먹는단 말인가? 저토록 탐욕이 많아서야…"

고 했다. 그 여인은 꾸중을 듣고 이렇게 게송을 했다.

"쓴 박은 뿌리까지 쓰고, 단 참외는 꼭지도 달다. 삼계에 몸둘 곳 없어 스님의 꾸중을 받노라."

말을 마치고 공중으로 몸을 솟구쳐 보살이 되고, 개는 사자가 되고, 두 아이는 하늘동자가 되어 구름 끝에 서서 또 게송을 읊는 것이었다.

"중생이 평등을 배운다면 경계를 따라 마음이 물결치고 온몸을 다 버린다 해도 미워하고 사랑하니 어찌하오?"

이때 수많은 대중은 공중을 향하여 눈물을 흘리며 갈구했다.

"보살이시여, 저희들에게 평등한 법문을 들려주소서. 이몸 다하도록 받들어 행하리다."

공중에서도 게송으로 답했다.

"마음은 땅처럼 가지고, 수대·화대·풍대와 같이 하라. 둘이 없고 분별이 없으면 끝까지 허공같으리."

회주스님은 참 성인을 몰라 뵈었다고 칼을 들고 제 눈을 도려 내려는 것을 대중들이 말렸고, 후에 여인이 몸을 솟던 곳에 탑을 쌓고, 보시한 머리카락을 모셔 공양했다 한다.

□ 마음속에 밝힌 등(燈)

불가에 황금에 얽힌 이야기가 있다.

청나라 조원화상은 산서성 태원 사람으로서 속성은 왕씨였다. 조와촌 영녕사에서 중이 되고 벽운화상의 법을 받았는데, 태원군 대숭선사에 있었다.

건륭 초년에 오대산 대라정에 올라가 등불을 밝히고 예배했다. 한번 절하고 일어나기도 전에 오대의 꼭대기마다 수백 개의 등이 찬란하게 나타나며 산천이 휘황하다가, 예배를 마치니 나타났던 등이 모두 탑원사의 탑 속으로 들어갔다.

화상은 유난히 영출하며 성격은 소박했다. 명산대천을 찾아서 유명한 곳은 모두 찾아보았다. 오대산은 특별히 관심이 있어 13번 들어갔고, 여름에 안거한 것만도 9차례나 되었다.

건륭 35년에 다시 오대산에 들어가다가 대회에서 제자 20여 명을 만났는데 화상에게,

"저희들이 여기 와서 사흘동안 등불을 보려고 하였으나 한번도 보지 못하였습니다."

라고 하는 것이었다.

"나는 들어왔는데 올적마다 열 세번을 보았노라. 그대들이 등불을 보려 한다면 나를 따라 오라."

여러 사람들은 듣고도 따라 오지 않았고, 오직 정종주만이 따라 왔다.

대라정에 이르니 초저녁에 등불을 뵈오려고 기도하는데, 세

번쯤 절하였을 적에 다섯 대에 무수한 황금 등불이 나타나는 것이 아닌가! 종주는 등을 보고 매우 기뻐하며 대회로 돌아갔다.
　화상이 범선령을 가리키며 여러 사람에게,
"여기가 보살이 가끔 나타나는 곳이다."
라고 하니 여러 사람들은 행여나 하고 바라보는데 구름 속에 금색 사자가 보이면서 풍경 소리가 은은히 들리고 하늘에는 찬란한 광선이 퍼지고 있었다.
　여러 사람이 엎드려 절하고 보니, 구름이 스러지고 다시 나타나지 않았다.

□ 7인의 친구

　선계대사는 태주 임해현 삼강 사람으로 성씨는 누씨요, 조부의 이름은 세가니 벼슬이 소경(小京)에 이르고, 아버지는 원우니 인후하고 덕이 있었다.
　어머니 장씨가 달빛이 품에 들어오는 꿈을 꾸고 잉태하였는데 나면서부터 이렇게 말했다.
　"아버님, 어머님! 나를 낳기에 얼마나 수고가 많으셨습니까? 자라면 중생들을 제도하여 이 세상에 타는 불을 끄오리다."
　부모는 놀라서 이 일을 비밀에 붙였으며, 이름을 돈길이라 했다.

하루는 어머니에게 일곱 분을 공양할 음식을 마련하라 했다. 어머니가 그 까닭을 물으니 제 친구가 만나러 온다는 것이었다.

부모는 이상하게 생각하며 음식을 마련하고 기다렸다. 저녁 무렵이 되어 과연 스님 7명이 집으로 찾아왔다. 아버지는 스님들을 모셔 들이고 물었다.

"어디로부터 오시나이까?"

"남인도에서 오는데, 댁에 훌륭한 아기가 있다는 말을 듣고 하례하려고 왔습니다."

저녁밥을 대접하였더니 스님들은 식사가 끝나자 아기를 만나겠다고 했다. 어머니가 아기를 안고 나오니, 스님들은 아기를 보고,

"중생의 세계에서 속지 말고 정신을 차려야 한다."

고 부탁하는 것이었다. 아기는 손을 만지면서 웃었다. 그 스님들이 간 뒤에 아기가 부모에게 말했다.

"저 일곱분은 모두 불보살의 화현입니다."

돈길은 다섯살 때부터 옥화대사라 자칭하면서 고요한 것을 좋아하고 세속에 있기를 즐기지 아니하더니, 15세에 이르러 부모를 하직하고 출가했다.

향주에 가다가 혜광화상을 만났더니,

"지금 하늘의원 파리다가 비래봉에 있으니 가서 만나라."

는 것이었다. 돈길은 비래봉으로 갔다. 파리다가 돈길을 보자 물었다.

"어디에서 오는가?"

"인연을 따라 옵니다."
"성은 무엇인가?"
"불성입니다."
"네 몸이 속인인데 어찌 불성을 아는가?"
"나의 몸은 속인이지만 세속으로 진리를 중득하면 진리와 세속이 원용하여 둘이 없으며, 둘이 아닌 성품이 곧 불성이 아니오니까?"

파리다는 기이하게 생각하여 머리를 깎고 구족계를 일러 주고 선계라고 이름 지었다. 선계대사는 금릉에 가서 청원화상을 보고 물었다.

"콧구멍이 하늘에 닿았을 때에 어떠합니까?"
"아침에는 동에서 뜨고 저녁에는 서로 지느니라."
"어떤 것이 저의 도안입니까?"
"부처님도 그것은 모르실 걸."

선계대사는 한번 힐했다. 청원화상은 그만 두었다.

선계대사는 또 인용화상을 찾아갔다. 선계대사가 온줄 알고 법상에 올라가서 불자를 들었다. 선계대사가 말했다.

"몸을 솟아 해와 달을 붙잡고 입을 벌려 조수 밀리는 것을 바라봅니다."

인용은 불자를 던졌다. 선계대사는 손뼉을 치고 춤추며 가버렸다.

한번은 설다파나 화상을 찾아갔다. 설다파나는 언제나 황소를 타고 다니므로 황소화상이라 불렸다. 선계대사가 물었다.

"뿔 나고 털난 사람!"

선방야화   217

"어허, 늙은 고오타마. 조계의 조사판을 쳐부수네."
선계대사는 한번 힐하고,
"털 나고 뿔난 이 큰 보섭이나 끌고 다니지!"
설다파나는 한번 웃었다.
선계대사는 또 사명사의 대장화상을 방문하여 말을 건넸다.
"맑은 빛이 간 데마다 비치니 더위는 물러가고 서늘해지네."
"앞일은 바라지 말고 지난 일은 생각지 말라."
"눈먼 것이 무어라고!"
"어제 저녁에 상앗대를 주었으니까 급한 여울에 잘 저어 가게나."
"뱃머리 꼭 붙들고 돛을 높이 달았으니, 한꺼번에 저어 가기 무엇이 어려워."
두 사람이 다 같이 힐하자, 곁에 있던 보명은 이내 깨달았다.
순희 2년 봄에 선계대사는 제자 보명과 도전을 데리고 오대산에 갔다가 돌아오던 길에 동천의 화생나루에 이르렀다.
저쪽 언덕에 오랑사가 있는데, 그 신이 영검이 있다고 동리 사람들이 정성으로 제사를 지냈다. 그 오랑신이 선계대사가 지나가는 줄을 알고 호랑이로 변하여 언덕 위에 있었다.
선계대사는 벌써 알고 주먹으로 갈겨 붙들고 오랑사로 끌고 가서 호령했다.
"네가 일랑인지 오랑인지 복 주고 화 주고 하면서 소나 양을 토식하는구나! 내 이제 무생법을 말하여 원수와 묵은 빚을 걷게 하리라."
그랬더니 흙으로 빚었던 동상이 망그러지고 사당은 저절로 불타고 말았다.

순희 4년에 선계대사는 향주의 천축사로 돌아왔다. 습행인이 지관법을 닦고 있었는데, 선계대사와 동향이어서 사이가 매우 좋았다.

습행인이 선계대사에게 말한다.

"나는 도슬사로 갈 터인데 스님과 함께 가면 어떻겠는가?"

선계대사는 좋다고 승낙하고 동행하여 소흥에 이르러 객주집에 들어갔다. 객주집 주인 왕백공이 슬피 통곡하므로 웬일이냐고 물으니, 그 선고의 소상이라고 했다. 선계대사가 주인에게 물었다.

"그대는 아버지의 태어난 곳을 아는가?"

"모릅니다. 바라건대 화상의 자비로 아버지의 태어난 곳을 가르쳐 주십시오."

선계대사는 습행인을 보면서 물었다.

"어떻게 할까?"

"중생을 구제함이 좋겠나이다."

선계대사는 그 집 개를 앞에 불러 놓고,

"네 몸은 사람과 다르지만, 본 성품은 분명하지 않느냐?"

하니, 개는 눈물을 흘리며 백공에게,

"나는 네 아비다. 지업이 두터워서 이런 몸을 받았다."

"참말 우리 아버지라면 무슨 죄를 지었습니까?"

"나는 평생에 불법을 믿지 않고 착한 사람을 모함하고, 보시를 행치 않았으며, 남이 보시하는 것을 보면 못하도록 방해했다. 그런 인연으로 지금 이런 과보를 받았으니 너는 부자의 정리를 생각해서 두 스님께 간청하여 나에게 법을 말하여 이 개의 몸을 벗어나도록 해달라."

 백공은 이 말을 듣고 발을 구르고 울부짖으며 스님께 구원해 주기를 빌었다.

 선계대사는 개에게 법을 말했다.

 "마음이 통하면 경계가 따라와서 업의 꽃이 무성하고 마음이 공하면 경계도 고요하여 업의 꽃이 저절로 떨어지리라. 죄도 일정한 죄가 없고, 법도 참된 업이 아니니 마음이 나쁘면 업의 바람이 저절로 생겨나고 마음이 바르면 업의 바람이 저절로 그치느리라. 모든 것이 네 마음으로 되는 것이고 남이 주는 것이 아니리라."

 개는 법문을 듣고 고맙게 여기는 듯하더니 밤에 죽었다. 백공이 출가하기를 원하여, 선계대사는 머리를 깎아주고 승명을 도주라 했다. 선계대사는 임기응변으로 중생을 구제하였고, 습행인은 정토행업을 닦아서 극락세계에 함께 왕생하기를 서원했다.

 순희 6년, 선계대사가 어떤 작은 거리에 갔을 적에 김병이란 관인이 양 한 마리를 묶어 놓고 칼을 갈고 있었다. 어린 양은 처량하게 울고 있었다. 선계대사는 딱하게 여겨,

 "너는 복과 지혜를 닦지 않았으므로 이제 껍질을 벗게 되었구나."

 김병은 합장하고 섰고, 양은 울음을 그쳤다. 대사가 다시 말한다.

 "사람이 양이 되고 양이 사람이 되는 일은 눈 깜짝할 동안이니라. 〈능가경〉에 말하기를 일체중생이 끊임없이 옛날부터 나

고 죽고 하는 속에서 쳇바퀴 돌듯 하면서, 혹은 부모도 되고 형제도 되고 아들도 딸도 권속도 친구도 되고, 시중도 되었던 이들이 또 몸을 바꾸어서 새와 짐승이 되는 것이거늘, 어찌하여 잡아 먹겠는가?"

"그러므로 부처님께서 자비하신 마음으로 살생하는 일을 차마 볼 수 없어 너희들이 어두운 데로부터 어두운 데 들어가서 이 몸을 받았으므로 남의 것 여덟 냥중을 먹으면 반드시 반근을 갚아야 한다고 하셨으니, 만일 허망함을 돌이켜 참된 데로 나아가며, 어두운 곳으로부터 밝은 데로 들어가서 이 몸을 벗어나려거든 마땅히 삼보에 귀의해야 하느니라."

김병은 이 말을 듣고 너무 기뻐 합장하고 예배하면서 처자를 버리고 출가하기를 원했다. 선제대사는 김병의 머리를 깎고 계를 설하여 주고 이름을 가화라 지었다. 그 후에 가화가 석교를 참배하려고 찬태산에 가던 길에 도둑을 만났다.

"어디 가는 놈이냐?"

"석교에 참배하러 가노라."

도둑들은 가화의 행리를 수색하여 돈을 빼앗고 뺨을 때렸다.

"이 원수야, 어찌하란 말이냐?"

도둑들은 나무에다 가화를 잡아매고 살가죽을 벗기려 했다. 늙은 도둑이 '저 사람은 출가한 중이니 죽이지 말라!' 하면서 놓아 주었다. 가화가 이를 선제대사에게 말했다. 그러자 대사는,

"늙은 도둑이 너를 구하지 않았더라면 반근을 갚을 뻔하였구나."

하자, 가화는 그 말을 듣고 깨달았다.

순희 8년에 선계대사는 습행인과 함께 강심사에 갔다가, 용왕묘의 신이 매우 영림하여서 신이 형상을 나타내면 풍랑이 일어나서 배가 전복, 파손하므로 사공들이 항상 걱정한다는 말을 들었다. 습행인은 강심사 주지 요공에게 말한다.

"부처님이 계실 때에 문수보살이 복성의 동쪽에 가서 말씀할 때에, 바다에 있던 한량없는 용왕들이 와서 법문을 듣고, 용의 세상에 있기를 싫어하고 불도를 구하여 용의 몸을 버리고 인간과 천상에 태어났는데, 지금 이렇게 횡포한 짓을 하는 용을 항복받을 이가 없겠는가? 선계대사가 계시니 그대는 한번 상의해 보라."

선계대사가 습행인의 청을 듣고 용왕묘에 가서 꾸짖었다.

"내가 일찍 너에게 미묘한 법을 말하여 용의 몸을 버리고 인간과 천상에 나게 하였는데, 너희들이 성내는 마음이 많아서 또 나쁜 세상에 빠졌구나. 네가 옛날 원력을 잊지 않았거든 삼보에 귀의하여 가람을 수호하면 이 나쁜 세상에서 벗어나리라."

이 말을 마치자 용왕의 등상이 저절로 부서졌다.

순희 10년 가을에 이웃에 사는 허맹현이 모친의 상을 당해 선계대사를 청하여 천도하여 달라고 했다. 이에 선계대사는,

"나는 요즈음 닭고기를 무척 좋아하는데, 댁에 닭이 많단 말을 들었노라."

라고 했다.

"불사를 마치고 받들어 공양하리다."

선계대사는 가부좌하고 앉아서 자제 삼매에 들어 여섯 갈래를 살펴 보았다. 그때 그 집 암탉이 담을 넘어서 이웃집으로 날아갔는데 이웃집에서 잡아먹었다.
맹현의 꿈에 모친이 현몽하여 말했다.
"나는 전생에 업장이 두터워서 축생이 되었다가, 이제 보살의 제도를 받아 정토에 왕생하노니, 너는 잊지 말고 선계대사에게 감사하라."
맹현이 기이하여 선계대사에게 꿈이야기를 했다.
"그대 이제는 신심이 생기는가? 선한 업을 지으면 좋은 과보를 받고, 악한 짓을 하면 나쁜 과보를 받느니라."
맹현은 그 말을 듣고 깨달은바 일심으로 정토의 업을 닦더니 죽을 때에 향기가 방안에 가득하고 가족들은 화개와 일산이 서쪽으로부터 와서 영접하여 가는 것을 보았다.

순희 11년 8월에 선계대사가 청국으로부터 바다로 가던 길에 슬피 통곡하는 여인을 만났다. 대사가 물었다.
"왜 그리 슬피 우는가?"
"제가 여러 번 자식을 낳았으나 한 번도 기르지 못했습니다. 무슨 까닭입니까?"
"과거의 업보로 얽힌 원수를 그대가 알고자 한다면 내가 그 원수를 불러 그대와 만나게 하리라."
"저는 여자의 몸이라 그런 원수를 알지 못하오니 스님의 지시를 바라옵니다."
대사가 손가락으로 땅을 가리키니, 큰 구렁이가 땅을 뚫고 나와서 눈을 번쩍거렸다. 여인은 깜짝 놀랐다.
"그대는 무서워하지 말라. 저것이 그대의 딸이니라."
구렁이가 사람의 말을 했다.
"당신이 나를 죽이지 않았소?"
"내가 언제 너를 죽였느냐?"
"당신은 딸을 물에 빠뜨리던 일을 잊었군. 내가 그때 물에 빠져 죽은 당신의 딸이오. 언제고 당신에게 원수를 갚으려 하였으나 명부에서는 당신이 돈을 내어 길을 닦은 공이 있다고 해서 지금까지 당신을 죽이지 못했더니, 지금 문수보살의 계를 받았으니 다시는 원수를 갚지 않을 것이오."
말을 마치고 구렁이는 어디론지 가버리고, 그 여인은 대사에게 예를 갖추고 물러갔다.
소희 3년 섣달에 선계대사가 성남에 가다가 나귀를 타고 가는 진천여를 만났다. 대사가 탄식하되,
"아들은 아비의 등에 타고 아비는 아들의 채찍을 맞는구나."
하니, 나귀가 듣고는 껑충 뛰어서 천여를 땅에 떨어뜨리고 꿇어 앉는 것이었다.
선계대사는 노래를 읊었다.
"진무영, 진무영! 사람을 해치고 부자가 되었네. 불·법·승 삼보를 믿지 않으니 축생의 과보를 언제나 벗으랴."
나귀는 엎드려 듣더니 사람의 말을 한다.
"나는 살아서 인과를 믿지 않고 불경을 듣지 않고, 노래와 이야기만 좋아했습니다. 또 동리에서 호구를 조사 정리하면서 백 원을 쓰고도 천 원을 썼다고 속여 추렴을 거두었으며, 또 자식

을 속이고 돈 1백 원을 주고 젊은 기생을 첩으로 삼아 흥청거렸더니, 죽은 뒤에 두 번이나 소가 되어 동리 사람들에게 빚을 갚느라고 일곱 번 주인을 바꾸었고, 또 죽어서는 다시 나귀가 되어 자식의 빚을 갚느라고 자식의 채찍을 받으면서도 말을 못하고 꾹 참았더니 이제 스님께서 일러 주는 단 이슬같은 법문을 듣고 말을 하게 되었습니다. 바라옵건대 스님께서 자비를 베푸시어 나의 죄업을 씻어 주시고, 해탈을 얻어 축생에 태어나지 않도록 해주소서."

천여는 이 말을 듣고 통곡하면서 선계대사에게 애걸했다.

"바라옵건대 고통을 구원하시는 법문을 열고 이 나귀의 몸을 벗게 하소서."

선계대사는 법을 말했다.

"모든 법은 이름을 빌렸을 뿐 진실한 것이 아니라 허망한 마음이 생기므로 이상한 모양이 나타나느니라."

나귀는 이 법문을 듣고 크게 개소리를 지르고 곤두박질하여 죽었다.

천여의 꿈에 아버지가 이렇게 말했다.

"나는 전세의 죄업으로 짐승의 몸을 받았더니, 문수보살의 법문을 듣고 벗어났노라."

천여는 양무제의 '자비참'을 행하고 〈법화경〉을 읽으면서 선계대사에게 설법을 청했다.

선계대사는 법상에 올라앉아 말했다.

"불보・법보・승보를 삼보(三寶)라 하나니, 삼보의 이름은 다르나 그 실상은 하나이며, 오직 청정하고 묘한 마음인지라, 묘한 마음이 아니면 참된 중이 될 수 없고, 참된 중이 아니고는 바른 법을 말할 수 없으며, 바른 법이 아니면 부처의 지위를 종득할 수 없느니, 다만 기자의 마음이오, 다른 데서 구할 것이 아니거늘 너의 아비는 삼보를 믿지 않았으므로 축생이 되었느니라. 〈법화경〉에 말하기를, '만일 그대가 약대가 되거나 나귀로 태어나면, 몸에 항상 무거운 짐을 지고 채찍을 맞으며 풀이나 물만 생각하고 아무것도 알지 못하느니, 이 경전을 비방한 탓으로 그런 업보를 받는다' 하였느니라. 그대가 이미 삼보에 귀의하고 경을 읽고 참회하므로, 그대의 아버지가 축생에서 벗어났으니 아득하던 마음이 다시 밝아질 것은 의심 없느니라."

이렇게 말할 때에 허공에 소리가 있어 외치기를,

"문수보살이 좋은 법문을 설하도다."

하였고, 천여의 꿈에 아버지는 이렇게 말했다.

"나는 두 가지 업보를 이미 해탈하였노라. 세상 사람들에게 말하노니, 삼보를 공경하고 경전을 읽어서 회유한 생각을 가지고 게으르지 말라. 어찌하여 속세인들, 그 묘법을 아는 이 없어 사바에 빠지고 해탈을 못하는가!"

이듬 해에 천태군이 가물어서 다섯 달 동안 비가 내리지 아니하였고, 절름발이를 불에 태우고, 무당이 볕을 쬐며 산천에 기도하였으나 영검이 없고 뙤약볕에 돌이 녹는 듯했다.

군수 조방언이 서낭신 등상을 들에 내려놓고 책망했다.

"제때에 비를 내리지 않으니 그 책임이 누구에게 있는가? 백성의 생명을 생각하지 않음은 직책을 감당치 못함이니라."

이날 저녁에 서낭신이 이렇게 현몽했다.

"용이 비를 내린다 하거니와 상제의 명령이 아니면 마음대로 비를 내리지 못하는 줄을 당신이 모르는구려. 이 성 동쪽에 도솔사가 있고, 그 절에 계사리가 있는데, 그가 문수보살의 후신이라 비를 내리게 할 수가 있으니 그에게 가서 청하시오."

 조군수가 이 꿈을 꾸고는 목욕재계하고 관속을 거느리고 도솔사에 가서 시나 도주에게 청하여, 군수가 뵈려 왔다고 뜻을 여쭈었다.

 그때 계사리는 술이 몹시 취해 먹은 것을 토했다. 관속들이 그런 사실을 말했으나 군수는 들은 체도 않고 선계대사가 있는 방에 갔더니, 이상한 향기가 자욱했고, 승속이 몰려 들어가며 제각기 놀랐다. 계사리(선계대사)가 물었다.

 "군수영감이 어떻게 오셨소?"

 "제가 전세에 조그만 선근을 심은 연고이온지, 국록을 먹게 되었고, 칙명을 받자와 이 고을에 왔더니 가뭄이 심하여 백성들이 견딜 수 없고, 임금이 박덕하여 정사가 잘못된 탓이온지, 하늘이 재앙을 내려 신하들마저 뒤끓고 있나이다. 그리하여 허물을 생각하고 죄를 뉘우치며, 하늘의 용서를 받자하오니, 바라옵건데 자비하신 마음으로 굽어 살피옵소서. 듣자온즉 하늘이 비를 내려 시절이 풍년드는 일을 스님이 맡으신다 하니, 바라옵건대 단비를 내리어 만민의 걱정을 쉬게 하소서."

 말을 마치고 두 번 절했다. 그러자 선계대사는,

 "영감은 걱정마시오. 보람이 있으리다."

하고 군수가 물러간 후 스님이 붓을 들어 글을 쓴 후 그것을 불사르니 곧 비가 내려 천지가 흡족해 했다.

□ 스님들의 삼매(三昧)

당나라 때 금강조스님은 원래 속성은 이씨로 13세에 영찬스님에게 출가했다.

열 아홉에 흥양산에 가서 가섭화상을 3년 동안 섬기는데 옷을 벗지도 아니하고 자리에 눕지도 아니하면서, 방아를 찧고 나무하기를 잠시도 게을리 하지 않았다.

하루는 화상에게 이렇게 물었다.

"무엇이 출가한 사람이 마땅히 할 일이옵니까?"

"함이 없는 것이 마땅히 할 일이니라."

"함이 없는 것이면 어떻게 한다는 말씀이오니까?"

"네가 하지 않고서야 함이 없는데 어떻게 너에게 이르겠느냐?"

"함이 없는 것을 어떻게 한다는 말씀이오니까?"

"네가 하지 않고서야 함이 없는데 어떻게 너에게 이르겠느냐?"

"함이 없는 것을 하려면 어떻게 해야 합니까?"

"〈원각경〉에 이르기를 어느 때나 허망한 생각을 내지 말고 허망한 생각을 쉬려고도 하지 말며, 망상하는 경계에서 알려고 하지도 말고, 아는 것이 없는 데에 진실한가를 분별하지도 말라고 하였으니 이것이 함이 없는 것을 하는 방법이라 했다."

"함이 있는 것(유위)과 함이 없는 것(무위)이 둘입니까, 하나입니까?"

"지혜 있는 사람에게는 비유로 말함이 좋으니라. 가령 금으로 그릇을 만들었을 적에 금으로 보면 그릇이라 할 것이 없는 것이고, 그릇으로 보면 그릇이라 할 것이다. 금은 언제나 그릇이 아니지만 금을 떠나서는 그릇이 없는 것이니, 금은 '함이 없는 데'비유하고, 그릇은 '함이 있는데' 비유한 것이다. 그래서 경에 말하기를 '함이 있는 경계에서 함이 없는 법을 보이되, 함이 없는 모양을 파괴하지 아니하며, 함이 없는 경계에서 함이 있는 법을 보되, 함이 없는 성품을 분별하지 않는다'고 하였느니라. 그러므로 도는 항상 함이 없으면서도 하지 아니함이 없고, 부처님은 항상 응함이 없으면서도 응하지 아니함이 없느니라. 비록 항하의 모래처럼 이름이 다르나 마침내 한 가지 실제로 회통되고, 감동하고 응하는 일이 다르나 나타내고 숨은 일은 나체가 같으니라."

금강조는 스님의 말씀을 듣고 산중에서 몸을 마칠 생각을 했다.

오대산의 성인의 경계라는 말을 듣고 기쁜 마음으로 들어갔으나, 마침 서북에 난리가 나서 길이 막혀 고야산에 들어가서 초선사를 받들면서 현묘한 말을 듣고 확연히 깨달아 3세계가 한 마음뿐이고 다른 법이 없는 줄을 분명하게 알았다.

대력 2년에 오대산에 이르러 북대의 금강굴 앞에 있는 보살정에서 쉬면서 밤에 좌선하노라니, 문득 금색 광명이 복대로부터 내려오는데 금색 연화가 그 가운데 솟아나고, 부처님의 화신들이 연꽃 위에 앉으셨으며, 그 금색 광명이 금광조의 정수리에 닿았고, 부처님의 화신이 팔을 펴서 금광조의 머리를 만지며 말씀하셨다.

"착한 남자여! 네가 지금 금강 삼매에 들었으니 이제부터는 금강조라 이름하고, 반야의 법문으로 마음을 씻고 현묘한 길에서 주저앉지 말라."

금광조가 물었다.

"부처님의 몸은 함이 있나이까, 함이 없나이까? 또 생멸이 있나이까, 생멸이 없나이까?"

화신 부처님이 대답했다.

"선남이여, 부처님의 몸은 법으로 말할 수도 없고, 마음으로 생각할 수도 없느니라. 마치 큰불 속에는 아무것도 용납할 수 없는 것과 같이 그렇게 분별하는 것은 모두 희론이니라."

이렇게 말하고는 사라졌다. 금광조는 이후 항상 삼매에 있다가 열반했다.

□ 명승(名僧)과 명찰(名刹)

지금으로부터 1천 3백년 전에 창건된 경남 양산의 통도사는 당(唐)에서 수학을 하고 가사와 진신사리를 봉지하여 돌아온 자장율사(慈藏律師)의 거룩한 뜻으로 이룩되었는데, 창건 당시의 유명한 일화가 전해지고 있다.

자장율사는 부처님의 사리를 봉안할 절을 세우려고 사방을 돌아다녔다. 그러나 별로 신통한 절터를 발견하지 못하여 나무로 오리를 만들어서 공중에 날려 보내, 네가 다니다가 부처님의 거룩한 진신사리를 봉안할 만한 곳이 있거든 급히 오라고 일렀다. 그런 후 자장율사는 조용히 눈을 감고서 역을 향해 향을 사르고 기도를 드리고 있는데 나무오리가 한송이의 칡꽃을 물고 돌아왔다. 율사는 놀라며, '허허, 겨울이 깊었는데 꽃을 물어 왔으니 이상하구나' 하는 의아심을 품었으나 그는 곧 깨닫는 바가 있었다.

'그렇지, 이것은 칡꽃이 피어 있는 곳을 찾아내어 그 곳에다 절을 지으라는 부처님의 가르침'이라고 생각하여 자장율사는 곧 칡꽃이 피어 있는 곳을 찾아 갔다. 그리하여 며칠이 걸려 양산 땅에 이르렀다.

율사는 우선 영추산을 향해 부지런히 걸었다. 그러자 산밑 큰 호숫가에 두 송이의 칡꽃이 피어 있는 것을 발견했다. 율사가 그곳을 찾아가 보니 원래 꽃송이는 세 송이었는데 자기가 만든 나무오리가 그중 한 송이를 따 물고 간 흔적이 역력했다.

율사가 대가람이 들어앉을 주위를 살펴보니 산수가 청정하고 아름답기가 그지없어 감탄했다. 그런데 기이하게도 부처님의 사리를 봉안할 터 옆에 호수가 있는데, 그 속에는 9마리나 되는 용이 살고 있었다. 그리하여 율사는,

"용들아, 이곳은 부처님을 모셔야 할 곳이니 물러가거라."
했다. 그러나 용들은 들은 체도 하지 않았다.

율사는 다시 마음을 가다듬고 염불과 경을 독송한 뒤, 물러가 다른 곳에서 살아 줄 것을 요구했으나 여전히 듣지 않았.

자장율사는 하는 수없이 불화(火)자를 써서 못에 집어넣고 육환장으로 물을 크게 저으니 별안간 못물이 펄펄 끓기 시작했다. 그러자 용들은 견디지 못하고 5마리는 오룡곡이란 곳으로

도망가고 3마리는 죽어버리고 말았다.

그 3마리의 죽은 용이 흘린 피가 바위 위로 흘러 붉게 물들었다고 전해진다. 지금까지도 통도사 어귀에는 그 바위가 남아있는데, 용의 피가 묻었다고 해서 그 바위를 용혈암이라고 부른다.

한편, 9마리의 용중의 한 마리가 자장율사에게,

"큰스님, 저는 이렇게 뜨거운 물에 눈이 멀어서 어디로 갈수가 없으니 그냥 이곳에 있게 해주십시오. 큰스님께서 시키는 대로 순종하고 부처님의 사리가 봉안되는 이 절을 생명이 다하도록 보호하겠습니다."

하고 간절히 말하는 것이었다. 자장율사는 짐승에게 무자비한 것은 부처님의 제자로서 도리가 아니라고 생각하여 용에게 착실히 이 절을 신명이 다하도록 지키라고 했다.

용은 기뻐서 못에서 고개를 들어 넙죽 절하며,

"큰스님이시여! 저에게 자비를 베풀어 주셔서 감사합니다. 신심으로 부처님의 도량을 보호하겠습니다."

하는 것이었다. 지금도 통도사 연못에는 눈이 먼 용이 한 마리 살고 있다고 전해지고 있다.

□ 세 절의 이야기

경기도 강화에 있는 고려산은 높이가 440미터인데, 예전에는 수목이 울울창창했다고 한다.

이 산의 동에는 청련사, 서에는 적련사라 불리었던 적석사가, 북에는 백련사가 있는데 첩첩산중에 이렇듯 가람이 세워지기는 그만한 능력자의 인도가 필요했을 것이다.
 고려 충렬왕이 즉위하여 나라를 다스릴 때 지금의 인도인 천축국(天竺國)에서 한 고승이 입국했는데 천축조사(天竺祖師)라고 불렀다.
 이 고승은 고려가 불연(佛緣)이 깊은 땅임을 절실히 느끼고 절을 하나 세우려고 마음먹고 여러 곳곳을 순례하였으나 별로 마음에 드는 곳을 찾지 못했다.
 그는 혼잣말로 '넓은 천지에 더구나 불연이 깊은 나라에서 내가 절을 하나 세울만한 자리가 없단 말인가?' 하며 한숨을 내쉬는 것이었다.
 그러면서도 쉬지 않고 방방곡곡을 두루 돌아다녔다. 그러던 중 강화 고을까지 오게 되어, 이곳을 여기저기 순례하다가 날이 저물어 인가가 없는 산기슭에서 노숙을 하게 되었다.
 그런데 그날 밤 비몽사몽간에 백발 노인이 홀연히 나타났다. 천축조사가,
 "아니, 노인 어른은 대체 누구시오?"
하고 물었다.
 "나는 부처님이 보낸 사자요."
 "부처님의 사자라고요?"
 "그렇소, 그대가 머나 먼 천축국에서 고려 땅까지 건너와 사찰을 건립하겠다고 천하를 두루 돌고 있으나 마땅한 터를 구하지 못하고 한탄하는 마음을 갸륵히 여기어 부처님께서 나에게

절터를 잡아 주라고 보내서 온 것이오. 그대는 내일 이 산꼭대기에 올라가 보시오. 그러면 그대가 찾는 좋은 자리를 얻게 될 것이오."
하며 산의 정상을 가리켰다. 천축조사는 고마움에 깊이 예를 표했다. 조사가 허리를 굽혀 예를 마치고 일어서자 노인은 온 데간데 없었다. 그리하여 노인을 큰소리로 부르다가 잠에서 깨어났다.
 천축조사는 비록 꿈이었으나 예사로운 꿈이 아님을 깨닫고 날이 밝자 노인이 시킨대로 산봉우리로 올라갔다. 그 산이 바로 고려산이었던 것이다.
 한참동안 땀을 흘리며 천축조사가 산을 올라가 보니 그곳에는 5개의 연못이 있었다. 주위를 살펴보니 고려가 이토록 부처님의 성지가 될 수 있는 땅이구나 할 만큼 산이 수려했으며, 멀리 보이는 수만 길 펼쳐 있는 망망대해는 오직 이곳을 위해 있는 듯했다.
 "허허, 과연 부처님의 자비하신 분부를 받들고 나타난 노인의 말대로 너무도 흡족하구나."
 천축조사는 새삼 탄복하며 사방을 세밀하게 관찰했다. 천축조사가 보니 약간의 거리를 두고 모두 엇비슷하게 좋은 자리여서 이곳이라 하고 잡기는 어려웠다.
 더구나 5군데에 있는 연못에는 각기 다른 빛깔의 연꽃이 피어 있었다.
 '그럴 것이 아니라 저 연꽃들을 공중에 날려서 떨어지는 곳마다 절을 세워야겠다'고 생각하여 다섯 군데의 연못을 차례로

다니며 연꽃을 따서 공중으로 날렸다. 그러자 연꽃은 바람에 날더니 제각기 세 곳에 떨어졌다. 천축조사는 연꽃이 떨어진 3곳에 각각 절 이름을 지었다고 한다.

지금도 강화군 강화면 서문 고려산에는 청련사, 백련사, 적련사가 있는데 적련사는 그 후 적선사로 이름을 고쳤으나 지금까지 보존되고 있고, 이 세 가람의 동남방 산록에는 몽고 침입시 환궁을 못하고 애통히 눈을 감은 고종이 묻힌 홍릉이 있다.

□ 신륵사(神勒寺)의 비화

경기도 여주군을 흐르는 여강의 동쪽에 봉미산이라고 하는 산이 있다. 이 산에는 보은사로 불리다가 부처님의 신탁으로 중건 중수를 했다는 신륵사가 있다.

조선 명종(明宗) 4년의 일이다. 큰 뜻을 품고 한양으로 과거를 보러 떠나는 한 젊은이가 다 쓰러져 가는 초가의 문간 앞에서 병석에 누워 있는 어머님을 차마 혼자 두고 떠날 수 없어 한참 동안 괴로워하다가 마침내 대장부의 웅지를 굳게 다짐하고 어머님에게 뜻을 말하고 하직 인사를 드렸다.

"어머님, 과거에 꼭 급제하여 환향할 때까지 몸성히 계십시오."
"애야, 내 걱정일랑 말고 과거나 잘 보아 장원급제 하여라. 어서 가거라."

젊은 선비의 모친은 오랫동안 병으로 목숨이 끊일듯 숨소리가 연약했다.
"얘야, 어제.... 어젯밤에 이상한 꿈을....."
"예? 이상한 꿈이라니요?"
"아니다. 아무 것도 아니다. 아마 요즘 내 몸이 몹시 쇠약해서 꿈을 자주 꾼단다. 이젠 그만 가서 그동안 쌓은 실력를 다 발휘해서 장원급제하여 금의환향하여라."
 이 말을 들은 젊은이는 가엾은 어머님의 간곡한 말씀에 눈물이 쏟아질 것 같았으나 꾹 참고 고개만 숙여 절을 한 뒤에 길을 떠나 한양으로 향했다.
 젊은이가 강을 따라 내려가는데 한 길이나 되는 갈대들이 옆구리를 찌르는 것이 마치 홀로 계신 어머님을 두고 어디를 가느냐고 힐책하는 듯 싶었다. 그럴 때마다 더욱 어머님의 생각에 눈물을 흘리며 젊은이는 두 주먹을 불끈 쥐며 어서 급제하여 어머님을 편히 모시리라 다짐했다.
 해가 어느덧 중천에 솟아 있어 초여름의 날씨는 무더웠다. 강가에 걸음을 멈추고 얼굴을 씻은 뒤 시장기를 면하려고 괴나리 봇짐을 풀어 주먹밥을 두어 개 먹었다. 그리고는 과거에 대한 생각과 어머님에 대한 생각에 잠겨 잠깐 눈을 붙이게 되었다.
 한참 후에 눈을 떴을 때 해는 기울기 시작하여 햇살이 더욱 찬란했다. 그런데 잠깐 잠이 들었을 때 꿈을 꾼것 같은데 분명히 생각나지를 않았다. 아무리 꿈을 되새겨 보려고 해도 실마리조차 잡히지 않았다.
"분명히 저 강물이었는데...."
 젊은이는 좀더 가까이 강물로 다가 갔다. 젊은이는 어머니가 평상시에 들려주시던 교훈이 낭랑하게 들려오는 것 같았다.
"남자는 누구든지 여색을 가까이 해서는 안되느니라. 여색을 탐하는 것은 독사를 가까이 하는 것보다 더 무서운 것이니라. 자고로 옛사람이 여색을 가까이 해서 패망하지 않은 사람이 없느니라. 그리고 과거에 급제해서 권력을 잡았다고 해서, 권세를 부려 도리에 맞지 아니하게 사람을 불행하게 한다면 반드시 인과응보의 대가가 있을 것이다."
젊은 선비는 어머님의 교훈을 되새겼으나 꿈은 역시 생각나지 않았다. 이제는 그만 이곳을 떠나야겠다고 결심하고 보따리가 있는 곳으로 와서 보따리를 어깨에 메려다가 이상한 예감이 들어 보따리를 풀어 보았다. 젊은이가 보따리를 풀자 다듬이방망이 만한 구렁이 한 마리가 도사리고 있다가 스스로 밖으로 기어 나오는 것이었다. 젊은이는 엉겹결에 커다란 돌 하나를 집어 들고 구렁이를 찍어 죽이려 했으나 구렁이는 재빨리 갈대 속으로 자취를 감추어 버렸다.
젊은이는 그제야 방금 꾸었던 꿈이 모두 생각났다.
"저놈의 구렁이가 바로 그 사공에게 쫓기던 여인이로구나."
꿈속에서 젊은이는 동승이 되어 스승의 심부름으로 강을 건느려고 강가에 갔었다. 그때 마침 나루터에는 배가 한척 있었는데, 사공의 인상이 몹시 험상 궂었다. 그렇지만 스승의 심부름이니 용기를 내어 사공에게 강을 좀 건네 달라고 했다.
"뭐라고? 돈 내놔, 강을 건느려면 돈을 내야지 공짜로는 태워 줄 수 없어."
하고 눈을 부라렸다. 동승은 허리춤에서 엽전 꾸러미를 꺼내어

선방야화 237

우악스런 사공에게 내밀었다. 그러나 사공은 어디서 이 돈을 훔쳤느냐고 호통을 쳤다. 동승이 보은사를 중건하기 위해 시주해서 모은 돈이라고 하자, 그러면 그 돈을 왜 네가 갖고 있느냐고 재차 묻는 것이었다. 동승은 다시 스승의 명을 받고 강 건너 대장간에 가져다 주려는 것이라고 대답했다.

그제야 사공은 동승에게 배를 타도록 하여 배를 나루터에서 띄웠을 때였다. 한 여인이 나루터를 향하여 헐레벌떡 달려오며 같이 가 줄 것을 애걸했다.

사공은 안된다고 호통을 쳤다.

"사공 아저씨, 그러지 마시고 배를 나루터에 대 주셔요. 어서요." 하며 여인은 발을 동동 굴렀다.

"사공 아저씨, 이왕 건너가는 배이니 저 여자를 태우고 같이 가도록 합시다."

동승이 이렇게 말하자 사공은 마지못해 배를 대고 여인을 태웠다. 여인은 아니꼽다는 듯이 사공을 힐끗 쳐다보며 엽전 몇 닢을 꺼내 사공에게 건네며 동승에게 다가앉아 말을 건넸다.

"스님께선 어디로 가시는 길인가요?"

동승은 여인의 얼굴이 매우 곱다고 느꼈다.

"스승의 명을 받들어 대장간에 돈을 갖다 주러 가는 길이옵니다." 하고 대답하자, 여인은 빙긋이 웃으며 자기도 부처님의 신자가 되어 시주를 하고 싶으니 어느 절에 사시는지 알고 싶다고 했다. 순간 사공이 삿대를 휘두르며 여인을 머리를 후려쳤다.

"요사스런 계집, 세상에 사내가 많고도 많거늘 하필 속세를 떠난 스님을 유혹하려 하느냐?"

하며 눈을 부라렸다. 그러자 여인은 강물로 몸을 내던지며 '요 놈 두고 보자!'하고 이내 큰 암구렁이가 되어 저쪽 언덕으로 헤엄쳐 달아나는 것을 보고 젊은이는 놀라 깬 것이다.

이윽고 해가 저물어 어둑해질 무렵, 젊은이는 나루터에 이르러 60이 되어 보이는 사공에게 강을 건네주십사 하고 공손이 여쭈었다. 노인은 그 말을 기다렸다는 듯이 배를 띄우며 어디를 가는 길이냐고 물었다. 이에 젊은이가 과거를 보러 가는 길이라고 하고 길을 잘못 들었다고 탄식하며, 오늘 낮에 있었던 꿈이야기로부터 암구렁이 일까지 이야기했다.

"젊은이, 내 말을 명심해 들으시오. 나루를 건느면 보은사라는 절이 있는데, 한 사람도 무사히 그 절에 이른 사람이 없소. 이 길은 저승으로 통하는 길인데 나는 젊은이의 효성에 감동하여 그대를 구하려고 이곳에서 기다리고 있었소. 젊은이가 그토록 보살피던 홀어머니는 젊은이가 집을 나온 그날 돌아가시어 지금은 보은사의 원주가 되었소. 보은사가 너무 낡아 절 아래 어느 동굴에 기거하고 있는데, 그 동굴은 백사녀라 하는 마물의 집으로 당신을 해치려 했던 것이나 다행히 나루를 지키는 나한에게 들켜서 백사녀가 도망치고 말았던 것이오."

"그러면 꿈속의 동승은 바로....."

"물론 당신의 전생의 몸이오. 당신은 전생에 보은사를 중건하겠다는 서원을 세워 놓고도 아직까지 이행을 않고 기억조차도 하지 못하니 부처님께서 현몽한 것이오."

그 말을 남기고 배가 강기슭에 닿는 순간 노인은 사라졌다. 젊은이는 노인의 말대로 절에 들어가 어머니 영전에 예를 올리고 장안에 당도하여 과거를 치러 장원급제를 했다. 그리하여 여주 고을의 원님이 되어 보은사를 중건하여 이름을 신륵사라고 개칭했다고 한다.

□ 수덕도령(修德道令)과 절

지금으로부터 1천여 년 전에 덕산이란 곳에 이목이 수려하고 덕망과 재주가 뛰어난 수덕도령이 살고 있었다.
 그는 산과 계곡을 누비며 몇몇 하인들과 사냥을 즐기고 있었다. 아름드리 나무가 빽빽이 들어서 있고, 울긋불긋한 단풍나무 사이를 말을 타고 달리면 기분이 더욱 좋은 것이었다. 하기 싫은 글공부를 젖혀 놓고 나온 것은 사냥을 하기 위함이 아니었다. 그는 짐승을 사랑했고, 초목을 사랑하는 세속의 군자상이었던 것이다.
 오늘도 그는 산수를 즐기고, 자연과 더불어 그 곳에 묻히고 싶은 생각에서 집을 나온 것이었다. 수덕도령이 즐거움을 만끽하고 있을 때였다.
 노루 한 마리가 풀숲에서 뛰어나와 도령을 바라보고 있지 않은가? 수덕도령은 노루의 생긴 모습이 귀엽고 신기하여 물끄러미 미소를 띠고 있는데, 하인이 수덕도령을 보고 말했다.
 "도령님, 뭘하십니까? 빨리 활을 쏘지 않으시고....."
 "아니다, 쏘지 말아라. 그리고 너희들도 활을 거두고 노루 뒤에 있는 낭자를 보아라."

"아니, 웬 낭자가 산속에....."

하며 하인들은 숨을 죽이고 묘령의 낭자에게서 시선을 떼지 않았다. 수령도령은 말할것도 없이 숲속에서 마주친 어여쁜 낭자의 자태에 완전히 매혹당하고 말았다.

"도령님, 소인이 가서 낭자를 모셔올까요?"

수덕도령은 대답대신 고개를 저으며 끓어오르는 야릇한 심정을 억누르고 그만 돌아가자고 했다. 사실은 하인들의 이목만 없었다면 얼른 달려가 말을 건네 보고 싶은 심정이었다.

'뉘댁 처녀이기에 산중에서 내가 잡으려는 노루를 왜 그냥 보내게 했을까?'

수덕도령은 가까스로 집에 돌아와 책상 앞에 앉아서 부모님의 엄한 꾸지람이 무서워 글을 읽어보나 통 눈에 들어오지를 않는 것이었다. 말없이 발길을 돌리면서 자기를 살며시 바라보던 그녀의 가냘픈 옆모습이 눈에 선했다.

수덕도령은 하인을 불러 산에서 만났던 그 낭자에 대해서 알아봐 줄 것을 아무도 몰래 부탁했다. 영리한 하인은 이틀이 지나 그 묘령의 낭자는 이웃 마을에 혼자 살고 있는 덕숭낭자임을 알았고, 또 예의범절이 으뜸이며, 문장과 재주가 뛰어나 지체 높은 도령들의 혼담도 거절하며 혼자 사는 규수라는 것도 알아 왔다.

하인으로부터 소식을 들은 도령은 더욱 열이 올라 어느 날 이웃 마을 낭자가 살고 있다는 집을 찾아갔다.

"낭자, 이렇게 찾아뵙는 것이 무례한 행동인 줄 알면서 찾아

온 것을 용서하시오."

"양반댁 도령께서 어찌 이 미천한 문전에 납시였는지요?"

"낭자, 나는 그대와 혼인을 하고픈 생각이 간절하여 찾아왔소. 만일 낭자가 내 청혼을 거절한다면 죽음으로 한을 풀겠소."

"도령님의 말씀은 알겠사오나 소녀는 아직 혼인할 나이도 아니옵고, 미천한 몸으로서 그러한 생각을 해보지도 않았습니다."

하고 말하는 낭자의 품위는 도령의 눈길을 더욱 끌었다.

"낭자의 거절은 나에게 죽음을 뜻하니 제발 들어주시오. 나는 낭자로 해서 글공부는 물론 모든 것을 잊은 지 오래이며, 부모님께 간곡히 승낙까지 받아왔소."

하고 말하는 도령의 눈에는 눈물이 어렸다.

"도령님의 결심이 그러시다면 비록 미천한 소녀이오나 청을 받아들이겠습니다. 허나 소녀에겐 비명에 돌아가신 어버이의 고혼을 위로해 줄 큰 절이 필요하오니 소원을 풀어 주시옵소서."

수덕도령은 소원을 들어주겠다고 약속하고 당장 절 짓는 일에 착수했다. 도령은 힘이 들어도 사랑하는 낭자를 위하는 일편단심에서 하는 일이라 조금도 고되게 생각되지 않았다. 절은 곧 세워졌다.

수덕도령은 기쁜 마음으로 달려가 낭자에게 이를 알리자 반가운 기색이 아닌 엄숙한 표정으로 꾸짖었다.

"도령님, 절을 짓는 사람의 마음은 부처님을 생각하는 마음으로 가득 차야 하는데, 한 여인을 얻으려는 욕심으로 지었기 때문에 저렇게 불이 붙고 있지 않습니까?"

낭자가 가리키는 곳을 보니 허무하게도 애써 지은 절이 훨훨 타고 있는 것이었다. 하는 수 없이 수덕도령은 낭자가 시키는 대로 욕심을 버리려고 애를 써서 이룩했다. 그러나 아리따운 낭자를 잊을 수는 없었다. 그리하여 두번째 지은 절도 흔적도 없이 타버리고 말았다.

'나무아미타불 관세음보살'

세번째 공사를 시작하는 도령은 그야말로 부처님에 대한 신심만으로 부모와도 내왕을 끊음은 물론이요, 매일 매일 목욕재개하고 염불을 왼 후에 다음 불사를 시작했다. 한번 공사에 몰입하면 정신을 집중했다. 거기에는 천하의 절세미인인 덕숭낭자도 없었다. 이렇게 하여 절이 완성되었다.

"도령님, 제 소원을 들어주셨으니 정성을 다해 도령님을 모시겠습니다."

그러면서도 낭자는 혼례를 늦추려고 했으나 도령의 성화에 못이겨 혼례를 올렸다. 그런데 낭자는 기어코 잠자리를 같이 하려고 하지 않았다. 기가 막힌 도령은 치미는 욕정을 참지 못하고 낭자에게 몸을 던지며 소리를 질렀다. 그러나 그 순간 뇌성벽력이 일면서 낭자의 모습은 방 밖으로 사라지고 도령의 손엔 낭자의 버선 한쪽만이 쥐어져 있을 뿐, 육체가 부딪혀 있는 곳은 커다란 바위였다.

지극한 사랑만을 위해 젊음을 바치고 온갖 괴로움을 참으며 불사를 마친 도령은 인생의 한가닥 진리를 깨닫게 되었다. 덕숭낭자는 바로 보살의 화신이었다. 보살의 무궁한 방편 화신을 세속의 손길로 잡으려 했던 한 인간을, 그 인간의 미혹함을 깨닫게 했던 것이다.

아무튼 인연 있는 고을에 자리잡게 된 이 절은 그 후에 수덕
도령의 이름을 따서 수덕사로 불리게 되었고, 산 이름은 낭자
의 이름을 따서 덕숭산이라 불리게 되었다고 한다.

□ 돌미륵(彌勒)과 임진란

　임진왜란 때의 일이다. 오랜 세월을 두고 당파싸움에 쇠약해
진 국력은 결국에 커다란 비극을 낳은 것이다. 왜적이 상륙하여
삽시간에 동래성을 탈취하고, 이에 평소에 글줄깨나 읽은 덕으
로 벼슬을 하던 선비들로 구성된 조정은 혼비백산이 되었다.
　왜군들이 동래성을 함락시킨 후 계속 쳐들어오다가 세 갈래
로 나뉘어 그 돌진부대가 지금의 안동 제비원을 통과할 무렵이
었다.
　일본에서도 용맹이 뛰어난 대장이 이끄는 기마대가 갑자기
못박히듯 움직이지 못하고 있었다. 왜장은 웬일이냐고 큰소리
로 부하들에게 물었다. 그러나 누구도 대답을 못하자, 왜장은
'조선놈들의 요술임에 틀림없으니 너희들은 말에서 내려 이 일
대를 샅샅이 뒤져서 조금이라도 수상쩍은 것이 있으면 나에게
보고하라'고 명령했다.
　왜군들은 일제히 고함을 지르며 말에서 내려 숲속으로 들어
가 풍경소리, 독경소리가 가느다랗게 들려오는 조그마한 암자
를 수색하여 염불을 하고 있던 스님을 포박하여 왜장에게로 끌

고 갔다.

　왜장은, 비록 포박을 당해 끌려오나 조금도 침착함을 잃지 않고 오히려 얼굴에 온화하고 자비로운 미소를 짓고 있는 스님을 지그시 내려다보면서,

"조선 중은 듣거라. 나는 조선의 어지러움을 평정하러 온 일본군 대장인데 어찌하여 요술을 부려 부대의 진격을 방해하는가?"

하고 당장 무력으로써 짓누를 태도로 나오는 것이었다.

"일본군 대장은 명심해 들으시오. 요망스런 술수는 그대의 섬나라에는 있을지 모르나 이 나라에서는 찾아볼 수도 없는 것이며, 더구나 나는 정법에 귀의하여 몸담고 있는 부처님의 제자이거늘 나쁜 짓을 할 까닭이 있겠소? 아마도 그런 일이 있다 하면 필시 부처님의 뜻이 아닌가 하오. 다시 말하면 많은 중생을 살상하는 일은 가장 경계하는 것이니 군사를 거두어 조용히 본국으로 돌아가도록 하시오. 그러지 않으면 살생중리지화는 인과응보 법칙에 의해 반드시 있을 것이오."

"뭐라고? 부처가 어쩌고 어째? 그렇다면 이 절의 부처부터 박살내야겠다. 여봐라, 이 조선 중을 끌고 부처가 있는 곳으로 가서 부처의 요사스런 목이 이 칼에 떨어지는 꼴을 똑똑히 보여주어라."

하고 왜장은 산마루에 있는 미륵석상까지 단숨에 올랐다. 그리고는 쉬지도 않고 칼을 빼어 들어 자비로운 미소를 짓고 있는 미륵 부처님의 목을 번개같이 내려쳤다. 그러자 쨍하는 소리와 더불어 돌부처의 머리 부분이 동강나며 땅바닥에 떨어졌다.

실로 왜장의 검술은 놀라웠고, 칼 또한 명검이었다. 이때였다. 돌미륵 부처의 날린 목에서 피가 샘솟듯 솟구쳐 나와 왜장의 머리를 온통 덮었으며, 갑자기 천지가 개벽할 듯이 하늘은 먹구름으로 가리우고 번개가 치고 뇌성벽력이 울리기 시작했다. 그러자 왜장의 안색이 새파랗게 질리더니, 어서 저 조선 중을 풀어 주라고 명령하는 것이었다. 그러나 스님이 이르던 화를 면하기에는 엄청난 죄를 범했기 때문에 왜장은 벼락을 맞고 객지고혼이 되고 말았다.
 한편, 대장을 잃은 병사들은 우왕좌왕 갈피를 못잡다가 지방 의병들에 의해 몰살당했다.
 이 소식을 들은 왜군 후진부대는 안동 고을을 지나지 못하고 방향을 바꿔 북상했다.
 지금도 갖가지 고통을 겪었던 제비원의 돌미륵은 우매한 왜인들에게 상체를 잃은 채 고을을 지켜보고 있다.

□ 신동(神童)이야기

 신라 진평왕 때의 이야기다.
 대대로 훌륭한 문벌로 이어온 설씨 가문에서 유명한 원광이 출생했다. 그 가문은 삼한(三韓) 중에 진한 계통인데 원광은 어릴 때부터 신동 소리를 듣더니 스무살도 채 못되어 장안에는 스승이 없을 정도이어서 중국 진나라 도읍인 금릉으로 유학을 떠났다.

 금릉에 도착한 원광은 당대에 명성을 떨치던 유명한 학자 장엄민 문하에서 수많은 중국 수재 청년들과 수업을 하게 되었다. 그러나 몇 해가 못가서 원광은 그 스승에게도 더 이상 배울 것이 없게 되었다. 그렇지만 원광은 세상을 사는데 있어서 그의 학문이 부족하다고 늘 느꼈다.

 어느 날 머리가 영특한 원광은 뭔가 석연찮은 것을 느끼고 번뇌에 휩싸여 거리를 묵묵히 걷고 있었다.

 이때 한 늙은 도승이 삿갓을 깊숙이 눌러 쓰고 지나가며 '범소요상이 개시허망'이라는 한마디를 흘리는 것이었다. 원광은 그 말에 귀가 번쩍했다. 그리하여 노승에게 급히 달려가 아까 한 말을 좀 더 자세히 가르쳐 줄 것을 애원했다.

 '제행무상 시생멸법 생멸멸이 적멸위락(諸行無常 是生滅法 生滅滅而 寂滅爲樂)'

 노스님은 더 이상 입을 열지 않았다. 원광은 박식하여 대강의 의미는 알았으나 구체적인 진리는 도무지 알 수 없었다. 그러나 첫 귀에 인생의 무상과 속세의 만사가 뜬구름임을 암시했던 것은 분명했다.

 원광은 기계적이고 계통적인 학문에 있어서는 완전히 통달한 석학이었으니 인생철학과 삶의 진리는 터득할 기회가 없었던 것이다. 원광이 자신이 통달한 학문으로 만족을 느끼지 못해 석연찮은 의혹을 갖게 된 것이 이 때문이었다.

 원광은 즉시 고승대덕을 찾아 중이 되어 오묘한 불타의 가르침을 연구, 수학했다. 그는 오나라까지 들어가 빠짐없이 불교를 배우고 도를 닦아 어느덧 중국에서 유명한 법사가 되었던 것이다.

이제는 고승들의 문하에서 배우는 것이 아니라 불법을 전파하는 것이었다. 이렇게 원광이 오나라에서 훌륭한 부처님의 가르침을 설하고 있을 때 수나라가 오나라를 쳐들어와 양도를 점령하여 남자는 무조건 죽여 버렸다.

원광법사도 별수 없이 수나라 군사들에게 잡혀 참형을 당하려는 순간이었다. 전승을 축하하던 수군 장수가 갑자기 일어나 거룩한 부처님의 도량에 있는 탑에 불길이 충천함을 애석히 여기고 부하들과 급히 절로 달려 왔다. 그런데 이상하게도 탑 위의 불길은 보이지 않고 사문이 포박을 당하여 목을 치려는 찰나였다.

수군 장수는 부하들에게 호통을 쳐 어서 칼을 거두고 스님의 몸에서 결박을 풀라고 명령하는 것이었다.

원광법사는 부처님에게 합장예배한 후 목숨을 구해 준 수나라 장수에게 사은한 뒤 태연히 그곳을 나와 북방의 연경으로 갔다.

한편 수나라 장수는 원광법사의 거룩한 거동에 감탄하여 부처님이 비호하여 살려 주는 대덕이라 칭송하여 예배했다.

원광법사는 인연국토를 두루 순방하며 불타의 참 사상을 전달하고, 고국에 돌아와 어명을 쫓아 불법을 크게 심고 99세에 불전에서 가보좌하고 사바세계를 하직했다.

생전에는 특히 계로써 승려의 스승적인 신조로 삼고, 심지어는 백약이 무효한 중병이 들어서 생명이 위독하셨던 임금을 과

거세계의 업을 참회케 하고 세속오계를 설하여, 해당된 것은 임금도 충실히 지킬 것을 맹세케 하여 병환을 치유한 적이 있었다. 원광법사가 젊은 시절 무등산 속에 홀로 숨어 수도하고 있을 때 이런 일이 있었다.

 원광이 모든 나쁜 인연을 끊고 4년간이나 무등산에서 수도하고 있었는데, 어느 날 사도에 빠진 중이 그리 멀지 않은 곳에서 암자를 지을 기괴한 주술을 뽐내며 은근히 법사의 수도를 방해하는 것이었다. 그러나 원광은 내가 약간의 고난을 참고 견디지 못함은 사문으로서 도리가 아니라고 생각하여 괴승의 언동에 관심을 두지 않았다. 그러자 하루는 산신령이 감탄하여, 내일 날이 밝으면 이 산에서 떠나라고 요사스런 괴승에게 이야기를 하는 것이었다. 원광은 자신의 설득이 소용없는 줄 알면서도 괴승을 찾아갔다.

 "우리가 산속을 찾아 온 큰 목적은 조용히 사문으로서 도를 닦는데 있거늘 대사와 같이 있으면 서로가 무익하오니 후에 여기 온 대사가 다른 곳으로 옮겨 주었으면 하오."

 "도사는 욕심도 많으오. 이 산의 주인이오? 내가 싫으면 도사가 떠나면 될 것 아니오."

 원광은 입을 다물고 자기의 토굴로 돌아와 버렸다. 그러자 산신령이 대노하여 괴승의 토굴을 모두 불구덩이로 만들어 버렸다. 아무리 영묘한 괴승의 주술도 산신령의 술법에는 견줄 바가 못되었다.

 원광은 산신령의 위력에 고혼이 되어버린 괴승을 불쌍히 여겨 정토왕생의 염불을 외웠다. 산신령은 원광의 넓은 도량을 흠모하여 항상 어디서나 보호해 줄 것을 맹세했다. 아닌게 아니라 원광법사는 중국으로 갈 때나 귀국할 때나 보이지 않는 신의 가호가 있었다.

□ 미륵 영험담 (1)

신라 제33대 성덕왕 때 옛 백제 땅이던 만경현(지금의 전북 김제 만경)에서 탄생한 진표율사(眞表律師)는 출가한 뒤, 변산 부사의 방장에서 미륵성상을 모시고 3년 동안 지성으로 기도하면서 미륵님을 친전하고 직접 계를 받기를 발원했으나, 미륵님의 감응(感應)이 없었으므로 자기의 죄업(罪業)이 두터움을 한탄하면서 그 죄업을 참회하고자 높은 바위에서 몸을 던졌다. 문득 청의동자가 손으로 받아 바위 위에 내려놓았다. 율사는 다시 원을 세우고 삼칠일을 기한하고 밤낮으로 무수히 예불을 하고 무릎이 뚫어져 피가 흐르고 힘줄이 드러나기도 했다. 이렇게 삼칠일이 되자 미륵, 지장 두 보살이 앞에 나타나서 율사의 머리를 어루만지며 그 갸륵한 신심을 찬탄하고 계를 일러주시고 백팔첨대를 내어 주며 말세 중생을 위하여 새로운 불법을 펴라고 당부했다.

진표율사는 모악산 금산사를 창건하고 계단과 점찰법회(占察法會)를 창설하여 수많은 중생들을 제도하고, 또 금강산에 발연사와 속리산에 법주사를 창건하여 새로운 불법을 일으켰다.

□ 미륵 영험담 (2)

　신라 제35대 경덕왕 때에 백월산에서 노힐부득이와 달달박박이라는 두 노인이 수행하고 있었다. 부득은 그 산 남쪽에 암자를 꾸미고, 박박은 산 북쪽에 암자를 짓고, 박박은 아미타불을 지성으로 염송하며 정진하고, 부득이는 미륵을 지성으로 염송하며 도를 닦았다.
　이렇게 3년 동안 공부하고 있는데 어느 날 저녁때 20세쯤 되어 보이는 어여쁜 아가씨가 산 북쪽 암자에 가서 하룻밤 쉬어 가기를 청했다.
　노인은 수도하는 곳이니 여자를 들일 수가 없다고 한마디로 거절했다. 여자는 다시 산 남쪽 암자에 가서 유숙하기를 청했다. 부득은 어두운 밤에 산속으로 내쫓을 수가 없어서 받아들였다.
　도인은 미륵불을 염송하고 새벽이 되자 그 여자가 갑자기 산고(産苦)가 있다고 도인에게 해산 준비를 좀 해달라고 하는 것이었다.
　도인은 거적자리를 펴고 등불을 밝히고 시중을 들었다. 여자는 드디어 동자를 낳았다. 그리고 목욕물을 청하자 물을 끓여 목욕케 했다. 헌데 여자가 목욕을 하자 욕탕에서 향기가 풍기고 그 욕탕물은 금색으로 변했다.
　도인은 놀랐다. 여자는 도인에게 전하여 그 욕탕에서 목욕하게 했다. 노인은 마지못해 목욕을 하고 나니 정신이 상쾌하고

몸이 금빛으로 변하며 그 곁에 연꽃이 솟아났다. 낭자는,
"나는 관세음보살로서 대사를 도와서 도를 이루게 함이로다."
하고 돌연 사라졌다.

 이튿날 아침에 박박도인은 부득이 반드시 범계하였으리라 하고 찾아가 보니 부득이 연화대 위에 앉아서 미륵성상을 나타내고 광명을 내고 있었다. 박박은 머리를 조아려 예를 하며, '나는 업죄(業罪)가 두터워서 대성(大聖)을 몰라보았다'하고 탄식했다.

부득은 욕탕의 남은 물에 목욕하기를 권했다. 박박은 목욕을 하고 아미타불상을 이루었다.

 경덕왕이 이 소식을 듣고 사신을 보내 그곳에 큰 절을 짓고 백월산 남사라 하고 미륵불상을 조성하여 법당에 모시고 '현신성도 미륵지전'이라고 했다.

□ 미륵 영험담 (3)

 신라시대에 불교를 받아들이면서 맨 처음 지은 흥륜사에 미륵 불상을 모셨다.

 불교를 신봉한 지 50년 밖에 안되는 진지왕 때에 흥륜사(興輪寺) 스님 진자법사는 미륵불께 지성으로 '미륵님이 이 나라에 화랑으로 태어나시어 우리들로 하여금 성안을 뵈옵게 하여 주옵소서'하며 지성껏 빌었다. 그렇게 오랫동안 빌자, 어느 날 밤

☐ 미륵 영험담 (2)

신라 제35대 경덕왕 때에 백월산에서 노힐부득이와 달달박박이라는 두 노인이 수행하고 있었다. 부득은 그 산 남쪽에 암자를 꾸미고, 박박은 산 북쪽에 암자를 짓고, 박박은 아미타불을 지성으로 염송하며 정진하고, 부득이는 미륵을 지성으로 염송하며 도를 닦았다.

이렇게 3년 동안 공부하고 있는데 어느 날 저녁때 20세쯤 되어 보이는 어여쁜 아가씨가 산 북쪽 암자에 가서 하룻밤 쉬어가기를 청했다.

노인은 수도하는 곳이니 여자를 들일 수가 없다고 한마디로 거절했다. 여자는 다시 산 남쪽 암자에 가서 유숙하기를 청했다. 부득은 어두운 밤에 산속으로 내쫓을 수가 없어서 받아들였다.

도인은 미륵불을 염송하고 새벽이 되자 그 여자가 갑자기 산고(産苦)가 있다고 도인에게 해산 준비를 좀 해달라고 하는 것이었다.

도인은 거적자리를 펴고 등불을 밝히고 시중을 들었다. 여자는 드디어 동자를 낳았다. 그리고 목욕물을 청하자 물을 끓여 목욕케 했다. 헌데 여자가 목욕을 하자 욕탕에서 향기가 풍기고 그 욕탕물은 금색으로 변했다.

도인은 놀랐다. 여자는 도인에게 전하여 그 욕탕에서 목욕하게 했다. 노인은 마지못해 목욕을 하고 나니 정신이 상쾌하고

몸이 금빛으로 변하며 그 곁에 연꽃이 솟아났다. 낭자는,
"나는 관세음보살로서 대사를 도와서 도를 이루게 함이로다."
하고 돌연 사라졌다.

　이튿날 아침에 박박도인은 부득이 반드시 범계하였으리라 하고 찾아가 보니 부득이 연화대 위에 앉아서 미륵성상을 나타내고 광명을 내고 있었다. 박박은 머리를 조아려 예를 하며, '나는 업죄(業罪)가 두터워서 대성(大聖)을 몰라보았다'하고 탄식했다.
부득은 욕탕의 남은 물에 목욕하기를 권했다. 박박은 목욕을 하고 아미타불상을 이루었다.

　경덕왕이 이 소식을 듣고 사신을 보내 그곳에 큰 절을 짓고 백월산 남사라 하고 미륵불상을 조성하여 법당에 모시고 '현신성도 미륵지전'이라고 했다.

□ 미륵 영험담 (3)

　신라시대에 불교를 받아들이면서 맨 처음 지은 흥륜사에 미륵 불상을 모셨다.
　불교를 신봉한 지 50년 밖에 안되는 진지왕 때에 흥륜사(興輪寺) 스님 진자법사는 미륵불께 지성으로 '미륵님이 이 나라에 화랑으로 태어나시어 우리들로 하여금 성안을 뵈옵게 하여 주옵소서'하며 지성껏 빌었다. 그렇게 오랫동안 빌자, 어느 날 밤

꿈에 어떤 노승이 일러 주기를 '네가 웅천(지금의 공주) 수운사에 가면 미륵선화(화랑)를 만나리라'고 했다.

 꿈을 깨고 곧 웅천 수운사를 찾아갔다. 절 문 밖에 이르자 한 소년이 골격이 빼어나고 미목이 정수한 세상에서 보기 어려운 소년이 친절히 맞아들였다. 법사는 기뻐하며,

"도령이 처음 만나는 나를 어떻게 이처럼 친절히 맞아 주는가?"

라고 하자, 소년은,

"나도 서라벌 사람으로서 스님이 멀리 오시는 것을 보고 위로할 뿐입니다."

라고 했다. 법사는 절에 들어가서 온 까닭을 말하자 어떤 노승이 말하기를,

"그대는 문 밖에서 이미 미륵선화를 만나 보고서 다시 찾는가?"

라고 했다. 법사는 아까 만난 소년이 미륵선화임을 깨닫고 나가 보니 자취가 없었다.

 다시 서라벌에 돌아가서 임금님께 여쭙고 천촌만락에 돌아다니며 찾다가 영묘사 동북쪽 길가에서 그 소년을 만났다.

 법사는 '아, 미륵선화님!'하고 맞이하여 임금님께 아뢰고 곧 국선 화랑으로 봉하여 왕자와 귀족 가문의 자제를 뽑아 통솔하게 하고 예의와 풍류로 교화하니 그 전의 어느 화랑보다 뛰어났다. 화랑제도가 생긴 지 오래지 않은 때였다. 미륵선화가 교화한 뒤에 화랑 풍류도의 규범이 잡혔다. 그 뒤에 이 화랑 풍류도에서는 반드시 미륵님을 신봉하고 장차 용화세계에 같이 나기를 발원하여 화랑도를 '용화향도'라고 부르기도 했다.

김유신이 '용화향도'라고 자칭한 것이 바로 그것이다.

□ 미륵을 만나려고

　인도에서 미륵신앙을 독실하게 믿어 오던 분이 한두 분이 아니었지만, 특히 아상가보살 즉, 무착보살(無着菩薩)은 미륵신앙사에서 태백성처럼 빛나던 분이다. 그의 행적을 잠깐 소개하기로 한다.
　무착보살은 불멸 후 9백년 경에 북인도 칸다라국에서 탄생했다. 그는 일찍 집을 떠나 불법을 배울 적에 그때에 성행되던 '미륵신앙'을 독실히 지니고 미륵님을 친히 만나서 법을 듣기로 발원하고 3년을 하루같이 지성으로 기도했다. 그래도 미륵님이 나타나시지 않았다. 또 3년을 했다. 그래도 미륵님을 만나 뵐 수 없었다. 또 3년, 또 3년, 이렇게 12년 동안을 지성으로 기도했는데도 미륵님의 감응이 없으셨다.
　그리하여 '아! 나는 미륵님과 인연이 없구나!'라고 탄식하고 그 산을 떠나서 어느 마을에 이르자, 온 몸에 벌레가 우글거리는 병든 개 한 마리가 금방 죽어가는 것을 보았다. 그것을 보고 불쌍히 여겨 손으로 그 벌레를 떼어 내니 이번에는 그 벌레가 죽을 수밖에 없었다.
　그리해서 마을에서 밥을 빌어다가 개도 먹이고 그 벌레들에게도 먹을 만큼 먹였다. 그러자 개는 밥을 먹고 나서는 푸른 사자

로 변모하여 껑충 뛰어가는데 철보관을 쓴 보살 한분이 그 사자를 타고 광명을 비추면서 무착보살에게,

"장하다, 착한 사람아! 너의 심성을 시험하기 위하여 오랫동안 정진하게 하였고, 너의 자비심을 시험하려고 병든 개를 나타내어 보이었느니라. 다시 만나게 되리라."

하고는 허공으로 사라졌다. 무착보살은 허공을 향하여 수없이 예를 하고 다시 기도하던 산으로 돌아가서 눈을 감고 앉아 있으니 미륵님이 계시는 도솔천궁이 나타나고 또 미륵님이 설법하시는 것을 직접 들을 수 있었다.

그때부터 무착보살은 미륵님에게 들은 법문을 그대로 기억하고 그것을 다시 글로 써낸 것이 〈용가사지론〉 100권과 〈대승장엄경론〉과 〈금강반야경론〉 등 수백여 권이며, 또 친히 지은 논설집도 여러 권 있다.

드디어 미륵사상(彌勒思想)을 근본으로 한 요가 유식학이 구체적으로 조직되어 후세에 요가학파가 되고 또 유식학, 법상종이 되었다.

그 뒤로 인도에서는 용수보살이 개척한 중관학과 무착보살이 개척한 요가학이 일세를 휩쓸게 되었다.

□ **땅위에 솟은 돌**

새싹이 돋아나는 화창한 봄이 되어 산과 들에는 바구니를 들

고 나물을 캐는 아낙네들이 많았다.

　때는 고려국이 창건하여 어느덧 광종 19년이 되던 해였다. 사제촌에 살고 있는 한 부인도 나물을 캐려고 그다지 멀지 않은 반야산(般若山)에 올라가 나물을 뜯느라고 정신이 없었다.

　해가 중천을 넘을 무렵에야 나물 바구니를 챙겨 가지고 막 내려오려는 참이었다. 처음에는 자신의 귀를 의심했으나 계속 자지러질 듯한 아기의 울음소리가 역력히 들리는 것이었다.

　부인은 속으로 이상한 일이다 생각하면서 울음소리가 나는 곳으로 가 보았다.

　"아니 웬일이야?"

　부인은 분명히 큰 돌이 아이를 업고 땅위로 솟아오르는 것을 보고 깜짝 놀라 집으로 달려가 사위에게 자초지종을 말했다. 이 이야기를 들은 사위도 놀라며,

　"어머님! 제가 관가에 다녀오겠습니다."

하고 관가에 가서 사실을 말하자, 원님은 즉시 관원들을 시켜 반야산에 가서 확인해 보고 오라고 명했다. 관원들이 급히 말을 몰아 반야산에 올라가 보고는 그것이 사실임을 확인하고 원님에게 보고하자 원님은 광종 임금께 파발을 보내어 사실을 알렸다. 그러자 조정에서도 놀라움을 금치 못해 의논을 한 끝에 그 자리에 범상을 만들고 가람(伽藍)을 세워 주기로 했다.

　"경들의 뜻이 옳소. 이것은 범상을 만들고 가람을 이룩하라는 징조임에 틀림없소."

하고 광종은 어서 부처님의 거룩한 입상을 조성하라고 명했다. 그리하여 나라 안의 유명한 석수가 다투어 나섰는데 그 많은 석

수들 중에서도 혜명이라는 스님이 우두머리 석수로 뽑혔다.

그리하여 혜명스님은 어전에 나아가 훌륭한 범상을 조성할 것을 선서하고, 친히 광종으로부터 중대한 책임을 받고 인부 수백 명과 같이 부처님의 입상을 조성하러 떠났다.

혜명스님이 공사에 착수할 만반의 준비를 하고 반야산에 도착하여 솟아났다는 돌을 한바퀴 돌아보고, 돌의 부피는 크나 높이가 낮아 이것만으로는 부처님의 입상을 조성하기가 불가함을 깨닫고 탄식을 금치 못했다. 혜명스님은 궁리 끝에 인부들을 불러 부처님의 하반신만 조성하라고 명했다. 나머지 상체는 다른 돌을 구해서 자신이 손수 조성하겠노라고 일러 두고 그는 돌을 구하러 멀리 연산까지 갔다.

혜명스님은 거기서 마땅한 돌을 발견하고 많은 인부를 동원하여 운반했다. 그리고 주야로 석불을 조성하기에 여념이 없었다. 자신의 임금과의 약속도 그러했거니와 후세에 길이 보존되어 박복한 중생들로 하여금 복전이 되도록 웅장한 석불 입상을 조성하려고 심혈을 기울였다. 그런 보람으로 몇 달 만에 높이가 다섯 길 다섯 치, 둘레가 서른 자가 넘는 크나 큰 부처님의 거룩한 모습을 조성했다. 그런데 혜명스님은 일단 조성하는 것은 끝마쳤으나 그 큰 석불 자체를 똑바로 올려놓는 것이 문제였다. 아무리 궁리하고 또 궁리해 보아도 좋은 묘안이 떠오르지를 않아서 혜명스님은 식음을 전폐하고 근심을 했다. 스님은 답답한 가슴을 쥐어뜯던 차, 하루는 사제촌 강변을 거닐고 있었는데, 퍽 영리해 보이는 아이들이 마침 미륵상을 만들었는데 자신이 조성했던 것과 똑같이 두 부분으로 되어 있었다.

아이들은 모래를 파서 편평하게 한 다음 먼저 하체를 꼿꼿이 세우고 모래로 하체를 거의 묻더니 상체를 올려놓은 다음, 다시 모래를 파헤치니 부처님의 입상이 훌륭하게 세워지는 것이었다. 해명스님은 거기서 큰 계시를 받았다.

나중에 알고 보니 그 아이들은 혜명스님에게 가르침을 주려고 나타난 문수보살의 화신이었다고 한다. 혜명스님은 곧 돌아와 미륵을 세우는 방법을 설명하고 지휘했다. 그러자 추종하는 인부들은 스님의 명석한 지략에 감탄하는 것이었다.

그런데 이 미륵불의 머리에 쓰고 있는 방갓의 한쪽이 떨어져 나간 것을 이은 자국이 있는데 이것은 입상이 완성되고 얼마 안되어 북쪽 오랑캐가 침략하려고 압록강을 건느려고 할 때 생긴 것이다.

적군은 강의 수심을 어떻게 잴까 하고 방갓을 쓴 한 승이 나타나 바지만 걷고 건너는 것을 보고 수심이 얕은 줄 알았던 오랑캐군이 대거 출동하여 압록강에 뛰어들었는데 갑자기 물이 깊어져 반 이상이 몰사하고 말았다.

이런 참변을 당한 오랑캐 장수는 화가 머리 끝까지 치밀어 허리에 찼던 칼을 꺼내 승의 방갓을 내려치니 스님은 온데간데 없고 방갓 한쪽만 조금 떨어져 있었다.

그 승이 바로 은진미륵의 화신이었으며, 떨어졌던 방갓은 후에 다른 돌을 떼어다가 붙인 자국이 선명하게 보이는데 지금까지 내려오고 있다.

□ 인생무상(人生無常)

 믿을 수는 없지만 그러나 뭔가를 가르쳐 주는 듯한 무상한 인생의 한평생을 비유한 경세훈(經世訓)이 있다.
 옛날, 전라도 광주에 고정명이란 사람이 있었는데 일찍이 부모님을 여의고 쪼들리는 살림에 그날그날을 지탱해 나가는 젊은 선비였고 어느 날 어느 마을을 지나다가 서연도사를 찾아 가르침을 받고 하루를 쉬어 가려 했다.
 서연도사의 가르침을 받은 고정명은 자신의 신세가 하도 기구하여 주절주절 신세타령을 늘어놓았다.
 "다른 사람들은 부모님 밑에서 호의호식하며 단란하게 살아가는데 전생에 무슨 죄를 지어 이다지도 기구한 하루하루를 살아가는가. 나이가 차도 배필을 구할 수도 없고……아이고, 내 팔자 기구하구나."
하며 괴로워했다. 이에 서연도사는 고정명에게 청자기 베개를 내주며 한숨 자고 일어나라고 했다.
 그때 서연도사의 부인은 쌀을 씻어 밥을 짓기 시작할 때였다. 이때 고정명에게는 정말 행복한 나날이 눈앞에 펼쳐졌다. 그것은 어느 거부장자에게 무남독녀가 있는데 거부장자의 눈에 들어 사윗감이 되었다.
 그리하여 어여쁜 아내와 함께 세상의 행락을 한몸에 담고 달콤한 신혼 생활 속에서 세월 가는 줄 모르며 아들딸을 낳고 벼슬자리에 올라 부귀영화를 누리며 사는데, 어느덧 세월은 흘러

나이 8순이 되어 이 세상을 하직했다.

서연도사의 지팡이가 머리를 탁 치는 바람에 퍼뜩 눈을 떠보니 서연도사는 옆에서 지그시 눈을 감고 있고, 그 부인은 밥을 짓던 솥에는 보글보글 밥 끓는 소리가 났다.

□ 지심(至心)과 원력(願力)

어느 때 무진의 보살은 자리에서 일어나 오른쪽 어깨를 벗고 합장하며 세존께 이렇게 여쭈었다.

"세존이시여, 관세음보살은 어떠한 인연으로 관세음이라고 이름을 붙였습니까?"

부처님은 이에 말씀하셨다.

"선남자여, 만약 한량없는 백천만억의 중생들이 여러 가지 고뇌를 받고 있었다 하면, 이 관세음보살의 이름을 듣고 일심으로 그 이름을 부른다면 관세음보살은 즉시 그 음성을 듣고 모두 그 고통에서 해방되도록 할 것이다. 이 관세음보살의 이름을 받드는 사람은 가령 큰 불속에 빠져도 불에 타지 않을 것이다. 이 보살의 위력에 의하여, 만약 큰 물에 떠내려 가도 그 이름을 부른다면 얕은 곳을 얻을 것이다. 만약 백천만억의 중생들이 금·은·유리·자기·마노·산해·호박·진주 등 보배를 구해 큰 바다로 나가 흑풍이 그 배를 날려 나찰귀의 나라에 표착했다고 하자. 그 안에 있던 한 사람이 관세음보살의 이름을 지성껏 부른다면 모두 그 나찰귀의 난으로부터 벗어날 수가 있을 것이다. 이 인연에서 '관세음'이라고 이름붙인 것이다.

 만약 또, 어떤 사람이 바야흐로 죽음에 직면해 있을 때 관세음보살의 이름을 지성껏 부른다면 높이 쳐든 칼이나 지팡이가 여러 개로 꺾여져서 살아날 수 잇을 것이다. 만약 나찰국 국토에 충만해 있는 야차나 나찰들이 나와서 사람을 괴롭히려 할 때에 관세음보살의 이름을 부르는 것을 들으면 그 아귀들은 적의 있는 눈으로 사람을 볼 수가 없게 될 것이다. 하물며 해를 가하기란 어림도 없는 일이다. 만약에 또 어떤 사람이 혹은 죄가 있고, 혹은 죄가 없는데 손고랑, 발고랑, 쇠사슬에 그 몸이 묶였다고 하자. 그 사람이 관세음보살의 이름을 정성껏 부르면 모조리 다 끊어지고 망가져서 살아날 수 있을 것이다.

 만약 삼천대천 국토 안에 도둑이 충만해 있는데 한 상업주가 여러 상인들을 거느리고 귀중한 보물을 지니고 험한 길을 지나간다고 하자. 그 중의 한 사람이 '여러 선남자들이여, 겁낼 것은 없다. 너희들은 일심으로 관세음보살의 이름을 불러라. 이 보살은 능히 중생들에게 두려움을 없애 준다. 너희들이 만약 이름을 부르면 이 도둑으로부터 해방될 수가 있을 것이다' 하고 말했다. 하니, 상인들은 그 말을 듣고 일제히 '나무관세음보살' 하고 말할 것이다. 그 이름을 부름으로써 해방될 수 있을 것이다. 무진의 관세음보살의 위력이 이와 같이 높고 큰 것이다.

 만약 중생들 가운데서 음욕이 많은 사람이 있어서 항상 마음을 모아 관세음보살을 공경하면 음욕에서 떠날 수 있을 것이다. 만약 노여움이나 미음의 마음이 많은 사람이 항상 지성으로 관세음보살을 공경하면 노여움이나 미움을 떠날 수 있을 것이다. 만약 우치가 많은 사람이 항상 마음 모아 관세음보살을 공경한다면 우치를 떠날 수 있을 것이다. 무진의여, 관세음보살에겐 이와 같은 대위력이 있어서 이로운 데가 많은 것이다. 그런고로 중생들은 항상 마음으로 관세음보살을 생각해야만 한다.

 만약 어떤 여인이 사내자식 낳기를 원해서 관세음보살을 예배하고 공양한다면 복덕과 지혜가 있는 남자 애를 낳을 것이다. 만약 여자 애를 낳기를 원해서 관세음보살을 예배하고 공양한다면 다정한 모습을 하고 옛날 덕을 심고 있기 때문에 많은 사람들로부터 사랑을 받고 존경을 받을 그런 여자 애를 낳을 것이다. 무진의여, 관세음보살에게는 이와 같은 힘이 있는 것이다. 만약 중생들이 관세음보살을 공경하고 예배한다면 복덕은 헛되이 되는 일이 없을 것이다. 그런고로 중생들은 모두 관세음보살의 이름을 받들어야 할 것이다. 무진의여, 만약 어떤 사람이 62억의 항하의 모래 수와 같은 보살의 이름을 받들고, 또한 수명이 다할 때까지 음식·의복·침구·의약을 공양했다고 하자, 너는 어떻게 생각하는가? 이 선남자와 선여자들의 공덕은 많겠는가, 적겠는가?"

 무진의는 여쭈었다.

 "매우 많습니다. 세존이시여."

 부처님은 말씀하셨다.

 "만약 어떤 사람이 관세음보살의 이름을 받들어 잠시 한 때라도 예배하고 공양했다고 하자. 이 두 사람의 복덕은 모두 같고 다를바가 없을 것이다. 두 사람의 복덕은 백천만억 겁을 지나도 다 끝나지 않는 것이다. 무진의여, 관세음보살의 이름을 받들면 이와 같은 무량무변 복덕의 이익을 얻을 것이다."

무진의 보살은 부처님께 여쭈었다.

"세존이시여, 관세음보살은 어떻게 하여 이 사바세계에 유행하고, 어떻게 해서 중생들을 설법하는 것입니까? 그 방편의 힘은 어떠한 것입니까?"

부처님은 무진의 보살에게 말씀하셨다.

'선남자여, 중생들 가운데서 부처의 몸으로 구하는 것이 좋은 사람에게는 관세음보살은 부처의 몸을 나타내서 그들을 위해 설법하고, 벽지불의 몸으로 구하는 것이 좋은 사람에게는 벽지불의 몸을 나타내서 그들을 위해 설법하고, 성문의 몸으로 구는 것이 좋은 사람에게는 성문의 몸을 나타내서 그들의 위해 설법하고, 법왕의 몸으로 구하는 것이 좋은 사람에게는 법왕의 몸을 나타내서 그들을 위해 설법을 하고, 제석천의 몸으로 구하는 것이 좋은 사람에게는 제석천의 몸을 나타내서 그들을 위해 설법하고, 대자재천의 몸으로 구하는 것이 좋은 사람에게는 대자재천의 몸을 나타내서 그들을 위해 설법하고, 장군의 몸으로 구하는 것이 좋은 사람에게는 장군의 몸을 나타내서 그들을 위해 설법하고, 비사문천의 몸으로 구하는 것이 좋은 사람에게는 비사문천의 몸으로 나타내서 그들을 위해 설법하고, 소왕의 몸으로 구하는 것이 좋은 사람에게는 소왕의 몸을 나타내서 그들을 위해 설법하고, 장자의 몸으로 구하는 것이 좋은 사람에게는 장자의 몸을 나타내서 그들의 위해 설법하고, 자산가의 몸으로 구하는 것이 좋은 사람에게는 자산가로 몸을 나타내서 그들을 위해 설법하고, 재간의 몸으로 구하는 것이 좋은 사람에게는 재관의 몸을 나타내서 그들을 위해 설법하고, 바라문의 몸으로 구하는 것이 좋은 사람에게는 바라문의 몸을 나타내서 그들을 위해 설법하고, 비구·비구니·재가신사·재가신녀의 몸으로 구하는 것이 좋은 사람에게는 비구·비구니·재가신사·재가신녀의 몸을 나타내서 그들을 위해 설법하고, 장자·자산가·재관·바라문 처의 몸으로 구하는 것이 좋을 때에는 처의 몸을 나타내서 그들을 위해 설법하는 것이다.

무진의여, 이 관세음보살은 이와 같은 공덕을 편성하여 가지가지의 모양이 되어 여러 국토를 유화하며 중생들을 구하는 것이다. 그런고로 너희들은 일심으로 관세음보살을 공양하라. 이 관세음보살은 두려움이나 위급한 난 속에서 능히 두려움을 없애준다. 그러므로 이 사바세계에서는 모두 관세음보살을 시무외자라고 부르는 것이다."

무진의 보살은 부처님께 여쭈었다.

"세존이시여, 저는 지금 관세음보살을 공양하겠습니다."

거기서 목에 걸었던 많은 보배 구슬을 이은 영락의, 값이 백천냥이나 되는 것을 끌러 바치며 이렇게 여쭈었다.

"어지신이여, 이 법시의 진보의 영락을 받아 주십시오."

그러나 관세음보살은 이것을 받지 아니하셨다. 그래서 무진의 보살은 다시 관세음보살에게 여쭈었다.

"어지신이여, 저희들을 불쌍히 여겨 이 영락을 받아 주십시오."

그때 부처님은 관세음보살에게 말씀하셨다.

"그대는 이 무진의 보살과 사부의 회중과 천인·용·인간·인간이 아닌 것들을 불쌍히 여겨 그 영락을 받고 둘로 나누어 하나는 석가여래에게 봉납하고, 하나는 다보불의 탑에 바쳐라."

부처님은 말씀하셨다.

"무진의여, 관세음보살에게는 이와 같은 자유자재의 신통력이 있어서 사바세계를 유화하는 것이다. 그때 무진의 보살은 환희하여 게송으로 물었다.

미묘한 상 갖추신 세존이시여
이제 다시 저 일을 뵙자옵나니

불자는 그 무슨 인연으로
관세음이라 부르나이까.

미묘한 상 갖추신 세존께서
게송으로 무진의에게 대답하시되

곳곳마다 알맞게 흥하여 나타나는
관음의 모든 행을 잘 들으라.

그 보살의 큰 서원 바다와 같이
헤아릴 수 없이 긴 세월동안을

천억의 부처님 모시고 받들며
크고도 청정한 원을 세우니

내 이제 그것들을 간략히 말하리니
이름을 부르거나
마음으로 생각함이 헛되지 않으면
능히 모든 고통을 멸하리라.

가령 해치려는 사람에게 떠밀려
큰 불구덩이에 떨어진대도
관음을 염하는 그 힘으로
불구덩이 변하여 연못이 되고

만일 큰 바다에 표류하여서
용과 귀신 물고기의 난을 만나도
관음을 염하는 그 힘으로
파도가 능히 삼킬 수 없으며

수미산의 봉우리에서
악인에게 떠밀려 떨어진대도
관음을 염하는 그 힘으로
허공에 머무는 해같이 되며

악인에게 쫓기어

금강산에서 떨어진대도
관음을 염하는 그 힘으로
털끝 하나 다치지 않으리라.

□ 불은(佛恩)의 신비

　고려 7대 목종왕(穆宗王)때의 일이다. 그 때에 강원도 철원군에 있는 심원사(深源寺)에는 이렇다 할 범종(梵鐘)이 없던 차에 여러 대중의 정성을 모아 주종불사(鑄鐘佛事)의 제공(齊供)을 올리게 되었다.
　이 보개산 아랫마을에 박덕기(朴德基)라는 장님과 이춘식(李春植)이라는 앉은뱅이가 서로서로 의지하며 살고 있었다. 그런데 이때 보개산 심원사 범종불사의 화주승이 마을에 내려가서 집집마다 권선을 하고 다녔다.
　그는 깨진 유기그릇인 주발이나 대접, 쇠화로를 비롯하여 숟가락 할 것 없이 쇠붙이란 쇠붙이는 모두 권선하도록 주선했다. 박덕기와 이춘식은 이것을 보고 이상하게 여겨 화주스님께 물었다.
　"성한 놋그릇 같으면 절에서 쓰려고 동냥해 간다 하겠지만 깨진 쇠그릇을 무엇에 쓰려고 구걸합니까?"
　이에 화주승은,
　"보개산 심원사는 금강산의 명산대찰인데, 범종 하나 없어서 그 종을 만들려고 놋그릇 쇠붙이를 구하러 다니는 것입니다."
라고 말했다. 이 말을 들은 두 사람은 호기심을 내며,
 "범종을 만들어서 무엇합니까? 산중에 그 소리를 들을 사람도 많지 않을 터인데 대관절 종은 쳐서 무엇을 할 것이며, 불교는 또 뭣하는 것이며, 부처님은 어떤 분입니까?"
하고 꼬치꼬치 캐물었다. 화주스님은 두 사람을 측은하게 여기고 불교의 진리와 인과(因果)법문이며 부처님의 자비정신에 대해 설명해 주었다. 그리고 불교에는 4가지 악기인 사물(四物)이 있는데, 범종(梵鐘)·법고(法鼓)·운판(雲版)·목어(木魚)라고 설명했다.
 스님은 이어서 인경(종)은 지옥중생을 위하여 잠깐이라도 고통을 멈추게 하기 위함이오, 법고(북)는 네발 짐승을 상징하여 육지동물(축생)이 죽은 뒤에라도 잘되라고 치는 것이오, 운판(구름과 같이 만든 칠판)은 공계(空界)중생인 귀신을 천도하기 위해서이고, 목어는 물속에 사는 어족(魚族)중생을 제도하기 위해서 치는 것이라고 설명했다.
 두 사람은 감명 깊게 듣고 자신들이 불구자가 된 것도 선악인과의 업보임을 비로소 깨닫는 눈치였다.
 마침내 두 사람은 화주스님을 도와 종불사에 소요되는 쇠붙이를 모아 주겠다면서 염불을 가르쳐 달라고 했다. 이에 화주스님은 '나무관세음보살'을 지극한 마음으로 믿고 부르면 살아서는 고생이 덜어지며, 나아가서 복을 받을 수 있고 죽어서는 극락세계로 가게 된다고 했다.
 두 불구자는 쇠붙이 동냥에 나섰는데 눈먼 장님은 앉은뱅이

를 업고 이신동체(二身同體)가 되어 집집을 다니며 쇠붙이를 모아 절로 운반했다. 이렇게 하기를 몇 해가 지나자, 마침내 종 불사는 원만히 이룩되었다. 그리하여 타종식을 올려 회향(廻向)불사를 하게 되었다. 화주스님은 두 사람에게 알려 참석토록 했다.

그래서 이 두 사람은 심원사로 가기 위해 장님이 앉은뱅이를 업고 심원사를 향해 대치령을 넘어가는데, 고개마루에 오른 때였다.

허공에 오색구름이 뭉쳐 서기가 일면서 상서로운 가운데 성백의(聖白衣) 관세음보살이 구름에서 나타나 광명을 비치시는 것이 아닌가! 장님의 등에 업혀 가던 앉은뱅이 춘식은 갑자기 외치며, '저기 허공 가운데 관세음보살이 나타나셨구나!' 하며 합장예배를 드리기 위해 자리에서 일어나려는 순간이었는데 이때 앉은뱅이 춘식의 두 다리가 쭉 펴지는 것이었다.

이때 장님 덕기는, 어디에 관음 부처님이 강림하고 계신단 말인가? 하고 눈을 부볐다. 그 순간에 장님은 두 눈이 번쩍 떠졌다. 그래서 이신동체(二身同體)인 두 사람은 '성백의 관세음보살'을 친견하고 관음 부처님의 성은에 감응하여 감격한 나머지 서로 끌어안고 울기를 마지 않았다.

그래서 그 뒤로 대치령을 관음부처님을 친견했다 하여 불견령(佛見嶺)이라 이름하고, 그 아랫마을은 부처님이 크게 비추었다 하여 대광리(大光里)라 이름했다고 한다.

선방야화

□ 원귀(怨鬼)와 다라니

 옛날 어느 곳에 한 여자가 살았는데, 일찍부터 관세음보살 모 다라니를 외고 공양하기를 지성으로 했다. 그런데 이 여자는 삼생(三生) 전에 사소한 일로 어떤 사람에게 독약을 먹여 죽게 한 일이 있었다는 것이었다.
 삼생 전에 죽어 갔던 원귀가 나타나서 이 여자에게 원수를 갚으려는 것이었으니 3번이나 자식을 낳았지만 태어난 자식마다 두 살만 되면 죽어버리는 끔찍한 일이 거듭되어서 애간장을 끓는 슬픔을 안겨 주었다.
 이 원귀는 처음에는 그 여자의 태중의 자식이 되어, 임신한 어머니 몸을 극도로 괴롭히다가 끝내는 죽여 버리는 계책이었다. 하지만 이 여자는 평소에 관세음보살을 성심으로 믿었기 때문에 관세음의 신력에 힘입어 죽지 않고 원귀는 일단 자식으로 태어나곤 했던 것이니, 우리 속담에 '원수로 태어난 자식'이라고나 할까, 아무튼 이렇게 해서 원귀는 자식으로 태어나 두 살까지 살다가 죽곤 했다.
 이러한 까닭을 알지 못하는 이 여자는 자식이 죽을 때마다 슬피울며 관세음보살을 오히려 원망하며 야속하다는 마음이 앞서는 것이었다.
 이때 한 노승이 나타나 '이 어리석은 여자여, 그렇게 슬피 울지마오'했다. 이 소리에 여자는 화를 내며, '자식을 잃고 비통해 하는데 위로는 못할지언정 울지 말라는 소리가 웬말이오?'

라고 반문했다. 이에 노승이 말하기를,

"그 죽은 자식은 당신의 자식으로 태어난 것이 아니라 원수의 자식이니 그것을 왜 모르시오. 그러니 그렇게 울고불고 한다는 것 자체가 바로 원수의 보복을 받는 것이오. 당신이 울고 있는 이 찰나에 그 원수는 춤을 추고 있다는 사실을 아시오?"

하는 것이었다. 여자는 놀란 표정으로,

"그 자식이 원수라면 어떻게 된 원수라는 말입니까?"

하고 물었다. 노승은 말하되,

"들어 보시오. 당신은 삼생 전에 사소한 일로 사람을 미워해서 독약을 먹여 죽인 일이 있단 말이오. 그래서 죽은 이의 삼세(三世)가 원수의 귀신이 되어 당신을 죽이려 하였소마는 당신이 지성으로 관세음보살 모다라니를 주송하였으므로 그 위신력에 힘입어 그 원귀가 뜻을 이루지 못하고 자기 스스로가 죽어 간 것이오."

라고 말했다.

이때 노승이 가리키는 방향에서, '너는 나를 삼생 전에 죽인 원수'하며 울부짖는 것이 아닌가?

원귀는 말하되, '너는 관세음보살을 믿고 모다라니를 외기 때문에 낮과 밤에 선신(善神)이 옹호하므로 깊이 참회하고 관세음보살에 맹세했다'고 말하는 것이었다.

이 여자는 이로부터 더욱 신심이 깊어졌으며, 한평생을 병고 없이 잘 살았다고 한다.

□ 교화(教化)의 방편

'천상천하 유아독존(天上天下唯我獨尊)'의 뜻을 가지고 불교가 아닌 다른 종교에서는 상당한 비난과 반론을 전개한다. 부처님이 옆구리로 태어나셨느니 또 일곱 발짝을 걸으셔서 천상천하 유아독존의 뜻을 설법하셨느니 하는 얘기는 인간의 굴레를 지닌 자로서는 도저히 상상하기 어려운 일이기 때문이다.
아무리 성현(聖賢)이라 할지라도 비과학적인 내용이야말로 비판의 여지를 갖게 마련이다. 설사 불교에 깊은 신념이 있다 해도, 인간의 보편적인 상식으로는 석연치 않기 때문이리라. 이렇게 하여 태어나자마자 일곱 발짝을 걸어 천상천하 유아독존이란 설법을 했던 것일까?
그 뜻은 그만큼 인간이 어리석다는 얘기가 아닐까? 인간은 절대의 신비력이나 아니면 굉장한 힘의 표현이 있어야 그 진리를 순종하고 따르기 때문인가? 다시 말해서 부처님은 우리 인간 세상에 존속하는 분이 아니라 저만큼 떨어져서 인간을 제도하기 위한 방편이 필요했던 것일까? 그 한 예를 들어 보자.
어떤 스님이 문수보살을 만나고자 몇 해를 찾아 헤맸으나 찾아뵙지 못하고 발길을 돌려 자신의 처소로 가던 중 이상한 노파를 만났다.
그 노파는 싱긋 웃으며 흰 쪽지를 던져 주며 여기로 쭉 가다 보면 어미돼지가 새끼들과 놀고 있을 것이오. 그 돼지에게 던져만 주시오 했다. 스님은 무심결에 그렇게 한다고 하자 펑하는 소리와 함께 노파는 사라졌다.

 스님은 노파의 거동이 너무 이상해서 궁금하던 중 그 길로 쭉 가보니 정말 어미돼지가 새끼들과 놀고 있었다. 스님이 흰 쪽지를 돼지에게 던지자 돼지는 얼른 받아먹고 죽어 버리는 것이었다.

 스님은 놀라 달려가 보니 돼지는 이미 죽고, 돼지 주인이 달려와 몹시 화를 냈다. 스님은 전후 사정을 설명하고 돼지의 배를 갈라 보니 다음과 같은 이상한 글이 그 흰 쪽지에 적혀 있었다.

 '久在塵勞中이면 昧却本來事이니 直收萬行華하고 速還靑山來하라'

 뜻을 풀이하면 오래 풍진세상(風塵世上)에 있으면 본래의 뜻을 잊어버리기 쉬우니 곧 속된 세상을 거둬버리고 빨리 청산(靑山)으로 돌아오라는 것이었다.

 노인은 다른 이가 아닌 문수보살이요, 편지를 먹고 죽은 돼지는 보현보살이었던 것이다.

 불교 설화에 출현하는 문수와 보현은 이 세상에 출생한 실재 인물이 아니라 불교의 최상의 진리인 법보화상신을 상징하는 분이다.

여기에서는 너무 이해하기 힘든 예를 들어 보였지만 진정한 진리를 깨치게 하려는 종교의 한 방편인 것이다.

☐ 죽음 앞에 나타난 부처님

  지금도 서해안 변산반도에서 20여리 떨어진 야산 위에 조그마한 비가 하나 서있는데, 이 비의 내력을 살펴보면 이러하다. 약 20년 전에 전라북도 익산군 금마면 면장을 여러 해 지낸 이배신(李培信)이라는 사람이 있었다.
  어느 해 친구들과 위도 구경을 갔다가 해상에서 풍파를 만나 곧 죽을 지경에 이르렀다. 그 때에 마침 관세음보살의 위신력을 입어서 살아났다는 얘기가 그 비문에 적혀 있다.
  이씨가 위도 구경을 갔던 그때만 해도 커다란 배도 없어서 다만 섬에서 섬으로 왕래하는 자그마한 목선으로 내왕했다. 위도 구경을 하다가 배를 타고 다른 섬에서 또 다른 섬으로 돌며 구경을 했는데, 갑자기 하늘이 어두워지면서 소나기가 퍼붓고 큰 바람이 불어 배 안에 있는 모든 사람이 죽을 지경에 이르렀다.
  점점 더 풍랑이 심해져서 배가 전복할 위험 지경에 이르렀던 것이다. 이씨 일행은 물론이고 배 안에 있던 모든 사람은 얼굴이 창백하게 되어 죽음에 대한 두려움으로 가득했다. 사공들도 어찌할 도리가 없어 선체를 운명에 맡기고 있었다.
  그런데 승객 중에 누구인지 관세음보살을 부르는 이가 한 사람 있었는데, 그는 이씨의 곁에서 낮은 음성으로 관세음보살을 부르다가 이씨를 돌아보고 관세음보살을 부르라고 했다.
  이씨는 정신, 미신을 생각할 틈도 없이 무의식중에 살고 싶은 생각으로, 따라서 관세음보살을 부를 뿐이었다. 그러나 풍랑은 점점 심하여 죽을 고비에 이르렀을 때 관세음보살을 부르라고 권하던 그 사람은 갑자기 이씨의 옆구리를 찌르며 저것 좀 보라며 공중을 가리켰다.

이씨가 무의식적으로 그 사람이 가리키는 곳을 보니 오색이 찬란하고 뚜렷한 광음이 휘황한 가운데 관세음보살의 모습이 나타났다. 그것을 쳐다보는 찰나에 벽력같은 소리가 나며 파도가 한길쯤 솟더니 돛대가 부러져서 바다 위에 떨어지는 것이었다.

그 소리에 놀라서 잠시 정신을 잃었는데 관세음보살은 사라지고 바다는 홀연히 가라앉아 무사히 군산에 도착했던 것이다. 이씨는 이 일이 있은 후부터 관세음보살을 생각하고 부른다고 한다.

한평생 불교를 믿기는 고사하고 오히려 불교를 비방하고 스님들을 조롱하던 이씨는 이리하여 돈독한 신심을 지니고 수행 정진하는 불도가 되었다고 한다.

□ 불가사리와 고승(高僧)

삼국 중에서 가장 늦게 불교가 들어온 신라는 이차돈이 순교함으로써 불교가 활발히 홍포되기 시작했음을 우리들은 역사를 통해서 알 수 있다.

어느 종교든 간에 대중에게 침투하려면 많은 장애가 있게 마련이지만 신라에서도 불교가 토착하기 까지는 숱한 법란(法亂)

을 겪어야 했다.

 어떤 몰지각한 스님이 활놀이를 하다가 높은 재상의 아들을 죽였는데, 이 소식이 궁안에 알려지고 민심이 시끄러워지자 몹시 노한 왕은 모든 사찰을 부수고 또 탑상을 모두 파괴하고 승려를 닥치는 대로 잡아 가두도록 했다.

 또한 불교서적을 모두 불태우고 누구든지 지니고 있으면 엄벌에 처할 것이며, 최후의 1인(人) 1사(寺)까지 없애고, 절을 부수고 중을 잡는데 공이 많은 사람을 포상하라고 포고하여, 신라 천지에서는 중의 그림자를 볼 수 없게 되었다.

 이때, 경주 어느 절에 인격과 수행이 뛰어난 고승 한분이 있었는데 그분 역시 산속에 숨어 있으면서 어떠한 방법으로 신라의 불교를 구할 수가 있을까 걱정을 하던 끝에, 어느 날 밤에 변복을 하고 재상으로 있는 매형을 찾아가서 불법을 회복시킬 비밀상담을 해 보았으나 재상으로서도 어찌할 도리가 없는 일이었다. 결국 아무런 성과없이 집을 나오게 되었다.

 그 고승은 집을 빠져 나오며 창문의 돌쩌귀를 하나 빼서 던지고 나왔는데 그것이 개구리가 되었던 것이다. 그 다음 날 아침에 하인이 마당을 쓸다가 보니 올챙이만한 쇠개구리 한 마리가 엉금엉금 기어 다니는 것이었다. 온 집안사람들이 모여 그 진기한 개구리를 구경하고 있는데, 그때 마침 재상의 부인이 이상히 여겨 머리에 꽂고 있던 바늘을 빼어 등을 찔렀더니 바늘이 반으로 부러졌다. 그러자 그 쇠개구리는 부러진 바늘 조각을 냉큼 주워 먹는 것이었다.

 이 일이 이웃에 소문이 나고 온 장안에 퍼져 아무 정승네 집에 쇠개구리 구경을 가자며 몰려 와서 각자가 바늘을 한웅큼씩 가져다 쇠개구리에게 먹였다. 그러자 올챙이만 하던 개구리가 점점 몸이 붓더니 제법 큰 두꺼비만큼 커진 뒤에는 칼·가위· 낫·괭이·호미 등 쇠 종류는 닥치는 대로 다 집어 먹는 것이었다. 그러자 장안에 바늘이 바닥나서 이제는 갖다 주는 것이 아니라 집집마다 쇠붙이를 감추기에 바빴다. 나중에는 스스로 마루 밑으로, 집 모퉁이로, 쇠를 찾아 먹으며 부엌에까지 들어와서 식기·대접·수저·남비·밥솥 할 것 없이 닥치는 대로 씹어 삼켜 버리는 것이었다. 이것을 몽둥이로 때려 보아도 넘어질 리도 없고 아파할 리도 없었다.

신라 장안 사람들은 참으로 큰 걱정이 생긴 것이다. 이제는 다 큰 소만 해져서 돌아다니며 쇠붙이란 쇠붙이를 모두 삼켜 버려도 막아 낼 재주가 없었다. 결국 백성들이 나라에 소청한 즉, 나라에서는 장안의 장정들을 동원하여 때려잡아 죽이도록 명령을 내렸다. 하지만 그 장정들이 모여 아무리 쳐 보아도 끄덕없고, 계속 쇠붙이만 찾아다니는 것이었다.

조정에서는 다시 영을 내려 공허지에 쇠기둥을 세우고 쇠사슬로 동여매도록 했다. 마침내 황소 같은 쇠개구리의 네 발을 묶고 기둥에 쇠줄로 칭칭 동여매었으나 쇠개구리가 기지개를 한번 켜니 쇠사슬이 쉽게 끊어져 버리는 것이었다. 그리고는 그 쇠사슬이며 쇠기둥 할것 없이 모두 집어 삼키는 것이었다.

이때 현명한 재상 한분이 기발한 의견을 조정에 제출하였는데, 쇠는 본래 불에 대면 녹는 것이니 그 놈을 철사로 동여매어 숯을 둘레에 쌓고 풀무를 준비하여 사방으로 불을 피워 불어대면 불속에서 녹아버릴 것이라고 했다.

　재치 있는 묘책이라 생각되어 며칠을 두고 그 쇠개구리를 녹이려 했는데 녹아 버리지는 않고 알맞게 달구어지기만 하여 몸이 이리저리 움직일 때마다 불을 일으켜 장안은 물론 신라 전체 지역이 불바다가 되어 버렸다. 그래서 불가사리라고 이름 지은 것인데 이때에 그 고승의 매형되는 정승이 왕을 배알하고,

"불법홍포의 큰 사업을 이루기 전에 불가사리의 대괴변이 일어나 여러 방법으로 그 쇠개구리를 없애려고 하였으나 처치할 방도가 없고, 한 가지 계책이 있기는 하오나 그것은 국법을 어기는 일이지만 널리 그 죄를 사하여 주신다면 그것을 잡아볼까 합니다."

고 했다. 이에 왕은,

"나라가 지금 이 지경에 이르렀는데, 금령 따위가 무엇이란 말이오. 불가사리만 없앨 수 있는 묘책이 있다면 무엇이라도 시행할 터이니 속히 그 비책을 시행하라."

고 독촉을 했다. 재상은 자신의 처남되는 고승의 법력이 보통 승려보다 뛰어남을 알리자, 왕이 속히 대령하라고 하여 즉시 사람을 시켜 궁궐로 모셔오게 했다.

"과인이 잠시를 참지 못하여 부처님께 죄를 많이 지은 과보인지 뜻밖에 불가사리가 생겨나서 온 백성들이 도탄에 빠져 있으니 구제할 방법이 있으면 대사는 아무것도 가리지 말고 그 불가사리를 없애 주오. 만약 그리되면 그의 공덕은 영세불망이 되는 것이니 대사는 어떠한 소원이든지 이야기하고 큰 재앙을 없애달라"

고 했다. 고승은 다음과 같은 조건으로 쇠개구리를 없애기로 했다.

"조정에서 신라 국토 안에 승지를 가려 사십 팔방의 큰 절과 팔만 구암의 절과 작은 규모의 암자를 적당한 곳에 지어 주시되, 민간인들 중에서 절을 짓는 사람에게는 공의 다과에 따라 벼슬을 주실 것이며, 15세 이상 25세 이하의 총명한 청년들을 매일 30명씩 선발하여 승려로 양성할 것이며, 불경을 고구려 또는 당나라에 주문하여 자비의 법음(法音)을 백성들에게 전하게 하여 주실 것, 이상의 사항을 3년 이내에 실시할 것입니다."

이 말을 들은 왕은 쾌히 승낙했다. 왕과의 접견을 마치고 물러나온 고승이 불가사리를 보고 무슨 진언을 외우자, 덩어리가 식고 철물이 떨어지며 솥은 솥대로, 괭이는 괭이대로, 바늘은 바늘대로, 수저는 수저대로 모두 쌓이는 것이었다.

결국에는 재상 집의 창문 돌쩌귀 하나만이 남았다. 왕은 크게 기뻐하여 불법을 다시 중흥시키고, 그 고승에게는 온 국가가 은혜를 입었다고 하여 은첨조사라고 존호를 올려 분황사에 계시게 하고, 국가에 난이 일고 어려움에 처할 때마다 조언을 받았다고 전해지고 있다.

□ 탁발승의 교화(敎化)

함경남도 풍산에 조그마하게 자리 잡고 있는 청진사에 아주 똑똑한 탁발승이 있었다. 어느 날 탁발을 다니다가 보니 고래 등 같이 큰 집 한 채가 우뚝 솟아 있었다. 대문을 쑥 들어서니 집에 아무도 없고 깨끗한 대청만이 환하게 비어 있었다.

이 탁발승은 돌아다니다 보니 덥기도 하고 몸도 지칠대로 지쳐서 여기서 좀 누웠다가 가야겠다고 생각하고 대청마루에 누워 땀을 식히며 어느새 잠이 들어 곤히 자고 있었는데, 얼마 후에 벽력같은 소리에 놀라 잠이 깨었다. 주인인가 싶은 한 사람이 노발대발하며 웬 사문이 어찌하여 남의 집에 와서 이렇게 누워 있느냐며 이 집이 여관인줄 아느냐고 고함을 지르는 것이었다.

사문은 그를 향하여 당신이 주인이냐고 묻자, 그럼 내가 주인이 아니고 뭐란 말이냐며 거드름을 피웠다. 사문은 점잖게 앉아 주인을 향하여 물었다.

"전에는 누가 이 집의 주인이었소?"

"우리 아버지였지 누구요?"

"그럼, 아버지 전에는 누구였는지요?"

"우리 할아버지였지."

"그 전에는 또 누구였소."

"우리 증조부였지."

이렇게 몇 대를 거슬러 올라가며 계속 물으니 나중에는 댓수도 이름도 댈 수가 없었다. 그러자 또 사문은,

"그럼 그들은 지금 모두 어디에 계시는가요?"

하고 물으니,

"그것을 내가 어떻게 알겠소?"

하며 반문했다.

"당신도 보아하니 60이 넘어 보이는데 몇백년이나 더 사시겠소?"

하고 물으니,

"이 답답한 사문아! 이 세상에 몇백년을 사는 사람이 어디 있나?"

"그렇소. 알기도 바로 알고 말도 옳게 하는데 어찌 그리 미련하시오? 주인 영감의 선조들도 겨우 7, 80년을 이 집에서 쉬었다가 어디론지 이 세상을 버리고 떠나가 버렸는데 주인이라고 호령하는 당신도 멀지 않아 이 집을 버리고 어디론지 떠나가고 말 것이오. 이 세상에 내 것이 어디 있소? 당신이 죽고 나면 육신조차 저 북망산천에 한줌의 흙으로 변하고 말 것을 내 집이라고 고함을 칠 것이 뭐가 있겠소? 그러하니 이 집은 나그네가 쉬어 가는 여관이나 다름없고, 천지는 만물의 여관이며 광음은 백대의 과객인 것이오."

했다. 이런 이야기를 사문으로부터 들은 주인은 인생무상을 느끼며 불법에 귀의하여 수도했다고 한다.

□ 세사무상(世事無常)

대중적인 불교란 본래 대중과 호흡하고, 보다 현실에 부합되는 철학과 사고가 필요하다는 이해가 보편적이다. 불교에서 교리로 삼고 있는 무상(無常)의 뜻을 우리는 좀더 깊이 이해하여야 하겠다.

불교를 보고 비현실적이라 하거나 또는 가장 종교와 떨어진 철학이라고 얘기하는 반론자들에게 말한다면 불교처럼 현실적이오, 가장 과학적인 종교는 그 예가 드물 것이다. 아니 가장 고등한 종교 중에서도 으뜸일 것이다.

인간이 종교를 필요로 하는 이유를 여러 가지로 얘기할 수 있겠으나 그 첫째가 죽음이라고 얘기할 수가 있다. 죽음이라는 것은 영혼적인 죽음과 또 육체적인 죽음으로 구별된다. 죽음은 우리들이 더욱 중요시하고 또 실상 공포의 대상이 되고 있는 것이다.

지금 이 인간세상에서 피땀 흘려 노력하고 또 살아간들 우리는 죽어 한줌의 흙도 될 수 없을 만큼 무상하다. 불교에서 오는 무상은 이러한 일차원적인, 극히 눈의 실상에 잡히는 얘기가 주된 것이 아니라 좀더 다른 차원에서 인간의 사상과 사고를 넘어선 무아의 경지 속에서는 인생의 모든 집착, 그러니까 죽음·재물·사물 등의 모습은 무상(無常)에 가깝게 보는 것이다. 이러한 단계에서 자신의 마음이 고요해 끊을래야 끊을 수 없는 인생의 집착이 끊어지게 되는 것이다.

살아있는 우리 인간들이 한번도 경험하지 못한 죽음에 대해서 공포와 두려움을 갖는 것은 당연한 것이리라. 복잡한 사회 속에서 하나의 도구로 인간이 살아야 하는 이유를 떠나 자신이 하는 일이 끝없는 수레바퀴에 불과한 것을 깨우쳐야 하겠다. 이러한 삶을 떠나 일시라도 불교에서 말하는 무상의 진정한 뜻을 알고, 또 그 뜻에 맞게 인생을 절제하고 산다면 그것이 가장 현실적이오, 대중적인 보편성을 갖게 될 것이다.

　인간의 죽음은 분명 정신적인 것과 육체적인 죽음으로 나누어지기에 우리는 좀 더 사려 깊은 생활태도로 육체의 죽음은 인력으로 막을 수는 없으나 정신만은 죽어서는 안되겠다.

　한 예를 든다면, 진시황이 불로초를 구하고 변방에 높은 성을 쌓아 재앙을 막는다 하여 진정 죽음을 면할 수가 있었는가? 결국은 그는 죽고 모든 재산과 성곽도 바람과 비에 휩쓸려 지금은 잡초가 우거져 있을 뿐이다.

　우리의 삶은 좀 더 현실적이거나 뜬구름을 잡는 이상이 아니라 진정한 희망과 이상이 있는 미래를 위하여 전진해야 하겠다.

□ 반야사(般若寺)의 경이(驚異)

　신라 초에 건국의 기틀이 다져질 당시 전해지는 얘기이다.

　한 고을에 현충(顯忠)이라는 충신이 살고 있었는데, 그는 날마다 기도를 올리며 훌륭한 장군이 될 아들과 나라의 농사가 잘되어 조국 신라가 부흥하기를 기원했다.

　몇 년간 계속 현충이 하늘에 제사를 올린 덕분이었던지 두 아들자식을 낳았다. 두 아들이 여섯 살과 네 살이 되었을 때 왜구가 해안을 침범하여 현충의 마을까지 위태롭게 되었다. 이에 현충은 두 자식을 데리고 산중으로 몸을 피하는데 왜놈들이 쫓아왔다.

　현충은 도망가다가 소나무에 눈을 찔려 앞을 볼 수 없게 되었다. 현충은 슬피 울며 관세음보살께 기원하기를 '이 한몸 죽는 것은 아무렇지도 않으나 두 자식들이 성장하여 우리 신라의 방패가 될진대 꼭 좀 관세음님의 신력으로 돌보소서'하고 아이들을 숲속에 숨기고 왜놈들 소리가 나는 데로 달려가 옆에 차고 있던 칼을 뽑아 들고 성난 맹수처럼 달려들었다. 왜놈들은 이에 놀라 그냥 도망가고 말았다.

　현충은 눈이 멀어 앞을 볼 수 없으므로 자식들을 찾지 못하고 방황하다가 천 길의 벼랑 앞에 서고 말았다. 이때에 귀한 빛이 비치며 소리가 들리기를 '이 빛을 따라 오너라' 하고는 연꽃의 불빛이 보이는 것이었다.

　현충은 기뻐하며 달려갔다. 이윽고 다른 마을의 골짜기에 다다라 그 동네의 명의(名醫)의 눈에 띄게 되었다.

　명의는 현충임을 알아보고 응급치료를 하여 보름만에 눈을 완쾌시켰다. 그러나 현충은 두 자식이 필경 산속에서 굶어죽거나 맹수의 밥이 되었다고 생각하며 울지 않는 날이 없었다.

　현충은 자식들의 시신이라도 찾고자 그 산으로 가기로 결심하고 숲속을 헤맸다. 그는 가슴 속에 관세음보살의 신력을 굳게 믿고 있었으며, 한 걸음 한 걸음 움직일 때마다 〈대다라니경〉을 독송했다.

　그런데 이게 어떻게 된 일인가? 왜놈들의 목이 즐비한 가운데 침범했던 그들 우두머리의 시체까지 나뒹구는 것이 아닌가? 또한 자신의 자식은 숲속에서 쌔근쌔근 잠들고 있지 않은가?

현충은 너무 기뻐 무릎을 꿇고 부처님의 신력에 감탄을 하며 영원한 자비심을 축원했다. 그러는 동안에 저번에 보았던 연꽃의 빛이 현충의 얼굴을 비추며 인자하신 목소리가 흘러나왔다.
"너의 그 꽃같은 마음씨와 나라와 백성을 사랑하는 마음이야말로 장하구나! 너는 이 길로 마을에 내려가 이 소식을 전하고 이 산중턱에 사찰을 지어 영원토록 왜군의 침입을 방어하며 만백성들을 보살피도록 하라!"
하니 현충은 눈물이 앞을 가렸다. 사랑스러운 두 자식을 데리고 산을 내려와 마을 사람들에게 이르기를 사찰을 건립하면 왜놈들의 침범이 없을 것이며, 항상 옥토를 지닐 수 있다 하니 모두 기뻐하여 사찰을 짓기로 했다.
 한편 국왕은 이 소식을 듣고 몹시 기뻐하여 많은 재산을 하사하고 현충에게 높은 벼슬을 내리셨다. 또한 사찰을 신축하는데 많은 도움을 주기도 했다. 이리하여 신라 제5대 왕인 경순왕 12년에 반야사(般若寺)라는 절이 신축되었다 한다.

□ 학(鶴)의 죽음을 보고 출가하다

 불교에서 말하는 인연설이나 또 부모에게 효도하는 길은 후세의 극락정토를 약속하는 이론은 종교에서 내거는 하나의 방편이라 해도 우리 인간은 섬기고 따라야 할 것이다.
 일상생활에서 자신의 마음이 사악하고 물정에 어두워질 때에는 항상 참회하며 중양이나 참선의 시간이 필요할 것이다.

대중들이 불교를 관측할 때에 너무 멀고 너무 비현실적인 이상을 갖고 있다고 말하는 사람들이 있다.

어떤 사람은 불교를 종교라기보다는 하나의 철학적인 매개체라고도 한다. 그러나 그것은 크나 큰 과오이며 잘못된 생각이다. 사실 이 우주를 휘어잡고 질서를 지키는 이론은 쉽거나 간단하지도 않으며, 우리 인간에게 허황돼 보이는 것도 이 우주를 충분히 소화시키지 못하기 때문이다. 여기 일원별사의 축생으로부터 깨우친 부모의 마음을 적을까 한다.

이 일원별사가 세상에 있을 때의 일이다. 궁술의 명인으로서 어느 날 학 새끼를 쏘아 떨어뜨리고 그 어미 학마저 쏘려고 하니 어미 학은 저 죽을 것은 생각지도 않고 화살에 맞아 떨어져 죽은 새끼 학을 들여다보며 한참 있더니 발발 떨다가 죽어버리는 것이었다. 기이하게 여겨 어미 학의 배를 갈라 보니 간장이 마디마디 끊겨져 있는 것이었다. 이를 본 일원별사는 자신의 깊은 죄를 뉘우치고 그 자리에서 활을 부러뜨리고 출가하여 수도했다는 것이다.

□ 금강경(金剛經)의 영험

중국 진나라 때 문중곤(文仲坤)이라는 효자로 유명한 한 젊은이가 살고 있었다. 본디 마음이 착하고 부모에 대한 효심이 대단했다.

추운 겨울에도 부모님을 봉양하기 위해 깊은 산속에서 나무를 해서 수십리 떨어진 장에 내다 팔아 식량을 사서 부모님께 바쳤다. 그러나 안타깝게도 부모님은 문종곤이 나이 스물 여덟이 되던 해에 돌아가셨다. 문중곤은 몹시 슬퍼하며 눈물로 나날을 보냈다.

부모님을 잃은 문중곤은 나날이 몸이 쇠약해 갔으며 식음을 전폐하다시피 했다. 어느 날 밤 꿈에 돌아가신 아버님이 나타나 말씀하시기를 '네 효심이 너무 지극하여 내가 지옥으로 떨어진 것을 구해 주었으나 네 어머님이 아직도 중생도를 벗지 못해 삼악도로 떨어지려 하니 오늘부터 〈금강경〉을 독송하도록 하라' 하고 사라졌다.

다음 날 중곤은 몹시 기뻐하며 목욕재계하고 지현사라는 절에 가서 여러 스님들을 향하여 백일동안 〈금강경〉을 읽는 기도법회를 열었다.

마지막 백일기도가 끝나던 날 밤에 이번엔 어머님이 나타나 환한 미소를 지으시며, '너의 지성어린 기도로 내가 지옥 삼악도를 면하게 되었다. 이제는 관세음보살이 너의 경 읽는 곳 가까이 계신데 방금 경을 반쯤 읽고 나간 분이 바로 관세음보살님'이라 하셨다.

문중곤은 크게 기뻐하여 스님들을 수소문하여 그 스님을 찾았으나 보이지 않았다. 그러던 중 객승 중에 한분이 말하기를 '내가 바로 그 중이니라'라고 말하고는 안개처럼 사라졌다.

이 모습을 본 모든 스님들은 관세음보살의 자비심에 크게 신심을 굳게 하고 새로운 마음으로 발원했다고 한다.

□ 지성일심(知性一心)의 기도와 견성(見性)

조선 세종대왕 때 민석화라는 사람이 살고 있었다. 그는 일찍이 부모님을 여의고 혼자 외로이 지내다가 도를 닦기 시작하여 17세에 출가했다. 그리고 몇 해가 지나 25세가 되어 강동에 자리잡고 있는 도통암에서 수행하다가 갑산에 있는 장진대사에게 참학하였는데 그가 바로 청강대사의 사숙되시는 분이다.

민석화는 어느 날 평안도 강동의 중비로암(中毘盧菴)에서 상당히 올라가는 곳에서 산책을 하는데, 섬천대에서 하얀 수염을 길게 늘어뜨린 노인이 산책하는 것을 보고 결코 인간세상의 사람이 아니라는 생각이 들어 가까이 가서 본즉 아무것도 보이지 않았다. 아마도 성현이 소요하신 것이라고 생각하고, 백일기도를 드려 관세음보살을 친견하고 대오(大悟)를 성취하리라는 결심을 했다.

그날부터 평원 벌판에 나아가 동냥을 하기 시작하여 기도미를 준비하면서 일보 일배를 하는데, 도중에 나한이 화현(化現)하여 기도미를 지어다 주기도 했다.

스님은 다시 일보 일배를 하면서 중비로암까지 올라가서 기도를 드리기 시작하여 어느덧 마지막 백일이 되었다.

마지막 마지불기를 들고 법당으로 올라가는 도중에 어떤 엽사가 쫓아오더니, '석화스님, 제가 배가 고프니 밥좀 주세요'라고 졸랐다. 그러나 마지불기를 들고 가는 것을 붙잡고 밥을 달라고 하니 줄 수가 없어서, '이것이 백일기도의 마지막 회향마지이니 조금만 기다려 잡수시오'라고 하였으나 배가 고파 곧 쓰러질 것 같은데 어찌 밥을 보고 참으라고 하느냐며 밥을 주지 않으면 가슴에 활을 꽂겠다며 끝까지 졸랐다.

 그러나 석화스님은 마음에 굳은 결심과 신심을 가지고 드린 기도 회향인데 어찌 그대를 줄수 있느냐며 강경하게 거절했다. 그러자 엽사는 활을 뽑아 석화스님의 가슴을 겨냥하고 '나의 활 맛을 보아라' 하며 활을 쏘았다.

 화살이 가슴에 꽂히는 순간 석화스님은 확철대오를 하였는데 엽사는 인홀불견이었다. 그 엽사는 바로 관세음보살의 화현이었던 것이다. 석화스님은 이렇게 꿋꿋한 신심으로 기도정진해서 마음 속에 밝은 빛을 얻어 크게 깨우침을 이루었다.

□ 사자(死者)의 부활

 불교에서 말하는 법력이나 생사를 초월한 신통력을 볼 때에 가히 의심이 생기리라 생각한다. 과거의 많은 법사나 고승의 자취를 살펴보면 수없이 많은 기적에 가까운 일화를 남겼다. 비록 그러한 행적의 신비함이 오늘날 현대과학으로써는 해명될 수 없다 하여도, 그때나 지금의 시점에서도 중생을 교화시키는 방편으로서 넓은 의미 속에는 그러한 신통력이 이해될 수 있으리라 생각된다.

사람이 죽었다가 다시 살아난다든가 또 불치병을 고쳐 주는 그 신통력 등은 높은 법력에 도달하여 생사를 초월하고 유기물과 무기물의 형상을 알아내며, 진귀한 영혼만을 체득하여 이뤄질 수 있는 것이다.

현대과학에서 내세운 이른바 근거가 없이는 결과가 없다 하지만 그러한 차원은 법력의 차원에 융화되면서 더욱 처지는 이론일 수밖에는 없으리라. 옛 선사들의 신통력이나 그 법력에 의심을 갖는다면 자신을 믿지 않으며, 자신의 영험에 거부하는 자책일 수밖에 없다. 서산대사, 원효대사, 원광법사의 예가 모두 그러한 법력으로 중생을 깨우쳤으리라 생각한다.

고려 제20대 신종 3년에 독립한 선종으로 송광사를 개창하신 보조국사께서도 고기를 잡수시고 연못가에서 뒤를 보니 잡수신 고기가 변에서 다시 살아나와 물로 뛰어 들어가 꼬리를 치고 다녔는데, 이 고기를 중피리라고 했고, 또 이 고기를 잡아먹으면 과거도 급제할 수 없고 관리직도 될 수 없다는 전설이 전해져 살생을 경계시키는 방편이 되었던 것이다.

조선 제14대 선조 때에 서산대사(西山大師)의 제자인 진묵대사(震黙大師)는 전라북도 만경현 불거촌에서 출생하여 7세 때 전주 서방산 봉서사에 출가하신 선승이신데 여러 가지 기적 중에 이런 이야기도 전해지고 있다.

어느 날 진묵대사가 어디를 가시다가 냇가에 다다르니 소년 여럿이 물고기를 잡아서 남비에 끓이고 있었다. 이 광경을 목

격하고,

"아, 가엾어라. 아무 죄 없는 고기들이 화탕 지옥고를 받는구나."

하시고 탄식을 하시니 소년 하나가,

"스님은 고기국을 못잡수십니까?"

하고 비웃듯이 물었다.

"나도 꽤 잘 먹는다. 한 그릇다오."

하시니 한 그릇 떠 올렸다. 진묵대사는 서슴치 않고 다 잡수셨다. 둘러서서 이 광경을 보고 있던 소년들이,

"부처님은 고기를 먹지 말라고 하셨는데 스님은 어찌 그렇게 고기국을 잘 잡수십니까?"

하며 비웃는 것이었다. 진묵대사는 웃음을 지으시며,

"나는 고기를 죽이지 않았다. 너희들이 죽인 고기를 내가 이제 살려내마!"

하시곤 물가에 대고 뒤를 보시니 잡수셨던 고기들이 다시 살아나서 물속으로 펄펄 뛰어들어 가는 것이었다.

이를 본 소년들은 자신들의 잘못됨을 깨우치고 그물과 낚시를 버려둔 채 스님께 잘못을 빌며 집으로 돌아갔다고 한다.

대오의 경지에 들어서면 진리를 통달하여 생사가 일여하여 그 경지에서 보면 부처와 중생이 따로 없고, 생사열반이 둘이 아니고, 보리와 번뇌가 본디 없으며, 원근거래와 명암염정이 끊어진 원륭도리 안에서는 모든 것이 기적인 것이다. 그러므로 진묵대사께서 붕서사에 앉아서 해인사 큰 법당에 불이 붙어 판전에 불이 붙을까 걱정하시고 손가락으로 물방울을 튕기어 판

전에 붙은 불을 끄셨다고 하는 그런 일은 원근거래가 본래 없고 일다무애한 소식을 보여 준 적이다.

□ 정승의 애첩과 인연

　조선 중종때 영의정으로 원래 성품이 인자한 허원순이라는 분이 계셨는데, 그에게는 세상에 둘도 없는 아름답고 총명한 애첩 이씨 부인이 있었다. 한시도 떨어져 있으면 살수 없을 정도로 금실이 좋고 애정이 깊은 내외간이었다. 그렇게 평화롭고 꿈같은 세월을 보내던 어느 해 봄, 중요한 국사로 정승 판서들이 모여 여러 날 동안 임금을 뫼시고 어전회의가 열리게 되었다.
　여러 날 동안 애첩과 떨어져 있음을 안타까이 여기며 불타는 듯한 연정을 억지로 참아 온 허정승은 어전회의가 끝나자마자 아련하게 떠오르는 애첩을 어서 만나기 위해 한 걸음에 집으로 달려와 보니, 그렇게 그리워하던 이씨 부인이 온데간데 없었다. 그래서 노비를 불러 행방을 물으니,
　"대감님 나가신 그 다음날 웬 숯장수가 숯을 팔러 다녀간 뒤 집을 나가 지금까지 돌아오지 않아서 수소문하여 사방으로 헤매어 찾아보았으나 도저히 행방을 알 수 없었고, 대감님께서는 어전에 계셔서 알려 드릴 수도 없었습니다."
라고 했다.
　허정승은 몇날 몇일을 식음도 전폐하고 잠을 이룰 수가 없었

다. 그러나 이씨 부인은 끝내 돌아오지 않았다. 그래도 부인을 잊지 못해 모든 부귀영화를 저버리고 꼭 애첩을 찾겠다는 결심으로 죽장망혜로 천하강산을 헤매었으나 어디에서도 이씨 부인의 종적은 알 길이 없었다. 그 뒤 여러 해 계절은 바뀌고, 하루는 아무 산에 가면 도승이 한분 계시는데 도승에게 물으면 부인의 행방을 알 수 있다는 어떤 사람의 말을 듣고 그의 말대로 찾아갔더니 과연 백발의 도승 한분이 정좌하고 있었다.

허정승이 자기의 솔직한 심정과 사정을 이야기하니 그것을 알려면 우선 참선을 해야 한다는 도승의 말을 듣고, '마누라를 꼭 찾게 하여 주소서' 하는 생각을 간절히 갖고 10년 동안 참선기도를 올렸다. 그러나 10년 동안 참선기도를 한 후에도 역시 마찬가지이므로 방바닥에 주저앉아서 장탄식을 하고 있는데, 길 건너편에 웬 부인이 머리에 보따리를 이고 오는 것이 보였다. 한눈에 틀림없는 자기의 애첩 이씨 부인임을 알고 허둥지둥 쫓아가다가 돌부리에 걸려 머리를 땅에 곤두박질했다.

머리에 상처는 없었으나 유혈이 주위에 낭자했다. 이게 꿈이냐 생시냐 하는 중에 활연대오하고 보니 삼세사(三世事)인 과거, 현재, 미래를 환하게 알 수 있었다. 허정승은 어렸을 때 집이 가난하여 남의 종살이를 한 적이 있었는데 어느 날 산에 나무를 하러 갔다가 옷에 있는 이를 잡아 산에 던진 것이 우연히 짐승에게 붙어살다가 죽었던 것이다. 그것이 인연을 다하여 종살이를 벗어나 허정승이 되고, 이씨 부인이 된 이는 잠깐을 허정승과 살다가 짐승이 숯장수가 된 이에게 따라가 살게 된 것이다.

인연작복이란 이렇게 구르고 굴러서 선인은 선과를 만나고,

악인은 악과를 만나는 것이다. 권선징악의 정신을 밑바탕으로 쓴 이 글은 완전히 믿을 수는 없겠으나 전생과 후생의 인연을 생각해 볼 때 새로운 각오를 하게 되는 좋은 이야기이다.

□ 화상(和尙)과 대망이

지금으로부터 약 1백여 년전 에 있었던 일이다. 양산 통도사 청련암에 운경스님이 계셨다. 스님은 계율을 엄수하여 명성을 널리 떨치신 스님이며 덕망이 있으신 분이었다. 또 스님은 청련암에서 오랫동안 수도와 정진에 정성을 다한 고행(苦行)의 사표이셨다.

스님이 어느 봄날에 따뜻한 봄볕을 따라 산책을 하시다가 옆에 있는 채소밭에 들어가 이리저리 거니는데, 발 밑에 무엇이 뭉클하면서 밟히는 감촉에 깜짝 놀라 보니 큰 구렁이가 발에 밟혀 껍질이 벗겨져 피가 흐르는 채로 도망가고 있었다.

스님은 대망이 껍질이 벗겨지도록 밟혔으니 오즉 아팠으랴 하고 돌아와서도 기분이 좋지가 않았다. 가슴 아파하며 잠을 못이루다가 홀연히 잠이 들었다. 그 꿈에 한 노승이 배례하며 나타나더니,

"오늘 원두밭에 나와 놀다가 산책 나오신 화상에게 밟혀 등이 몹시 상하여 아파서 견딜 수가 없소. 하오니 화상은 자비심으로써 화장실 천장에 매달린 상추대를 태워서 참기름에 개어 내

상처에 발라 주십시오."
하고 사라지는 것이었다.
　그 이튿날 화장실 천장을 살펴보니 노승의 말대로 상추대가 있었다. 그래서 시킨대로 상추대를 태워 참기름에 개어 놓았다. 조금 있으려니 대망이 담 밑에 도사리고 있었다. 준비했던 약을 발라 주니 어디론지 사라져 버렸다. 그날 밤 꿈에 다시 노승이 나타나서,
"화상이시어, 덕분에 저의 상처는 끼끗이 나았습니다. 저는 어느 대사의 후신(後身)이었습니다. 저는 3년 후면 다시 인간 세계로 나올 것입니다. 그때 다시 뵙겠습니다."
하고는 사라졌다고 한다.

▫ 백학(白鶴)의 보은(報恩)

　강원도 인제에 있는 보리암이라는 절 옆에 커다란 느티나무가 한그루 서 있다.
　어느 날 그 절에 사는 부목이란 자가 나무 밑에 앉아 땀을 식히고 있는데 큰 구렁이 한 마리가 학의 새끼를 잡아먹으려 하고 있었다. 그것을 보고 어미 학이 죽을 힘을 다해 새끼를 보호하는 것을 그대로 보고만 있을 수가 없어 활을 만들어 쏘아 그 구렁이를 죽였다. 그리고 죽은 구렁이를 한쪽에 내버렸다.
　얼마 후에 거기에는 냄새 좋고 탐스러운 버섯이 나서 공양주

보살이 냄새 좋고 탐스러운 것만 생각하고 따다가 죽을 끓여, 온 절 안에 있는 대중들이 모두 맛있게 먹었는데 유독 부목만 이 식중독에 걸렸다. 온갖 약을 다 써 보아도 낫지를 않고 점점 얼굴이 누래지며 항상 배가 아팠다. 이제는 죽을병이라 단념하고 죽을 날만 기다리며 하루하루 지내고 있었다. 대중 스님들도 불쌍하다고 위로만 할뿐 별다른 대책이 없었다.

  그러던 어느 날 늦은 여름철이었다. 부목이 바로 그 느티나무 밑에 누워 배를 만지다가 잠이 들었는데 무엇이 배를 꼭꼭 쪼는 것이었다. 하도 기분이 상쾌해 가만히 눈을 떠본즉 학 한마리가 옆에 와서 주둥이로 부목의 배를 쪼고 있었다. 한참 그러더니 날아가 버렸는데 그 이튿날은 배앓이가 멈추고 뒤가 마렵기에 변소에 가서 대변을 보았더니 구렁이 새끼가 수없이 나오는 것이었다. 그리고부터는 병이 깨끗이 나았다.

  이것이 구렁이를 죽인 보복의 배앓이었고, 원수를 갚아준데 대한 학의 보은이었던 것이다. 그래서 이같은 이야기는 이 절 사적비에 실려 지금까지 전해지고 있다.

□ 유학자 동오(東悟)의 금생과 전생

  옛날 중국의 명나라 시절에 장해련(張海蓮)이란 학자가 있었다. 호를 동오(東悟)라 하였고, 남조 상강 사람이라고 전해진다. 그 어머니가 장해련을 낳을 때 조부모님의 꿈에 황금으로 된 수레를 보았는데, 그 수레 속에는 여러 명의 천사가 가득했고, 하늘에는 오색이 영롱한 구름이 피어나고, 용이 한 동자를 태우고 집으로 내려오더니 이 아이를 받으라고 소리쳤다 한다.

장해련은 중국 유학계에 새로운 활기를 불어넣어 주었으니, 원(元)대부터 명(明)대까지 성행하던 주자학(朱子學)이 〈사서오경〉의 주소(註疏)에만 끌리고 혹은 송유가 씹다 남은 찌꺼기만 맛보며, 철리(哲理)만을 담론하고 실행을 가볍게 여기는 잘못이 있었는데, 명대 중엽에 장해련이 세상에 나와 양지양능과 지행합일(知行合一)의 실학(實學)을 주장하여 사상계에 일대 변혁을 일으킨 것이 바로 양명학이다.

장해련은 달마 선백인 돈오(頓悟) 선풍에 이미 전세부터 마음을 밝혔던 선장이 아닌가 생각된다. 장해련은 불교의 선종과 속세의 인연설을 다음과 같이 전하고 있다.

신양성 어느 조그마한 마을의 점강사라는 절에 얼마 전부터인가 일심으로 선을 닦아 생사해탈을 자유자재로 할 지경에 이르러 수도하던 선지식 한분이 계셨는데, 그가 어느 날 점심공양을 잡수시고 목욕을 한 후 가사착복하시고 조용한 법당으로 들어가시면서 이 문을 절대 열지 말라 하시고는 들어가신 후에 다시 나오지도 않고 밖에서 문을 열려고 해도 열리지를 않는 것이었다.

필시 법당 안에서 좌탈입망(坐脫立亡)하신 것이라 생각하고, 또한 그런 성승의 부탁을 함부로 어떻게 할 수도 없어 오랫동안 그대로 문을 열지 못하는 법당이거니 하고 말만 전해 오는 터였다.

 그런데 어느 해 봄에 장해련이 제자 여럿을 데리고 점강사로 봄나들이를 오게 되었다. 와보니 도량 환경이 마음에 들고 언제 본 것처럼 산천이 눈에 익어 보였다.

 여기저기 돌아다니며 법당 참배를 하던 중 한 법당 앞에 가서 문을 열려고 하니 안내를 하던 대사가 그 문은 열어서는 아니 된다고 하므로 까닭을 물은즉, 전후 사실을 자세히 설명해 주었다.

 그 설명을 들은 장해련은 어쩐지 꼭 문을 열어 보고 싶었다. 그래서 문고리를 잡아당기자 힘들이지 않고 문이 열렸다. 그 스님은 사가를 입은 그대로 가만히 입정(入定)한 채로 좌탈했다.

 그래서 문이 열린 것을 보고 대중과 장해련 선생의 제자들이 웬일인가 하여 모여 들었다.

 그런데 한쪽 벽에 다음과 같은 글이 써 있었다. 뜻을 풀이하면 50년 전에 내가 이 문을 닫았는데 50년 후에는 장해련이란 이가 와서 이 문을 열 터인데, 문 닫은 사람이 딴 사람이 아니고 바로 문을 연 사람이 문을 닫은 사람이니 생사와 고금이 본래없는 영영스러운 정령이 다만 껍질을 바꿔 입고 다시 와서 보니 불문에서 불리 신이라고 말한 것이 이것인줄 알 것이로다 라는 말이다.

 그리하여 정해련 선생은 좌탈열반하신 이 시신을 대중스님들과 함께 화장했는데 장해련 선생이 전생에 참선하던 중이었다고 세상에 전해지고 있는 것이다.

그 숙습(熟習)인지 양지양능설도 불가의 선리에 가깝고, 장해련 선생은 평소에도 정좌하기를 즐기셨다고 전한다.

□ 돌고 도는 인생

옛날과 다름없이 지금도 천당과 극락, 지옥이 있다고 믿고 있는 사람들이 많다. 그 중에 직접 저승을 다녀 온 사람들의 이야기가 있다. 황해도 평산 고을에 판서 벼슬을 지낸 유익성(80세)씨와 그 윗마을에 39세 된 같은 이름의 유익성씨가 살고 있었다.

젊은 유익성씨가 어느 날 점심 식사를 마치고 홀연히 잠이 들더니 그대로 숨을 거두었다. 갑자기 생긴 불상사에 집안은 온통 울음바다를 이루었고, 동네 사람들도 젊은이가 죽어서 안되었다며 모두들 젊은 유씨의 죽음을 아깝게 여겼다.

그런데 밤중쯤 되어 죽어 있던 유씨는 숨을 한번 크게 내쉬더니 부스스 깨어났다. 집안사람들은 꿈인가 생시인가 하고 깜작 놀랐다.

유씨는 차차 정신이 말끔해지며 말을 시작했다. 그리하여 유씨에게 전후 사실을 물으니 말하기를, 잠이 깜박 들었는데 여러 사람들이 집에 들어와서 어디로 자꾸 같이 가자고 하였습니다. 그래서 아니가려고 발버둥을 쳤으나 억지로 가마에 태워져 끌려 갔는데 분명 말로만 듣던 염라대왕 앞이었습니다. 염라대왕이 주소, 성명, 그리고 전에 했던 일을 묻기에 상세히 말씀드리자, '평산의 유판서를 데려 와야 하는데 딴 사람을 데려왔구나. 너는 다시 인간세계로 돌아가거라' 하고 옆에 서있는 자에게 이 사람을 빨리 보내고 유판서를 데리고 오너라! 한즉 명령 받은 자가 나를 데리고 알지 못하는 길을 지나더니 어느 냇가에서 외나무다리를 건느라고 해서 건너 왔는데 그때 잠에서 깨어났다는 것이었다. 그래서 집안 식구들이 아래 마을에 유익성씨를 찾아보니 과연 유익성씨가 어젯밤에 세상을 떠났다는 것이었다.

참으로 인간 세상은 다람쥐 쳇바퀴 돌듯 돌고 돌아가는 것이 인생이니 좀 더 진정한 삶의 의미를 갖고 살아야겠다.

□ 신심(信心)으로 병을 고치다

낙도에 사는 주민들은 예나 지금이나 편히 살수 없다. 바다와 싸워야 하고 모진 바람과 싸워야 하고, 또 물 걱정도 해야 한다.

섬에서 하루만 살아봐도 낙도에 사는 주민들의 어려움을 알 것이다. 그런즉, 2, 3백년 전쯤에야 얼마나 고생했을까. 지나가는 배도 없고 꼭 귀양살이나 다름이 없었을 것이다.

목포에서 조금 떨어진 해도라는 섬에서 일어난 일이다. 김청삼씨는 어부를 하면서 생계를 이어가는데, 갑자기 얼굴이 누렇게 되며 버짐이 생기고 얼굴이 굉장히 흉해지기 시작했다. 온갖 좋은 약을 다 써보았으나 소용이 없었다.

 사람들은 병이 옮는다 하여 점점 멀리하고, 떨어진 섬에서 사는 것도 외로운 데 병까지 얻으니 더욱 더 외로웠다. 그래서 김씨는 죽으려고까지 마음을 먹었으나 자식과 아내를 생각하여 차마 죽지는 못했다. 그러던 어느 날 이상하게 생긴 노승이 와 시주를 원했다.

 김씨는 마음이 착한 불교신자였기 때문에 그 노승을 반겨 맞고는 많은 시주를 했다. 그런데 그날 밤 꿈에 그 노승이 나타나 이르기를, 어서 기도하여라, 아무 걱정말고 기도만 하라고 말했다.

 꿈을 깨고 보니 온몸이 흠뻑 땀에 젖어 있었다. 곧장 기도 준비를 하고 병을 얻은 지 1년이 훨씬 넘은 그 이듬해 7월 29일부터 기도를 시작하여 삼칠일 동안 성심을 다해 기도를 마쳤다.

 기도를 드리던 마지막 날 꿈속에 관세음보살님이 나타나 가까이 오시더니 네가 오랫동안 고생하였구나, 이제는 괜찮을 것이다, 라고 하며 손으로 만지고 문질러 주셨다.

 편안한 마음으로 잠을 깨보니 차츰 곪았던 것이 나으며 통증도 가시고 깨끗하게 병이 나았다는 것이다.

 아주 허황한 꿈이라 하여 이웃 사람들은 믿지 않고 오히려 비웃는 사람들이 더 많았다. 그러나 부모가 현몽을 했다거나 보살이 현몽을 했다는 것이 허무맹랑한 소리는 아닌 것이다.

 그리고 다른 잡념이 없고 정신통일이 된 사람에게는 꿈이 거의 없으며 어쩌다 꿈을 꾸는 경우에는 자신의 영령스런 영식의 활동으로 미리 예감을 주는 일이 있다.

세속에서 말하는 개꿈, 불꿈, 경사를 앞두고 꾸는 꿈, 불길한 일을 예감할 수 있는 꿈들이 알려진 예가 많은 것이다. 그렇기 때문에 한편 대인들은 헛된 꿈이 거의 없고 마음이 진정되지 못하고 잡념이 가득하고 정신이 산만한 사람에게는 잡몽을 꾸는 경우가 많다고들 한다. 그러나 꿈은 신비스럽고 때로는 계시를 하는 경우가 있다.

□ 환생(幻生)하지 못한 어머니의 한

구한말, 민족의 역사에 씻을 수 없는 오점을 남긴 치욕적인 한일합방을 하기 2년 전 한국의 불교는 숭유배불정책의 영향으로 산간에 조용히 숨어서 잠을 자고 있었다. 그러나 몇몇 전통 있는 사찰에서는 그래도 사대부중들이 모여서 기도와 정진을 하며 불사(佛事)를 이루어서 불교의 맥락을 이어가고 있었다.

이 무렵 손덕원 스님이 전주 고달산 남고사의 부전스님으로 있을 때인데 아래 산성마을 사람이 흰 개 한 마리를 데리고 자기 어머니의 재를 지내러 왔다. 그 개가 마루로 들어가 사방으로 뛰어다니며 온통 방안을 더럽히는 것이었다.

덕원스님은 불쾌히 생각하여 상제에게 개를 단속하라고 일렀으나, 잡지 못하고 그 마을 사람은 더욱 개를 뛰어다니게 하며 스님에게 '용서하여 주십시오' 하며 이르기를,

"저는 전주에 사는 김희상이라 합니다. 저 개가 모습은 개이

나 이놈의 모친이올씨다. 부친은 일찌기 작고하시고, 모친을 모시고 살아왔는데 작년 5월 7일에 모친도 별세하였습니다. 모친이 돌아가신 뒤 넉달만에 소인의 집에서 기르던 개가 저 흰 개 한 마리를 낳았습니다. 그 개가 하도 탐스럽고 좋으니까 이웃 사람들이 달라거나 팔라 하였으나, 사냥개를 만들자는 사람도 있어서 그렇게 해볼 양으로 지난달 초순에 개의 두 귀를 쨌더니 그날 밤 꿈에 모친이 나타나 '내 전생에 마음이 고르지 못해 다시 네 집에 와서 축생(개)으로 지내려 하였는데 이 몹쓸놈아, 내 귀를 칼로 째서 아파 못견디겠구나' 하면서 손을 들어 뺨을 때리는 순간 꿈에서 깨어났습니다. 그리하여 저 개가 분명 모친의 후신인줄 알았습니다. 그제야 그릇을 깨끗이 하고 음식을 갖추어 저 개 앞에 놓고 온종일 '알아 뵙지 못해 잘못하였습니다. 용서해 주십시오' 하고 내외가 엎드려 빌었더니 그날 밤 꿈에 또 다시 어머니가 오셔서, '내 평생에 유서 깊고 영험 있는 남고사 구경을 못한 것이 한이 되었으니 지금이라도 내 소원을 이루어 달라'하셨으므로, 오늘 이렇게 절을 찾아서 저희 어머님을 천도하러 온 것입니다."
했다. 재를 정성으로 모신 49일 만에 그 개가 죽더니 다시 꿈에 그 어머니가 나타나서는,
"이제는 내가 좋은 곳으로 가게 되었으니 안심하여라. 네가 재를 지내 준 덕분이다."
고 했다.

□ 이고득락(離苦得樂)

 혈육의 정이라는 것은 비길 데 없이 두터운 것이다. 그래서 사람들은 부모님에게 효도 한번 다하지 못하고 부모가 죽었다 하면 밤낮으로 부모님을 그리워하고 후회하며 슬퍼한다.
 전라도 남원 고을에 이창선이라는 젊은이가 살고 있었는데 일찍 아버지가 병들어 죽자 세상일이 다 슬프게 보여 머리를 깎고 중이 되어 버렸다.
 해는 바뀌고 어느 추운 겨울날 꿈을 꾸었는데, 어느 노승이 나타나 이르기를 나는 네 아버지라고 했다. 그러나 목소리와 모습이 달라, 창선이가 집안 식구에게 물어보니 노승의 말이 모두 맞았다. 그래서 창선은 아버지임을 알고 슬피 울었다.
 그 아버지가 창선스님을 위로하며 말하기를, 선과 악의 업보는 자기가 지어 자기가 받는 것이니 누구에게 한탄하고 원망할 것이 없다. 지금 내가 있는 곳은 죄인들만 잡아서 모아 놓은 염라국 지옥에서 고통을 받고 있다. 내가 전세에 저지른 잘못이 어찌나 큰지 고통이 이루 말할 수 없구나. 너의 종숙과 동네의 정택분이도 나와 함께 있다. 그런데 내가 처음 이곳에 왔을 때 이 지옥에서 벗어나 승천한 사람이 하나 있었는데 그 뒤에는 아직도 한 사람도 없다.
 승천한 이는 중국 태순 땅에서 관리직을 맡고 있던 박선국이란 사람인데 그 아들 정명이가 〈법화경〉 1천 편을 외어 부모천도의 기도를 드린 공적으로 이고득락(離苦得樂)하였으니 창선아, 너도 이 아비를 위해 〈법화경〉 1질을 사서 독송하여 이 고득락하게 하여 달라는 부탁을 하고는 연기 속으로 사라져 버리는 것이었다.

이에 창선은 깜작 놀라서 벌떡 일어나 고향에 계시는 어머니를 찾아가, 꿈 이야기를 하였더니 어머니도 눈물을 흘리며 이 기도에 협력하여 법공양을 할 준비를 했다.

단양 용화사에서 묵담대종사 회장에서 〈법화경〉을 서사 독송하게 되었는데 기도를 마치는 마지막 날 꿈에 아버지가 나타나 〈법화경〉 서사 독송의 공덕으로 천상으로 가게 되었으니 고맙구나 하고 미소를 지으며 사라졌다.

그때 경을 서사하려 할 때 정진스님의 방에 여우가 들어오길래 그를 잡아 그 털로 붓을 매어 썼다고 한다. 그런데 그 붓이 경 한 질을 다 써도 모자라지 않았다는 신기하고 기이한 이야기도 함께 전해지고 있다.

□ 관음사(觀音寺)와 효자

우리나라 남단의 제주에 관음사라 하는 유명한 사찰이 있다. 관음사에서 백일기도를 마치고 〈관음경〉을 읽으면 이루어지지 않는 일이 없다 하니 제주의 많은 사람들이 관음사에 등촉을 밝혔다.

관음사에는 다음과 같은 내력이 있다.

조선 초 불교의 정신문화가 맥을 잃게 되고 유교의 학풍이 온 조선을 뒤흔들던 당시 김관세라는 젊은이가 살고 있었다. 그는 효심이 지극하고 아버지가 일찍 돌아가셨기에 어머니에 대한 지극한 정성은 더욱 깊었다. 그러나 나이 스물 한살이 되던 해 어머니도 병고에 시달리다가 그만 세상을 하직했다.

김관세는 며칠을 울며 고심하다가 후세에 환생하신다면 극락정토에 가시기를 기원코자 여러 날 동안 고승을 찾아 헤맸다. 그러나 고승을 잘 만날 수는 없었고, 한라산으로 들어가면 갈수록 첩첩산중이었다. 굴속으로 들어가 우선 잠이라도 자기로 하고 드러 누웠는데 굴속에서 이상한 음악 소리와 함께 관세음보살이 나타나셨다. 그는 놀라 정신을 차리고 무릎을 꿇고 엎드렸다.

관세음보살은 관음사를 찾아가 백일기도를 하고 〈관음경〉을 읽으면 어머님이 극락에 가신다 말씀하시므로 기뻐서 어쩔줄 몰랐다. 그는 관세음보살님께 백배 절을 하고 그 길로 당장 관음사로 향했다. 도착 즉시 목욕재계하고 백일기도를 하며 〈관음경〉을 외웠다.

백일기도 마지막 날, 꿈속에 어머님이 나타나 밝은 표정으로 말씀하시되, '네가 〈관음경〉을 읽어 주어서 내가 극락정토에 가게 되었다' 하며 구름 속으로 사라졌다.

이 이야기가 세상에 전해지자 관음사의 등촉이 끊일 날이 없이 밝혀졌다는 얘기다.

□ 불심(佛心)과 효심(孝心)

불법은 언제나 중생을 제도하기에 한량없이 자비롭다. 아무리 하찮은 생물이라 할지라도 그 생명은 항상 소중하다.

한편 우리 한민족의 충효의 정신은 옛부터 아름다운 인정가화를 낳고 역사를 장식해 왔다. 그래서 세속에는 많은 설화와 전설, 기담 등이 어느 지방을 막론하고 입에서 입으로 풍부히 전해진다.

여기에 전라도 정읍 땅에 전해지는 한 얘기를 소개한다.

병든 노모와 아내를 거느린 숯장수가 살고 있었는데, 어느 날 장이 늦게 파해 어두운 길을 오다가 갑자기 달려든 매에게 그만 어머니를 위해 장만한 생선을 빼앗기고 말았다. 숯장수는 분하고 원통했다. 비록 값싼 생선 몇 마리이지만 자기로서는 숯을 팔아서 어렵게 마련한 어머니 선물이 아닌가? 빈손으로 돌아온 숯장수는 마음이 허전하고 힘이 없었다.

지게를 마당가에 벗어던지고 맥없이 마루에 앉아 있으니 생각할수록 고기를 빼앗아간 그 날짐승이 괘씸했다. 드디어, '아이고, 어머니!' 하고 눈물을 흘렸다. 이 울음소리를 듣고 부엌에 있던 아내가 쫓아 나오며 왜 이렇게 늦었느냐고 물었다. 그리고 왜 이렇게 주저앉아 있느냐고 부인이 다그치니 '오늘은 허탕치고 왔소' 하며 푸념을 했다. 그리고는 일어서서 방으로 들어가려는데 고기 지지는 냄새가 나는 것이었다. 이상해서 부인에게 물어보니 솔개 한 마리가 마당 위를 빙빙 맴돌다가 고기를 떨어뜨려서 주워 지졌다는 것이었다.
 이상한 생각이 들어 고기 꾸러미를 보니 자신이 사가지고 오다가 매에게 빼앗겼던 그 생선이었다. 즉 숯장수가 늦는 듯하자 숯장수의 효심을 아는 새 짐승이 고기 꾸러미를 일찍 갖다 준 것이었다.
 또 어느 해 여름에 어머니께서는 어려운 병에 걸려 오랫동안 시달렸는데 하루는 홍시를 잡숫고 싶다는 것이었다. 그러나 한여름에 홍시가 있을 리가 없었다. 그래서 할수 없이 감나무 밑에서 부처님께 빌기로 했다. 그 다음 날 밤이 이슥해지자 호랑이 한 마리가 그에게 다가 왔다. 옆에 다가 와서는 해치려는 기색은 보이지 않고 제등에 엎히라는 시늉을 하는 것이었다. 숯장수는 두려움을 잊고 올라 탔다. 순간 쏜살같이 마구 달리는 것이었다.
 밤이 아주 깊어져서야 호랑이가 그를 내려놓았는데 그곳은 어느 집 문 앞이었다. 밤도 깊고 하여 할 수 없이 그 집에 들어가 하룻밤 묵어 갈 것을 청했다. 그랬더니 사랑방으로 들어오라 했다. 잠시 후에 오늘 제사를 모셨는데 좀 먹으라며 떡과 각종 과일을 즐비하게 내놓았다. 그런데 그 음식상에는 오뉴월인데도 불구하고 홍시가 놓여 있었다. 너무도 반가워 전후 사정 이야기를 하였더니 주인은 자기 부친도 생전에 홍시를 즐기시어 여름 제사에 쓰려고 깊이 굴을 파고 간직해 두었다는 것이었다.
 평년에는 백 개쯤 두어도 성한 것이 7, 8개 밖에 되질 않았는데 올해에는 40여 개가 생생하다며 필요한 데로 가지고 가라고 내 주었다. 급한 마음에 홍시를 싸 가지고 길을 나섰더니 호랑이가 또 나타나서 삽시간에 집까지 데려다 주는 것이었다.
 홍시를 받아먹은 숯장수의 어머니는 병이 완쾌되시고, 온 가족이 한평생 잘 살았다고 한다. 지성이면 감천이라고 숯장수의 효심에 짐승도 감동한 것이리라.

□ 효자(孝子)의 지혜

 옛날부터 지금까지 시어머니와 며느리 사이는 원만하지 못하다. 그러나 지금 여기에 적은 이야기는 그중에서도 제일 난처한 입장의 예로서, 남편의 현명한 지혜로 한 가정이 화목한 생활을 유지한 눈물겨운 이야기이다.
 어느 조그마한 마을에 젊은 부부가 편모를 모시고 살아가는데 시어머니의 성질이 괴팍스럽고, 며느리 역시 시어머니의 뜻을 맞춰 드리지 아니하는 못된 성질의 소유자인지라 집안에는 웃음이라곤 찾아볼 수가 없었다.
 어느 날 밤 남편은 일을 모두 마치고 방에 들어온 자기 아내에게.
 "여보! 우리의 가난한 살림도 힘겨운데 어머님마저 성질이 저러하시니 우리 부부가 한창 탄탄하게 살아야 할 때에 참으로 미안한 일이오. 마을 사람들 보기에도 민망스러우니 부인이 어렵더라도 삼칠일 동안만 어머니 마음을 흡족하게 성의껏 해드려 보오. 그러면 그 집 며느리는 효부라는 칭송이 자자할 것이오. 그리고 삼칠일 후에는 어머니를 동리 앞의 못에 빠뜨려 버립시다. 그 때는 며느리의 효행에 자신이 부끄러워 자살했다고 동리 사람들이 인정할 것이오. 그 후에 우리 둘이 단란하게 삽시다." 라고 설득했다. 그 다음부터 며느리는 시어머니를 친어머니 모시듯 극진한 정성을 다해 모셨다.

　삼칠일이 다되고 보니 시어머니 역시 며느리 대하기를 아들 대하듯 하며 집안에 잔소리가 끊기고 웃음꽃이 피었다. 집안이 화목하니 부부간의 애정도 전보다 더욱 깊어진 것은 물론이다.

　삼칠일을 지낸 뒤에 아내를 전과 같이 조용히 불러 처음 언약한대로 어머니를 못에 빠뜨리자고 했다. 헌데 며느리는 소리없이 눈물을 흘리며 애걸한다.

　"어찌 저토록 인자하신 어머니를 우리 손으로 못에 넣을 수가 있겠습니까? 지금까지 어머님께 불효하여 마음이 아픈데 그 위에 어머님을 돌아가시게 한다면 우리는 짐승만도 못한 인간입니다. 청천백일하에 고개를 들고 살수 없고, 자식들을 낳아 잘 살기를 바랄 수가 없습니다. 저의 그릇된 행실을 용서하여 주시옵고 그런 말씀은 거두어 주십시오."

하며 엎드려 펑펑 울었다. 그제서야 남편은 얼굴에 환한 웃음을 띠며,

　"전에 구설이 분분하였던 것은 어머니 탓도 많았지만 당신의 효행이 부족했던 것이 사실이오. 오늘 이렇게 우리 집안에 웃음꽃이 필수 있는 것은 당신의 효행 덕분이라오. 지금 당신이 한 말, 또 내가 한 말을 평생동안 잊지 마시오. 내가 좋으면 나

쁜 사람이 없다는 말과 같이 옳고 그른 것은 모두 나에게 있는 것이오. 실은 당신이 어머니를 못에 빠뜨리자는 나의 말을 따랐다면 당신과 나는 오늘로써 마지막이 될뻔 하였소. 부인 고맙소."
라고 했다.

 그 후 며느리는 자신의 잘못을 더욱 깊이 깨닫고 뉘우치며 착한 며느리, 어진 아내로서 즐거운 나날을 보냈다고 한다.

□ 젊은 수도승의 부모천도

 조선 말엽 서양문물이 한반도에 상륙하고, 바야흐로 나라의 정세는 점점 강대국의 위협에서 빛을 잃어가는 위급할 당시의 얘기다. 그러나 우리 민족은 냉정한 판단과 나라를 걱정하는 마음들은 부처님을 향한 불심으로 승화했다. 상시의 한 젊은 수도승의 이야기를 소개하겠다.

 성철스님은 조실부모하고 걸인 신세가 되었는데, 어느 날 그는 전라도 남원 고을에 이르게 되었다. 그는 거지들이 집단 은거하는 다리 밑으로 가서 지냈다. 그곳에 모여 있던 거지들 가운데 한 아이가 얻은 밥을 가지고 어느 집 헛간으로 들어갔다. 이때 어느 스님이 이것을 보고 걸인 아이가 밥상을 차려 들고 헛간으로 들어가는 것을 이상히 여겨 가만히 엿보았더니 한쪽 구석에 밥상을 놓고,

"아버지, 어머니, 오늘이 일년 중 대명일로 해가 바뀌는 날이 온데 불효한 자식이 가난하여 아직 걸식생활을 하고 있어 선영에 제사를 못 올리고 있습니다. 얻은 밥이나마 잘 응감하소서."
하고 절을 하는 것이었다. 이것을 목격한 스님은 감동을 받아 나중에 걸인 아이를 데려다 상좌로 삼고 글도 가르쳤으니 그가 후에 성철스님이 되신 것이다.

바로 지금부터 2백여 년 전 철종 임금 때 어느 봄날이었다. 성철스님은 항상 부모를 공양하지 못한 것이 한이 되어 왔는데, 돌아가신 영혼이라도 편안한 곳으로 모시기를 기원하여 실상사 시왕전에서 일심전력으로 축원을 올리고 부모천도를 서원했다. 그리고 〈법화경〉을 성심껏 쓰기 시작하여 수개월만에 마치고 회향불공을 올리기까지 했다. 그날 밤 성철스님의 꿈에 부모님이 나타나서 혼연히 치하하는 말이,
"네가 〈법화경〉을 서사한 공덕으로 우리가 모두 이고득락하게 되었구나. 우리의 자취를 알려거든 화순군 화순면 너의 외가에 가보면 자세히 알 것이다."
하고 사라졌다. 꿈을 깨고 나서 그 이튿날 화순에 있는 외가에 가보니 과연 외가에서 먹이던 농우가 어제 죽었고, 그 이웃집 암소도 역시 같은 시각에 죽어버렸다는 것이었다.

그래서 분명히 그 소들이 자기 부모의 후신임을 확신하고 소 무덤에 제사를 모셨다는 이야기가 전해지고 있다.

□ 효부샘과 잉어

 중국 진나라 때 명진이라는 유명한 효자가 살고 있었다. 명씨는 천성이 착하고 남보다 부모를 공경하는 마음이 지극했다. 그의 아버지는 일찍 돌아가셨으므로 그는 늙은 홀어머니를 모시고 있었다. 그러나 어머니도 침식을 잊을 정도로 몸이 쇠약해지고 거의 죽은 사람과 같을 정도였다. 또한 명씨의 아내 역시 시어머니 공경하기를 하늘과 같이 하여 마을마다 칭찬이 자자했다. 그러나 집안이 넉넉한 살림이 아니어서 시어머님을 제대로 봉양할 수 없어서 나날이 고심하던 중 어머님이 강물을 마시고 싶고, 잉어가 먹고 싶다 하시니 명씨는 아내를 시켜 물을 길어오게 하고, 자신은 나룻배를 타고 낚시를 해 잉어를 잡았다.
 여러 날 동안 명씨는 잉어를 잘 잡았으나 날이 추워져서 강물이 얼고 손발이 너무나 시려서 잉어를 잡을 수가 없었다. 그래서 빈손으로 돌아올 때는 눈물을 흘렸다. 늙으신 어머님을 뵐 면목이 없었다.
 날이 갈수록 살기가 어려워지고 마음이 괴롭던 중 어느 날, 아내가 말없이 강가로 나갔다. 해질 무렵에야 돌아오니 명씨는 크게 의심하여 자신의 아내를 내쫓았다. 시어머니 역시 격노하여 평소 품행이 단정치 못하더니 일이 여기에 이르렀다 하여 며느리를 들어오지도 못하게 했다.
 며느리 장씨는 갈곳이 없어 친정으로 가려 해도 친정 부모님께 누가 될까 걱정이 되어 품팔이를 하기로 작심하고, 실정을 보이고자 착실히 품삯을 모아 시댁 어머님 앞으로 보냈는데 그것도 자신이 보낸 것처럼 꾸미지 않고 품팔이 하는 집의 노파를 시켜 전달했다.

워낙 집안 형편이 좋지 않고 며느리마저 없던 터에 품삯의 적은 돈이지만 반겨 맞을 수밖에 없었다. 명씨는 몇년째 계속되는 도움이라 이상히 여기고 그 노파의 뒤를 밟아보니, 자기의 아내가 품팔이를 하는 모습을 발견하고는 크게 자신을 반성했다.

명씨는 아내에게 깊이 사과하고 아내를 집으로 데리고 왔다. 시어머니도 반겨 맞으며 서로 부둥켜안고 우는데, 마당 근처에서 샘이 솟더니 금방 커다란 잉어가 가득했다. 명씨 또한 너무 기뻐 눈물을 흘리며 아내와 어머님을 부둥켜안고 행복을 다짐했다는 이야기이다.

▫ 효심으로 맺은 열매

충청도에는 옛부터 양반이 많기로 유명한 고장이다. 그래서 더 자세히 살펴보면 효심이 지극한 사람들이 모여 사는 고장이라고도 할 수 있다. 논산군 강경읍 중앙리에 가보면 효자비가 세워져 있는데 그 뜻을 풀이하면 이러하다.

'지극한 효성이 큰 뜻을 이루고 꽃 같은 마음이 세상의 찬바람을 막아 주었네. 길이 후손에 알리어 우리 모두 자랑하자.'

이 이야기는 지금으로부터 2백여 년 전에 있었던 이야기다. 중앙리에 장화라는 처녀가 살고 있었다. 장화는 얼굴이 곱고 평소에 말이 없어 차분하기로 소문이 나 있었다. 그러나 그의 부친이 일찍 세상을 떠나시고, 어머니마저 너무 슬피 울다 눈까지 멀어 앞을 볼 수 없게 되었다. 장화의 나이 열한 살이었다. 논도 없고 또 재산도 없어 문전걸식할 수밖에 없었다.

장화는 문전걸식을 하며 어머니의 진지를 올리고 정성을 다해 모셨다. 그럭저럭 장화의 나이 20이 되어 이제 문전걸식을 할수 없게 되었다.

마을에 흉년이 든 데다가 시집갈 나이가 되어 더 이상 동냥을 받아 어머니를 모실 수 없게 되었다.

장화는 곰곰이 생각하다가 이 몸 하나 불행하게 되어도 어머님의 은혜를 다 갚지 못하는 것이니 이 몸을 팔아 종이 되어, 어머님을 모시기로 결심했다.

장화는 건너 마을 대감댁에 30냥에 몸을 팔고 아침 일찍부터 밤늦게까지 부엌에서 일을 하다가 집에 돌아와 어머니 저녁을 해드리곤 했다.

장화는 나날이 몸이 쇠약해져 갔다. 또한 일을 하다 보면 늦게 끝나는 일이 많았다. 점심때에 시간이 있으면 주먹밥이라도 갖다 드리곤 했으나 대부분 가지 못했다.

어느 날 10시쯤에 일을 마치고 돌아오니 어머니가 심히 노하여 이르기를 이제 네 마음이 변해 가는구나 하고 꾸중을 하셨다.

장화는 어머니에게 종살이 하는 것을 숨기고 왔으나, 더 이상 숨길 수 없어 이르기를, 어머니 이 한 몸 죽으면 그만이오나

평생 은혜와 고마움 속에 저희를 길러 주신 어머니에게 불효할 수 없어, 요 건너 마을에서 종살이를 하고 있다고 말했다.

이 말은 들은 어머니는 크게 감동하여 딸을 껴안고 울었다. 이 소식을 마침내 상감마마까지 듣게 되었다. 임금은 금초에 보기 드문 효녀라 하여 집 한 채와 30섬의 백미를 하사하고 좋은 낭군과 결혼을 하여 어머니를 뫼시게 하는 동시에, 비석을 세워 후세에 알리기로 했다.

□ 자은사(慈恩寺)의 유래

중국 진나라의 12대 왕인 서왕 때 일이다. 서왕은 사치가 심하고 하늘에 제사까지도 게을리 하는 아주 몹쓸 임금이었다. 또한 사냥을 좋아하고 술과 노래로 세월을 보냈으나 한 가지 커다란 고민이 있었다.

사냥을 하거나 술을 마시고 나면 왼손이 몹시 저려오는 것이었다. 서왕은 근심의 나날을 보내다가 모든 명의를 불러들여 자신의 병세를 얘기했다. 명의들은 서왕의 성격이 난폭하고 마음이 고르지 못한 것을 알기 때문에 제대로 진의를 하지 못했다.

그러나 서희라는 명의는 다음과 같이 말했다.

"서왕의 모친이 왕을 태중에 모셨을 때 왼손으로 부육을 잡으셔서 열달이 넘도록 탄생하지 못하셨습니다. 만일에 탄생하시려면 어머님이 수술로 인해서 죽어야겠기에 망서렸습니다. 그러나 어머님께서는 내 몸 하나 죽는 일은 그다지 중요치 않으나 내 몸 안의 태아가 죽게 되면 후손이 끊기고, 나라 전체의 슬픔이 되므로 수술하라고 하였습니다. 명의들은 슬픔을 머금고 어머니를 수술하여 태어나시게 하였습니다. 수술을 할 때에 잘못하여 왼손이 다치시어 아프신 것이옵니다."

왕은 이 말을 듣고 깊이 느낀 것이 있었다. 서왕은 어머님의 지극한 사랑과 나라의 대통을 위해서 목숨을 버리신 어머니의 얘기를 듣고 무엇인가 새로운 마음가짐이 필요했다.

서왕은 서희를 불러 선모의 높으신 뜻을 기리려면 어떻게 하였으면 좋을까 여쭈었다. 서희는 왕께서 왼손이 저리시는 것은 선모께서 혼령으로 남으셔 국정을 바로 잡으시기를 기원하는 것이니, 왕께서는 국정을 바로 잡으시고 그 혼령을 위해서 절을 지으시면 나을 것이라고 했다.

이에 왕은 크게 기뻐하여 어머니의 뜻을 기리고자 절을 지어 자은사라 이름 짓고 그 후로는 착한 왕이 되었다고 한다.

□ 스님의 효행(孝行)

지금으로부터 약 60여년 전 강원도 춘천 어느 마을에 다 쓰러져 가는 초가집 한 채에 병고에 허덕이는 노인 한분이 누워 있었다. 그에게는 아들 하나가 있었는데, 그 아들이 바로 보암사에 계시는 신앙심이 매우 깊고 효성이 지극한 영학스님이었다.
 영학스님은 80 노모가 노병에 누워 계시는 것을 보고만 있을 수 없어 할 수 없이 절로 모셔 온 후 간호해 드리기로 했다. 그런데 절에 여자가 있는 것도 곤란한데 영학스님의 노모는 게다가 고기도 잡숫고 싶다고 하시니 영학스님은 입장이 매우 난처했지만 임종이 가까운 어머니의 최후의 소원인데 저버린다는 것은 너무도 마음 아픈 일이었다. 그래서 할 수 없이 마을 시장에 내려가 고기를 사서 다른 신도들 몰래 끓여 어머니께 봉양했다. 그러나 영학스님이 절에서 고기를 사다 먹는다는 나쁜 소문이 신도들 사이에 퍼졌다.
 그리하여 신도 한 사람이 그 행동의 사실 여부를 알아보고자 영학스님의 일거일동을 감시하기로 했다.
 그날도 역시 어머니가 고기가 매우 잡숫고 싶어 하는 것을 보고 몰래 푸줏간에 가서 고기를 사가지고 돌아왔다. 고깃덩이를 도마 위에 올려놓고 요리하는데 미행하던 신도가 들어왔다.
 영학스님은 놀라움과 부끄러움으로 얼굴을 붉히며 두 손으로 도마 위를 가리고 어머니와 관세음보살님의 얼굴을 생각하며 눈물을 흘렸다.
 그게 무어냐고 꼬치꼬치 캐묻는 신도에게 엉겁결에 약사여래(藥師如來)라고 했다.
 모든 신도들이 우르르 모여들며 약사여래를 보려 하고, 영학스님은 보이지 않으려고 밀고 당기는 동안에 도마 위에 있던 고깃덩이가 광명을 발하며 약사여래로 나타난 것이었다.
 이것을 본 영학스님이나 그 외의 신도들은 경탄을 금치 못했다. 영학스님의 평소 깊은 신앙심과 효성에 자비로움이 기적을 발했다고 하며 모든 신도들은 합장 공경하고 꿇어 앉았다. 영학스님의 눈에는 눈물과 함께 자비로운 상이 어렸다.

□ 외로운 선비의 착한 아내

우리 동양 사람들은 다른 어떤 문명국에도 비교될 수 없는 뛰어난 정신문화가 발달하여 도덕관과 부모를 존경하고, 자식을 사랑하며, 나라를 위하여 목숨을 던지는 그러한 도덕관이 투철했다.

우리나라의 예를 찾아보아도 그러하다. 옛날부터 효부가 많고 효자가 많기로는 세계적으로 으뜸이지 않은가? 동방예의지국으로 손꼽지 않는가? 여기서 한 예를 들어 보면 이러하다.

강원도 정선 고을에 상원이라는 사또가 살고 있었다. 그러나 그는 성격이 포악하고 정사를 돌보지 않아 모든 백성으로부터 원망의 대상이 되었다. 그에게 올바른 말을 간하거나 이르게 되면 귀양살이를 면키 어려우니 누구 하나 사또의 말을 어기기는 커녕 아첨하지 않을 수 없었다. 그러나 그 고을에 지식이 박식하고 덕망이 높은 송죽이란 양반이 살았는데 그는 사또에게 나가 정사를 돌보고 고을 안팎의 백성들의 생계를 걱정해야 할 것을 간했다.

"사또께서 드시는 술이나 노래는 고을 사람들로 하여금 원망의 대상이 되고 있습니다. 또 나날이 흉년으로 굶주리는 백성이 늘 뿐입니다. 부디 사치스런 생활을 거두시고 민정을 살피십시오."
하고 백번 머리를 조아리며 중언을 간했다. 그러나 사또는 오히려 화를 내면서 송죽을 오라로 묶고 가로되,
"네 이놈, 너의 말이 너무 방자하고, 역적의 기미가 보이므로 10년 동안 무인도로 귀양살이를 보낸다"
고 했다. 송죽은 자신의 몸 하나 버려진들 상관없으나 늙으신 부모와 어린 자식이 생각나 어찌할 바를 몰라 했다. 해서 송죽은 모아 두었던 돈 2만 냥이 있어 이 정도면 10년간 자식의 교육은 물론 부모의 봉양도 할 수 있으리라 생각하고 아내에게,
"내 내일 귀양을 가니 이 돈으로 집안을 잘 꾸려 나가도록 하시오."
라고 했다.
　송죽은 무인도로 귀양을 가서 4년쯤 되었을 때, 조정에서는 사또의 포악한 소식을 듣고 그를 벼슬자리에서 내려오게 하고, 어진 재상을 모시는 한편, 귀양 가 있는 송죽을 재상자리에 앉히려고 했다. 이로 인해 송죽은 귀양에서 풀려나 그리던 고향을 찾았다. 집에 도착할 즈음 아내와 몰라보게 큰 자식들과 건강하신 부모님이 마을 어구까지 마중 나왔다. 송죽은 기뻐하며 안방에 들어가 보니 자기가 준 2만 냥이 그대로 있었다.
　이에 송죽이 놀라 물으니 아내는 감히 지아비가 뼈아프게 모은 돈을 쓸 수 없어, 삯바느질부터 머슴살이까지 하여 애들을 교육시키고 어머님이나 아버님을 따뜻이 모셨다는 것이었다. 비록 이 몸 잠시 고생된다 하여 10년 후에 돌아오실 대감을 기

다리며 가산을 아끼었다 했다. 송죽은 크게 기뻐하여 아내를 더욱 깊이 사랑하고 후에 어진 재상이 되었다고 한다.

□ 열녀성의 신부인

조선 중종 임금 때 일이다. 황해도 봉산 고을에 용모단정하고 덕행이 본받을만 해서 고을 사람들의 존경 대상인 신씨 부인이 살고 있었다. 그러나 시집와서 3년도 채 안되어서 남편을 여의고 청춘과부로 하루하루를 보내면서도 재가할 생각은 꿈에도 없었다.

지조를 갖고 한평생을 수절하겠다는 것이 신씨의 진심이었다. 그러나 그것은 인간 마음대로 되는 일이 아니었던지, 같은 동네에 부인은 먼저 세상을 떠나고 홀로 글만을 읽으며 지내는 기품있는 한 선비가 얌전하고 아름답고 총명하기로 소문이 높은 부인의 얘기를 듣고 그 부인에게 청혼을 했다. 그러나 대쪽 같은 지조를 지닌 부인이었기에 청혼을 거절한 것은 당연한 일이었다. 그러나 혼자 사는 학자 역시 말을 한번 냈던 터인데다 워낙 곱고 마음에 쏙 들어서 잊을래야 잊을 수가 없었.

해서 온갖 계획을 써서 부인의 마음을 돌려 보려 했지만 뜻을 쉽게 이루지 못했다. 그리하여 하루는 최후의 수단으로 부인에게 달려가 말하기를,

"내가 무리하게 청을 한 것은 잘못인즉, 나는 석자 굽 높은 나

막신을 신고 도성을 한 바퀴 돌 터이니 부인은 서쪽에 산성을 쌓는 것으로 담판지으십시다. 내가 이기면 부인과 동거하게 되는 것이고, 내가 지면 깨끗이 단념하오리다."
하니 부인은 혼신의 힘을 다하여 손톱이 닳도록 성을 쌓고 있는 중인데 어느새 그 선비는 승리감에 도취하여 빙그레 웃으며 쳐다보고 있는 것이었다.

그때 부인은 성을 쌓으면서 치맛자락에 묻은 흙을 아직 씻지 않았으므로 승리한 듯이 자신하고 웃음을 보인 것이다. 이제는 필연코 약속대로 부부의 인연을 맺어야만 되게 되었다. 그러나 부인은 처음부터 자신의 승리로써 최후 담판을 지으려는 것이 성을 쌓았던 목적이었지 결코 그 선비와 인연을 맺으려던 게 아니었다. 그리하여 부인은 '여성의 절개를 지키지 못한다면 황천에 가서 어찌 서방님을 대하리오. 나에게는 오직 일편단심의 칼날이 있을 뿐이오,' 하며 수백척 아래의 깊은 못에 몸을 던진 순간, 부인의 몸은 꽃잎으로 변하여 천천히 낙하했다.

이 성을 신씨 부인이 쌓았다고 해서 열녀성(烈女城)이라고 이름하여 후세에까지 전해지고 있다.

□ 갸륵한 모정(母情)

중국 진나라 때 세상에 드문 현모로 송(宋)씨 성을 가진 한 여인이 도간이라는 자식과 함께 살고 있었다. 도간이 어렸을 적에 일찍 아버지를 잃고 아비 없는 자식이라는 소리를 듣지 않게 하기 위해 부모가 있는 다른 집 아이들보다 더욱 공들여 훌륭하게 키우려고 힘겹게 애를 쓰며, 둘레에 있는 친구들마저 가려서 사귀도록 하는 등 온 정성을 쏟았다.

도간이 얼마만큼 자라 득양현의 관리가 되어 어업을 관리하는 자리에 있을 때, 어머니를 위하여 갖가지 해산물을 어느 날 사람을 시켜 보냈다. 송부인은 아들이 보낸 물건이 국가의 것임을 알고 곧바로 도간에게 답장을 했다.

"도간아, 나라 일을 맡아보는 관리의 몸으로 나라의 물건을 떼내어 이 어미에게 보내는 것은 이 어미를 위하고 살찌게 한다는 너의 마음은 갸륵하나, 너는 나라에 손해를 입히는 죄인이 되고 만다. 어찌 이 어미가 그것을 받아먹고 마음 편히 지낼 수 있겠느냐? 이런 일은 이 어미의 마음을 불안케 하고 더욱 더 가난한 사람이 되는 결과가 되지 않겠느냐? 이 어미를 진정으로 위한다면 마음의 고통을 주지 않게 부디 이런 물건을 보내지 말고 너의 책임을 완수하여 웃사람들에게 신뢰를 얻고 칭찬받는 사람이 되었을 때 비로소 나는 편안하고 행복한 마음으로 너를 지켜보지 않겠느냐? 어미의 진정한 마음을 알고 명심토록 해라."

송여인은 도간의 마음과 신변을 조심하며 이렇게 써서 아들에게 보냈던 것이다. 또 언제인가 정양 땅에서 벼슬을 하고 있는 도간의 친구인 범규가 혹독한 추위가 닥친 겨울에 찾아와 며칠 머물게 된 적이 있었다. 빈곤한 살림에도 불구하고 송씨는 자신이 자는 자리를 뜯어 죽을 끓여 범규가 타고 온 말의 먹이로 하고 법규에게 음식을 대접하기 위해 몰래 머리를 잘라 팔기까지 했다.

이렇게 눈물어린 대접을 받고 돌아간 얼마 후에 법규는 소문을 전해 듣고 송씨의 지극한 정성에 눈물을 흘렸으며, 훌륭한 어머니 밑에서 빈곤한 살림에 쪼들리는 친구를 돕기 위해 형주도독 관직에 있는 유흥이라는 사람에게 도간을 추천해 주었다.

그의 도움으로 도간은 강하태수가 되었고, 후에 형주자사라는 높은 직위에까지 오르게 되었다. 이는 어머니의 뜻을 받든 보람이며, 어질고 훌륭하신 어머니의 교훈 덕분이 아닐까 생각한다.

□ 불심모정(佛心母情)

나라의 기장이 문란해지고 그 해에 돌림병이 흔하고 큰 흉년까지 들어서 백성의 민심이 각박해졌다. 충청도의 작촌이라는 작은 마을에 어떤 부인이 남편은 질병으로 일찍 죽고 난후 자식 하나만을 믿고 살아가고 있었다. 여기 저기서 굶어 죽었다는 소리에 살아있는 사람도 산 것 같지 않았으며 종종 정신이 도는 사람도 있었다.

이 부인은 두살난 유아를 업고 흉년이 들지 않은 곳을 찾아 문전걸식이라도 하여 아비 없는 불쌍한 어린 것을 살리고자 이리 저리 돌아다니다가 기진맥진하여 더 이상 어린 것을 업고 한 발짝도 옮길 수가 없게 되었다. 더 이상 둘이 함께 다니다가는 필

경 같이 죽게 되었는지라 할 수 없이 부처님을 속으로 외치며,
"자신을 용서해 주시옵고 살 수 있는 데까지 한 목숨이나 살까 하옵니다. 어린 것의 목숨을 돌봐 주십시오."
하고 눈물을 흘리며 어린것을 너덜겅에다 돌담을 쌓아 그 위에 버려두고 강청의 노연이라는 동리까지 가서 어느 홀아비 집에서 목숨만을 건지게 되어 그곳에서 살게 되었다.

 돌담 위에 어린 것이 버려진 것을 마침 화선암에 있던 해선도사가 지나가다가 발견하고 그 아이를 데리고 와서 죽어가는 목숨을 건져냈다. 어린 것이 장성하여 이름 있는 큰 중이 되었다.

 그 어머니는 아들의 소식을 소문에 의해 알고 있었지만 자신이 전에 행했던 일을 생각하고는 감히 아들 앞에 나설 용기가 나질 않았다. 그런데 이 어머니가 나이가 들어 죽을 고비에 일렀다. 그러는 동안 아들은 장운암이라고 법호를 짓고 세상에 널리 알려진 훌륭한 대사가 되어 있었다.

 그 어머니가 죽기 전에 아들을 한번만이라도 만나 보기 위해 옷을 한 벌 정성스럽게 지어 가지고 장운암을 찾아갔다. 그러나 그 아들은 자기는 부모가 없는 놈이라며 홀대했다.

 어머니는 섭섭한 생각으로 아들을 원망하며 집으로 돌아왔다. 어머니가 다녀 간 후 장운대사가 우연히 몸져 눕게 되었다. 수년 동안을 병고에 시달리며 고생하다가 어느 복장이에게 물어 본즉, 생불이 틀어진 것이라고 했다. 장운은 어머니를 섭섭하게 한 까닭이라 생각하고 옷과 음식을 장만하여 어머니를 찾아가 용서를 빌었더니 어머니도 마음을 풀어 자주 내왕하게 되며 장운대사의 병도 완쾌되었다고 한다.

부모의 마음을 서운하게 하면 자식의 일이 안되니, 우리는 항상 부모님을 생각하며 효도해야 할 것이다.

□ 공심(公心)과 사심(私心)

우리나라에도 나라를 사랑하는 의로운 선열들이 많았다. 공과 사를 뚜렷이 구분할 줄 알고 또 불의를 보고 참지 못하며, 그리고 항상 남을 사랑할 줄 아는 마음을 갖고 자신을 평정시킬 수 있는 마음 자세가 중요한 것 같다.

중국 진나라 때 일이다. 문공(文公)이 서진이라는 신하에게 서하(西河)의 영수(領守)가 비었으니 마땅한 적임자를 추천하라고 했다. 서진은 고개를 숙이고 한참을 심사숙고한 끝에 우천범이 가장 적임자라고 추천했다. 문공은 얼굴색을 달리하며,

"우천범은 그대와 가장 대립되는 자가 아닌가? 어찌하여 그를 추천하는가?"

하고 물으니 서진은 정색을 하며,

"우천범은 저와 정치 단상에서는 그러하지만 서하 백성을 다스려 갈 영수로서 우천범이 최적임자이므로 믿고 그를 추천한 것입니다. 저만의 사사로운 감정을 공사에 개입시킬 수는 없습니다."

라고 했다. 이 말에 문공은 믿음직스러운 눈길을 보내며 우천범을 서하의 영수로 앉혔다. 그 후에도 서진과 우천범은 대립되는 상태에서 열심히 자기 임무를 완수하며 나라에 충성한 인

물로서 오래도록 전해지고 있다.

□ 소라의 무명(無明)

　세상에는 무릇 자신의 앞날을 알지도 못하며 항상 큰소리만 치는 사람들이 있다. 그래서 이런 이치를 아는 사람들은 종교에 귀의하여 자신을 닦는다.
　어느 날 햇볕이 따사하게 내리쬐고 바람 한 점 없는 물 맑은 밤에는 소라고둥과 숭어 등 여러 마리의 물고기들이 물속에서 한가로이 놀고 있었다.
　그러던 중 소라고둥을 향해 여러 물고기들이 '당신들은 튼튼한 껍데기에 견고한 뚜껑이 덮여 있으니 아무것도 겁날 것이 없겠다' 하면서 부러운 눈길로 얘기를 걸곤 했다.
　가만히 생각해 보니 소라고둥은 사실 걱정될 게 없는 것 같았다. 그래서 자만심에 으쓱대는 놈도 있는데 무엇인지 물 위에서 이상한 소리가 들렸다. 틀림없이 어부가 던지는 그물의 소리였다. 소라고둥은 '불쌍하게도 숭어들이 그물에 잡힌 모양이구나, 참 나는 행복하구나' 하는 생각에 잠겨 있었다.
　얼마 후에 너무나 시끌시끌하여 뚜껑을 열고 둘러보니 자신의 몸에 가격표가 붙어 시장바구니 위에 놓여 있는 것이었다. 이것과 마찬가지로 우리들의 인생 역시 같은 것이다. 항상 겸손한 태도로 모든 일에 임하도록 해야겠다.

부처님께서는 먼저 제행무상(諸行無常)의 도리를 깨우치고 천지만물이 무상 변천하여 아침의 홍안이 저녁에 백골로 변하는 인생의 큰 교훈을 깨닫도록 말씀하셨다.

□ 사간정본에 얽힌 이야기

옛날부터 개가 주인을 위해 죽었다는 이야기가 많이 전해져 오고 있다. 그 한 가지 예를 여기에 소개한다.

옛날 어느 가난한 선비 한 사람이 친구 집 생일잔치에 갔다 돌아오는 길에 어느 집 담 밑에 쓰러져 끙끙거리는 개 한 마리를 집으로 데려오게 되었다.

그런데 선비의 아내는 사람 먹을 것도 모자라는데 짐승까지 데려오면 어떻게 하느냐며 당장 갖다 버리라고 했다.

그러나 선비는 워낙 인정 많은 사람인지라 몰래 숨겨 두고 자기의 얼마 되지 않은 밥을 개와 나눠 먹으며 정성들여 키웠다. 그러나 개는 3년이 지나면서 시름시름 앓다가 죽어버렸다.

이 선비는 애지중지 자식 키우듯이 사랑스럽게 길러 온 개가 죽어버리니 몹시도 아깝고 불쌍하여 양지바른 땅에 조심스럽게 묻어 정성스럽게 장사를 치러 주었다.

그럭저럭 세월은 유수같이 흘러 그 선비도 병이 들어 그만 죽게 되었다.

죽어서 온 곳은 명부(冥府)였는지 인도를 하는 대로 따라가

보니 분명 명부인데 삼목귀왕이 나와 공순히 영접하며,

"나는 당신의 도움으로 3년 동안 은혜를 받고 왔는데 염라대왕 앞에 가서 내가 이르는 대로 대답하시오."

라고 일러 주었다. 얼마 후 몽롱한 정신으로 사자에게 이끌려 염라대왕 앞에 나갔다. 대왕은 큰 목소리로,

"너는 어디서 왔으며, 이름은 무엇인고. 그리고 생전에는 어떠한 일을 하였느냐"

고 물었다. 선비는 아까 삼목귀왕이 알려준 대로,

"예, 저는 생저에 악한 일은 하지 않고 다만 부처님의 말씀을 받들고자 모든 민생들에게 부처님의 말씀을 널리 알려 제도창생활〈법모창경〉을 간행 선포할 목적으로 불사를 이루려다 끝내는 다하지 못하고 지금 이 자리에 서게 되었습니다."

라고 대답하니 대왕은,

"너는 너무 일찍 왔구나. 불사를 중단한 것을 마저 성취하도록 수명을 늘려 줄 터이니 이승에 돌아가 대불사를 짓도록 하라."

고 했다. 선비는 다시 이승으로 나오는 길목에서 삼목귀왕에게 작별하고 다시 살아 나왔다.

그 후에 대장경 판각 권선문을 지어 나라의 궁인을 날인해 두었다. 그때 마침 나라의 공주가 병에 걸려 고생을 하고 있었다. 백방으로 치료를 하고 약을 써 보아도 효험이 없었다.

하루는 공주가 깨어나 대장경 화주를 불러 달라고 간청하기에 두 번의 생을 사는 선비를 불러오도록 했다. 선비가 궐에 들어서니 공주는 삼복귀왕의 목소리로 맞아들였고, 부왕에게 부탁드려 대장경 불사를 짓기 시작했다.

조정에서는 국재를 기울여 장경판을 조각하고 이것을 사간장본이라 이름지었는데, 후세까지 널리 알려져 오고 있다.

□ 귀신이야기

찌는 듯한 여름날, 마당에 돗자리를 펴놓고 앉아 더위를 식히며 흥미있게 주고받는 이야기가 있다. 이 세상에는 귀신이 있다느니 무슨 귀신이 있냐느니 하는.....
 하루는 동네 청년 6명이 웃마을에 귀신이 나온다는 빈집에 한번 가보기로 합의했다. 귀신이 나온다니 어떻게 생긴 놈인지 알아보자는 호기심에서 호신준비를 해 가지고 그 집으로 갔다. 집안으로 들어서니 오랫동안 빈집으로 있었던지라 거미줄이 쳐지고 으스스했다.
 방에 들어가서 준비한 촛불을 두 곳에 켜놓고 여러 시간을 기다려도 아무런 변화가 없었다. 그 6명 중에서 무신론을 주장하는 두 사람이 승리한 듯이,
 "귀신이 있기는 무엇이 있냐?"
고 하자 문밖에서 간드러진 여자의 목소리가,
 "귀신이 왜 없어? 여기 있지"
라고 대답하는 것이었다. 6명은 깜짝 놀랐다. 정적만이 흐르는데, 또 대청마루에서 옷이 끌리는 소리가 나서 문틈으로 내다보니 머리를 산발한 여자가 나풀거리며 춤을 추고 있었다. 무

서워서 한데 모여 앉아 있으니 문이 덜렁 열리며 시커먼게 들어 왔다.

6명은 놀라서 이리 밀리고 저리 밀리고 하다가 문짝을 넘어뜨렸다. 그러자 춤을 추던 산발한 여자가 문을 끼워 놓으며 왜 그렇게 허둥대느냐며 어디론지 사라졌다. 한참 동안은 공포에 떨다 밖을 내다보니 소복을 한 여자가 하얀 분을 얼굴에 칠하고 무서운 얼굴은 한채 서 있었다. 6명이 마음을 굳게 먹고 뛰어가 보니 종적이 없었다. 그럼 과연 귀신이라는 것이 존재하는가? 과학이 발달한 오늘에도 아직 정확한 해답은 없다.

□ 김장군의 꿈

옛날 연화촌이란 마을에 소문난 부자 한 사람이 살고 있었다. 젊었을 적에 나라를 위해서 전쟁에 나가 큰 공을 세우고 돌아와 동네에서는 김장군이라고 칭했다.

어느 날 그 장군이란 분의 꿈에 스님 세분이 와서,

"네가 전세에 저 경원사 화주승으로 있으면서 시주 돈 2백 냥을 가로채 구렁이 몸을 받았다가 죽었는데, 그 해골이 아직도 경원사 법당 지붕 기왓장 속에 들어 있으니 부정한 유골을 속히 가져다 치워버려라."

라고 분명히 명령을 받았던 것이었다. 그 장군이 꿈을 깨어 생각하니 몹시 기분이 상했다. 그게 거짓인지, 참인지 꿈이란 주사야몽이라고 하니 허망한 것이라고 자신을 위로해 보았지만 분명히 지명과 장소를 대주며 현재 해골이 있다 하니 꼭 허망한 꿈으로만 들릴 수가 없었다. 자신이 원래 구렁이였다는 불쾌감 때문에 더 이상 견딜 수가 없어, 경원사에 가서 기왓장을 살펴보자는 생각에 그 다음 날 경원사를 찾아가 부목을 시켜 기왓장을 뒤져 보게 했다. 그랬더니 과연 구렁이의 죽은 뼈가 있었다.

그제서야 자신의 전세 업보의 인연을 깨닫고 그 뼈를 손수 꺼내다가 깨끗한 곳에서 태워버린 후 경원사 법당을 새로이 지어 자신의 신심을 바치며 부처님을 공양했다고 한다.

□ 업장소멸(業障消滅)

오랜 옛날 두메산골에 홀어머니가 아들 하나만을 두고 살고 있었다. 그런데 그 아들을 낳고 나서 뱀을 낳았다는 소문이 파다했다. 그 모습은 수족과 면상을 제외하면 온몸이 뱀 비늘로 덮여 있었다는 것이다. 그 아들의 어머니가 어느 여름날 나물을 삶아 건지고 난 뒤 그 끓는 물을 무심코 울타리 밑에 쏟아 버렸는데, 그때 마침 울타리 밑에 있던 큰 구렁이 한마리가 물벼락을 맞고 데어서 죽었다.

그날부터 태기가 있더니 만산이 되어 애를 낳고 보니 그 모양을 하였더란다. 그리하여 그 어머니는 어떠한 생명이라도 함부로 죽여서는 안된다는 것을 깨닫고 통곡하였으나, 아들의 흉측한 모습은 깨끗해지지 않았다. 아들은 동네의 놀림감으로 어느 정도 자라던 중 고원사에 계시던 그 절의 부목으로 있던 스님이 머슴으로 데려 갔다. 절에 오는 사람마다 왜 그렇게 흉측한 머슴을 두었냐고 물으면, 스님은 다음과 같이 대답했다.
"선한 공덕을 쌓아서 업장을 멸하려 함이다."

□ 도령과 어사(御使)

　조선시대에 박문수(朴文秀)란 사람이 있었다. 암행어사로 이름을 떨친 사람이다. 암행어사란 전국 각 지방의 행정과 백성의 형편을 몰래 살펴서 바로잡은 사람이다. 임금의 권한을 대행하는 절대적인 권리를 갖고 있었다.
　어사 박문수가 삼남(三南) 지방의 민정을 살피려고 암행의 길을 떠났다. 전라도 지방을 순찰하다가 순창 고을 어느 마을에 이르러 해는 벌써 져 어둡고, 허기가 져 몹시 견디기 어려운 곤경에 처하게 되었다. 이집 저집 문간을 기웃거리다 어느 집 문 앞에서 하룻밤 묵어 갈 것을 청했다. 사립문 앞에 나섰던 열댓 살 먹어 보이는 소년이 기운 없는 모습으로,
"손님, 죄송합니다. 저는 홀어머니 한분을 뫼시고 사는데 생활이 워낙 빈곤하여 끼니도 제대로 잇지 못하고 있습니다. 그러니 다른 집으로 가시는 것이 좋겠습니다. 죄송합니다."

"얘야, 내가 잘 얻어먹으려는 게 아니다. 다만 지금 몹시 허기가 지니 물이라도 좀 먹었으면 한다."
하고 애걸을 했다. 그러자 소년은,
"그러면 손님, 잠깐만 기다리십시오."
하고는 안으로 들어가 어머니와 뭐라고 속삭이더니 박어사를 사랑으로 안내했다. 방에서 몸을 풀려고 앉아 있으려니 아들과 그 어머니가 대화하는 소리가 들렸다.
"좋은 일이다만 허나 너의 아버지 제사를 어찌 하느냐?"
"그러나 지금 당장 배고픈 사람을 그대로 둘 수는 없지 않습니까?"
하고 어머니와 상의하더니 밥을 지어 내어 오는 것이었다. 박어사는 반드시 무슨 사연이 있을 듯 하여 밥을 맛있게 먹은 후 소년에게 그 쌀에 대해 물으니 소년은 손님이 알 일이 아니라며 나가려고 했다. 어사는 얼른 소년의 손을 잡고는,
"대강은 들어서 알고 있으니 자세히 말해 보아라."
한즉 소년은,
"그것은 아버님 제사 때 쓰려고 아껴둔 양식인데 하도 손님이 허기가 졌길래 어머니와 상의하여 밥을 지은 것입니다."
라고 한다. 어사는 어린 것의 하는 짓이 하도 착하고 모자의 형편을 가련하게 여겨서,
"네 성이 무어냐"
고 물으니,
"고령 박씨입니다."
이렇게 소년과 이야기를 나누고 있으니 밖에서 도령을 찾는

소리가 거칠게 들린다. 소년은 이내 풀 없는 기색으로 고개를 숙이는 모습을 보고 이상히 여겨서 사실을 물으니, 모든 사정을 이야기했다. 소년의 어머니가 웃마을에 사는 이좌수댁 처녀에게 청혼을 하였더니 그 좌수 집에서 그것이 욕이 된다며 날마다 소년을 데려다가 매질을 하고 욕을 보인다는 것이었다. 그 말은 들은 어사는,

"여봐라, 나는 이 박도령의 삼촌인데 오늘은 내가 갈 터이니 함께 가자."

라고 나서서 이좌수집으로 갔다. 그리고는 마루 위에 앉아 있는 좌수 곁에 앉아서 담뱃대로 턱을 곤대질하며,

"그래, 내 조카아이로 말할 것 같으면 양반의 자손으로 문벌은 그대보다 훨씬 나으며 좀 가난한 것이 흠이라면 흠이지, 무엇이 그대만 못한가? 싫으면 그냥 거절할 것이지 권력행세로 날마다 소년을 괴롭히는가?

하고 따지니, 이좌수는 하인을 보고,

"이놈들아 박도령 데려 오랬지 언제 이런 놈을 데려 오라고 했느냐!"

며 고함을 치는 것이었다. 그때 박어사는 허리춤에서 마패를 꺼내어 좌수의 눈앞에 들이대니 좌수는 마패를 보고 질겁을 하며 마당으로 뛰어내려와 엎드려서 백배사죄를 했다. 이때 박어사가,

'내 청이 하나 있는데, 그대의 딸을 내 조카와 혼인을 시키지 않겠느냐?'

라고 한즉 좌수는 몹시 기뻐하는 것이었다.

"그러면 날짜를 3일 후로 정하고 그날 모든 잔치는 자네 집에서 준비하도록 하라!"

하니 기꺼이 응낙했다. 박어사는 고을 원에게 찾아가 전후 사실을 이야기하고 그 도령이 장가드는데 협조를 부탁하여 훌륭하게 혼인잔치를 벌여 관복차림의 어사와 각 고을의 원들이 신랑과 함께 좌수의 집에 들어서니 좌수 집에서는 몹시 기뻐하고 동네 사람들도 모두 부러워했다.

혼례가 끝나고 잔치가 시작되어 한참 흥이 익을 무렵 어사가 좌수에게,

"마음이 흡족하오? 내 조카가 댁의 사위됨이 마땅하지요?"

한즉 황송하여 좌수는 머리만 조아릴 뿐이었다.

"그런데 사람이란 먹어야 사는 법인데 좌수께서 먹고 살 것을 떼어 주심이 어떠하오?"

라고 한즉 살림의 반을 갈라 주기로 했다. 박도령은 아버지 제사를 모실 양식으로 허기진 나그네에게 밥 한 그릇 대접하고 이렇게 큰 복을 얻었으니 참으로 지은 보은(報恩)의 산 진리를 깨우친 것이다.

은혜갚음을 바라고 남을 도우지 말 것이며, 곤경에 빠진 사람을 보면 진심으로 마음에서 우러나는 마음으로 마땅히 도와주어야 하는 것이다. 보시의 공덕은 이처럼 복을 받는 것이다.

□ 결초보은(結草報恩)

　중국 오나라에 신왕이 계셨다. 신왕은 만주족의 침입이 잦아 몹시 걱정이 되어 어떻게 하면 국정을 바로잡고 북쪽 오랑캐의 침입을 막아 백성들이 마음 편히 살 수 있을까 하고 항상 고민했다.
　어느 날 밤, 신왕은 달구경을 하는데 갑자기 하늘에서 흰 빛이 비치더니 이러한 말이 들려 왔다.
　"네가 나라와 백성을 사랑하는 마음이 지극하여 마음씨 곱고 머리가 명석한 아내를 내리니 그리 알라."
　다음 날 잠에서 깨어보니 어여쁜 처녀가 문안인사를 드리는 것이 아닌가. 왕은 분명히 하늘에서 내리신 은총이라고 생각하고 크게 기뻐하며 반겨 맞았다.
　왕은 그 처녀의 이름을 월화(月花)라 이름짓고 항상 가까이하며 사랑했다. 어느 날 서역에 난적이 침입하여 백성을 괴롭힌다는 소리를 듣고 군사를 풀어 달려가 보니 이미 약탈을 하고 물러난 뒤였다. 왕은 성이 나서 뒤를 쫓으려 했으나 월화는 왕을 말리며,
　"필경 적의 모함이니 함부로 쫓지 마시고 돌아서 가 보시면 적군이 매복되어 있을 것입니다."
라고 했다. 왕은 월화의 눈이 빛나며 하는 말이 너무 진지하므로 월화의 말을 듣고 군사를 풀어 뒷길로 빠져 가보니 과연 그곳에 적군이 매복하고 있었다. 왕의 군사는 이때를 놓칠세라 총진군하여 난적을 섬멸했다.

왕은 대승리를 하고 돌아와 월화에게 많은 보물을 주고 더욱 더 사랑하며 그 공을 천하에 알렸다.

또한 왕은 월화에게 어떻게 그 일을 미리 알았느냐고 묻자 월화가 다음과 같이 대답했다.

"어젯밤 꿈에 이상하게 생긴 노인이 나타나 이르기를, 내일 난적의 침입이 있어 서역이 침공당할 것이나 함부로 쫓지 말고 뒤로 돌아 군사들로 하여금 난적을 치라."

그 말을 듣고 월화는 더욱 궁금하여 그 노인에게,

"어르신내여, 어찌하여 소저에게 그 같은 귀중한 소식을 전하십니까?"

하자 노인은 정색하고 말하기를,

"너의 모친이 나의 딸을 사랑하여 길가에 버려진 것을 키워 좋은 집에 출가시킨 은혜이니라. 옛날 우리 집안에 갑자기 흉년과 재앙이 있어 우리 딸이 거리에서 방황할 때 너의 어머님이 구해 주셨으며, 너 또한 내가 보니 마음이 착하고 또 어머님의 은혜가 고마워 왕에게 나타나 말했던 것이다."

하자 월화는 백번 절을 하고 깨어 보니 꿈이었다고 했다.

이 이야기를 듣고 왕은 무척 기뻐하며 월화를 더욱 더 사랑하고 왕비로 맞는 한편 그 노인의 제사를 성대히 지내 주었다고 한다.

□ 수란각이야기

　경상도 함양 고을에 고요히 자리잡고 있는 사당(祠堂) 하나가 있다. 사당 이름은 수란각이라 하며 정절 원혼(冤魂)인 수란의 넋이 아련한 전설 속에 생생하게 살아있는 듯 향긋한 꽃향기를 내뿜고 있다.
　지금으로부터 약 6백여 년 전 함양 고을의 부사에게 총명하고 아름답기고 소문난 무남독녀 수란이란 아리따운 처녀가 있었다. 이팔청춘의 방년이라 이곳저곳에서 청혼이 들어오고 있는 터이지만 부사의 무남독녀와 어울리는 사윗감을 찾기란 그리 쉽지가 않았다.
　그러던 중에 관속으로 있는 관로 한 사람이 엉뚱하게도 수란 아가씨에게 마음을 두고 짝사랑을 하게 되었다. 그 관로는 벙어리 냉가슴 앓듯 고민하고만 있을 수 없어, 부사댁 침모를 양모로 모시고 오랫동안 밑에서 일을 해오다가 가슴속 깊이 품어두었던 생각을 양모에게 털어놓으며 간청했다.
　수란 아가씨를 한번만 가까이 만나 보아도 원이 풀리겠다는 관로의 간청을 저버릴 수 없어, 침모는 관로의 청을 받아 달밝은 밤에 조용한 틈을 타서 달구경 가자는 핑계를 대어 하룻밤 데리고 나오려고 계책를 세웠다. 달밝은 밤 침모는 수란 아가씨를 데리고 달구경을 나오게 되었다.
　침모가 잠시 자취를 감추자 그때 나무 뒤에서 웬 시커먼 그림자가 수란 아가씨에게 덤벼들었다. 수란 아가씨는 있는 힘을 다해 대항하며 사내를 뿌리치니 사내의 눈앞에는 아무것도 보이지 않았다. 수란 아가씨를 그대로 보내면 자신의 몸은 형장의 이슬로 사라지게 될 것은 뻔한 일이었다. 결국 최후의 생각으로 수란 아가씨를 죽이기로 했다. 죽인 후에 시체를 대밭 속에 묻어 감춰버렸다.

이렇게 끔찍한 죄악을 범한 것은 하늘과 땅이나 알고 범행을 한 자신만이 알뿐 세상 사람들이 알 리가 없었다. 침모의 죄 역시 크므로 침모의 입은 자연히 봉해졌다.

그 이튿날 부사 댁에서는 수란 아가씨의 행방불명으로 아수라장이 되었다. 혹시 호랑이에게라도 물려가지 않았나 해서 장정들을 동원하여 이산 저산의 골짜기를 더듬어 보아도 수란 아가씨의 종적을 알 길이 없었다.

무남독녀 딸 하나만을 바라보며 금지옥엽처럼 길러 온 딸자식이 없어졌으니 부사의 슬픔은 이루 말할 수 없었다.

세상을 살아갈 아무런 뜻도 없다고 생각한 부사는 눈물로 세월을 보내다가 끝내는 자결함으로써 세상을 마쳤다. 조정에서는 후임 부사를 물색하여 함양 고을로 보냈다. 그러나 신임 부사는 부임하던 첫날밤에 죽고 말았다. 그래서 다시 한 사람을 골라 또 보냈으나 그 역시 하룻밤을 넘기지 못하고 그 다음날 송장으로 변해 버렸다.

이 같은 소문에 함양 고을 부사로 부임하기를 모두가 꺼리기 때문에 지원자를 구하는 수밖에 없었다. 마침 장수의 피를 이어 받은 사람이 자원하여 부임을 하게 되었다.

함양 고을 모든 관속들은 이 사또님 역시 하룻밤을 넘기지 못하리라고 생각하여 밤이 이슥해질 때까지 시위해서 경계하다가 자정이 거의 되어서야 각각 자기 자리로 돌아갔다.

모든 사람들이 돌아간 뒤 후임 부사는 촛불만 덩그러니 켜 놓고 홀로 앉아 책을 읽고 있었다. 그때 갑자기 바람이 불며 비가 내리기 시작하면서 문이 덜컥 열렸다. 과연 보기만 해도 질식할 정도로 붉은 피투성이의 옷에 산발한 어떤 처녀가 사뿐 소리없이 들어오더니 후임 부사 앞에 공손히 앉아 절을 올렸다. 그러자 부사가 큰 소리로,

"네가 정녕 사람이냐?"

하고 물으니,

"예, 저는 전임 부사의 딸 수란이라 하옵니다. 제가 칠천의 원한을 풀지 못해 사또님께 부탁하여 저의 원한을 풀려고 하소러 오면 그만 저의 추한 모습에 모두들 놀라 돌아가시곤 하였습니다. 요번에는 이렇게 용감하시고 영특하신 사또님이 오셨으니 저의 한을 풀어 주시옵길 간절히 비나이다."

부사는 그제서야 얼굴빛을 달리했다.

"도대체 원한을 사게 한 놈이 누구냐? 내가 할 수만 있다면 너의 한을 풀어 주리라."

"내일 조회시간 때 관속이 모두 모이지 않습니까? 그때 제가 나비로 환생하여 그 놈의 머리 위에 날아가 앉을 것입니다. 바로 그놈이오니 처치해 주시옵소서."

하는 애처로운 간청을 한 뒤 바람같이 사라져 버렸다.

부사는 날이 새기를 기다려 아침 일찍 조회를 열었다. 이호 양방을 비롯하여 모든 관속이 모였다. 그때 나비 한 마리가 너

풀너풀 날아오더니 한 관로의 머리 위에 사뿐히 자리 잡고 앉는 것이었다. 사또는 벽력같은 고함으로 명했다.
"저놈을 잡아 형장에 붙들어 매어라!"
 다른 관속들은 영문도 알지 못한 채 추상같은 사또의 분부대로 이행할 뿐이었다. 사또는 형틀에 묶인 관로에게,
"네 죄를 알렸다. 어서 자백해라!"
라고 한즉, 저의 죄가 무엇인지 모른다고 시치미를 떼었으나 매를 치기 시작하자 전후 사실을 자백하여 수란 아가씨의 시체를 찾아 고이 장사를 지내 주었으며, 흉악한 범인은 용감하고 인정 많은 사또가 사형만은 면해 주었다.
 그날 밤에 수란 아가씨는 다시 사또를 찾아와 감사를 표하고 간 뒤로는 다시 나타나지 않았다. 수란 아씨의 정절을 크게 칭찬하고 슬픈 혼령을 좀 더 편안한 곳으로 인도하기 위해 함양 고을 사람들은 너나 할 것 없이 성금을 모아 수란 아가씨가 묻혔던 곳에 사당을 짓고 수란각이라 이름지었다.
 지금도 함양에 가면 아름다운 전설의 향기를 머금은 채 서있는 사당 근처에는 사람들이 모여 시원한 여름을 보낸다. 그리고 해마다 수란 아가씨의 혼령을 위하여 제사를 지낸다고 한다.

□ 은혜를 갚은 까마귀

 전설이나 설화를 살펴보면 비록 말을 못하는 동물들도 은혜

를 알며, 자신의 목숨을 살려 준 은인에게는 자신의 몸을 던져 은혜를 갚았다. 이처럼 세상은 각박하지만은 않으며, 인간이 스스로 각박해지므로 해서 모든 자연을 적으로 알고 또 생활수단으로만 알기 때문에 옛날처럼 설화나 전설의 아름다운 얘기가 단절되고만 것이라 할 수 있다.

스스로가 얼마만큼 인간적이요, 또 덕이 있느냐에 따라 이 책을 읽는 이해의 가치가 다를 것이다.

여하튼 연대나 시공의 차원을 넘어서 설화 하나 하나에 인간의 순수한 가치가 담겨 있지 않을까 생각한다. 또한 비록 축생의 탈을 썼으나 그 마음 씀씀이가 인간을 넘어서는 설화의 대목은 하나의 법문처럼 들어야 하지 않을까?

옛날에 활 잘 쏘기로 유명한 공(孔)이라는 사냥꾼이 있었다. 그가 오대산에 사냥을 갔다가 까마귀가 구렁이에게 잡혀 먹을 지경에 처한 것을 보고 화살을 날려 뱀을 쓰러뜨리고 까마귀를 살려 보냈다.

며칠이 지난 후에 다시 오대산으로 사냥을 나가 이리저리 헤매다가 산속에서 날이 저물어 길을 잃고 인가를 찾는 중인데, 저쪽 길 건너편에 불빛이 보여 반가워 불빛이 보이는 데로 찾아가 보니, 젊은 여인이 나와 맞으며 하룻밤 묶어 갈 것을 쾌히 허락해 주었다. 그런 다음 방으로 안내를 해주는데, 무슨 냄새가 나는 것이 불길한 생각이 들어 가만히 부엌을 들여다보니 그 여자는 분명히 사람이 아닌 듯했다.

공씨는 겁이 덜컥 나서 그 집을 빠져 나와 도망을 쳤다. 그런데 어느새 그 여자가 쫓아오면서,

"이 원수놈아 거기 섰거라!"

하는 것이었다. 결국은 붙잡혀 꼼짝도 못하게 되었다. 여자가 말하기를,

"네가 얼마 전에 죽인 그 구렁이가 내 남편이다. 너도 내 손에 죽어보아라. 남편의 원수를 갚으려고 지금까지 벼르는 중인데 오늘 잘 만났다."

하며 입에 거품을 뿜으며 다가서는 것이었다.

"그런 줄을 몰랐구나. 내가 네 남편을 죽인 것은 고의로 한 것이 아니라, 까마귀가 죽음에 처했길래 까마귀를 날려 보내기 위해 풀밭에 활을 쏜 것이 네 남편이 맞아 죽은 것이다. 또 지금 내가 너의 손에 죽게 되면 늙으신 부모님과 처자식은 어찌하느냐? 너의 남편과 너를 위하여 절에 가서 기도를 드려 천도를 하여 줄 터이니 원한을 풀자!"

라고 회유를 했다.

"그것은 말이 아니 된다. 우리는 절에서 들려오는 종소리를 들으면 마음이 편해지며, 괴로움을 잊을 수 있어 즐거웠다. 지금 당장 종소리를 들려주면 너를 놓아주리라."

고 한다. 그러나 여기서 무슨 재주로 종소리를 들려줄 수가 있단 말인가? 생사의 길목에서 헤어나지 못하는 찰나였는데 그때 어디에선가 종소리가 들려오는 것이었다.

이 종소리를 들은 그 여자는 인홀불견이었는데 돌아보니 그 삼간 초당은 바위 아래였고, 그 젊은 여자는 누런 구렁이로 변했다.

그래서 공씨는 도대체 종소리가 지금 이 시각에 어디에서 들

려오는 것인가 궁금하여 종소리를 따라가 보니 옛날 상원사 절터에서 까마귀 두 마리가 땅에 묻힌 종을 파내어 서로 주둥이로 종소리를 내며 거의 죽음에 이른 상태였다.

이 광경을 본 공씨는 활을 부러뜨리고 오대산에 들어가서 지성으로 수도에만 힘썼다고 한다.

 이것은 옛부터 널리 알려진 전설인데 종소리를 들으면 지옥중생도 고통을 잊는다는 뜻에서 생긴 종성찬탄의 전설이며, 인과수환의 보은에 감화되어 수도승이 된 교훈도 포함되어 있는 이야기이다.

□ 절을 세운 호랑이

 신라 말기에 경북 영천군 용문면 두인동에서 출생한 고승으로 두운(杜雲)이라 하는 조사가 있었다. 그가 사굴산 범일국사와 같이 당나라에 들어가 법문을 배우고 돌아와 소백산 도솔봉 중턱에 초암(草庵)을 짓고 선정에 들 때였다.

 하루는 비가 쏟아지고 구름이 끼고 대낮이 칠흑 같은 토굴 속에서 참선을 닦고 있었다.

 그때 뭔가 토굴 속으로 들어왔다. 이상하여 고개를 돌려 보니 호랑이 한 마리가 고개를 들고 입을 쩍 벌린 채로 들어왔다. 고승은 느긋한 목소리로,

 "네가 나를 해하여 배를 채우려하는구나."

라고 하자, 호랑이는 고개를 휘저으며 아니라고 했다. 가만히 호랑이의 목구멍을 살펴보니 뭔가 걸려 있었다. 고승은 생각하기를 옳커니 저것을 빼달라고 하는 것이구나 하여 달려가 목구멍에 걸린 비녀를 꺼내 주었다.

호랑이는 비녀를 빼주자 살 것 같다는 시늉을 하고는 고승에게 절을 했다. 고승은,

"네가 아무리 축생보를 받고 태어났으나 살생은 금하라."
하고 설법을 하고 돌려보냈다. 그런지 얼마 후에 또 그 호랑이가 와서 옷깃을 입으로 물어 당기며 가자는 형용을 하므로 따라가 보니 문밖에 이팔청춘의 소녀를 업어다 놓았다. 그러나 고승은 범을 호되게 혼내주며 꾸짖으며,

"네가 나에게 은혜를 갚는다고 처녀를 데려온 모양인데, 중에게 처녀가 무슨 소용이 있느냐? 너에게 업혀 온 이 처녀가 얼마나 놀랐겠느냐. 다시는 그런 짓을 하지 말거라!"
고 타이르고 처녀를 방으로 옮겨 정신이 들게 했다.

처녀는 한참 후에 깨어나 두리번거리다 고승을 발견하고 여기가 어디냐고 물었다. 조사는 처녀가 회생함을 기뻐하며 안심시키고 자초지종을 물었다. 처녀가 말하기를,

"저는 경주에서 벼슬한 사람의 딸로서 어제 초저녁에 달구경을 끝내고 돌아오던 중 무엇이 획하는 바람에 정신을 잃고 말았는데, 정신을 차려보니 범의 등이라 다시 정신을 잃고 말았습니다. 그리고 다시 깨어 지금 스님을 만나게 되었습니다."
라고 했다. 조사는 얘기를 모두 듣고 이 처녀를 집으로 데려가기로 하고 하루 쉬었다가 아침에 출발하기로 했다.

한편, 처녀의 집에서는 분명 호랑이에게 잡아먹힌 것으로 생각하고 사람을 풀어 찾아보자고 했다. 이때 고승조사가 딸을 데려오니 생명의 은인처럼 받들어 경사스러운 날이라 하고 잔치를 베풀었다.

 아버지는 조사에게 소원을 묻자, 조사는 내가 아직 토굴에서 선정을 갖고 있는데 토굴이나 좀 넓혀 달라고 했다. 이에 처녀의 아버지는 그 부근 수령에게 통지하여 상납할 재물을 얻어서 가람을 짓게 하니 이 절이 바로 희방사이며, 마을로 내려가는 다리를 무쇠로 놓았는데, 지금도 수철리(水鐵里)라 전하며 순흥풍기(順興豊基)의 중앙에 있는 유천(流川)은 이 희방사로 곡물을 운반하는 유도라고 하여 놋쇠로 다리를 놓았는데, 지금도 '유기다리'라고 불린다.

□ **무량자비(無量慈悲)**

 때는 고려 말엽, 국경 북쪽의 오랑캐에게 시달려 나날이 국운이 기울자 석도암이라는 비구는 나라의 정사를 바로잡고 부처님의 영원한 정법으로 나라의 백성들이 편안하기를 바라는 간절한 마음에서 6백 권의 〈반야심경〉을 간행하여 경불사를 회향하기로 공지했다.

 많은 사람들에게 시주를 받고 여러 제자들과 함께 불철주야 정성을 다해서 드디어 원만히 불사를 끝냈다. 공든 탑이 무너

지지 않으며 지성이면 감천이라 듯이 그로부터 부처님의 원력에 힘입어 북쪽의 오랑캐가 물러가기 시작했다. 이럴 즈음 국왕은 크게 기뻐하고 6백 권의 〈반야심경〉을 완성시킨 도암비구를 불러 많은 보물과 높은 벼슬을 하사하셨다. 그러나 도암은 극구 사양하면서 오직 영원한 부처님의 자비심을 축원하면서 또한 아직 간행치 못한 〈다라니경〉 6백 권을 완성하는데 도움을 주기를 간청했다.

왕이 크게 기뻐하여 다시 불러 이르되, 네 성심이 모든 이의 마음을 감동케 하므로 이 나라의 선사가 되어 6백 권의 〈대다라니경〉을 간행케 했다. 그러나 도암비구는 갑자기 병이 들어 죽고 말았다. 국왕은 물론이요, 모든 국민이 슬퍼했다.

도암은 죽어 죽음의 사자 앞에 끌려 가서, '아직도 북쪽의 오랑캐가 우리의 착한 백성을 넘보고 있습니다. 제 명이 아직 다하지 않았다면 환생하여 6백 권의 〈대다라니경〉을 완성함으로써 다시는 북쪽의 오랑캐가 쳐들어오지 못하게 하여 주십시오' 하고 호소했다. 이 말에 죽음의 사자 역시 감동하여, 그렇다면 다시 태어나 〈대다라니경〉을 완성하고 다시 오라 하고 돌려보냈다.

죽었던 도암이 다시 살아나고 〈대다라니경〉이 완성되자 북쪽의 오랑캐는 다시는 침범할 수 없었고, 나라는 태평성대를 누리게 되었다. 이토록 부처님의 자비심은 끝이 없으며, 선하고 장한 일을 하는 자를 도우신다.

□ 환화(幻花)

동굴속에서

 온 대지가 무쇠같이 얼어붙었던 엄동설한도 봄이 되면 하는 수 없이 물러가는 것이 우주의 법칙이라고나 할까. 전신이 얼음장같이 굳어지고 두 뺨과 두 귀를 도려내는 것 같은 동지선달의 추운 날씨도 입춘이 지나고 보니 맥을 쓰지 못한다. 찬바람이 불어올 때마다 춥기는 추우나 겨울 같지는 않았다.
 지금으로부터 몇십 년 전 어느 해 정월이 지나서 입춘이 되던 때였다.
 얕은 산에는 양기를 받아서 눈 한 점을 볼 수가 없었지마는 그래도 깊은 산 음달이 진 곳이면 제법 겨울동안에 쌓인 눈이 녹지 않고 있었다.
 삼각산(三角山)은 비록 서울 뒷산이지만 상당히 높은 산이다. 그 가운데도 백운대(白雲臺)라면 제일 높은 곳이다. 그러므로 백운대 밑에는 눈이 쌓여 사람이 왕래하기가 상당히 힘이 드는 곳이다. 눈이 쌓이지 않는 보통 때라도 사람이 다니자면 험한 곳인데 하물며 눈이 쌓여 있는 때일에랴. 그러나 정월을 맞이하여 그 해의 길흉을 점쳐 보려는 서울 장안의 부녀자들은 유명한 점쟁이 장님이나 무녀를 찾아보고 점괘를 얻어 무꾸리를 하는 것이지만 그 밖의 어느 곳이라 할지라도 영판이 있다는 소문만 있고 보면 불원천리 찾아보는 것이 습속이었다.

이인(異人)이요, 도인(道人)이요, 기인(畸人)이며, 영판이라는 홍대직(洪大直) 노인이 백운대 밑 동굴 속에 있다는 말을 누가 퍼뜨렸는지 겨울 동안에는 찾아오는 사람이 한 사람도 없더니, 정월이 되자 한 사람씩 두 사람씩 여자 손님들이 잇달아 찾아오기 시작했다. 이렇게 찾아오는 여자들 가운데는 여염집 부인도 섞여 있지만 대개는 무당 만신들로 백운대 산신령께 정월의 재수가 있게 해 달라고 치성을 드리러 왔다가 돌아가는 길에 홍노인을 찾아오는 것이다. 그들은 엎어지며 자빠지며 쌀자루를 이고 찾아왔다.

어떤 중년 부인이 숨이 차 헐떡거리며 동굴을 기어 올라와서 굴문 앞을 들어서더니,

"홍도사님 계십니까?"

하고 귀가 찢어지라 불러댄다.

"뉘시오?"

약간 쉰 목소리로 대답하는 홍노인이었다. 홍노인을 보는 사람들이 자기들의 생각이 미치는 대로 도사님이다, 처사님이다, 또는 선관(仙官)님이라고도 부르는 것이다.

그는 누가 보던지 이 세상 사람은 아닌 것 같았다. 홍안백발에 진애가 한 점도 끼지 않은 선풍도골이었다. 키가 후리후리하게 크고 몸집이 약간 풍풍한 편이나 아주 보기 싫은 풍풍보는 아니었다. 얼굴은 둥글고 넓적한데 주먹 같은 복스러운 코가 중앙을 차지했다. 눈은 범의 눈이라 남달리 맑고 정기가 넘쳐 흘렀다.

그가 사람을 바라보면 누구나 위압감을 느끼며 시선을 피하

지 않을 수가 없었다. 그러나 말소리는 굵어서 우렁우렁 울리면서 인자하고 구수하게 들려서 사람을 끄는 힘은 범상치 않은 데가 있었다.

두 귀 밑으로는 아주 길게 자라서 치렁치렁한데 넉넉히 세 뼘은 됨직하다. 바람이 부는 대로 하얀 수염이 춤추며 날리는데 산신령님이 어떻게 생겼는지 실제로 본 사람이 없어 형용을 말할 수는 없겠으나 어느 절간에서든지 화본으로 그려 모신 산신각(山神閣)의 산신령을 그럴 듯하게 닮은 듯도 싶고, 아니면 분간해 내지 못할 만큼 상상력을 돋우어 주는 것이었다. 게다가 총감투 탕건을 쓰고 있으므로 이는 꼭 살아있는 산신령이 아니면 하늘에서 내려 온 선관이라고 볼 수밖에 없는 풍신이므로 그를 보는 사람마다 한결같이 이상하게 보고 존경하지 않을 수가 없는 것이었다.

"저를 모르시겠어요. 작년 시월에도 왔다 갔는데요."
"그러셨던가요."
"저는 도사님이 지난 겨울에 돌아가시지나 않았나 하였더니 아직도 살아 계셨군요."
"무슨 복에 그렇게 쉽사리 죽사오리까?"
"죽는 것도 복이 있어야 죽나요?"
"처자 권속을 갖춘 위에 부자 장자로 팔자 좋게 잘 살다가 죽는 것이 불행하다고 할는지 모르지요마는 나와 같이 고독하게 고생만 하는 사람은 죽는 것이 행복이지요. 그런데 그것도 복이라고 쉽사리 죽어지지를 않는구려."
"아니, 왜 그런 말씀을 하세요. 만인간에게 활인을 하시고 도를 펴는 도사님 같은 어른은 오래오래 사셔야지요."

"그게 무어 대단한가요?"

"그보다 더 대단한 게 어디 있습니까? 앞길을 몰라서 애쓰는 자에게는 앞길을 말씀해 주시고, 병 앓는 사람에게는 침을 놓고 약을 써서 고쳐 주시고, 마음이 답답한 사람에게는 좋은 법을 일러 마음을 열어 주시니 이보다 더 큰 적선이 어디 있겠어요."

"글쎄올시다, 미미한 나의 소행이나 그렇다고 할까요."

"저는 꼭 그렇다고 믿습니다."

"감사합니다. 이만한 것을 그렇게 알아 주시니까요."

"천만에 말씀입니다. 그런데 도사님 지난 겨울에도 불을 때지 아니하시고 이 바윗굴 속에서 지내셨나요?"

"아무 때라도 그렇지, 언제는 내가 불을 때고 사나요."

"나는 도사님께 찾아오고 싶어도 사람이 추워서 실수가 있어야지요. 이게 딱 질색이에요."

"누가 오시라고 하였나요?"

"그야 제가 답답해서 오는 것이지 도사님을 위해서 오는 것은 아니지마는요."

하고 그녀는 곧 굴 밖으로 나가더니 돌을 주워다가 네 군데로 벌려 받쳐 놓고는 가져 온 새옹솥을 걸어 미리 씻어 온 쌀을 솥에 넣고 알맞게 물을 붓고 마른 나뭇가지를 주워다가 말없이 불을 지폈다. 홍노인을 주려고 밥을 짓는 모양이었다. 새옹솥의 밥이 펄덕펄덕 끓을 때 또 다시 한 여인이 찾아왔다.

"저 여편네 봐, 어느새 벌써 여기를 왔어. 백운대에서 치성을 드리고는 아니 보이길래 곧장 내려간 줄 알았더니 또 여기 와서 있네."

"가면 간다고 말을 하고 가지 그렇게 신지 무이하게 잠자코 갈까 봐서요?"

"그렇기는 하지만 누가 알아요, 날씨가 추우니까 그대로 뺑소니를 친 줄로만 알았지."

"아이참 그렇게도 사람을 못 믿어요?"

"믿기야 믿지마는 믿는 도끼에 발을 찍히니까 그렇지요. 그러나 저러나 홍도사님....."

"굴 안에 들어가 보세요, 계십니다."

"밥좀 많이 하지 저녁 때에 나도 먹고 가게."

"어련히 알아 하려고.... 잔소리도 퍽 하네."

두 여자는 서로가 다 무당인 만신이라 서로 통하는 사람들이었다. 뒤에 온 여자가 굴 안으로 들어가더니,

"도사님, 세배 받으십시오. 세배하러 왔습니다."

하고 간들어지게 절을 한다.

"새해에는 재수가 대통하고 만사가 형통하여질 것입니다. 그래 과세 안녕하셨습니까?"

"네, 덕택에 잘 지냈어요."

"그런데 노인이 여기를 어떻게 이처럼 찾아 오셨나요?"

"세배하러 왔지요. 세배하러 왔어요."

"세배는 나 같은 사람에게 무슨 세배란 말이요."

"세배받기 싫으시면 도로 무르시지요."

"이미 받은 것을 무를 수가 있나요?"

선방야화 353

"그럴 것 같으면 왜 그런 말씀을 하세요."

"하도 황송하고 미안해서요."

"우리가 숭배하고 흠송하는 도사님인데 미안하기는 무엇이 미안하단 말씀입니까?"

굴 밖에서는 또 여자들 한 떼가 몰려 들어온다. 여염집 부인네도 섞였지마는 대개는 만신들이었다. 얼어붙었던 굴속에는 젊고 늙은 만신 여자들의 꽃이 피었다.

그녀들은 모두 홍노인에게 세배를 하고 떡이며, 밥이며, 과자며, 사가지고 온 음식을 풀어 놓고 홍노인에게 권하며 보온병 같은 것에 담아 가지고 온 더운 물을 따라서 올린다.

홍노인은 미안한 표정을 지으며 받아먹을 수밖에 없었다. 굴 밖에서 밥을 짓던 여자는 밥을 끓여 놓고 들어와서 보고는 약이 오른 듯,

"지금 굴 밖에서 더운 진지를 짓고 있는데 그 찬밥을 왜 잡수세요?"

하고 눈살을 찌푸린다.

"감사합니다. 그러나 얻어먹는 사람이 어찌 찬 것 더운 것을 가릴 수가 있나요? 주시는 대로 받을 뿐이지요. 하하하."

홍노인은 이렇게 대답을 하고 너털웃음을 웃었다. 여러 여자들이 참새같이 조잘대고 떠들며 음식 먹기를 마친 뒤에 만신 한 여인이 홍노인을 쳐다보며,

"도사님, 제가 올해 재수가 터지겠는가, 신수 좀 보아 주세요."

하고 부탁한다.

"당신네가 나보다 더 잘 아시는 분들인데 무얼 나에게 묻습니까?"

"그렇지만 약삭빠른 고양이가 밤눈이 어둡다는 것으로 남의 신수는 잘 보아주는 척하지만요, 제 일에 대해서는 알 수가 없어요."

"무당이 제 굿을 못하고 중이 제 머리 못깎는다더니 꼭 그렇군요."

"그렇기 때문에 도사님을 찾아온 것이 아닙니까? 잘 좀 가르쳐 주세요."

"돈이 없으면 없는 말이라도 지어 만들어서 벌어 쓰는 당신네들이니까 재수는 말할 것이 없지마는 마음을 잘 써야 관세구설과 우환질고가 없으리라고 봅니다."

"성한 사람을 보고 앓겠다고 하고, 병이 들어 앓다가 일어날 사람을 보고 죽겠다고 하고, 멀쩡한 아이를 보고 명이 짧다고 하고, 돈 잘 버는 사람을 보고 재수가 막히겠다 하고, 평안한 가정을 보고 대감이 놀아나겠다고 하고, 금슬이 좋은 부부에게 이별을 할 것이라 하며, 사람의 마음을 놀라게 하고, 돈을 없애게 하는 것이 다 마음을 잘 쓰지 못하는 것이니까 그러한 짓을 하지 않는 것이 마음을 잘 쓰는 것입니다."

"예, 도사님, 말씀이 꼭 옳아요. 양심대로 말이지요. 우리가 하는 일이 꼭 그렇지 뭐냐."

옆에서 같이 있던 만신이, 홍노인의 말을 거들며 손바닥을 치고 호호호 하고 웃는다. 다른 만신들도 다 따라서 웃는다. 그것은 직업적인 그들에게 간지러운 곳을 긁어 주는 것이니까 웃지 않을 수가 없는 일이었다.
 "그렇지만 우리가 그렇게 하지 않고는 입에 밥이 들어가야지요."
 양심에는 찔리지마는 밥을 위해서는 거짓말도 한다는 것이니까.
 "그러기에 재수는 따로 물을 것이 없단 말입니다."
 그러면서 홍노인은 뒷받침의 말을 했다.
 "그러면 그것은 그렇다고 하여 두시고 다른 재난이나 없을까 보아 주세요."
 홍노인은 그들이 하는 일이 밉지마는 험악한 산로에 엎어지며 넘어지며 찾아온 것을 생각해서 시치미를 뚝 떼고 냉정하게만 대할 수는 없었다. 그러므로 족집게로 집어내는 듯이 일년 열두달의 길흉화복을 가르쳐 준다. 다른 만신들도 너도 나도 하여 일년 신수를 묻고 즐거워 한다. 그러나 오후가 되어서 해가 기울어져 가므로 그들은 손에 손을 맞잡고 장안을 향해 내려 간다. 아까부터 밥을 짓던 만신은 그녀들이 다 나간 뒤에 굴문 밖에 나서서,
 "나도 곧 따라 내려갈 터이니 어서 먼저들 가세요."
 하고 사람들이 헤어져 가는 것을 보고 다시 들어와서 밥솥에서 김이 무럭무럭 나는 더운 밥을 사발에 담아 놓고 가지고 온다. 반찬과 함께 홍노인에게로 갖다 올린다.
 홍노인은 한참동안 떠드느라고 시장했던 판이라 기갈이 감식으로 밥 한 그릇을 게눈 감추듯이 얼른 다 먹어 버렸다. 만신도 같이 앉아서 먹었다.
 "저도 금년 재수가 어떤지 좀 보아주세요."

홍노인은 손가락을 꿈적거리더니,

"올해는 재수도 좋지마는 영감 하나 새로 얻을 신수요."

"아이! 도사님도 영감은 무슨 영감이에요. 영감이라고 하나 있던 말썽장이가 죽어 없어져서 시원하기가 짝이 없는데요."

만신의 얼굴을 보니 그렇게 싫은 눈치도 아니었다.

"두고 보세요, 내 말이 꼭 맞을 터이니까요."

"그렇다면 나는 몰라요. 만일 제가 그러한 운수라면 사근취원 할것 없이 도사님을 영감으로 모실 터여요."

"나를 영감으로 삼겠다구요? 당초에 그런 말은 입 밖에도 내지 마시오."

"말기는 무얼 말아요. 피부가 저만 하시면 여자 하나는 넉넉히 거느리실 텐데요."

그녀는 은근히 추파를 홍노인에게 보냈다.

"그야 그렇다고 하더라도 당신이 나와 같이 이 바위 굴 속에서 추운 겨울에 불도 안 때고 견디겠소?"

"그건 안돼요."

"그렇다면 나를 무슨 영감으로 삼겠다는 거요?"

"그러니까 우리 집에 내려가서 살자는 말이지요."

"그것은 안될 말이요. 나는 인간생활이 싫으니까요."

"고생도 팔자이십니다. 나 같은 사람만 얻으시면 만당 같은 기와집 속에서 따뜻한 비단 이불을 덮고 삼시 사시로 더운 진지를 잡수시고, 노년에 평안하실 터인데 그것이 싫고 추운 바위 굴 속만 좋단 말씀입니까?"

"이것도 내 팔자이니까 할 수 없는 일이지요."

선방야화

"그래 꼭 호랑이나 너구리나 꿩 같은 산짐승과 같이 산속 바위 굴 속만 좋단 말씀입니까?"

"그렇소. 나는 언제든지 산 속에서 바위굴이나 지키고 공부나 하다가 죽을 사람이니까요."

고집쟁이요, 의지가 굳은 노인이었다. 그녀는 홍노인을 보아한 즉, 도저히 홍노인의 마음을 움직일 수가 없을 것을 짐작했다. 모든 것을 체념하고 서울 시내를 향해 내려 가버리고 말았다.

홍노인을 노리는 만신은 그녀뿐이 아니었다. 다른 만신도 가끔 와서 건드려 보고, 또는 여염집 과부 늙은이도 더러 와서 의사를 물어보곤 했다.

홍노인이 아무 재주가 없이 무능한 사람이라면 곁에 올까 봐도 질색을 하겠지마는 침도 놓고 약도 쓰고 점도 치고 있기 때문에 데려만 가면 꽤 팔아 먹을만 하므로 여러 여자들이 번갈아 가며 와서 귀찮게 하는 것이었다.

그녀가 내려 간 지 약 한 시간쯤 지나자 산 속은 어두워졌다. 홍노인은 입속말로,

"빌어먹을 년들 같으니라고, 공연히 와서 늙은이만 시달리고 가는구나."

하고 중얼거렸다. 그리고 굴속에 들어가서 누더기 이불을 깔고 덮고 앉아서 불경의 주문을 외고 있었다.

山堂靜夜坐無言 寂寂寥寥本自然
산당정야좌무언 적적요요 본자연

이런 글이 흔히 절간에 써 붙여 있거니와 홍노인은 고요하고 적막한 산속에서 본래 자연인 천진면목(天眞面目)을 명상(冥想)하는 것이 여간 기쁜 일이 아니었다.

관악산을 찾아서

 홍노인은 사람이 찾아와서 식둑걱둑하고 지껄이는 소리가 듣기 싫고 귀찮았다. 평안도 묘향산이나, 전라도 지리산이나, 강원도 금강산 같은 데 있을 때는 찾아오는 사람이 없어서 조용하게 지내게 되어 공부가 꽤 되었는데, 충청도 계룡산에서 부터는 가는 곳마다 사람이 따르기를 시작했다.
 홍노인은 가는 곳마다 사람이 모이는 것이 싫어서 일정한 곳이 없이 이리로 가고 저리로 가곤 했다. 그래서 파리떼 같이 어떻게 냄새를 맡은 것인지 사람들이 모여드는 것이었다.
 계룡산에 있을 때에는 유사 종교단체 사람들이 무슨 교주가 되어 달라고 자꾸만 졸라대어서 귀찮기도 했다. 그랬더니 삼각산에 온 후에는 영감이 되어 달라는 여자들이 많아서 귀찮게 되었다. 그러나 홍노인도 나이가 많이 먹어가니 만큼 언제든지 무우 뿌리나 칡뿌리나 송엽만 먹고서는 체력을 유지할 수가 없었다. 그러므로 쌀밥 같은 것을 얻어 먹으려면 도회지를 끼고 있는 산이 아니면 도리가 없었다. 그래서 계룡산에서 몇해를 지내다가 삼각산으로 오게 된 것이다.
 그런데 삼각산에서도 벌써 2, 3년을 지냈다. 그러나 이제는 삼각산도 싫어졌다. 그런데 어느 때 시흥에 있는 관악산이 명산이라는 말을 들었었다. 해서 그는 관악산으로 자리를 옮겨 보려고 생각했다.

삼각산이 싫어진 것은 사람이 많이 오는 것도 이유중 하나였지마는 사람을 속여 먹는 무당 만신이들이 많이 찾아오므로 그들이 보기가 싫었다. 그런 가운데도 홍노인을 영감으로 삼겠다고 넘성거리는 여자들이 많고, 따라서 치근치근하게 구는 여자가 몇사람씩 생겨 가지고 공연히 저희들끼리 질투를 하고 싸우는 꼴이 보기가 싫었다.

여자라면 대하기를 싫어하는 홍노인에게 뭇 여자들이 서로서로 짜고 교대나 하는 것같이 번갈아 가며 사람이 없는 틈을 타서 굴속으로 들어와서 노인의 목을 끌어안고 뒹굴며 입술을 빠는 것이 무엇보다 고약했다.

이 모든 것이 귀찮아서 추상같은 호령을 하여 쫓고 싶은 생각도 없지는 않았으나 인자한 생각에 그러기도 어렵고, 또는 그러다가 그들이 미치든지 혹은 자살이라도 하게 되면 그 역시 차마 볼 수가 없는 일이므로 하루바삐 삼각산을 떠나는 것이 상책이라고 생각했다.

관악산은 옛날부터 명산으로 일러오는 산이다. 묘향산이나 금강산이나 지리산에 비하면 대단한 산이라고는 할 수 없으나 조그마하되 안팎 겹산으로 되어 있는 데다가 앞산이나 뒷산이나 기암절벽이 많이 솟아 있고 골짜기에는 나무가 많이 서 있다. 그리고 수석(壽石)이 좋아서 그럴 듯하게 보여 사람들의 인기를 끌게 된 산이다.

관악산은 작지도 크지도 아니한 보통 볼 수 있는 산이지마는 이 산 주위를 돌아가며 절간이 열 다섯 군데나 있는 것을 보아도 명산이 아니라고는 할 수 없을 것이다.

 관악산은 한양 남쪽에 있다고 해서 화산이라고도 불리우는데, 이 산에 있는 연주대(戀主臺) 연주암(戀主菴)이라는 곳을 가보면 과연 절묘하게 되어 있다. 마치 금강산 어느 한 모퉁이를 떼어다 놓은 것 같은 생각이 들 정도다.

 고려 말년에 왕씨의 족속들과 백성들이 이태조에게 굴복하기가 싫어서 목숨만 부지해 가지고 중이 되어 절을 짓고 숨어 살면서 송도의 공민왕을 사모하며 눈물로 세월을 보냈다고 해서 절 이름을 연주암이라고 부르게 된 것이다.

 또 관악산에는 삼막사(三幕寺)라는 절이 있다. 이 절은 신라 때 원효대사와 의상대사, 윤필(潤筆)거사 3성인(聖人)이 제각기 막을 치고 이곳에서 공부하여 성공을 했다고 해서 그 후에 절을 짓고 삼막사라 일러 놓은 것이다.

 또 관악산에는 염불암(念佛菴)이라는 절이 있고, 그 뒤에는 높이 올라가서 상불암(上佛菴)이라는 암자가 있다. 이 절은 신라 때 절이었던 큰 절터가 아직도 남아 있는데, 이 상불암은 그 절의 부속 암자로써 염불을 지극히 하면 극락세계에 가서 난다는 의미로써 지었던 가장 높은 암자였다. 그러나 중간에 없어지고 빈 터만 남았다.

 근자에 어떤 여승이 절을 짓고 들어 있더니 6. 25동란 때 폭격으로 날아가 버리고 말았다. 그러나 지금 어떤 여자가 움막 같은 것을 지어 살고 있기도 하다.

이 상불암은 관악산에서 가장 높은 봉 밑에 있어 올라가기는 험하고 어려우나 올라만 가고 보면 멀리 내다보이는 조망과 안개가 여간 좋은 곳이 아니다. 또 바로 절 뒤에는 큰 바위 굴이 있다. 여염집에 비하면 4, 5간이 넘을 만한 굴속이다. 이곳에 집도 절도 없을 때는 이 굴 바위만 남아 있었던 것이다.

일생을 불우하게 세상을 등지고 인간을 저버리고 산으로만 돌아다니며 바위 굴 속에서만 살아오던 홍노인은 삼각산 밑 백운대 굴속을 떠나서 이 관악산을 찾아와 두루두루 돌아다니다가 상불암의 이 굴을 발견했다. 그때는 집도 절도 없는 때이라, 지금으로부터 50년은 되리라.

'관악산이 명산이라더니 과연 명산은 명산이로군. 이러한 글이 다 있고 한철 지낼만한 곳인데.'

홍노인은 혼자말로 이러한 감탄의 말을 하고 남루하게 걸머지고 온 누더기 보따리를 상불암 굴속에 내려 놓았다. 이때는 2월이 다 지나가고 3월 초순이 되어서 진달래꽃이 한참 만발한 때였다.

홍노인은 흙을 파고 돌을 줍고 하여 조그맣게 탑을 쌓아서 풍우가 가리우고 나무 잎사귀를 많이 긁어모아서 몇 짐을 져다가 푹신푹신하게 밑바닥에 깔고 그 위에 가마니를 눌러 깔고 또 그 위에 남루한 포대기를 깔고 불도 때지 않고 혼자서 기거하고 있는 것이다. 누가 보던지 이 세상 사람은 아닌 것도 같은 느낌이 있었다.

이 산 밑에 있는 석수동이나 비산이나 삼막동에 있는 사람들이 땔감 나무를 하러 왔다가 이러한 귀인을 보고 놀라지 않을 수가 없었다.

"영감님은 어디서 오셨습니까?"

"내 자신도 모르겠오. 일평생을 이산 저산 산 속으로만 다니다가 여기까지 왔으니까요."

눈웃음을 쳐 가며 호탕한 목소리로 이렇게 대답을 하는 것이 홍노인의 말소리였다.

"고향은 어디신데요?"

"평안도라고 해 둡시다."

"무슨 재미로 이렇게 혼자 사십니까?"

"여러 사람과 사는 것보다는 혼자 사는 것이 좋아서요."

"부인과 자녀는요?"

"마누라와 자식이 있는 사람이 이렇게 살겠소?"

"잡수시는 것은?"

"나무뿌리와 약초를 캐먹고 누가 쌀 됫박이나 갖다 주면 간간이 밥도 지어 먹지요."

"손수요?"

"그럼 나 혼자 손수하지 누가 해 주겠소?"

"혼자서 심심해서 어떻게 계세요. 고적하지 않으세요?"

"심심이라니요. 고적이라니요. 내 혼자라도 공부하는 것이 있어서 놀새가 없고, 제불 제보살과 천지신명이 주위에 꽉 차 계시기 때문에 고적하지도 않습니다."

"귀신이나 호랑이 같은 것이 밤에 나타나면 무섭지 않으세요?"

"산 사람도 무서울 것이 없는데 죽은 사람의 귀신이 뭣이 그리 무섭단 말이요? 나타나면 좋은 법문이나 읽어서 보낼 따름이지요. 그리고 호랑이 같은 것이 나타나면 강아지나 고양이 보듯 할 뿐이지요. 그러나 짐승들은 제가 사람을 더 무섭게 보기 때문에 이 굴 밖으로 지나는가도 굴속으로는 들어오는 법이 없습니다."

"공부는 무슨 공부를 하세요. 신선 공부입니까? 불경 공부입니까?"

"내가 말한들 당신들이 알겠오. 신선과 부처님의 사이가 그다지 멀지 아니하니까 두 가지를 다 한다고 하여 둡시다."

"영감님, 이 세상이 어찌 되어 가는 것을 아시겠어요?"

"알기는 무얼 알겠소? 그러나 설사 알기로서니 말할 수가 있겠소? 내가 만일 말 한마디를 잘못하면 놈들이 나를 여기에 있지도 못하게 잡아다가 징역을 살릴 것인데요."

"영감님, 안녕히 계십시오. 좋은 말씀 많이 듣고 우리는 내려가겠습니다."

"잘들 내려가십시오."

나무꾼들과 같이 이렇게 작별 인사를 한 그는 입이 놀 사이가 없이 중얼거린다. 그것은 어느 때에 묘향산 금선사에서 어떤 도승을 만났을 때 배운 염불과 주문이다.

그 뒤에도 그는 금강산에 가서 어느 스님으로부터 거사오계(居士五戒)를 받고 불명을 타고 처사로 행세해서 홍처사라고 남들이 부르기도 했다. 그러므로 그는 이 관악산에 혼자 있으면서도 염불과 주문을 쉴새없이 외우고 있는 것이다. 또 참선 공부를 하다가 무슨 소리가 일어나면 〈금강경〉과 〈원각경〉

〈법화경〉을 읽고 세상사를 잊어버리고 사는 것이었다. 그런데 가끔 나무를 하러 와서 이 홍노인을 보고 간 사람들이 본대로 들은대로 입을 놀리기 때문에 그 소문이 전파되어 시흥 일대에서는 모르는 사람이 없을 정도였다. 그러나 삼각산에 있을 때와 같이 사람이 많이 와서들 살지는 아니했다.

그러나 3월 중순이 되니까 산나물을 캐러 오는 여자들이 많이 들어 밀린다. 그들은 남편 되는 바깥 남자로부터 이 홍노인의 말을 들었으므로 나물을 캐러 간다고 핑계를 대고 일부러 이 노인을 구경하러 오는 여자들이었다. 그 가운데 한 여자가 묻는다.

"할아버지는 어디서 오셨어요?"

"나요? 온데서 왔지요."

"온데가 어딘데요?"

"깨끗하고 맑고 밝고 고요한 그 곳이지요."

"그럼 하늘이게요?"

"그렇다고 하여 둡시다."

"그렇지만 사람이 어떻게 하늘에서 별안간에 올수 있어요. 하늘에서 오셨더라도 인간으로 태어나신 고향이 어디냐 말이어요."

"저 평안도 회천입니다."

"그럼 진작 그렇게 말씀을 하셔야지 아까 같이 어려운 말씀을 하시면 우리네가 알 수 있어요? 여기는 언제 오셨어요?"

"한 보름 되나 보오."

"무얼 잡숫고 계세요?"

"나무뿌리 약초를 캐먹고 살지요."
"굴속에서 불도 때지 않고 계시니 춥지 않으세요?"
"추울 것 같으면 이렇게 살겠소?"
"의복은 누가 해 드리나요?"
"어쩌다가 누가 주면 얻어 입지요."
"빨고 깁기는요?"
"내가 혼자 하지요."
"부인과 자손은 없으세요?"
"없길래 이 고생을 이렇게 하지요."
 이렇게 홍노인과 문답하는 여자는 촌 여자로서는 싹싹한 편이었다. 마주알고주알 다 알고 싶어 하는 여자였다. 옆에 앉아서 호기심을 가지고 듣고 있던 여자도 더러 물어 볼 말이 있는데 홍노인을 독차지하고 혼자서만 지껄이는 게 미웠다.
 "에 댁네야, 그만큼 물어 보았으니 다른 사람도 말씀을 들어보게 비켜나요."
하고 옆에 앉았던 여자가 가로채고 앉아서 말을 건네기 시작했다.
 "이런 할아버지는 아시는 것도 많으실 줄 압니다. 제가 무슨 말씀을 여쭈어 보고 싶은데 가르쳐 주시겠어요?"
 "내가 알기는 무얼 알겠소. 밥이나 먹고 똥이나 쌀줄 알지."
 "그러지 마시고 꼭 좀 일러 주세요."
 "알기야 똑바로 알고 있지마는 모든 사람이 믿지를 않으니까 어디 말인들 해 보겠소.."
 "그러실 겁니다. 저는 선생님의 말씀을 꼭 믿겠사오니 똑바로 일러 주십시오. 저는 언제나 잘 살겠습니까?"

"꼭 믿겠소?"

"아, 믿다 뿐이겠습니까?"

"사람이란 것은 한번 나면 죽을 때가 있는 것과 같이 한번 못 살면 한번 잘 살 때가 있겠지요."

"언제나 좀 잘 살아 보겠어요?"

"행운이 돌아와서 잘 살 때가 되면 잘 살지요."

"언제쯤 행운이 돌아오겠나 보아 주세요."

"행운은 꼭 올 때에 옵니다."

"그러지 마시고 어디 잘 좀 봐 주세요."

"꼭 내가 바른대로 말을 해도 곧이듣지를 않는구려. 사람이란 것은 살 때에 꼭 살고, 죽을 때에 꼭 죽고 망할 때에 꼭 망하고 흥할 때에 꼭 흥한단 말이요."

"그런 말을 나도 할 줄 아는 걸요."

"그렇게 잘 아시면서 무엇을 나에게 물으려 하시는 거요?"

"그런 것 말구요. 몇살부터 모년 모월에 잘 살게 된다든지 못 살게 된다든지 똑똑히 가르쳐 달란 말씀입니다."

"그거야 당해 봐야 알지 보지도 못한 일을 미리 어떻게 말을 한단 말이요."

홍노인은 이렇게 그녀에 대해 간이 타도록 일러 주었다. 그러나 그는 말문이 터지면 묻는 사람의 지나간 일과 앞으로 돌아오는 일에 대하여 백발백중으로 알아 맞혔다.

이 바람에 관악산 부근에 사는 여인네들은 너도나도 할것 없이 답답한 일만 생기면 모두 홍노인을 찾아가는 것이었다. 그러나 욕심이 없고 청정담박한 그는 절대로 무엇을 다른 사람한

테 바라는 일이 없고, 요구하는 일도 없었다. 누가 주면 주나보다, 아니 주면 마나보다 할 뿐이지 무엇이든지 요구하는 법이 없었다. 홍노인은 주역의 음양학을 오행으로 떠져서 아는 추수술 뿐만 아니라 의약에 대해서도 아는 것이 많았다. 어떤 병자든지 찾아와서 병을 묻고 그가 하라는 대로 약방에 가서 약을 지어 먹든지 또는 가르쳐 주는 대로 나무뿌리나 풀뿌리를 캐서 달여 먹든지, 또는 무슨 예방을 하던지 하면 아무리 어려운 병이라도 꼭 낫게 마련이었다.

그 뿐만 아니라 농사일에 대해서도 그가 풍년이 들겠다 하면 꼭 풍년이 들었고, 흉년이 들겠다고 하면 곡 흉년이 들었다. 그렇기에 그가 심으라는 곡식 씨를 심되 가르쳐 주는 대로 잘 선택하여 심으면 도무지 실패가 없었다. 그러므로 관악산 부근 촌 농부들은 홍노인을 귀신과 같이 여기고 섬기며 그에게 신세를 갚기 위해 돈푼이나 쌀 뒷박거리를 갖다 드리면 그는 그때마다 여러 말 없이,

"거기 놓고 가세요."

라고 할 뿐이었다.

어느 때에는 여러 여인들이 찾아와서 홍노인에게 음식을 드시게 하고 식둑각둑 하며 여러 잔소리를 하다가 한 여인이 홍노인을 쳐다보며,

"할아버지는 이 세상사람 같지 않으시고 꼭 하늘에서 내려오신 신선인 선관 같으십니다."

옆에서 보고 있던 여인들도 모두 선관과 같다는 말에 뒷받침해서 선관 같다고 했다.

"허허허 선관이 어찌 생겼는지 보셨오?"
하고 홍노인이 반문을 하자,
"저희들이 꿈을 꾸다가 선관이라고 하는 이를 보았는데 꼭 할아버지처럼 생겼어요. 이제부터는 할아버지를 선관님이라고 불러 드려야 하겠어요."
"허허허 아무렇게나 생각나는 대로 부르시구려."
"아무렇게나가 아니예요. 꼭 선관님이세요."
"………"
옆에서 보고 있던 여자도 그녀의 말에 동조하면서,
"꼭 그렇지 뭐야. 풍신도 잘 나시고 하시는 것도 많으시고, 욕심도 없으시고, 처자 권속도 없으시고, 집도 없으시고, 불도 때지 않고 이 산꼭대기의 바위굴에서 여름이나 겨울이나 한결같이 공부만 하시고 혼자서 계시니 선관님이시지 뭐야. 선관은 할아버지보다 무슨 뾰족한 별수가 있는 줄로 아시오?"
이렇게 말했다. 그러므로 이와 같은 일행들도 모두 머리를 끄덕이면서 홍노인을 신비하게 쳐다 보았다.
이후부터는 그들이 홍노인을 홍선관이라고 부르게 되어서 지금까지 불러오던 홍도사, 홍처사, 홍노인은 홍선관으로 칭호를 받게 되었다.

유치장 신세

홍선관의 이름이 높이 나자 관악산 상불암 굴속은 허구헌날 남녀간 수많은 사람들이 끊어질 새가 없이 모이곤 했다. 길흉과 화복을 홍선관에게만 물으면 돈 한푼도 쓰지 않고 영낙없이 꿰뚫어 알게 된다. 맞고 안 맞는 것은 고사하고 호기심을 가지고서라도 홍선관이란 자가 어떻게 생겼는가 하고 와서 보는 것이다.

 사주관상이나 의약이나 침술 같은 것은 어찌 되었든지 간에 홍선관을 보기만 해도 이상한 감이 들게 된다. 아무것도 모르는 사람의 육안으로 보더라도 홍선관의 얼굴과 모양을 보면 돌바위 굴속에서 그렇게도 고독하게 지낼 사람은 아니었다. 그러나 그렇게 있는 것이 이상하다는 것이다.

 선풍도골에 위풍이 늠름하고 입을 열면 고금동서의 역사를 내려 꿰고, 음양술을 물어 보면 상통천문하고 하달지리한 사람과 같이 막힘이 없이 무엇이든지 설명을 하는 것이다. 대개 이러한 굴속에 있으면서 기인 행세를 하는 소위 도사라는 자들을 보면 얼굴과 모양이 지지리 못나 보이고 숙맥 같으면서 속으로는 음흉스럽게 욕심이 차 여색을 좋아하며, 돈에 대한 욕심이 많아서 사람을 속이고 돈을 빼앗는 것인데 홍선관은 이 같은 무리의 사람이 아니었다.

 홍선관은 덕이 있고, 감화력이 있어서 누구든지 그를 보면 자리를 떠나기 싫어하는 것이다. 그리고 아무리 근심과 수심이 많은 사람이라도 그를 대해 보기만 하면 그의 호탕한 설교에 모든 근심과 걱정이 다 없어지는 것이다.

 홍선관의 매혹에 끌리는 대로 맡겨 둔다면 이 세상의 속된 일을 그만 집어치우고 그와 같이 살고 싶건마는 춘하추동 사시절에 불도 때지 않은 굴속에서 자게 되므로 낮에는 사람들이 우글우글 끓지마는 밤이 되면 할 수 없이 그를 버리고 돌아가는 것이다.

홍선관은 어떠한 심사인지 누가 방을 드려 주고, 나무를 해다가 불을 때 주고 밥을 지어 주겠다고 지원하는 사람이 있어도 모두 다 거절하고 그렇게 하는 사람이 있다면 당장 그 굴속에서 떠나가라고 했다. 그래서 낮에만 사람이 찾아왔다가 돌아가게 마련이므로 낮에만 사람들이 음식을 가지고 찾아오는 것이다. 사람이 많이 모이는 만큼 떡과 밥이 풍부했다. 이것을 얻어 먹으려는 사람도 상당히 모여 들었다.

산 밑에서 보면 머리와 등에 짐 같은 것을 이고 지고 상불암으로 올라가는 사람이 많은데 그들은 모두 홍선관에게 운수나 병 치료에 대한 것을 물어보고 그를 대접하기 위해 이고 지고 가는 사람들이었다. 그렇기 때문에 홍선관은 자기가 가는 곳마다 사람이 이렇게 들끓는 고로 이것이 보기 싫어서 일 년에도 몇 번씩 이 산 저 산으로 사람을 피해 다녔다.

일제시대 어느 날 시흥경찰서에서는 고등계 형사들이 홍선관에 관해 나도는 말의 진위를 알아보기 위해 찾아간 적이 있었다. 과연 인물도 괴상하거니와 듣던 대로 사람들이 많이 와서 들끓었다.

형사들의 눈에는 홍선관이 보통 사람으로 보이지를 아니했다. 처사나 도사나 선관이라는 초인간적인 인물로서 이상하게 보이는 것이 아니라 무슨 사상 관계를 가진 자로서 사람의 눈을 피해 산 속으로만 숨어 다니는 것 같았다.

한국 사람의 형사보다도 일본 사람의 고등계 주임인 다까끼고(高木)라는 사람의 눈에 그렇게 보였던 것이다. 다까끼는 한국 사람의 형사를 시켜서 여러 가지로 홍선관의 뒤를 캐보고 그 곳에는 어떤 사람들이 출입하는지 내사도 시켜 보았으나 좀처럼 알수가 없었다. 그래서 필경에는 그를 호출하여 경찰서 유치장에 집어 넣고 철저한 조사를 해보려고 생각했다.
 어느 낮은 봄날이었다.
 "영감님께 조사를 좀 할 일이 있으니 시흥경찰서까지 좀 가십시다."
 형사가 두 사람이 왔는데, 한 사람이 이런 말을 했다.
 "나같은 늙은 사람에게 조사가 다 뭣입니까? 조사하실 것이 있으면 여기서 하시지 구태어 경찰서까지 갈 것은 없지 않습니까?"
 "그래도 가셔야 합니다."
 "그래도 가자니요? 그게 무슨 말이요. 보시다시피 내가 사람을 때릴 사람으로 보여요, 아니면 도둑질이나 할 사람이요, 여자에게 못된 짓을 할 사람이요, 무엇 때문에 가자는 것입니까?"
 "우리는 모릅니다. 상관이 시키는 일이니까 모시러 왔을 따름이니 자세한 말씀은 주임에게 가서 하시고 우선 가 보시기나 합시다. 우리는 노인을 동정하기 때문에 포박도 하지 않고 곱게 뫼시고 가려고 하는 것입니다."
 죄가 드러나지 않은 사람에게 포박을 할 수가 없는 것을 모르는 바가 아니었다.

"허허 그것 참 서장과 주임이 오란다니…"
 이렇게 말하는 홍선관을 형사들은 가운데 세우고 자기네들이 앞과 뒤에 서서 데리고 가는 것이었다. 홍선관은 그렇게 달아날 위인도 아니건마는 그네들의 버릇이라고 할까, 홍선관을 보러 왔던 사람들은 모두 맥이 풀려서 흩어지고 말았다.
 "홍선관을 붙들어 갈 이유는 없을 터인데!"
 "그러나 홍선관이 무슨 일이 있어서 형사들이 냄새를 맡고 왔는지도 모를 거야."
 흩어져 가는 사람 가운데 이러한 말을 주고받는 사람도 없지 않았다.
 형사들은 홍선관을 시흥경찰서로 데리고 가서 유치장에 넣고 덜커덕 하는 소리를 내면서 밖으로 열쇠를 잠궈버리는 것이었다.
 유치장 안에는 사기·절도·방화·강간 등 범죄 혐의를 받고 이미 들어와서 있는 사람이 20명도 넘는 것 같았다. 그 가운데에는 17, 8세로부터 40 전후되는 사람이 많았다. 그러나 홍선관과 같이 나이 많은 영감은 없었다. 죄야 있고 없고 간에 같은 처지에 있는 사람들이었다.
 "할아버지, 이리 앉으십시오."
 이와 같이 친절하게 대접하는 사람도 있었다.
 "그런데 할아버지는 무슨 죄를 짓고 이곳에 오셨습니까?"
 20년 후나 되어 보이는 청년이 이렇게 묻는다. 그 사람은 마음 속으로 생각하기를 저렇게 나이 많은 늙은이도 무슨 죄를 지었을까 하는 의구심이 있었던 모양이다.
 "나도 모르겠네. 별안간 형사들이 와서 가자니까 왔을 뿐일

선방야화 373

세."

"자네들도 보다시피 이렇게 늙은 사람이 무슨 죄를 지었을 듯싶은가?"

"그러면 누가 먹여대서 횡액으로 오신 것 같습니다."

"그것도 모르지."

"할아버지와 무슨 원수진 사람은 없나요?"

"내 생각 같아서는 그런 사람도 없는 것 같네마는…"

"할아버지 들어보세요. 이 감방에는 노소의 연령을 따져서 대우하는 데가 아니고 먼저 들어오고 나중에 들어오는 차수로 대우가 다른 데입니다. 그러므로 누구든지 나중에 들어온 사람은 저 똥통 앞에 앉게 마련인데 할아버지는 어디를 보든지 점잖은 어른 같아서 이와 같이 좋은 자리에 앉혀 드리는 것이니 그런 줄이나 아십쇼."

"나도 그런 것은 다 짐작하네."

"그전에도 이런 데를 들어와 보셨던가요?"

"아니, 들어온 일은 없어."

"그러면 어떻게 아세요?"

"나이가 많기 때문에 들어서 알지."

홍선관이 둘러 보니까 아닌게 아니라 자기가 앉은 자리는 아랫목 같은 자리였다. 불도 때지 않는 유치장에 아래 윗목이 있으랴마는 마음속에 그렇게 생각이 들었던 것이다.

지옥 아귀 삼악도와 같은 유치장이라 좋은 곳은 아니지마는 똥냄새와 지린내와 땀 냄새가 지독하게 풍겨서 콧구멍을 되게 찌르는 것 같았다. 거기서 하룻밤을 지냈다. 잡혀 왔던 그 이튿날 아침이었다.
 유치장 문이 덜컥 열리더니,
 "저 늙은이 이리 나와!"
하고 한 형사가 소리를 지른다. 홍선관은 형사를 따라 나섰다. 취조관은 한국말을 하는 고등계 다까끼 주임이었다. 책상 앞에 놓여 있는 낡은 의자를 가르키며,
 "거기 앉아!"
하더니 양면지 같은 조서 종이를 내놓고 하나하나씩 철필로 글씨를 쓰면서 문초를 시작했다.
 "성명이 무언가?"
 "성은 홍가이고, 이름은 선관이오."
 "건방진 소리 하지 마라. 선관은 이름인가, 남이 그렇게 붙여 준 게 아닌가?"
 "설령 내가 다른 이름이 있더라도 부모가 지어서 불러준 것이지 내가 지은 것이겠소?"
 "잔소리 마라!"
 "민법상 호적 이름이 있을 게 아닌가?"
 "시행을 아니 해서 그렇지 있기야 있지요."
 "그러니까말야, 그 이름을 대란 말이야."
 "그렇다면 대직(大直)이라고 써 두시오."
 "주소는?"
 "주소는 일정한 데가 없소. 어느 곳이든지 가 있는 데가 다 주소니까요."
 "그렇더라도 지금까지 어디 살다가 왔느냐 말이야."

"헌재 있다가 온 데가 관악산이니까 관악산 바위 굴속이 주소라 할까요."
"본적지는?"
"평안북도 회천이요."
"무슨 면, 무슨 동인가?"
"어려서 나와서 잘 알 수가 없소."
"직업은?"
"직업은 없소. 놀고 잠자는 게 직업이요."
"먹기는 어떻게 먹고 사는가?"
"누가 쌀을 가져다 주면 먹고 그것도 없으면 칡뿌리나 풀뿌리 캐 먹으며 연명하오."
"나이는?"
"한 예순살이 넘었나 보오."
"똑똑하게 말해. 예순 살이 넘었으면 예순 몇 살이냐 말야."
"조실부모를 해서 잘 모르겠소."
"그러면 예순살이 넘었다는 것은 어떻게 알았나?"
"그것은 남들이 그렇게 보인다고 해서 말하는 것이요."
"그간에 어디 어디를 다녀서 지금 관악산에 와서 있는가?"
"하도 여러 군데를 다녀서 왔기 때문에 잘 모르겠소."
"관악산을 오기 전에는 삼각산 백운대 밑에 있었다는 풍문이 있던데?"
"예, 백운대 밑에서 살았지요."
"백운대로 오기 전에는?"
"계룡산인가 하오."

"그 전에는?"

"지리산이지요."

"또 그 전에는?"

"금강산인가 하오."

"젊어서는 무엇을 하다가 늙어서 산으로만 다니게 되었는가?"

"젊어서는 채약을 하러 다니고, 산삼을 캐러 다녔소. 그것이 습관이 되어서 늙어서도 산에만 취미가 있게 되었소."

"아는 말을 한다던데?"

"내가 무얼 알겠소. 일찍이 술서를 좀 배웠기로 사주와 관상께나 보지요."

"그밖에 혹세무민이 되는 유언비어는 퍼뜨리지 아니 하였는가?"

"그러한 일은 절대로 없소. 사람은 길흉화복만 보아 주는 것도 겨우 책에 있는 대로 귀찮은 것을 억지로 보아 주는 것인데 문서에도 없는 시국 일을 내가 어떻게 알고 유언비어를 퍼뜨리겠오."

"그렇지만 〈정감록〉이란 책이 있지 않은가? 그것을 본 일이 없는가?"

"그런 책이 있다는 말은 들었으나 실제로 구경한 일은 없소. 그 책이 우리 조선 안에서는 압수된 지가 오래라서 흔적도 없는데 내가 그것을 어떻게 얻어 보겠소?"

"그러나 영감의 정체를 알 수가 없으니 유치장에 들어가서 나가라는 때까지 기다려 볼 수밖에 없으니 그렇게 하겠는가?"

선방야화 377

"가고 오는 자유를 빼앗긴 나인데 어찌 하겠소. 시키는 대로 기다려 보는 수밖에 없지요."

고등계 주임은 다른 형사를 불러 홍선관을 유치장에 다시 가두라고 명령했다. 홍선관은 어쩔 수 없이 형사들에게 끌려서 유치장으로 다시 들어갔다.

그로부터 사흘 밤이 지난 어느 날 저녁에 고등계 주임이 홍선관을 또 불러내더니 먼저와 같이 되풀이 하여 취조를 했다. 그러나 홍선관의 대답은 전과 다름이 없었다.

주임은 유도신문으로 별 소리를 다 물었다. 그러나 홍선관은 뚝 잡아떼고 어디까지나 모른다고 대답했다. 그 뒤에도 사흘에 한번 꼴로 취조를 당했으나 똑같은 말로만 대답을 했다. 주임은 홍선관을 괴이하고 이상한 존재로 보고 다그쳐 물어 보았으나 아무런 단서를 포착할 수 없었다.

그런 주임은 홍선관을 유치장에 가두어 두고 형사들을 시켜 뒷조사를 해 보았으나 누구의 금전이나 쌀과 같은 것을 요구한 일이 전혀 없었다. 또한 유언비어를 퍼뜨린 일도 없었다.

몇 차례의 조사에서 아무런 물증을 찾아내지 못하자, 경찰서장은 별 사람이 아닌 것 같으니 석방해 주라고 했다. 그러나 주임은 더 조사를 해보겠다고 하여 40여일이나 그곳 유치장에 갇혀 있었다.

유치장에 있는 동안 홍선관은 함께 갇혀 있는 사람들에게 사주와 관상을 보아 주었는데 백발백중으로 모두 꼭 맞혀 냈다. 이것을 보고 간수들이 그를 불러내어서 물어 보아도 족집게로 집어내듯이 맞히는 것이 아닌가.

이 같은 소문을 들은 경찰서장도 그를 서장실로 살짝 불러내어 이것저것을 물어본즉, 과거에 지나간 일들을 마치 같이 살면서 본 것처럼 맞혀 냈다. 그리고 미래의 일도 대담하게 예견해 주었다. 그래서 경찰서 전 직원이 사주, 관상 할아버지라고 떠들어 대면서 자기네들은 물론이요, 심지어 가족까지도 데리고 와서 봐달라고 안달이었다.

그뿐만 아니라 경찰서원들이 난치의 병에 걸려서 양약과 한약을 모두 써도 낫지 않는 병을 홍선관이 일러준 대로 처방만 가지고 가서 약을 써 보면 신기하게 병이 나았다. 그리하여 서장 이하 전 서원이 홍선관을 친절하게 대우하고 깍듯이 보살피게 되었다.

홍선관의 의술과 음양술은 서울서 버젓하게 간판을 내걸고 직업적으로 하는 사람보다 훨씬 기술이 높은 것 같았다. 경찰서장은 홍선관을 석방시키고 싶었으나 그가 나가면 물어 볼 데가 없었다. 모든 일에 대하여 아쉬운 것 같아서 일부러 오래 가두어 둔 감도 있었다. 그래서 서장이 돈을 내기로 하고 다른 사람을 시켜서 사식도 넣어 주고 하루 몇 시간씩 유치장 밖에 나가서 놀다가 들어가기도 했다. 경찰서장이 홍선관에게 홀딱 반해버린 것이다. 그런 경찰서장이 어느 날 이런 말을 했다.

"영감님, 우리가 당신의 의술이든지 복술이든지 묵인해 줄 터이니 시흥이나 안양에서 아는 듯 모르는 듯 개업을 하는 게 어떻겠소? 산 속에서 고생을 하는 것보다도 그것이 차라리 좋을 일이 아니겠소."

"고마운 말씀이오마는 세상과는 아랑곳없이 등지고 사는 나인데 누구를 먹여 살리자고 구차하게 그런 짓을 하겠소?"
"그러면 산 속에서는 왜 보아주는 거지요?"
"그들이 찾아와서 보아 달라고 성화를 하니까 마지못해서 말해 주는 것이지, 내가 돈을 벌려고 하는 것은 아니오. 내가 돈을 받고 했는가 조사를 하여 보시면 알 것이요. 나는 그들이 찾아오는 것이 오히려 귀찮고 시끄러워서 이곳저곳으로 피해 다니고 있는 처지입니다."
"나이가 한 40된 여자를 얻어서 살림을 하고 돈벌이를 하면 좋지 않겠소?"
"여자요? 여자는 40살이고 30살이고 꿈에도 얻고 싶은 생각이 없소. 내가 여자가 보기 싫어서 산 속에서 혼자 사는 사람이오."
"영감님은 헨징이오, 헨징이 무언지 알겠소? 세상 사람과 다른 변태적 인간이란 말이오."
"그럴지도 모르지요."
"당신같은 사람을 오래 대하고 살다가는 우리까지 미친 사람이 되고 말겠소. 내일 아침에는 석방시켜 줄 터이니 어서 산으로 들어가서 도나 잘 닦으시오."
"예 말씀만 들어도 고맙습니다."
홍선관은 이유도 없이 경찰서 유치장에 40일이나 갇혀 있다가 변태적 인간인 헨징이라는 별명만 얻고 풀려 나왔다. 그러나 그는 유치장에 있을 때 여러 가지 사건으로 들어온 사람들에게 수양되는 말을 많이 일러 주어서 개심도 하게 하고, 사주와 관상을 보아서 유죄가 되고, 무죄가 되는 것은 틀림없이 판단하여 주었기 때문에 그들은 참으로 선관님이 틀림없다고 감탄했다.

그뿐만 아니라 홍선관은 피의자들에게 관세음보살을 힘써 부르고 육자진언 '옴마니 반메훔'과 준제진언인 '옴 자례주례 준제 사바하'를 가르쳐 주고 이것만 지성껏 외우면 죄가 속히 풀린다고 설교하여 이 자들은 홍선관때문에 신앙을 얻게 된 사람도 많았다. 그러므로 그들은 홍선관이 나가는 날에는 너무도 섭섭해서,

"언제나 또 할아버지를 만나 뵙게 될까요?"

하면서 우는 사람도 있었다. 홍선관이 무죄 석방이 되어서 관악산 상불암 굴속으로 돌아왔다는 소문이 퍼지게 되었으므로 전보다 더 많은 사람이 몰려들게 되었다. 그 가운데는 위문차 오는 사람도 있었고, 또 복술이나 신병에 대한 요청이 있어서 오는 사람도 있었다. 홍선관은 낮에는 사람을 대하기가 분망했으나 달이 솟는 밤이 되면 한가하게 염불도 하고 참선도 하여 마음을 안정시키는 시간을 갖게 되었다.

명월조혜송풍취(明月照兮松風吹) 영야청소하소위(永夜淸宵何所爲)의 본래면목(本來面目)을 응시하고 앉아 있는 맛이라는 것은 세상에 아무리 좋은 일이 있다 하더라도 이에 비길 일은 없었다. 그런데 어떤 때에는 자기가 어려서부터 지난 일이 역력하게 생각이 나서 지나간 일을 더듬어 볼 때가 있었다.

자기가 생각하여 보아도 과거 60여 년 동안 파란곡절이 너무나도 많았다. 이 생각, 저 생각 떠오르는 대로 과거 모든 사건을 구슬 꿰듯 하여 보고 '부처님의 말씀이 과연 옳구나, 세상만

사가 꿈이라기 보다 모두가 공화(空華)요, 환화로구나.' 이와 같이 혼잣말로 속살거리고 구름 위에 걸려 있는 달을 쳐다보고 빙그레 웃기도 했다.

한학(漢學)과 도술공부

홍선관은 누가 보던지 70평생을 평탄하게 걸어 온 사람 같지는 않았다. 그러므로 마음속에 큰 상처를 받은 일도 많고 가슴속에 큰 비밀을 가진 것도 많은 사람같이 보였다.

홍선관이 어려서 대직(大直)이라는 이름을 가지고 평안북도 회천읍에서 자라날 때에는 집안이 그렇게 어렵지 않았다. 그의 부친이 농사를 짓고 한편으로는 장사를 하고 있었는데 큰 길가에 상점을 가지고 있었고, 살림집으로는 장터 마을에 아담한 집 한 채를 가지고 있었다. 그래서 사랑방에 정학자라는 독선생을 앉혀 놓고 대직에게 학문을 가르쳤다.

대직은 어려서 퍽이나 총명했다. 그러므로 몇 해를 두고 학문을 배우는 동안에 글에 대한 문리를 얻었다. 통감과 사략과 소학을 배우고 나서 논맹용학(論孟庸學)의 사서(四書)와 시전과 서전과 주역을 혼자 차려서 보고, 어려운 곳만 선생에게 물었다.

사서와 삼경(三經)을 보고 난 대직이지마는 그래도 학교 공부를 해야 세계 사정을 안다고 해서 4년제 공업보통학교를 3학년에 편입해서 1년 동안에 일본 말도 배우고 산술도 배우고 하여 학교 공부를 마쳤다.

대직은 본시 총명한 데다가 한문 실력이 넉넉하였으므로 학교 공부는 어린아이들의 장난과 같았다. 그런데 독선생으로 있던 정학자는 어느 날 찾아와서 대직을 보고 은근하게 말하되,
"한양 말년인 이 왜정시대에는 음양술(陰陽術)을 배워 놓아야지 그렇지 않으면 명철보신을 할 수가 없을 것이다. 네 마음에 어떠하냐?"
라고 했다. 대직은 본시부터 그에게 글을 배우고 그를 숭배하고 있던 터라 구미가 당기고 해서,
"가르쳐만 주시면 배우지 않을 리가 있겠습니까?"
대직으로부터 이 말을 들은 그는,
"내일부터라도 나의 집에 다니면서 배워 보아라."
라고 했다. 그래서 대직은 정학자에게 음양술을 배우기로 했다. 주역을 근본으로 한 유효점도 배우고 구궁팔괘(九宮八卦)를 종합한 〈기문사주(奇門四柱)〉도 배우고 〈홍연진결(洪烟眞訣)〉이니, 〈육임결(六任訣)〉이니, 〈삼전사과(三傳四果)〉 〈명리정종(命理正宗)〉이니 하는 술서를 모조리 배웠다. 〈복서정종〉 같은 것은 외우듯 했다. 그리고 마의상서(麻衣相書)도 통달했다.
 대직의 복술은 아무 사람이나 보면 보는 대로 과거사나 미래사를 바늘로 꿰듯이 맞춘다고 해서 이름이 높이 났으므로 회천읍 사람들에게 인기를 끌게 되었다. 그러나 돈을 받고 봐 주는 일은 없었다. 그러던 어느 날 부친은 대직을 보고,
"옛날부터 서북 사람으로서 과거의 길이 막혔기 때문에 약이나 침술을 주로 가르쳤다. 이것을 모르면 혹시 남도에 나가더

라도 서북 사람이라는 특색을 자랑할 수가 없는 것이다. 네가 둘러보아라. 이 동네로 말하더라도 글께나 안다는 사람 쳐놓고 침술과 의서를 모르는 사람이 있는가? 음양술 같은 것은 허황한 일이 많지마는 의서나 침술과 같은 공부는 만인간의 생명을 건지는 실학(實學)이므로 배워 놓기만 하면 어느 곳에 가서라도 점잖은 대우를 받고 장차 집안도 돌볼 수가 있는 것이다. 그런즉 너는 의학 공부를 해서 인술(仁術)을 갖도록 하여라." 라고 했다.

"아버지, 그것을 배우려면 어떤 선생을 찾아가야 됩니까?"

"오냐, 네가 배울 뜻만 있다면 회천읍내에서 침술과 의학이 고명하고 놀라운 박선생이 계시니까 그분에게 가서 배우도록 하여라. 내가 미리 부탁하여 둘 것이니…"

"그러면 아버님께서 그 어른에게 미리 말씀을 좀 하여 두십시오. 내일이나 모레라도 가서 배우기로 하겠습니다."

2, 3일이 지나서 대직은 박선생을 찾아 갔다.

"선생님, 저도 의서 공부를 하고 침술을 좀 배우고 싶은데 배울 수가 있겠습니까?"

"아, 마음만 있으면 배울 수가 있다 뿐이겠느냐. 더구나 너는 한학의 힘이 있고 하니까 남보다 쉽게 성공을 할 것이다. 늙어서는 어렵지만 어려서부터 배우면 너같은 아이는 정신이 좋아서 이내 통달할 것이다. 너의 아버님에게도 부탁을 받은 바가 있으니 곧 오늘부터라도 나에게 약을 지어 오고 침을 맞으러 오는 손님들을 눈여겨 보고 배우기를 시작하여라."

"그러면 처음에 무엇부터 배워야 하나요?"

"의학은 약성가(藥性歌)부터 배워 외워야 되고, 침구는 혈 구멍부터 배워야 하느니라."

"그러면 거기에 대한 책을 주세요."

"오냐, 그래라."

선생은 〈방약합편〉과 〈침구대성〉이라는 두 책을 주고 약성가와 침혈을 대강 대강 일러 주었다. 그리고 맥경(脈經)에 대해서도 몇가지 일러 주었다. 기억력이 비상하고 주역을 많이 읽어서 음양팔괘를 통달한 대직은 이해력이 깊어서 그다지 어렵지가 않았다. 침구와 의약도 모두 오행사상으로 들어서 사람의 신체를 연구하면서 병의 원인을 따지기 때문에 하나를 들으면 열 가지를 알게 된다. 그러므로 대직은 반년도 못되어서 침술과 의약을 대강 알고 짐작하게 되었다.

박선생이 보아 한즉 그만해도 행술을 할 만큼 되었으므로 자기의 포부를 대직에게 전하게 되었다고 극구 칭찬을 했다. 대직은 한학이 깊은 데다가 음양술서와 침구학과 의학을 겸하였으므로 과연 호랑이가 날개를 돋친 격이요, 천리마가 뿔이 난 격이었다.

그러던 어느 날 먼저 한문과 술서를 가르쳐 주었던 정선생이 찾아왔다. 대직은 반갑게 영접하고 술과 밥을 극진히 대접한 후에,

"저는 그간에 침술과 의서를 배워서 주역에서 배운 역리에 대해서도 매우 실천적으로 알게 된 일이 많습니다. 이것이 모두 선생님의 덕택인가 합니다."

"천만의 말이다. 네가 원래 총명하고 재주가 있어서 그렇게

많이 배우게 된 것이지, 미련한 녀석 같아봐라, 그렇게 여러 가지를 배울 수가 있었겠느냐?"

사실 그렇기도 한 일이었다. 대직이가 천재가 아니면 이렇게 많이 배울 수가 없는 일이었다.

"그런데 나는 너에게 또 하나 부탁할 말이 있어서 왔는데 들어 주겠느냐?"

"무슨 말씀인지요. 제가 들어 보아서 불가능한 일이 아니라면 들어 드리지요."

"다른 게 아니라 네가 지금까지 나에게 배운 것은 이론적인 술서에 지나지 못한 것이지마는 그보다도 더 기가 막힌 도술 공부가 있더라. 이것만 배우고 나면 호풍환우(呼風喚雨)도 마음대로 하고 이산역수(移山易水)도 자유롭게 하고, 그밖에 은신둔갑이며 천리만리를 순식간에 갔다 오는 축지술까지 알게 되는데 네가 이것을 한번 배우면 어떻겠느냐?"

"그것은 신선 공부가 아닙니까?"

"그렇지, 선도(仙道) 공부라고도 할 수 있는 것이다. 네가 그것만 하면 만인을 놀라게 하고 맹전천추할 수가 있는 것이다. 또 장래라도 때만 돌아오면 경천동지의 큰 사업을 할 수가 있는 것이다. 여기서 더 일정월화(日精月華)를 마치고 한화 복기를 하면 장생불사(長生不死)도 할 수가 있을 것이다. 이제부터는 그러한 도술을 가져야 큰 일을 하게 되지, 그런 것이 없으면 큰 출세를 할 수가 없을 것이다. 지금이라도 왜놈의 총구멍에서 탄자가 나오지 못하게 하고 은신둔갑을 해서 그놈들 가운데 들어가서 그놈들의 목을 베어도 그놈들이 볼 수만 없게 하여 보아라. 금시로 왜놈들을 다 쫓아내고 우리나라를 찾아서 부귀공명도 할 수가 있을 것이다."

"선생님께서는 그러한 술법을 아십니까? 그러시면 왜 진작 그러한 말씀을 아니 하셨습니까?"

대직은 구미가 당겨서 바짝 다그쳐 물었다.

"내가 아는 게 아니라, 술책으로 내가 숭배하는 선생님이 한 분 계신데 그러한 도술이 놀라우시더라. 그래서 나도 지금 연구를 하는 중인데 나만 혼자 할 수가 없으니까 너에게도 일러 주어서 같이 할까 하고 와서 권해 보는 것이다."

"그 선생님은 지금 어디 계신데요?"

"지금까지 묘향산 금선대라는 절에서 수도를 하시다가 나를 가르쳐 주시기 위해서 우리 회천 읍내까지 오셨다."

"그러면 저도 가서 뵈올 수가 있을까요?"

"뵈올 수 있고말고. 나만 따라 가면 곧 뵈올 수가 있을 것이다."

"그러면 저도 만나게 해 주십시오."

"지금 내가 그 선생이 계신 곳으로 가는 길이니 나를 따라 나서라."

대직은 큰 호기심을 가지고 정 학자를 따라 나섰다. 회천읍에서 멀지 않은 시골의 외딴 집이었다. 대직이가 들어가니까 보지 못하던 중년 노인들 3, 4명이 모여 앉아서 잡담을 하고 있었다. 정 학자는 그중 좀 이상하게 생긴 중년 노인을 가리키며,

"대직아, 이 어른에게 인사를 여쭈어라. 이 어른은 송도사(宋道士)라고 이르는 어른이신데 도학이 훌륭하신 분이다."

대직은 정 학사가 소개하는 대로 그 송도사에게 조용히 절을 하고 무릎을 꿇고 앉았다.
　"이 애는 제가 수년간 한학을 가르치고 있던 홍대직이라는 아이온데 재주가 비상합니다. 장래가 유망한 소년입니다."
　"얼굴만 보아도 이 몸이 청수하여 재주가 비상하여 보이는군."
　"뭐 이만 저만한 재주가 아닙니다. 저한테 칠서를 다 배우고 음양술서까지 대강 가르쳐 주었는데 또 들으니까 그간에 침구술을 배워 능통하고 외서 공부를 하여서 회천읍에서 신동이라는 말을 듣는답니다."
　"아, 그것 참 굉장한 아이로군."
　"그런데 제가 선생님의 말씀을 하였더니 도술까지 배우겠다고 따라 왔으니 좀 기특합니까?"
　"좀 어렵기는 한 일이지만 게다가 도술까지 배워만 놓는다면 용이 여의주를 얻은 것과 같아 금상첨화라는 것은 이를 두고 하는 말일 것입니다. 선생님께서 괴로우시더라도 좀 잘 가르쳐 주셔야 하겠습니다."
　정 학자는 간곡히 부탁을 했다. 송도사는 대직을 보더니,
　"네가 나 있는 곳에 가서 도술공부를 할 수가 있겠느냐?"
하고 물었다.
　"예, 아버지가 계십니다. 아버지께 말씀을 드리고 가도록 하겠습니다."
　"너의 아버지가 허락을 할까?"
　"제가 말씀드리면 그렇게 반대는 아니 하실 것입니다."

대직이가 삼대독대의 외아들이니만큼 그 아버지도 대직의 말이라면 거슬리지를 아니할 것으로 믿는 자신이 있는 말이었다.
"그래 보아라. 도술도 어려서부터 배워야 쉽게 통할 수가 있는 것이지, 나이가 많아서는 대단히 어려운 것이다."
"도술을 배우는데 무슨 책이 있습니까?"
"있고말고, 도술을 배우자면 서적이 이만 저만 있는 것이 아니다."
송도사는 이렇게 말하면서 무슨 책 두 권을 내보이는데 하나는 〈만법귀종(萬法歸宗)〉이라는 책이요, 또 하나는 〈은신둔갑장신법(隱身遁甲藏身法)〉이라는 책이었다.
한학이 능숙한 대직이지만 책을 들여다 보니 괴상스러운 무슨 부적과 주문이 많이 씌여져 있는 책이었다.
"도술은 책보다도 실지로 구전심수를 받아야 되는 것이요, 주문을 많이 외워서 정신통일이 되어야 하는 것이다. 그러므로 글만 가지고는 아니 되는 것이니 이것부터 먼저 알아야 하느니라."
대직도 그럴 것이라고 생각하고 어찌 되었던 한번 해 보려고 결심을 했다. 송도사 옆에 앉아 있던 사람들도 모두 그에게 도술을 배우려고 모여 든 사람 같았다. 그러나 그들은 송도사에게 무슨 신기한 꼴을 보고 배우겠다는 심사로 무엇을 보여 주기를 간청하는 모양이었다.
"선생님, 오늘은 조용한 날, 뱃속도 출출합니다. 무슨 술법을 하나 보여 주십시오."
박씨라는 성을 가진 사람이 이렇게 청했다.

"그런 것은 아무 데서나 하는 일이 아니라니까 그러는구려."
"그런 줄이야 압니다마는 꼭 한번만이라도 보여 주십시오."
"아 그것 참 내원..."
 송도사는 게걸하다가 못이기는 듯이,
"누가 돈 3원만 있거든 내놓으시오. 이것은 취물법(取物法)이라는 것인데 내가 어느 음식점에 신장과 귀신을 보내어 주인을 가져 오게 할 모양이요. 그러나 그 값어치를 보내지 않고 그냥 가지고 오면 신명을 속이는 것이요. 내가 마음의 죄를 짓는 것이니까 댓가를 보내고 가져 오게 하려고 그러는 거요."
 정 학자가 얼른 돈 3원을 바치니까, 송도사는 부적을 써 들창 밖에 내밀어 태우고 무어라고 주문을 외우고 사람에게 말하듯이,
"이 돈 3원을 받아가지고 장터의 박과부 술집에 가서 돈을 술청 위에 놓고 구워 놓은 안주와 술 몇되와 떡과 국수와 기타 여러 가지 음식을 돈 값어치만큼 가지고 오란 말이야. 거기 없거든 다른 데라도 가서 보고 가져와!"
 이렇게 여러 사람이 들릴 만큼 일러 준다. 그리고 다시 앉아서 이런 이야기 저런 이야기를 한다. 방안에 앉아 있는 사람들은 호기심이 가득 찼다. 대직이도 처음 보는 일이라 큰 구경을 하는 듯이 회가 동했다.
 5분이나 지날까 말까 해서 방 밖에서 쿵하는 소리가 났다.
 '이제 왔군.'
 송도사는 문을 열고 나갔다. 여러 사람들도 따라 나갔다. 물론 대직이도 따라 나갔다. 떡 벌어진 쟁반에 술과 안주와 떡과 국수와 여러 가지 음식이 진진하게 담긴 것을 가져다 놓았다.

"대직아, 이것을 들고 방으로 들어가자."

송도사가 대직에게 명했다. 대직은 요지경 속이나 보는 것처럼 이상하게 여기면서 방으로 들어 갔다. 박씨라는 사람은,

"대체 선생님의 도술이 여간 아니시거든."

이렇게 송도사의 도술을 감탄하며 송도사에게 술잔을 부어 올린다. 네 사람의 어른들은 얼근하게 취하도록 마셨다. 술은 꼭 대직이가 따라서 올렸다. 술이 떨어진 뒤에는 대직이도 네 사람과 같이 국수와 떡을 먹었다.

그럭저럭 해가 저물어지자 대직을 비롯한 다섯 사람이 그 집에서 하룻밤을 지냈다. 그 이튿날은 네 사람이 오후에 어디로 간다기에 대직도 따라 나섰다.

대직은 집에서 나올 때 정 학자와 같이 어디를 갔다 오겠다고 어머니에게 인사를 하고 나온지라 하루 이틀쯤 집에 아니 들어가도 걱정을 들을 까닭은 없었으므로 안심하고 며칠이라도 따라 다녀보리라 작정했다.

가는 곳은 참외밭 원두막이었다. 다섯 사람이 원두막을 들어가는고로 주인은 참외 접이나 팔릴 줄 알고 반갑게 환영을 했다. 박씨는 이곳에서도 무슨 도술을 하나 배워 달라고 송도사에게 보챘다.

"아, 그것참 귀찮게 구는구려."

송도사는 이렇게 톡 쏘아 부치더니 원두막 주인을 보고,

"우리 일행이 참외가 먹고 싶어서 여기까지 오기는 왔는데 돈을 가진 사람이 없으니 외상으로 한 20개만 줄 수가 없겠소?"

라고 했다.

"여보시오. 당신네들을 언제 보았다고 20개나 외상으로 드릴 성싶소. 그런 말씀은 아예 하지도 마시오."

"그렇다면 할 수 없소이다. 그러나 손님들이 와서 사먹고 내버리고 간 참외씨가 여기 저기 내버려져 있으니 이거나 빌려 주실 수 없겠소?"

"그거야 마음대로 가지고 가시오."

"그러면 참외는 먹고 싶은데 돈은 없고 하니 이 참외씨를 심어서 따먹을 수밖에 없군."

송도사는 참외씨를 주워서 원두막 옆에 있는 밭고랑에 땅을 파고 심었다. 같이 간 사람들은 호기심을 가지고 이상하게 보고 있거니와 원두막 주인은 미친 사람으로 여기고,

"여보, 그걸 땅에 심는다고 금방 자라며 설사 자란다고 하더라도 어느 천년에 익어 따 먹겠다는 거요? 쓸데없는 짓일랑 하지 말고 가던 길이나 가 보시오."

하고 입을 비쭉거린다.

"내야 어떻게 하거나 말거나 그것까지 간섭할 필요는 없지 않소. 보구려 저 싹이 나오고 있으니."

이 말을 듣고 여러 사람이 보니까 참외씨를 심은 데서 새싹이 나오더니 순이 나온다. 곧 잎이 나고 꽃이 피고 참외가 열리더니 뭉게뭉게 커지면서 노랗게 익어간다. 같이 간 사람도 정신이 황홀한 지경이지만 원두막 주인은 더구나 미칠 노릇이었다.

"자, 이제 참외가 다 익었으니 따 먹도록 합시다."

송도사는 참외를 열 대여섯 개나 따서 나누어 주었다. 물론 대직이도 받았다. 원두막 주인에게도 한 개를 주면서,

"자 벗겨서 잡숴 보시오. 맛이 어떠한가? 당신이 따다가 놓아 오래되어 시들어진 참외에다 비하겠소."

하고 권했다.

"이 양반이 귀신인가, 사람인가, 그것 참 조화속이로군!"

원두막 주인도 어이가 없다는 듯이 깎아 먹었다.

"터를 빌려 주셔서 잘 심어 먹고 갑니다. 편안히 계시오. 이 다음에 또 만납시다."

송도사는 참외를 다 먹고 난 다음 주인에게 이렇게 인사를 하고 네 사람에게 가기를 독촉했다. 이것은 원두막 주인에게 눈을 속여서 환술과 요술을 부려서 한 일이오. 실지로 참외씨가 심어져서 그리 된 것은 아니다.

여태까지 여러 사람이 먹은 참외는 주인이 팔려고 따다 놓은 것을 먹은 것이었다. 송도사는 참외 값을 계산해서 옆에 놓고 떠났다.

이것을 나중에 알게 된 원두막 주인은 '속았구나' 하고 소리를 질렀는지는 알 수 없으나 참외 값을 놓고 갔기 때문에 큰 원망은 없었을 것이오, 이상한 요술꾼을 보았다고 하였으리라.

송도사에게서 이러한 일을 본 사람들은 거의 말할 것도 없이 미칠 지경이 되었지마는 정 학자와 대직은 더욱이 환장을 할 지경이었다. 대직은 이때부터 도술을 꼭 배워야겠다고 생각했다.

송도사를 따라 가려면 아버지의 승낙이 없으면 안 되리라 생각하고 집에 돌아가서 아버지의 허락을 받고 돈을 좀 마련하여 떠나려고 깊이 마음을 먹었다.

선방야화

묘향산의 금선대(金仙臺)

집에 도착한 대직은 사랑방에 들어가서 아버지를 뵙고 여쭈었다.

"아버님, 저는 산에 들어가서 몇 달간 공부를 더 하고 싶은데 허락하여 주시겠습니까?"

대단히 어려운 말을 할까말까 하다가 이렇게 입을 열어 말하는 것이었다.

"너의 공부는 그만 하여도 남에게 떨어질 것이 없는데 또 무슨 공부를 더 하겠다는 말이냐. 글을 더 읽어 보겠다는 말이냐?"

"예, 글도 더 읽고 다른 것도 좀 해보려고요."

"다른 것이란 무엇이냐?"

"저, 도술 공부를…"

"도술이라니?"

"신선이 되는 선도의 도술 공부가 있다고 해서요."

"누가 그런 말을 하더냐?"

"정 학자님께서요."

"그가 그런 것도 안다더냐?"

"그 선생님이 아는 것이 아니라 다른 데 훌륭한 선생님이 계시나 봐요."

"성명이 무언데?"

"송도사님이에요."

"송도사, 송도사, 듣기는 한 것 같다마는."

"그가 도술이 깊은 줄을 누가 안다더냐?"

"저도 보고 정 선생님도 보시고, 여러 사람들이 모두 본 걸요."

"무슨 도술을 어떻게 보였기에?"

대직은 간단하게 말을 다 할 수가 없는고로 정 학자의 말을 듣고 가서 송도사가 신장을 불러서 장터 음식을 가져다가 나누어 먹은 일과 원두막에 가서 주인을 보고 참외를 외상으로 달라니까 외상으로는 안팔겠다고 하므로 참외씨나 달라고 해서 금방 심어 그 흙속에서 움이 트고 잎이 돋고, 줄기가 뻗고 꽃이 피더니 열매가 맺어서는 자라 누렇게 익게 되므로 여럿이서 따먹고 왔다는 이야기를 신이 나서 자세히 말씀드렸다.

대직의 아버지도 이런 말을 들으면 깜짝 반할 줄로 알았던 것이다.

"그게 요술이요, 환술이요, 마술이지 무슨 도술이냐. 압록강만 건너가면 중국 사람들이 얼마든지 그런 짓을 하고 있다."

"그럼 도술은 어떤 것입니까?"

"정말 도술은 그런 법이 없는 것이다. 도술이라는 것은 눈에 보이지 않는 것이다. 이를테면 공자님의 인의예지(仁義禮智)나 충서(忠恕)를 말한 것이라든지, 노자(老子)의 무위자연과 청정담백을 말씀하신 것 등이 도술이니라. 그런즉 아예 그를 따라서 갈 생각은 말아라. 정선생을 나는 생각하되 지각이 있는 사람인 줄로 알았더니 그도 나잇살이나 먹은 사람이 철없는 짓을 하려고 드는구나. 도술이라는 것은 불교와 같은 자비라든가 예수교와 같은 박애(博愛)라든지, 유교와 같은 인의(仁義)라든지

선방야화

그러한 것으로 인생을 구제하는 것이 도술이지, 그와 같이 사람의 이목이나 현혹시켜서 기인취물을 하는 것은 사술이요, 잡술이지 도술이 아니다. 그런즉 아예 그를 따라서 갈 생각은 말거라."

잡술이고 정술이고 간에 대직에게는 청천의 벼락이나 다름없었다. 마음이 들뜬 대직에게는 아버지의 말씀이 하나도 귀에 들어오지 않고 송도사에게만 끌리고 있었다. 그러나 더 말을 할수도 없어서 아무 말도 하지 않고 나왔다. 그러나 대직은 다만 한 달이라도 송도사를 따라 가서 도술을 배워보지 못한다면 가슴에 맺힌 것이 풀리지 아니하여 병이 날 성만 싶었다. 도술을 배우다마는 한이 있더라도 무슨 공부를 어떻게 가르치며 무슨 수작을 할 것인지 그것이 궁금하여 그냥 있을래야 있을 수가 없었다. 천 가지 만 가지로 궁리를 하다 한 꾀를 얻었다.

그것은 다른 게 아니라 어머니를 꾀어 승낙을 얻고 나면 그만이란 심사였다. 내가 집을 나간 후에 아버지와 어머니가 싸움을 하겠지마는 나가는 구멍만 뚫는 것이 상책이라 생각되었다.

"어머니, 제가 어디를 좀 가서 몇 달간 공부를 더 하고 오려고 아버님께 허락을 얻으려 하였더니 거절을 하시고 들어 주시지를 아니합니다. 그러나 저는 그 공부를 해보지 못하면 환장이 되어 병이 날 일이니 어떻게 하면 좋겠어요. 그러므로 아버지 모르게 살짝 가겠으니 어머니만 아시고 아버님께서 나중에 무슨 말씀을 하시거든 뒷처리를 하여 주세요."

"그러면 어떻게 말을 하란 말이냐?"

"아버님이 아시고 야단을 하시거든 무슨 공부를 더 하려고 집을 나간 모양인데 사내대장부라는 것이 도둑질과 죽을 병만 제하고는 다 배워 두어야 한다고 옛사람들도 말했다 하셨는데 그것 좀 배우러 가기로서니 그렇게 걱정할 것은 없지 않소. 그 애가 이제 한두 살도 아니오, 벌써 나이가 차서 장가 갈 나이고 지식과 학문도 배울 만큼 배워서 남에게 속지는 아니할 나이인데 왜 야단이오, 그렇게만 말씀을 해 주십시오. 그러면 아버님께서도 할 말씀이 없을 것입니다."

"아무렇게나 하여라. 그런 말씀이야 못하겠느냐."

"그러면 어머니 돈을 좀 주세요. 객지에 가서 돈이 있어야 하지 않겠어요. 또 다른데 쓸 일도 있고 하니까요."

"얼마나 주랴?"

"50원만 주세요."

"그렇게 많이?"

"많기는 무엇이 많아요. 적게 불러서 말씀드린 것인데요."

대직은 어머니가 장롱 안에서 돈을 꺼내 주는 대로 받아 넣었다. 대직의 어머니는 돈을 주면서도 무슨 공부를 하러 가는 것인지 궁금했다.

"대관절 무슨 공부를 하러 간다는 말이냐?"

"기가 막히는 공부랍니다. 이것만 통달하면 천하에 제일가는 사람이 되는 거예요."

"그렇게 좋은 공부라면 너의 아버지가 왜 반대를 하셨단 말이냐?"

"아버님께서는 완고하셔서 모르시니까 그렇지요."

"아무튼 네 마음에 좋은 것이거든 해 보아라. 아버지의 걱정은 내가 알아서 처리를 할 터이니. 몸이나 성하게 가서 있다가 오너라. 그러나 가면 어디로 가는 것이냐?"

"멀리도 아니가요. 이 근방인 묘향산으로 들어갑니다. 저만 가는게 아니라 정 학자님도 같이 가시는 걸요."

"그렇다면 마음을 놓겠다. 그러한 선생님과 간다면 별 사고는 없을 터이지."

"사고가 무슨 사고예요. 든든하지요. 어머니, 그간에 안녕히 계세요. 제가 곧 갔다가 올께요. 많이 걸려야 석 달이고 그렇지 않으면 한 달만 지나면 오겠어요."

"오냐, 몸조심하여 잘 갔다 오너라."

대직은 어머니에게 돈을 얻어 가지고 정 학자를 찾아갔다.

"그러지 않아도 궁금하여 너를 가다리고 고대하던 차인데 마침 잘 왔구나."

정 학자는 반가이 여기며 맞아 주었다. 푼돈도 쓰기 어려운 정 학자로서는 도술 공부를 배우는 동안에 쓰는 그 비용을 대직에게 의뢰하지 않으면 안되었다. 그러므로 대직이를 하늘같이 믿는 것이었다.

"송도사님은 어디로 가셨어요?"

"묘향산으로 가셨지. 도사님이 먼저 가셨더라도 나만 따라 가면 곧 만나 뵈옵게 될 것이다. 그런데 아버지에게서 허락이나 얻고 오는 것이냐?"

"아버지께서는 그러한 도술을 믿지 아니하시는 모양이에요. 그래서 저를 가지 못하게 하셨어요. 그래 어머니에게만 말씀을 드리고 돈을 좀 얻어서 가지고 오는 길입니다."

"그럴게다. 보통 사람으로는 이해를 못할 것이다. 그러나 이번에 가서 성공만 하여 돌아오면 너의 아버지께서도 기특하게 여기시고 기뻐하실 것이다."

정 학자는 대단히 반가워 했다. 도술을 배우자면 그것도 신제(神祭)니 산제(山祭)니 하여 돈이 많이 드는 것인데, 정 학자는 돈이 없는 사람이므로 대직에게 그 비용을 긁어서 같이 가려든 것이라 더욱이 반가워 한 것이었다.

대직은 정 학자 집에서 자고 그 이튿날 아침에 그와 같이 묘향산 금선대라는 절을 찾아갔다. 금선대는 묘향산 안에서는 절경인지라 금강산의 경치도 따를 수가 없는 곳이다. 마치 천상에 올라온 것과 같았다. 공부만 하면 당장에 도술을 통할 것만 같았다.

송도사가 미리 올줄 알고 방을 몇 개 교섭하여 놓고 기다리고 있다가 반갑게 맞아 주었다. 각종 제사에 올릴 물품은 송도사가 미리 외상으로 얻어 가지고 간 것이라, 정 학자와 대직은 돈만 내면 그만인 것이다. 그런데 송도사는 이 사람들에게 하루 동안을 쉬게 하고 나서,

"정선생과 대직이가 이제부터 도술을 배우게 되는데 이에 대해서 처음에 시험을 보아야 하니까 오늘 저녁에 산으로 갑시다. 담력이 큰 사람이라야 성공을 하는 것이지 담력이 적은 사람은 병이 나기가 쉬우니까 담력을 시험해 보려는 것이오."
라고 했다.

"그야 선생님께서 어련히 알고 하시는 일이겠습니까. 저희는 유유복종만 할 따름이지요."

정 학자의 말이었다. 대직은 아무 말도 없이 따라만 갔다. 과히 어둡지도 않은 황혼의 저녁이었다. 금선대 뒤로 세 사람이 올라 가는 도중에 송도사가 인홀불견으로 없어지고 난데없는 호랑이가 갑자기 앞에 나타나서 길을 막고 '어흥' 하는 소리를 지른다.

정 학자는 기절초풍을 하고 선생님! 도사님! 하고 떨리는 목소리로 부르더니 정신을 잃고 말았다. 대직도 그 큰 호랑이를 볼 때는 기분이 과히 좋지는 않았으나 집에서 아버지 말씀이 그 송도사라는 사람이 하는 일이 요술이요, 사술이요, 마술이라고 하던 말에 송도사를 반신반의하고 있던 터이라 '이것도 송도사의 요술이로구나' 하고 생각을 돌이키고 보니까 아무렇지도 않았다. 의례히 그런 짓이 나오리라고 생각했던 것과도 같았다. 권총같은 것이 있었으면 한번 보기 좋게 갈겨서 쏘아 보거나 하여 볼 것이지만 그런 것이 없어서 유감이었다. 대직은 꿈쩍도 아니하고 섰다가,

"도사님, 점잖지 않게 이게 무슨 짓입니까. 이까짓 시험으로는 저를 다루기가 어려울 것입니다."

하였더니 그 호랑이는 당장에 송도사로 변해 가지고 대직의 등을 힘껏 치면서 껄껄 웃더니,

"과연 너는 대담한 사람이구나, 그만한 담력만 있으면 꼭 성공하겠다."

라고 했다. 그리고 정신을 잃은 정 학자를 주물러서 정신을 차리게 한 후 다시 절로 돌아왔다. 송도사는 택일을 하여 정 학자와 대직에게 목욕을 시키고 옷을 갈아입힌 뒤 재계를 하고 또

다시 산으로 가서 천제와 산제와 신제를 지내고 돌아와서 그들에게 주문을 외우라고 일러 주었다.

 이 주문은 구령삼정(九靈三精)이란 것인데 이것만 통하면 무슨 도술이든지 다 성취할 수가 있는 것이라 차력도 될 수가 있고, 이보통령(耳報通靈)도 될 수가 있고, 축지(縮地)도 될 수가 있다는 것이었다. 그런데 주문도 퍽 간단한 것이었다.

천생 무영 현주 정중 자단 회회 단원 태연 령동 태광 석령 유정 탐랑 거문 록존 문곡 염정 무곡 파군 좌보필성 우보필성 육순곡생 영정 천유구성삼태 인유구령삼정 구령삼정 재아지신 시시호소 영보장생 천인위일 성령불리 상수인간 도기단단 연명장수 여천동덕 여일동명 여시순서 여물회합 여강산불로 여구주연원 상천입지 무불통명 관형찰색 무소부지 원보근보 화복응영 여곡응성 여영수형 인혜인혜 감응일여소원 오봉구천 응원뇌성 보화천존 옥청진왕 급급여울영영사하

天生 無英 玄珠 正中 子丹 回回 丹元 泰淵 靈童 台光 奭靈 幽精 貪狼 巨文 祿存 文曲 廉貞 武曲 破軍 左輔弼星 右輔弼星 六淳曲生 靈精 天有九星三台 人有九靈三精 九靈三精 在我之身 時時呼訴 永保長生 天人爲一 聖靈不離 常隨人間 道氣丹丹 延命長壽 與天同德 餘日同明 餘時順序 與物會合 與江山不老 與九州延源 上天入地 無不通明 觀形察色 無所不知 遠報近報 禍福應影 如谷應聲 如影隨形 人首神혜 感應一如所願 吾奉九天 應元雷聲 普化天尊 玉淸眞王 急急如律令令沙訶

이것이 구령 삼정이라는 것인데 옛부터 이것만 통하면 무슨 도술이든지 다 성취할 수가 있는 것이다. 정 학자와 대직은 각기 차지한 독방에 들어가서 이것을 열심히 독송하는 것이었다. 이것을 하되 백일이 안되면 2백일만에 되고 2백일에 아니 되면 3백일에 된다고 하여 주야를 가릴 것 없이 밥 먹는 시간과 대소변을 보는 시간과 최소한도로 잠자는 시간만 빼어 놓고는 계속하여 이것만 외우라는 것이었다.

대직은 이 주문을 외우고 공부한 지가 거의 한 달이나 될까 말까한데 대소변을 보느라고 금선대 절 큰 방을 들여다보니 어떤 스님 한분이 벽을 향해 돌아 앉아 있었다.

대직의 생각에는 저 스님도 송도사에게 지도를 받아서 도술 공부를 하는가 하고 생각을 했는데 한 달 동안이나 두고 보아도 그는 송도사와 아무 연락이 없었다. 그것도 공부인 모양인데 입으로 아무 것도 외우지를 않고 가만히 앉았기만 하니 그렇게만 해도 되는 공부가 있나 하여 의아심이 생기고, 알고 싶어서 갑갑하고 답답한 생각이 났다. 해서 어디서든지 단둘이 만나는 틈만 있으면 물어 보리라고 생각했다. 그러나 송도사와 정 학자가 알면 좋지 못할 것이므로 그게 걸려서 겁나 물어보지는 못하고 궁금증만 나서 견딜 수가 없었다.

어느 때에 송도사와 정 학자가 산으로 가고 없는 틈을 타서 그 스님이 변소를 가는 것을 보고 천둥소리에 번쩍거리는 번갯불 같이 뛰어가서 인사를 드리고 머뭇머뭇하다가 입을 열었다.

"제가 스님께 여쭈어 볼 말씀이 있는데 좀 만나 주실 수가 있겠습니까?"

"물어볼 말이 있다면 만나 주지. 그러나 지금은 내가 대변이 급하니까 변소를 다녀와서 만나 줄 터이니 거기서 기다리고 있게."

5분 정도가 지나서 스님이 나왔다.

"저와 같이 와 있는 어른들이 보고 알면 수상하게 여길 터이니 어디 조용한 곳으로 가실 수가 없을까요?"

"왜 있지. 이리로 나만 따라오게."

스님은 어떤 바위 굴속으로 대직을 안내하여 인도한다. 두 사람은 마주 보면서 쪼그리고 앉았다.

"자 무슨 말인지 물어보게."

"스님도 공부를 하시고 계시는 어른이십니까?"

"그러하네."

"그러면 우리네와 같은 통령 공부인 도술을 통하시려는 것입니까?"

"아닐세, 그와는 아주 다른 공부일세."

"그러면 무슨 공부라는 말씀입니까?"

"내가 하는 것은 불교의 참선공부라는 것인데 어떠한 천신이나 산신이나 신장인 귀신에게 의뢰하지 않고 바로 내 자신의 마음인 심성의 근본 바탕을 내가 스스로 깨달아 보려는 공부일세."

"저의 공부는 스님의 공부에 비하면 무슨 공부라고 하겠습니까?"

"그것은 천신과 산신과 신장과 잡신에게 의지하고 빌어서 통령을 한다는 소위 술객들이 하는 요술이요, 마술인 잡배인데 그 공부는 신통한 것을 얻는다고 하더라도 필경에는 귀신의 종이 되고, 밥이 되어서 세세생생에 도깨비 노릇밖에 못하는 것일세. 그러나 내가 하는 공부는 아주 그것과는 달라서 자신의 대도(大道)를 통해서 부처가 되는 것일세. 내가 하는 공부라야 영원하고 해를 벗어나고 생사를 면하면서 천상천하에 자유자재한 성인이 돼지. 그까짓 것을 하다가는 죄만 짓고 자칫 잘못하면 감옥으로 들어가게 되는 것일세. 그런 공부를 하다가 순경들에게 붙잡혀 가는 것을 많이 보았네."

"네 잘 알았습니다. 불경 공부를 하는 데도 무슨 책이 있습니까?"

"있고 말고, 여러 천권으로 된 〈팔만대장경〉이라는 게 있네. 이러한 경전을 다 보자면 10년이나 20년에도 다 못볼 것일세. 그러나 그것만 가지고도 불도의 속 이치를 깨달을 수가 없는고로 나와 같이 말없이 가만히 앉아서 나의 마음이 무엇인가 하고 큰 의심을 가지고 공부를 하게 되는 것이니 이것을 일러서 참선공부라고 이르는 것일세."

"잘 알았습니다. 그 많은 경전 가운데 가장 중요한 경전이 무엇입니까?"

"여러 가지가 많지만 큰 질로 된 경전으로 〈능엄경〉과 〈화엄경〉, 〈법화경〉과 〈열반경〉이라는 게 있고, 간단한 경전으로는 〈금강경〉과 〈원각경〉〈유마경〉이라는 게 있네."

"스님과 같은 공부를 하자면 저희와 같은 속인도 집에 있으면서 할 수가 있을까요?"

"글쎄 아주 아니 된다고는 말할 수가 없지마는 좀 어려울걸."

"그러면 꼭 중이 되어서 산에서만 해야 된다는 말씀입니까?"
"아무렴, 불교의 공부를 똑똑하게 잘 하자면 중이 되어 절에서 하여야 성공하기가 쉬울 걸세."
"저 같은 사람도 중이 될 수가 있겠습니까?"
"부모님의 승낙만 얻으면 될 수 있지."

대직은 이 스님을 만나서 얘기를 들은 뒤로는 틈만 있으면 그 스님을 만나서 불교에 대한 좋은 설법을 들었다. 그러므로 마지 못해서 주문을 외우는 체 하지만 송도사나 정 학자가 다 우스꽝스럽게 보였다.

참으로 진정한 공부는 중이 되어 제 마음의 심성을 알아내고 깨닫는 공부를 해야만 대각성인(大覺聖人)이 될 수 있을 것을 믿게 되었기 때문이었다.

대직은 아버지가 반대하시는 말을 듣고 의아스러운 생각이 없지도 아니한 데다가 이 선객스님의 바른 말을 듣고 대직은 도술공부를 그만두고 집으로 돌아가서 아버지에게 승낙을 받고 중이 되리라 결심하게 되었다.

대직은 어느 날 꾀병을 앓아 몸이 아프니까 집에 좀 다녀와야겠다고 송도사와 정 학자에게 이르고 집으로 돌아왔다. 그간에 한달 동안이나 주문을 외웠지만 아무것도 신기한 꼴을 보지 못했다.

또는 신기한 꼴을 본다 손치더라도 그것이 신기한 힘을 빌어서 세상 사람들의 눈을 속이는 요술이요, 환술이요, 마술이요, 잡신술이라는 것을 듣고 보니까 도술 공부에 대해서 정이 떨어지고 싫증이 나고 말았다.

결혼 첫날밤의 이변

　대직은 한달 동안이나 산 속에서 반찬 없는 밥을 먹고 잠도 제대로 자지 못하고 고생을 하다가 집에 오니까 어떻게도 마음이 시원하고 유쾌한지 껑충껑충 뛰고 싶었다. 대직은 숙성한 편이지마는 스물의 고개도 넘지 못한 소년이라 집이 그리웠고 부모님이 그리웠다.

　회천읍에 들어서자 그리던 집이 보였다. 반가운 마음은 비할 데가 없었다. 그러나 아버지의 말을 어기고 집을 나갔다가 오는 것이 죄송스러웠다. 아버지가 야단이나 치면 어떻게 하나 하는 무서운 생각도 들었다. 그러나 잘못했다고만 빌면 용서하실 아버지라고 생각하니 다소 마음의 위로가 되기도 했다.

　아버지가 마침 사랑방에 계시는 듯 기침 소리가 났다. 대직은 가만히 사랑문을 열고 들어가서 절을 넙죽하고는,

　"아버님의 말씀을 듣지 않고 너무 오랫동안 나가 있다가 돌아와서 죄송합니다. 아버님, 용서해 주십시요."

　대직의 아버지는 용서고 무엇이고 반가워서 어쩔줄을 몰랐다.

　"이 녀석아, 도술인지 무언지 배우러 갔으면 3년이고 10년이고 끝장을 보고 온단 말이지 벌써 왔단 말이냐. 그래 한달 동안에 도술을 다 통했더란 말이냐?"

　아버지는 화를 내기는커녕 부드러운 말씨로 농담 비슷하게 이런 말을 하고,

　"어서 안에 들어가서 옷이나 갈아입어라. 옷이 꾀죄죄하게 더러워서 볼 수가 없구나. 그게 무엇이란 말이냐."

하면서 안으로 들어가라고 이르신다. 대직은 신이 나서 안방으로 들어가자,

"간밤에 네 꿈을 꾸었기 때문에 네가 꼭 올 줄을 알았더니 틀림없이 왔구나. 그래 배는 얼마나 고팠으며, 잠자린들 얼마나 사나웠겠느냐?"

하며 어머니가 반가이 맞아 주었다. 대직은 어머니에게 절을 하고 일어나며,

"다 괜찮게 있다가 왔어요. 남자가 그것도 다 경난이지요."

하고 쾌활하게 말을 했다.

"옷이 아주 새까맣게 더러웠구나. 객지에 나서기만 하면 다 고생이지."

대직의 어머니는 이내 옷을 장롱에서 꺼내 주었다. 대직은 세수를 하고 옷을 갈아입고 사랑으로 나왔다. 근심과 수심으로 지나던 대직의 아버지는 반갑고 대견해서 입이 딱 벌어지는 것이었다.

그도 그러할 것이 대직이가 3대 외독자이기 때문에 금이야 옥이야 꽃이야 나비야 하고 귀여워하던 터인데 한 달이나 보이지를 아니하였으니 얼마나 기다렸을 것인가. 그러므로 역정은 고사하고 그저 집으로 돌아와 준 것만으로도 대견하고 다행인 것으로 여겼던 것이다.

대직의 아버지는 대직이 나간 뒤로 곧 찾아서 데려 오려고도 했지만 그리한다면 그 아이의 마음만 더 상하게 할 것이므로 대직을 위해서 그만두고 제 발로 걸어 들어오기만 기다리고 있었던 것이다. 그런데 기대와 같이 제 발로 걸어 들어왔으니 그

기쁨이 얼마나 컸으랴.

"도술인가 무언가 배운다고 산에 들어가서 먹을 것도 잘 먹지 못하고 얼마나 고생을 하였느냐. 그래 배울만 하더냐?"

"처음에는 아무것도 모르기 때문에 신기한 것만 몇가지 보고 따라갔는데 산에 가서 있으면서 송도사의 하는 짓과 가르치는 것을 보니까 모든 것이 요술이요, 환술인 것을 알게 되었습니다. 그래서 주문인가 무언가 가르쳐 주는 대로 한 달 동안이나 외우다가 그만 맥이 풀려서 도술공부를 그만두기로 하고 아주 집으로 돌아왔습니다. 아버님 말씀이 옳으신 것을 제가 공연히 어리석어서 따라갔다가 헛돈만 쓰고 왔습니다."

"그것 보아라. 내가 애당초에 무어라고 하더냐. 도술이란 것은 소소한 잔재주를 보이는 것이 아니다. 유도에는 공자님이 으뜸이고, 선도에는 노자님이 으뜸인데 공자님의 말씀을 기록한 〈논어〉를 보던지 노자님의 말씀을 기록한 〈도덕경〉을 보더라도 그러한 요망한 술법을 말씀한 데는 한 곳도 없는 것이다. 하여간 네가 속이 시원하게 구경만은 잘하고 왔다. 그런즉, 이 뒤부터는 정선생이 와서 무슨 말을 하고 꾀일지라도 거절을 하고 따라 가지를 말도록 하여라."

"어제는 제가 싫증이 났는데 따라 갈 것이 어디 있어요. 정선생이 다시 와서 무슨 말을 하더라도 다시는 두 번 속지 않을 작정입니다."

"잘 생각했다. 그렇게 하여라. 너에게 대한 혼인 말도 있고 하니 집에 있다가 장가나 들고 집안일이나 힘써 보살피도록 하여라."

도술은 그만 두더라도 절에 가서 중이 되어 불경을 배워서 공부하고 밤낮으로 자기가 가지고 쓰면서도 알 수 없는 마음의 심성 연구를 해서 진정한 도술을 배우려고 결심한 대직에게는 장가를 들라는 아버지의 말이 청천의 벽력과도 같았다.
"아버지, 저에게 장가를 들라고 하셨지요."
"그래 장가를 들이겠다고 했다. 장가 말만 들어도 좋으냐?"
"저는 송도사의 도술은 잡술이니까 그만 두더라도 정말 도술인 불도를 배우려고 중이 될 생각을 하고 있는데요. 중이 될 사람도 장가를 갈수가 있나요?"
"에이 미친녀석 같으니라고. 왜 중이 된다고 하느냐. 나중에는 못할 말이 없구나. 네가 3대 외독자인데 절손을 하고 중이 된다면 그게 될 말이냐. 그런 말은 아예 입 밖에도 내지 말아라."
대직은 하도 기가 막혀서 아무 말도 하지 못하고 사랑에서 나왔다. 대직은 장가를 들려는 뜻은 없었으나 어머니와 아버지가 3대 독자로서 졸손을 시켜서는 안된다고 호령호령하고 야단을 치는 데는 말문이 막히고 말았다.
대직이가 산으로 공부를 하러 간다고 집을 떠나서 한 달이나 없는 동안에 대직의 혼인 말이 여기저기서 들어왔던 모양이다. 대직의 어른도 대직을 붙들어 매어서 집에 있도록 하는 유일한 방법은 장가를 들이는 외에 별도리가 없겠다고 생각했으므로 그 전에는 대직에 대한 혼인 말이 들어와도 아직 미성년이니까 성년이 되거든 어떻게 해 보겠다고 미루어 버리기도 했으나 이제 와서는 어쩔 수 없이 심경이 변해지고 말았다.
왜냐하면 어름어름 하다가는 손자를 보기는커녕 자식을 먼저 놓치고 말 것처럼 여겨졌기 때문이다. 대직이가 집에 없는 사이에 대직 아버지의 친구인 박춘화라는 이가 수차 왔다 간 일이 있었다. 그는 그 전부터 대직이의 집을 드나들며 대직이를 사내답다고 눈여겨 보고 있었는데 자기의 과년한 딸이 있는 고로 대직을 사위감으로 점 찍은 지가 오래였다.

그는 강계에 사는 사람인데 회천에 올 때마다 대직에게 청혼에 대한 의사를 들어보고 가곤 했다. 어느 때 그가 와서,

"우리가 서로 친구로 지내는 것도 좋지마는 자네는 아들이 있고, 나는 딸이 있으니 성혼을 시켜서 사돈이 되면 더욱 좋지 않겠나?"

이런 말을 했다.

"그야 그렇지만 그 애가 장가를 들려고 할런지 들어 보아야 하지 않겠나?"

"자식들이야 어른이 하라는 대로 하는 것이지 들어보기는 무얼 들어보나. 자네가 마음만 있으면 성사를 시키도록 하여 봄세."

박춘화는 회천에 올 때마다 이렇게 조르기를 한두 번이 아니었다. 어느 날 대직의 아버지는 대직을 사랑방으로 불러,

"대직아, 내가 너에게 장가를 드릴려고 하는데 네 생각이 어떠냐. 네 말을 좀 들어보자."

"저는 싫어요. 장가가 다 무엇입니까. 아직 나이도 성년이 되지 못하였을 뿐더러 큰 포부를 가지고 있기 때문에 장가는 아직 염두에 두어 본 일조차 없습니다."

"이 녀석아 12, 3세 되는 애들도 장가를 가는데 너는 나이가 열 여덟살이나 되었는 데도 말이냐?"

"아버님도 참 별 말씀을 다 하십니다. 아직도 입가에 젖냄새가 풍기는 어린 것들을 신랑이라고 꾸며 가지고 장가를 보내는 게 옳은 일인 줄로 아십니까. 그런 것은 우리나라가 아니고는 보고 들을 수 없는 일이랍니다."

"그렇기 때문에 다른 사람들은 너의 인물을 탐내어 딸을 줄려고 말하는 자가 많았지만 나도 생각한 바가 있어서 네 나이가 20이나 가깝도록 그냥 내버려 둔 것이 아니냐. 힘껏 생각해서 꾀를 냈다는 것이 겨우 머리깎고 중이 되겠다는 말이냐."

"중이 되고 싶은 것도 하나의 이유겠지만 그보다도 사내대장부가 되어 처옥자쇠로 처자에게 얽매어서 자유스럽게 천하강산을 한번 두루 구경도 못하고 게딱지 같이 작은 집 속에 처박혀 있기가 싫단 말씀이에요."

"에이 미친녀석 같으니, 나중에는 별소리를 다 들어 보겠구나. 자고로 성현군자와 영웅 열사가 너만 못해서 장가를 드시고 유자생녀를 했더란 말이냐. 장가를 가고 시집을 가는 것도 인생에 대하여 한철의 농사와 같아서 때를 놓치면 아니되는 것이란다. 옛날부터 20전에 자식이오, 30전에 철냥이라는 말도 들어보지 못하였느냐?"

"저는 그렇더라도 싫어요. 나이가 한 30이나 되어서나 장가를 가든가 하여야지요."

"내가 죽거던 말이냐. 나이가 30이라면 아주 늙고 시들어 빠진 노신랑인데 어떤 색시가 온단 말이냐?"

"오기 싫으면 그만 두라지요. 누가 장가를 못들어서 몸살이 난데요."

"어른 말에 그렇게 대답을 하는 게 아니다. 나도 늙고 너의 어멈도 늙었으니 며느리를 보아야 할 것이 아니냐. 너는 장가가 이르다고 하지만 우리는 손자를 보기가 늦었으니 말이다."
 대직의 아버지는 아들의 마음을 돌이키기 위하여 시간을 주려고 하였는지 일어나서 밖으로 나가면서,
 "너 괜히 억지소리만 하지 말고 생각을 돌려 보아라."
하고 문을 닫았다.
 "아버지의 말씀대로 하여라. 색시도 얌전하게 생겼고, 자리도 좋다더라."
 어머니가 영감의 뒷받침을 하여 대직에게 이른다.
 "아직 보지는 못했다만 너의 아버지 친구분의 딸이라니 어련하겠느냐."
 "그래도 어머님께서 직접 가셔서 선이라도 보고 오셔야 되지 않겠어요."
 "네가 마음만 있다면 그거야 어려울 것이 있겠느냐? 오늘이고 내일이라도 가서 보면 그만이지. 그러나 네가 꼭 장가를 들 것인지 속시원하게 대답좀 해 보아라. 네 말을 들어야 어버지에게 말씀을 드려서 사주도 보내고 혼일 택일도 하고 혼수감도 끊고 하여 잔치 준비를 해야 될 것이 아니냐."
 "잘 생각했다. 남들이 다 가는 장가를 너라고서 아니 가면 되겠느냐. 그러면 너의 아버지와 같이 의논을 해볼 터이니 그리 알아라."
 이때 밖에서 '으흠'하고 아버지의 기침 소리가 났다. 대직은 뒷문으로 뛰어 달아났다. 문을 열고 들어온 영감은,

"그 녀석이 무어라고 합디까?"
하고 묻는다.

"장가들 생각이 아주 없지는 아니한가 봐요. 날더러 색시 선이나 보았느냐고 묻는 꼴이 싫지가 않기 때문에 그렇게 물어 보는 것이겠죠?"

"그럼 잘 되었오. 어서어서 준비해서 대사를 치르도록 합시다. 혼인이라는 것은 말이 났을 때 후딱 해야 하지 질질 끌다가는 안되는 수가 많은즉, 내일이라도 사주와 택일을 보내고 당신도 한번 갔다 오도록 하시오."

 영감은 한가지 근심을 내려놓은 듯이 모든 것을 부인에게 부탁했다. 대직은 장가 같은 것은 염두에도 두어 본 일이 없으나 부모님의 간청으로 마음에 없는 장가를 들기로 하였는데 집안에서 서두르는 것을 본즉 꼭 가기는 가야만 되게 생긴 것 같았다. 그러므로 대직은 결과가 어떻게 될려는가 두고 보기로만 생각했다.

 대직이 장가들기를 반대한 것은 여러 가지의 이유가 있었지만 첫째는 자유를 잃는다는 것이요, 둘째는 자기 사주팔자에 처궁이 좋지 못한 것이었다.

 대직은 송도사와 며칠 동안을 대해 보았지만 그는 독신이었다. 그러므로 아무 구애 없이 팔도강산을 마음대로 거침없이 돌아다니는 것이 가장 부러웠던 것이다. 금선대의 독신으로서 중이 되어 있기 때문에 그만큼 공부를 잘해서 놀라운 도승이 안 되었는가. 이러한 것들을 생각하여 보면 결혼생활이라는 것이 허망하고 빈 것으로만 생각이 들었다. 더구나 제가 배워 알고 있는 사주와 관상으로는 가정생활을 할 팔자가 되지 못했다.
 부모의 인연이 좋아서 초년의 복은 누구를 부러워 할 것이 없으나, 20살이 지난 후로는 풍파가 많다고 했다. 타향에서 자객을 할 격이요, 심성은 부처와 같이 어질고 재주는 총명하여 제갈공명을 내려다 볼 것이나 내외중은 산란한지라 초취가 불리하고 재취함을 면치 못할 것인데 그도 또한 이름만 내외간이지 있으나 마나한 격이며, 형제는 일만이 고비라 독신격이요, 자손은 낳아 볼수도 없는 팔자며, 재산은 있다면 천하의 것이 다 내 것이요, 없다면 돈 한 푼과 쌀 한 홉도 저장할 수 없으리라는 격이며, 직업은 비의즉술(非醫卽術)이라 의원이 아니면 술객이 되는데 바다 속에 용이 여의주를 가졌으되 불러서 동천하지 못하는 격이라, 의술이나 음양술을 배워서 통달하여도 알고만 있을 뿐이요, 영업이나 행세를 하지 못할 팔자이며, 평생 생활은 깊은 산중의 학과 같아서 산중이 아니면 의지할 곳이 없는 격이며, 인간으로써 자세는 비인비선(非人非仙)이라 사람도 아니요, 신선도 아니며 비승비속(非僧非俗)이라 중도 아니요, 속인도 아닌 이상한 사람의 생활을 할 것이며, 말년에는 자기가 낳은 자식은 한 사람도 없으되 백자 천손이 있을 격이며, 사후에는 선관이라는 명칭을 얻어서 제사를 받드는 자가 백대 천대에 끊어짐이 없으리라는 사주였다. 이것은 정 학자가 볼 때에도 그러했고, 대직 자신이 보아도 그러했다.
 대직은 이것을 꼭 믿는 바는 아니나, 이것이 그대로 자기의 일생을 지배할 것만 같았다. 그러므로 실상은 장가를 들 생각이 없었다. 그러나 부모가 우기는 일이라 할 수 없이 승낙이라도 한 것이었다.

 대직의 어머니는 무슨 전쟁에 개선장군이나 된 것같이 기뻐하며 혼수 흥정을 하고 사주를 보내고 택일한 것을 보내고 색시에게 의자를 보냈다. 그리고 자신이 강계로 가서 며느리 될 규수의 인물을 보았다. 깨끗하게 잘난 여자였다. 살빛깔이 희고 키가 훤칠하게 크고 얼굴이 조금 갸름하고 코가 오똑하고 입이 좀 큰 편이라 남자상으로 생겼다. 여자로서 남자상을 가지면 팔자가 거세다는데 하는 생각은 있었으나 그렇다고 그렇게 밉거나 싫지는 않았다. 그래서 쾌히 승낙을 하고 집으로 돌아왔다.

 그리하여 부랴부랴 성혼하기로 결정을 보았다. 만반의 준비가 다 된지라 택일한 날에 신랑을 당나귀에 태워 신부 집으로 가서 정한 시간에 대례를 치루었다.

 상객은 신랑의 외삼촌되는 이가 가서 모든 것을 구경하게 되었다. 신부 집도 강계에서 수모라고 하는 부자집이라 손님도 많이 왔거니와 음식도 많이 차려서 진진했다.

 집에서 담근 술만 해도 한섬 술이 넘는데 부조로 들어온 술이 닷섬은 되는지라 수백 명이 먹어도 남을 정도였다. 시골로서는 드물게 보는 큰 잔치였다.

 그런데 대직은 장가 가는 날에 신부가 어떠한가 쾌를 하나 떼어 보니까 비남비녀(非男非女)라 하였고, 만사가 와해라는 점괘가 나왔다. 아는 것이 병이었다. 차라리 몰랐으면 마음이나 편할 일이 아닌가.

 대직은 불길한 예감이 앞서 이상한 생각이 들었다. 그래서 신랑되는 대직은 첫날밤에 신부를 건드리면 불길하다는 어른의 말을 모르는 바도 아니지만 자기의 점괘가 이상하여서 첫날밤부터 신부의 몸을 검사할 생각이 났다.

　대례가 다 끝난 뒤에 밤이 되어서 화촉동방인 신부의 방으로 가 신부를 본즉 그다지 아름다운 요조숙녀는 아니로되 얼굴에 덕기가 있어서 수수하고 밉지 않게 보였다.

　밤이 으슥하여 대직이가 신부의 저고리와 치마를 벗기고 버선을 벗기고, 신부의 몸을 끌어 당겨서 이불 속으로 들어갔다. 신부는 열 일곱 살이라고 하는데 퍽 숙성한 편이었다. 대직은 자기가 점괘를 보고 불길한 예감도 있고 하여 염치 불구하고 신부의 젖가슴을 만져 보았다. 그런데 신부의 유방은 남자와 같이 평평했다. 대직은 이에 놀라지 않을 수가 없었다.

　또 다시 신부의 아랫도리를 더듬어 본즉 아무것도 달린 것이 없는 것으로 보아서는 꼭 여자가 분명하되 그 생식기가 여자의 것이 아닌 것 같았다. 이에 의심이 부쩍 든 대직은 다시 신부의 얼굴 모양이나 다리와 팔의 골격이 아무리 보아도 여자가 아닌 사내의 골격이었다. 여자일 것 같으면 뼈다귀가 부드럽고 피부가 매끈매끈할 터인데 뼈가 뻣뻣하고 살갗이 거칠어서 까칠까칠했다. 그래서 신부의 아랫 부분을 여러 가지로 다루어 보았는데 역시 고녀인 것 같았다.

　그런데 방광의 불구덩 밑이 유난히 뚱뚱하게 부풀어 올라 있었다. 무슨 가죽이 겹쳐 있는 것 같아서 의아심이 생겼다. 대직이 예전에 노인네들에게 들은 남자가 되려다 못되고 여자로 되어 있는 것이 있는데 그것은 가죽만 잘 째어주고 보면 여변성

남(女變成南)으로 여자가 남자로 되는 수가 있다는 말을 들은 일이 있었다.

 대직은 모든 것을 단념하고 그녀를 소박하려고 했다. 그러나 도무지 궁금해서 잠이 오지를 않는데, 신부가 잠이 든 틈을 타서 침통을 꺼냈다. 그 속에는 은침이며, 철침이며, 동침이며, 정낙이며, 입침이며, 여러 가지가 들어 있지마는 헌데와 부스럼을 앓는 환자에게 곪은 것을 짜내고 고름을 빼내는 넓직한 바쇠침이라는 것을 집어 냈다. 이것은 아무리 굳은 살가죽이라도 비수같이 베어버릴 수가 있는 것이다. 지금 외과 의사들이 쓰는 메스와 같은 것이었다.

 대직은 한손에 바쇠침을 들고 신부의 배를 타고 올라 앉아서 이상하게 생긴 생식기의 엷은 겉가죽을 세치나 되게 살짝 베어서 째버렸다. 신부는 다소 긴장은 되었으나 모든 것을 신랑이 하는 대로 맡기고 굿만 보려는지 잠자코 있었다.

 어렴풋이 잠이 들었을 때 뱀에 물린 것처럼 아래가 뜨끔하고 몹시 통증이 오는지 얼굴을 찌푸렸다. 부지불각에 손을 대고 보니 피가 철철 흘렀다. 아픔을 더 이상 참지 못한 신부는 '아이구머니 사람 살려요' 하고 소리를 지르며 울어댔다.

 대직은 피투성이가 된 신부의 아래를 보니 남자의 낭과 신이 피 묻은채 그대로 쑥 나와서 노출되어 있는 게 아닌가. 대직은 지혈침을 몇 군데 놓고 수건으로 손에 묻은 피를 닦아 냈다.

 신부가 소리내어 우는 바람에 장모와 처남이 헐레벌떡 방안으로 들어 왔다. 보통 신부가 남자에게 욕을 당하느라고 처녀막이 뚫어지는 아픔의 비명이 아니기 때문에 뛰어들어 오게 된 것이다.
 "무슨 일이 생겼길래 신부가 그렇게 비명을 지르는 것인가?"
 "신부의 아래가 하도 이상하기에 침으로 째 보았더니 그럽니다."
 "침으로 아래를 째다니, 만고에 처음 듣는 소리일세. 딸년을 여럿 두다 보니까 별 사위를 다 보겠네."
 "장모님, 그런 말씀 마십시오. 저도 나이는 얼마되지 않았사오나 낭과 신을 가지고 있는 신부는 고금에 들어보지 못한 일입니다. 어서 한턱이나 내십시오. 제가 따님을 아들로 만들어 드렸으니 이런 경사가 또 어디 있겠습니까?"
 "허참 이것 참 웃지도 울지도 못할 일일세그려."
 "어서 깨끗한 솜이나 가지고 오십시오. 피만 씻어내고 물을 따뜻하게 데워서 소금을 탄 염수로 닦아내면 일이 없을 것입니다. 원체 얇은 가죽으로 씌워져 가졌던 것이라 이제는 피도 더 나오지 않을 것이니 안심하십시오."
 "이제 아프지 않느냐?"
 신부의 어머니가 묻는 말에 고개를 숙이고 괜찮다고 부끄러운 듯이 가냘픈 대답을 했다.
 "그러면 일어나 보려므나."
 "창피해서 어떻게 일어나요."
 신부의 대답이다.
 "이제는 신부도 아니지마는 그래도 아직까지 거짓 신부를 가장하는 따님이라 나를 보면 서먹서먹하고 겸연쩍게 여길 터이니까요."
 장모와 처남은 뜻밖에 요지경 속을 보는 듯했다. 사랑방으로 이부자리를 옮겨 주고 대직을 안내했다.
 "나에게는 네가 큰 은인이다. 침술의 재주를 가진 너같은 사람을 만나기 다행이지 그렇지 않았더라면 그 애가 일생을 헛살 뻔 하였구나."
 신부 방에서 일어난 광경을 낱낱이 보고 들은 장인은 신기하다는 듯이 대직을 칭찬했다.
 신부는 하룻밤 사이에 남자로 변하면서 남복을 입고 나서게 되었다. 이러한 소문이 원근 동리에 퍼지자 구경하러 오는 사람들이 인산인해를 이루게 되었다.
 대직은 어이없이 결혼 실패를 당하고 상객으로 왔던 외삼촌과 같이 집으로 돌아오고 말았다. 대직의 아버지는 이러한 이야기를 듣고 퍽 실망했다. 대직은 그 뒤부터는 장가 들기를 단념했다. 아버지가 이르되,
 "대직아 실망하지 말거라. 다른 데에도 그보다 더 좋은 규수가 있으니 내후년쯤이라도 또 장가를 들기로 하자."
 이렇게 대직을 위로했다. 그러나 대직은 이것을 다행으로 생각하고 독신으로 평생을 지내기로 결심했다. 대직의 침술은 이때부터 고명하다고 이름이 나서 한때는 명의라는 이름을 듣게 되었다.

은신하며 채약(採藥)하다

 대직은 그 뒤부터 몇달 동안은 인생의 허무를 느끼고 넋빠진

사람같이 명청히 만사에 대하여 감각이 없는 듯이 세월만 보냈다. 결혼 초야의 사고가 심중에 큰 상처를 받게 된 까닭일지도 모르리라.

　대직의 부모는 이 꼴을 차마 볼 수가 없으므로 재혼을 시키려고 혼처를 구하는 동시에 대직의 의향을 물어보는 것이었다.

　"네가 요새는 왜 뿔빠진 소 모양으로 기운이 없어 보이느냐. 다른 곳에 좋은 규수가 있다고 해서 결혼시키려고 하는데 네 마음이 어떻냐?"

　"싫습니다. 제가 먼저도 말씀드린 바와 같이 30이 되기 전에는 장가를 아니 들기로 생각하고 있습니다."

　"그것은 너무 늦지 않느냐?"

　"늦기야 늦다고 하겠지요. 그러나 제 사주가 조취(早娶)는 불길하고 만취라야 좋다니까 그렇게 생각을 하는 것입니다."

　실은 집을 나가서 한 10년 동안 객지생활을 하여 보고 싶은 생각이 있어 재혼을 싫다고 거절하는 것이었다. 몇달 동안을 명청하게 지내오는 것도 마음속에 미련이 많아서 여러 가지로 궁리를 하느라고 그리한 것이었다.

　대직은 어느 날 최후의 결심을 하고 종이조각에 몇자를 적어서 사랑방 책상 서랍에 집어넣고 돈도 한푼없이 압록강을 건너서 만주로 들어갔다. 온다간다 말도 없이 대직이가 없어졌으므로 집안에서는 난리가 났다. 하루 이틀쯤은 친구들 집으로 놀러 갔는가 하고 생각했으나 일주일이 지나도 소식이 묘연했다. 대직이가 갈만한 곳은 모두 찾아보았으나 도무지 알 길이 없었다.

　혹은 중이 되려고 절간으로 가지 않았나 하고 묘향산 보현사로 사람을 보내고 회천에서 가까운 절간을 샅샅이 뒤져 보았지만 막연했다.

그런데 그 부친이 책상 설합을 뒤지다보니까 무슨 매듭을 지은 종이가 나왔다. 의아한 마음으로 끌러 본즉 아래와 같은 내용의 글씨가 씌어져 있었다.

아버님 용서해 주십시오. 저는 오늘부터 새로운 생활을 개척해 보려고 정처도 없이 압록강을 건너 떠나갑니다. 아버님께 대강 말씀이라도 사뢰고 가려 하였으나 그러다가는 저의 소망을 이루지도 못하고 꼭 붙들려 있게 될 것 같아서 죄송하온줄 알건마는 아무에게도 알리지 않고 집을 떠나가는 것입니다. 나가면 고생이 될 것은 뻔한 일이오나 남자가 세상에 났다가 대륙바람을 씌어 보는 것도 한 쾌사로 여기고 적어도 10년간은 집에 돌아오지 않기로 하고 떠나가는 것이오니 저를 찾지 말아 주시기 바라옵니다. 어머님께도 이런 말씀을 드리지 못하였으니 그와 같이 말씀을 전하여 주시옵소서.

불효자 대직 상서

대직의 부친은 눈앞이 캄캄했다. 10년이나 있다가 온다고 했으니 찾을 길조차 없는 노릇이었다.

"부모를 내버리고 가는 자식이 어디 있단 말인가?"

대직의 아버지는 맥이 풀려 괘심한 생각도 없지 않았으나 그보다도 앞서 측은한 생각이 가슴 속에서 복받쳐 올라와서 눈물이 핑 돌았다.

내 마음이 이러할진대 저의 어머니가 알면 얼마나 애통할 것인가. 그러나 급기야 대직의 어머니도 알게 되어 울고불며 집안이 다시 난리가 났다. 그러나 대직은 발길이 닿는대로 만주로 들어가서 통회현에 가서 있다가 봉천으로, 장춘으로 할빈으로 흑룡강까지 가보고 서간도로 들어서서 길림과 목단강까지 마음대로 구경하며 다녔다.

　대직은 침술과 의술이 뛰어나고 사주 관상술도 여간이 아니었기 때문에 가는 곳마다 대우를 융숭히 받아가며 인기를 끌게 되었다.

　어느 곳이나 사람이 사는 곳에는 병자가 없지 않고, 고생이 많은 사람 가운데에는 장래의 운명을 미리 알고자 하는 사람이 많았다. 그러므로 천하강산에 무전여행을 하는 데는 침술, 의술과 사주 관상술에 더 따를 것이 없는 듯했다. 가는 곳마다 돈과 밥이 생기게 되었다. 그러므로 대직은 남북만주를 제멋대로 돌아다녔다.

　서간도와 북간도 같은 데는 우리나라 사람이 많이 사는 고로 그곳에서는 동포들의 비참한 생활도 목격했다. 동포들의 교육기관이 있는 곳에서는 선생이 없어서 쩔쩔매는 꼴도 보았다. 월급을 제대로 지불할 수가 없는 실정이므로 선생들은 두달만에도 달아나고 석달만에도 달아나는 것이 보통이었다.

　이런 것을 볼 때 대직의 가슴 속이 바싹바싹 타는 것도 같았다. 자기의 몸이 열이나 스물이나 쪼갤 수만 있다면 여러 곳에 나누어서 가르치고 싶은 생각도 있었다.

　대직은 이와 같이 방랑생활을 하는 동안에 애국지사와 우국지사를 만나서 조국을 구해내야겠다는 애국사상이 철저하게 가슴을 파고 들기도 했다. 그래서 애국사상을 자라나는 어린이들 머리 속에 깊이 넣어 주어서 장래에 혁명투사가 되도록 해야겠다는 생각이 들었다.

 대직은 길림에 있을 때와 목단강에 있을 때에도 자원해서 소학교의 교사가 되어 몇 해 동안 힘껏 가르치고 철저한 독립사상을 어린 영혼에 깊이 넣어 주었다. 그 뿐만 아니라 어느 때에는 독립군에 가담하여 압록강 연안을 오르내리며 겨울만 되면 결빙기를 이용하여 압록강을 건너와서 왜인의 지서를 습격하고 총탄도 빼앗아 가고 순사도 살해했다.

 또 그때 일본군의 수비대가 압록강 연안을 지키고 있었으므로 수백명의 독립군이 수비대와 헌병대를 포위 공격하고, 무수한 왜병을 죽이고 무기를 빼앗아 간 일도 있었다.

 그 때에 우리 독립군은 백두산 밑에 근거를 두고 왜인의 지서를 사흘이 멀다 하고 습격하여 그곳에 있지 못하게 하기도 했다. 왜인들은 이러한 일이 있을 때마다 신문지상에 마적군들이 백두산을 근거로 하여 가끔 기습으로 내려와서 약탈하는 바람에 그들을 토벌하기에 고통이라고 보도하기도 했다. 그러나 그들을 기습한 것은 마적군이 아니라 우리 동포들로 구성된 독립군이었다.

 대직은 그때 독립운동에 투신하여 여러 가지 전투를 겪으며 공을 쌓기도 했다. 그 뿐만 아니라 상해에 있는 임시정부의 군자금을 얻어 보내느라고 위험을 무릅쓰고 국내로 여러 번 들어와서 부유하게 사는 사람들을 찾아가서 금품을 받아서 상해로 보내기도 했다.

　이때 독립운동을 위하여 이해가 깊은 자들을 많이 돌봐 주었으되 왜인들에게 아부하고 독립군의 군자금 모집에 방해하는 놈이나 밀고를 해서 해치려 하는 놈에게는 가족을 몰살시키거나 사는 집에 불을 질러 망하게 만들기도 했다.

　사향도 쌀수록 냄새를 풍긴다는 격으로 대직은 아무리 교묘하게 비밀을 지켜 왔지마는 대직의 행동은 마침내 경찰에 알려져서 수사의 목표가 되었고, 끝내 체포의 대상물이 되고 말았다. 그러므로 회천읍에 있는 대직의 부모들은 왜인 경찰의 등살에 제대로 견딜 수가 없게 되었다.

　그래서 부모들도 살길을 찾기 위해서 또는 아들이라도 만나 보기 위해 장사도 걷어치우고 전답을 헐값에 방매하고 압록강을 건너서 만주의 통화현으로 가게 되었다. 그러나 대직은 만날 수가 없었다.

　대직은 부모님들이 만주로 건너 온 줄도 모르고 한때는 만전대에 가서 활약도 하고, 또 한때는 독립군에 들어가서 군인 노릇도 해 보았다. 이와 같이 군인 노릇을 하게 된 동기는 장차 항일투쟁을 할 때에 크게 한번 써보려고 한 것이었다.

　이와 같이 근 20여 년 동안이나 활동을 계속하고 있어 보았으나 조국의 광복은 언제될지 꿈속의 일처럼 까마득하고 그나마 해외에서 애국사상을 가진 사람 가운데는 파쟁이 있어서 이론이 통일되지 않고 분열만 생기는 것을 보았다. 그러므로 몇 사람도 되지 않는 그네들마저 정신이 통일되지 못하고 갑론을박 의론이 갈라지기 때문에 얼마되지 않은 인원도 줄어지고 유지경비도 어려워져 임시정부의 간판이나마 잘 지킬 수가 있느냐, 없느냐 하는 문제에까지 봉착함을 보았다.

 그래서 임시정부의 간판은 외국조계에 있으면서도 오늘은 이 나라 조계로, 내일은 저 나라 조계로 옮기는 것을 볼때 마다 대직은 통곡한 일이 한두 번이 아니었다. 그러나 대직은 나이도 젊고 경력도 젊고, 경제적 힘이 없는 이상 어찌할 도리가 없었다. 그러던 중에 중국 땅에서 풍토병인 신병까지 걸려 놓은즉 이 이상 더 오래 견딜 수가 없게 되었다. 본래부터 산천을 좋아하던 대직이라 중국의 대륙 생활이 체질에 맞지도 않았다. 그래서 죽은 뒤에 뼈라도 조국강산에 묻혀야겠다는 생각을 하고 20여 년만에 조국을 찾아왔다.

 그러고 보니 나이는 40이 넘어서 50고개를 바라보는 조국을 찾아왔건만 고향에는 갈 수도 없는 신세가 되고 말았다. 그것은 어떤 동지를 만나서 회천에 계신 부모님이 도망한 사정과 대직을 요시찰인물로 왜놈 경찰들이 딱지를 붙이고 눈이 뻘개서 찾고 있다는 것을 알게 되었다.

 가장 든든하게 믿고 있던 가정이 송두리째 없어지고 보니 어느 누가 따뜻하게 그를 맞아 줄 사람도 없었다. 아는 친구야 많지마는 모두가 쉬쉬하고 오는 것을 경계했다. 해서 대직은 남루한 노동복을 입고 노동자로 변장해서 함경남도로 넘어가서 함흥에 있는 천불산으로 들어갔다.

 때마침 이 천불산에는 금광이 터져서 이곳저곳에 덕대들이 분광을 맡아가지고 광부가 없어서 쩔쩔매는 판이었다. 대직은 광부로 변장하여 광부 노릇을 했다. 또 어느 때는 철도 공사장에 들어가서 인부 노릇을 하기도 했다. 그러나 이것도 왜놈 경찰의 눈을 피하기 위한 변장술로 한 것이었다. 몸에 베이지 않은 중노동인고로 오래 계속할 수는 없었다.

그런데 같은 노동을 하는 사람 가운데는 각계 각층의 별사람들이 다 모였는데 산중에서 채약을 하다가 들어온 사람도 있었다. 그네들과 친숙하게 된 대직은 그들로부터,

"금광판이나 철도판에는 봉급 때마다 노자나 장만하려고 임금을 준다고 해서 해보는 것이지, 산중에서 약초를 캐서 약방에 파는 것만 못하네. 사람이 일을 할 때는 하더라도 자유가 있어야지 허구헌날 밥만 먹으면 십장 녀석이 공사장으로 몰아넣고 갈겨대며 마소 부리듯 하니 어떻게 노동이라고 마음 편히 해먹겠소."

"참으로 그러하오. 그놈의 자식들 하는 꼬락서니를 보니 분통이 나서 못해 먹겠다. 이보다 자유스럽고 좋은 데가 있거든 그만 가자꾸나."

대직은 이렇게 대화하는 말을 들었다.

"여보시오. 어디로 가는지는 모르겠으나 거기에 한몫 끼어봅시다. 나도 힘이 들어서 더 해볼 수가 없구려."

"그러면 내일이 임금 날이니 임금을 타가지고 같이 갑시다. 채약을 하다가 혹 산삼 같은 것을 캐서 먹든지 하면 신체 보존도 이만저만 좋은 게 아닙니다."

대직은 그들의 말을 듣고 몸을 은신하여 명철보신하는 데는 채약생활로서 산림처사로 늙어 죽는 것이 제일이라 생각하여 그들을 따라 나섰다.

천불산에 들어가서 몇 달간 채약을 해서 말려 가지고 함흥에 있는 약국으로 갖다 주면서 돈을 벌었다. 그때가 여름철이라 산속 동굴 속에서 냄비에 밥을 지어 먹고 심마니들과 같이 지냈다. 그 생활이 자유스럽고 편하기가 세상에서 제일인 것 같았다.

가장 추울 적에는 천불사 대승암에 가서 방을 얻어 가지고 불을 때고 지내기도 했다. 그러다가 명천에 있는 칠보산(七寶山)에 가서도 놀고 안변에 있는 석왕사 뒷산인 설봉산에 가서도 놀아보고 강원도로 들어와서는 금강산과 오대산과 설악산을 무대로 삼고 돌아다니며 채약생활을 계속했다. 그러다가 남쪽으로 넘어 와서는 소백산, 온달산, 팔공산, 지리산 등에 오래 있기도 했다.

또 계룡산으로 들어가서 몇 해를 지내다가 삼각산 백운대 밑에서 2, 3년을 지내고 거기가 너무도 번잡해서 관악사 상불암 절터 뒤 굴속으로 와서 있게 된 것이다.

대직은 명산으로만 돌아다녀 절간도 큰절, 작은 절 할것없이 다 구경하고 훌륭한 스님네도 다 친견했다. 마음속에는 중이 되고 싶은 생각도 없지 않았으나 사원(寺院)생활은 누구라 하면 소문나기가 쉬우므로 자신을 감추기 위해 비승비속으로 처사, 거사, 도사, 선관의 이름을 들으면서 70년이나 살아온 것이다.

기이(奇異)한 인연

어느 해 가을이었다. 음력으로 팔월 추석을 지난 해이다. 관악산에는 단풍이 들어서 울긋불긋한 빛이 찬자만홍으로 산천을 물들여 놓았다. 이와 같이 관악산 단풍이 아름다운 것을 알게 된 등산객은 남녀간에 그 대부분이 서울에서 많이 가는 편이었지마는 시골에서도 여러 곳의 사람들이 많이 올라가는 것이므로 관악산에는 사람 사태가 난듯도 싶었다.

이 많은 사람들 가운데 80이나 되어 보이는 시골 할머니 한분이 끼어서 앞의 사람이 잡아 당기거니 뒷사람이 꽁무니를 바쳐 밀거니 하며 급하게 경사진 상불암을 향해 올라 갔다. 나이는 많아도 정정한 노인이라 엎어지며 자빠지며 땀을 흘리면서 그 험악한 길을 올라 갔다. 상불암이라는 것은 이름뿐이요, 빈 절터만 있는 곳에 당도하여 한숨을 쉬고 난뒤 노파는,

"여기가 상불암이라는 절터인가요?"

어떤 늙은 남자에게 물었다.

"네, 그렇소이다. 어디서 오시는 노인이신지요?"

"......"

"그러면 여기에 바위굴이 있나요?"

"네, 저기가 바로 굴입니다."

"이 굴속에는 홍선관이라는 어른이 계시다는 말을 들었는데 지금도 계신가요?"

"송선관은 왜 찾으십니까?"

"좀 여쭐 말이 있어서요."

"그러면 이리로 오십시오."

홍선관은 그 노파를 친절하게 안내했다. 노파는 홍선관을 따라서 굴속으로 들어가서 휘휘 둘러보더니,

"홍선관은 어디에 계신가요?"
하고 묻는다. 그리고는 다리가 아픈듯 주저 앉았다.
"네, 저를 사람들이 선관이라고 부릅니다. 이 지구상에 선관이 어디 있겠습니까마는 어리석은 사람들이 괜히 나를 놀리느라고 선관이란 별명을 붙여서 부르는 것이지요."
홍선관은 머뭇머뭇 하다가 이렇게 대답했다.
"그러면 바로 선생이 선관님이시군요."
그 노파는 이런 말을 하고 일어서더니 날라가는 듯이 절을 올렸다.
"어디서 오셨습니까? 보아하니 여기가 처음인 것 같습니다 그려."
"네 처음이예요."
"물을 말씀은 무엇인지 말씀을 하시지요."
"초면에 미안한 말씀입니다마는 저는 수원 남양이라는 곳에 사는 사람인데 저의 딸 소청으로 여기까지 온 것입니다."
"따님이라면 할머니보다 젊은 분일 터인데 자기가 오지 않고 저렇게 행보도 어려우신 노인을 가시라고 했나요. 고약한 따님이시군요."
홍선관은 웃으개조로 이렇게 농담을 했다.
"아니올시다. 그러한 사정이 있어서 제가 온 것입니다. 용서해 주십시오."
"용서야 하고 말 것이 있나요. 우스개소리로 한 것입니다."
"그렇게 말하셨다면 다행입니다마는 제 딸을 고약한 사람으로 생각하셨다면 제가 여기까지 온 보람이 없게 됩니다."

"따님의 소청이 무엇인지요?"

홍선관은 택일이거나 신수점을 보려고 온 것이니 하고 지나가는 말로 물었다.

"제 딸이 오래 꼭 쉰 여섯 살이 되도록 시집을 안가고 처녀로 늙고 있습니다. 그런데 그 애가 날더러 선생님을 찾아뵈옵고 오라고 해서 온 것입니다."

"그 따님이 저를 어떻게 알고서 노인더러 가시라고 했으며 그리고 어째서 시집을 안가고 처녀로 늙게 되었나요?"

"그런 것을 어찌 다 말을 하겠습니까. 그러나 대강 추려서 말씀드리면 저는 본시 천상에서 선녀로 있다가 지상으로 잠시 귀양살이를 하러 온 사람이기 때문에 천상에서 같이 있던 선관을 만나기 전에는 절대로 시집을 가지 않겠노라고 하면서 여태까지 처녀로 있습니다. 그런데 하늘이 정해준 남편감이 지금 관악산 상불암 뒤 바위 굴 속에 있을 터이니 가서 보라고 하며 그 선관이 허락만 하면 지금이라도 당장 출가를 하겠노라고 하는군요. 그러나 행보가 없는 제가 그렇게 찾을 수가 있어야지요. 그래서 벼르고 별러서 지금에서야 오게 된 것입니다."

옆에 앉아서 이 노파의 말을 듣던 여러 남녀 손님들은 박장대소를 하고 죽겠다고 깔깔 웃어가며 홍선관을 놀렸다.

"선관님이 그렇게 여자를 싫다고 하시더니 이제는 참으로 임자가 나셨군요. 자 이제는 가시기 싫어도 가셔야겠습니다."

웃어대던 사람들 가운데서 이렇게 말을 하는 것이었다.

"글쎄올시다. 꿈같은 일입니다."

"무슨 그런 말씀을 하십니까. 자고로 인간의 결혼을 천정배필이라야 한다고들 일러 오지 않았습니까?"

"그럴 수도 있는 일이니까 그렇다고 해둘까요."

홍선관은 이렇게 대답을 하고 다시 노파에게 말을 한다.

"그런데 할머니 들어 보세요. 제가 장가를 가기는 어렵지 않습니다마는 60이나 가까운 그 늙은 마님이 집도 절도 없는 이런 굴속에서 불도 때지 않고 살아 갈 수가 있을런지 모르겠습니다."

"그거야 저도 각오하고 그러는 것인데 그것이 싫다면 그만 두라지요. 그러니까 이말 저말 할 것 없이 선관님이 저를 따라서 우리 집으로 가셔서 제 딸을 만나 보시고 직접 싫다든지 좋다든지 단판을 지워 달라는 말입니다."

"옳은 말씀입니다마는 제가 간다기가 멋적은 것 같아서요."

"남자가 무슨 그런 말씀을 하고 계십니까. 우리 모녀는 수십 년 동안을 두고 선관님같은 분을 만나려고 정성을 다 바쳐서 지금 찾아와서 말씀을 드리는데 멋적다는 말씀이 무슨 말씀입니까?"

노파는 이렇게 책망 비슷하게 말을 하더니 허리춤에서 종이 쪼각에 쓴 편지 하나를 꺼내 놓고,

"이것 좀 보십시오. 여기에다 무어라고 적었는지 저의 딸이 선관님께 갖다 드리라고 해서 가지고 왔습니다."

홍선관은 편지를 받아 읽고 보니 사연은 이러했다.

나의 존경하고 사랑하는 선관님께 일생에 한번 뵈옵지도 못한 어른에게 당돌하게 글월을 올리게 되어서 스스로 죄송함을 비

할 데가 없나이다. 용서해 주십시오. 선관님께서는 하계에 내려 오셔서 얼마나 견딜 수 없는 고액을 겪고 계십니까. 저는 망령된 말과 같지마는 천리만리를 앉아서 보는 망원경 같은 투시안을 가지고 있으며 천리만리의 일이라도 앉아서 들을 수 있는 라디오 같은 귀를 가지고 있기 때문에 선관님은 저를 보지 못하고 계실지라도 저는 선관님의 일거일동을 보고 있고, 듣고 있습니다. 그런고로 선관님의 모습이 낮이나 밤이나 훤하게 나타나 보입니다. 그러나 때를 기다리느라고 여지껏 있었던 터입니다. 선관님은 저의 말을 꿈같은 얘기라 하시겠지마는 선관님께서는 저보다 죄가 중하시어서 풍파가 단단하시고 고액이 많으셨단 말입니다. 그러나 이제는 그것이 모두 풀려서 천상으로 다시 올라 갈 때가 몇 해 남지를 않았습니다. 우리가 전생부터 부부의 인연을 맺었음에 하계에서도 일찍이 만난다면 서로 나이가 젊은 관계로 인간의 버릇에 의해서 애욕을 면할 길이 없고, 범하면 천상으로 다시 올라가기가 힘들게 되므로 저는 알고도 여지껏 찾지를 않았던 것입니다. 그러나 이제는 우리 두 사람이 백발이 성성하게 늙었으니 서로 만나서 산다고 한들 무슨 그러한 더러운 일을 범할 리가 있사오리까. 그러므로 전생의 인연을 잇는 것이오니 꼭 한번 오셔 주시기를 바라나이다. 예의상 제가 먼저 가서 뵈옵는 것이 옳은 일이오나 나이가 아무리 60에 가까웠다고 할지라도 처녀의 몸은 틀림없는 처녀가 아니겠습니까. 그런즉 규수의 처녀로서 어찌 먼저 가서 남자되시는 선관님을 뵈올 수가 있겠습니까? 그래서 당돌하오나 앉아서 오셔 주시기를 청하는 것이오니 제백사하시고 꼭 오셔 주

기를 바라나이다. 천상과 하계에 한없이 쌓인 말은 오시거든
사뢰려고 생각하옵고 이만 줄이나이다.

           XX월 XX일 지음전 상서

 이러한 내용의 편지를 홍선관은 요지경 속을 보는 듯이 보아 마쳤다. 다른 데서는 홍선관이 이보다 더 간곡한 사연의 편지를 받아 보고도 일소에 부치고 두 번도 생각할 나위가 없이 거절을 했는데 이번에는 알수 없는 여자의 황당한 사연의 편지이건마는 마음이 끌리지 않을 수가 없었다. 이것도 역시 인연이라 할까 홍선관은 더욱이 마음을 돌리게 된 동기는 천리안 같은 투시안으로 자기를 항상 보고 있었다는 점과 무전기 같은 귀로 자기의 음성을 듣고 있었다는데 황홀한 것이었다. 그리고 음욕생활이 싫다는 것이 더욱이 마음에 들었다.

 "사연은 잘 알았습니다. 제가 곧 노인을 따라 가겠사오니 같이 가시기로 하시지요."

 홍선관이 노인에게 이런 말을 한즉,

 "얼마나 좋으리까. 너무도 고맙소. 이제야 내 딸이 임자를 만나게 되어 소원을 이루는가 보오."

 홍선관은 그 노파에게 음식을 대접한 후 같이 걸어서 안양까지 가서 수원행 기차를 탔다. 그리고 수원서 남양으로 가는 우차를 타고 남양읍에 당도하여 내려 가지고 남양읍에서 조금 구부러져 들어간 촌락에 있는 지음전(池音全)의 집으로 들어 갔다.

 노처녀인 지씨는 이네들이 올 것을 미리 알고 저녁을 시켜 놓고 기다리고 있었다. 그런데 홍선관은 지음전을 본즉 평생을 같이 살던 여자와 같이 정숙해 보였다. 지씨 역시 동거하던 남

편이 어느 먼 길을 갔다가 오는 것처럼 반가워 했다.

"이렇게 누추한 곳까지 오시라고 해서 죄송합니다. 어서 방으로 들어가시지요."

지씨는 벙글벙글 입을 벌이며 얼굴에 화색이 만면해 가지고 홍선관이 자리에 앉자 지씨는 날아가는 듯이 큰 절을 올렸다.

"보내주신 편지는 잘 읽었습니다마는 이것이 모두 기이한 인연인가 합니다."

지씨가 대답하기 전에 지씨 어머니가 나서며,

"아무렴 인연이고 말고요. 인연도 이만 저만한 인연인가요. 아주 큰 인연이지요. 인연이 아니고서야 내 딸이 편지까지 하겠으며, 또 선관임이 이렇게 따라 올리 만무하지요."

라고 했다. 지씨는 저녁상을 들고 와서 조심스럽게 홍선관 앞에 놓으며,

"찬수는 없습니다마는 진지나 많이 드시기를 바랍니다."

하고 주발 뚜껑을 열고 반찬 그릇 뚜껑까지 열어 주었다. 홍선관은 힐끔힐끔 지씨의 얼굴을 쳐다보면서 수저를 들었다. 지씨는 노처녀는 노처녀로되 곱살스럽게 늙은 여자였다. 비록 나이가 56이라고 하는데 어떻게 얼굴이 고운지 45, 6세 밖에 보이지 않았다.

식사를 마친 홍선관은 지씨의 안내로 사랑으로 나와 누워서 70평생에 지나간 일들을 그려보면서 '세상은 참 요지경 속이로군. 내가 이런 데를 다 와서 자보다니' 하고 혼잣말로 중얼거렸다.

안채에서는 밤새도록 잔치준비를 해서 그 이튿날 안으로 행

례를 지내려고 옷도 하고 음식도 만드느라고 분주했다. 서로 다 늙은 남녀의 혼례라 일가 친척 올 사람도 없고, 동리 사람을 청할 것도 없는 일이었다.

지씨는 예식도 올리기 전에 홍선관의 방으로 들어와서 무슨 얘기가 그렇게도 많은지 밤이 늦도록 소곤거리고 얘기를 나누는 모양이었다.

날이 밝았다. 아침을 먹은 뒤에 지씨는 미리 준비해 두었던 남자의 옷을 꺼내서 홍선관에게 입히고 두루마기 같은 것을 지어 놓았다가 입히는데 이것은 보통 두루마기가 아니었다. 선관이 입는 한장이라는 것이었다. 천상 선녀가 입는 천복이라는 것이었다.

홍선관에게는 사모 대신에 새로 만든 관을 씌우고 지선녀도 새까만 쪽도리를 만들어 썼다. 그리고 대청마루 가운데 물 한 동이를 담아 놓고 좌우로 마주 서서 절만 두 번 반을 하고 대례를 지냈다.

70이 가까운 노총각과 60이 불원한 노처녀가 결혼을 한다는 말이 한 입을 건너 두 입 세 입으로 전파가 되어서 여자 손님들이 상당히 많이 모였다. 여러 사람들이 이상하게 여기고 들어 모이기는 했지마는 대례는 언제 지냈는지 볼 겨를도 없었고, 보았다는 사람도 싱겁기가 짝이 없었다고 했다.

혼인집이라고 해서 구경왔으나 떡도 없고, 과일도 없고, 국수도 없고 술도 없었다. 다만 채소와 밥만으로 대접을 했을 뿐이었다.

사흘이 지나서는 홍선관이 지씨를 데리고 관악산으로 올라

갔다. 홍선관이 남양으로 가서 장가를 들고 늙은 색시를 데리고 왔다는 소문이 퍼지게 되자 오는 객들은 그전보다 배나 밀리게 되었다.

　지씨는 모든 것을 미리 알고서 온 일이라 바위굴 속이라고 해도 아무런 불편도 없었다. 극진하게 홍선관을 받들고 시봉만을 할뿐이었다.

　구경을 왔던 여자들 가운데서는,

　"어쩌면 저렇게도 방불할까. 선관님도 신관이 좋으시지마는 마나님은 요조숙녀같이 더 깨끗하여 보이고 청조하게 보이는구려."

　"마나님이 무어예요. 선녀님이라고 부르시오. 그러기에 천정배필이 아니겠오. 사람은 남녀간에 늙고 젊고를 막론하고 다 임자가 있고, 때가 있는 것이지요. 젊어서는 어디 갔다가 저렇게 노인네가 다 되어 가지고 부부살이를 하는 것을 보면 모두가 다 사주팔자 속이지요."

　이러한 말을 주고 받으며 신기하게 여겼다.

　홍선관도 본래 묻는 말 외에는 별말이 없는 분이지마는 지씨는 더욱이 말이 없었다. 홍선관과 단둘이 있을 때라도 도무지 말이 없이 지내는 사람들이었다. 지씨를 보러 오는 사람들 가운데서 홍씨는 선관이라고 부르는게 습관이 되어서 으레 만나기만 하면 '선관님' 하고 부르는 소리가 쑥 나오지마는 지씨에 대해서는 거북했다. 아주머니라 할까 남양댁이라 할까 어찌할 줄을 몰랐다. 그러므로 어떤 약삭빠른 여자는 홍선관에게 물었다.

　"이번에 선관님이 수원서 같이 오신 분에게 무어라고 불러야 좋을까요."

"내가 아오. 당신네들이 부르고 싶은대로 부르시구려."

"그것을 무얼 물어보고 있소. 선관님과 내외로 사시는 분이니까 선녀님이라고 부르면 수수하지 않소. 아까도 누가 마나님이라고 한다고 핀잔을 당합디다."

어떤 여자가 이렇게 거들어서 말을 한즉,

"그래요. 선녀님이라 부르는게 좋겠군요."

그 약삭빠른 여자도 부끄럽게 여기고 그 뒤부터는 선녀님이라고 부르게 되었다. 그래서 남자는 홍선관이요, 여자는 지선녀라고 부르게 되었다.

그런데 홍선관이 간혹 산상에 올라가고 없는 사이에 사람들이 길흉과 화복을 지선녀에게 물어보면 홍선관에게 지지 않게 더 잘 가르쳐 주었다. 그래서 그 뒤부터는 참으로 하늘에서 귀양을 온 선녀로 믿게 되었다.

홍선관과 지선녀는 상불암에서 몇해를 지내는 동안 그 근처 동리와 수원과 용인, 시흥과 인천, 서울에서 여자들이 어디 가서 물어보다가 자식의 명이 짧으니까 수양부모를 걸어 주라든지 병액이 많으니까 수양부모를 정해 주라고 들은 사람들이 모두 이 관악산 상불암 굴속에 있는 선관과 선녀는 자녀라고는 낳아 보지도 못했지마는 아들과 딸이 백도 넘고 천도 넘었다. 그래서 이 선관과 선녀의 생일 때면 서로들 음식을 만들어 가져 와서 대접을 하기 때문에 자손을 가진 사람들보다 더 나은 생활을 했다.

그 지선녀가 잘하는 영판으로 이름이 높은 뒤에는 더욱이 그러했다. 그들의 선관 선녀는 언제든지 비둘기 상같이 바위굴 속에서 밤이면 불경을 외우고 기도를 하고, 낮이면 점을 하여 주는 것으로 지내다가 홍선관이 먼저 작고하고 지선녀가 몇 해를 더 살다가 작고해서 모두 그들을 믿고 다니던 사람들이 장사를 지내주고 그들의 사후(死後)까지 위하게 되었다.

지금도 굴속에는 조그마한 옥속에 '홍선관 지위' '지선녀 지위'라고 새긴 돌이 나란히 놓여 있는데 두 사람의 생일 때나 제사 때에는 수십 명, 수백 명의 신자가 와서 제사를 치르고 내려 간다.

그것도 그럴 수밖에 없는 것이다. 지금도 홍선관과 지선녀에게 지성을 드리면 그의 혼령이 영험이 있어서 병도 잘 낫고 재수도 생기고 자녀도 낳게 된다는 것이다. 그러므로 홍선관, 지선녀는 살아서도 천상의 신선으로 대접을 받더니 죽은 뒤에도 신격화 해서 보다 더 나은 제사를 받게 되었다.

이 홍선관과 지선녀의 인연은 참으로 생각할수록 알 수 없는 기연(奇緣)이었다.

□ 관음신앙(觀音信仰)의 은덕

조선 9대의 성종 임금은 학문을 널리 펴고 여러 가지 훌륭한 책을 편찬하여 선정을 베풀었다. 그때 어느 조그마한 마을에 착하고 예쁜 처녀 하나가 살고 있었다. 부모를 모두 일찍 여의고 아무도 의지할 곳 없는 외로운 처녀였지만 동네 사람 누구 하나 도와주는 이가 없었다.

일찍 돌아가신 부모님들이 원망스러웠지만 자기의 운명이라고 체념하고 하루하루를 눈물과 한숨으로 지냈다. 남의 집 처녀들이 부모 밑에서 행복한 나날을 보내며 자라서는 날을 받아 각기 짝을 맺고 아이들을 낳아 기르며 지내는 것을 보면 더욱더 가슴이 메어지고 서러운 생각에 눈물을 흘렸다.

세월은 덧없이 흘러 그럭저럭 이팔청춘이 되었다. 처녀는 윗마을 청운사의 관세음보살을 부모로 여기고 괴로운 이 세상을 신앙생활로 즐겁게 살아 보자는 생각을 하고, 항상 관세음보살께 지성으로 예배드리는 것을 낙으로 삼았다.

그러던 어느 날, 날을 받아 삼칠일 기도를 드리기 시작했다. 기도를 시작한 지 며칠이 지나고 그 다음 날도 다른 날과 다름없이 청운사에서 기도를 드리고 산을 넘어 집으로 돌아오는 길에 웬 노파 한분이 다가서며 처녀의 몸으로 어디를 매일 다녀오느냐고 묻는 것이었다.

"제 팔자가 워낙 서러워 조금이라도 위로받기 위해 관세음보살님을 찾고 있지요. 오늘로 벌써 열흘이 넘어 13일째여요."
"부모님이 안계시냐?"
"예, 부모님을 일찍 여위었습니다."
"오, 그러면 처녀의 몸으로 이 산을 넘어 다니기란 쉬운 일이 아니니 당분간 나의 집에서 머물며 다니도록 해라. 나도 혼자 살고 있으니."

그리하여 처녀는 고마운 할머니의 배려로 그 할머니 댁에서 자고 먹으며 삼일칠 기도를 마쳤다. 그동안에 끼친 보답으로 아무것도 드릴 것이 없어 처녀는 자신의 머리털을 한 웅큼 뽑아 할머니께 드렸다. 그 할머니는 처녀의 머리칼을 자기의 손가락에 감아 달라고 했다. 그리고는 처녀에게 오밤에 가는 것은 위험하니 오늘밤 쉬어서 내일 새벽에 떠날 것을 권유했다.

　노파의 말대로 다음 날 이른 새벽에 길을 떠났다. 성문 옆에까지 와도 철이 겨울이라 날이 새지 않아 아직도 어두웠다. 그래서 장안 거리를 지날 수가 없었다. 하는 수 없이 성문 밖에서 날이 새기만을 기다리고 있는데, 마침 그때 웬 훌륭한 가마가 지나가다가 성문 밖에 앉아 있는 처녀를 발견했다. 가마에 앉아 있던 점잖은 분이 가마에서 내려 처녀에게 다가 와 무슨 일로 지금 이 시각에 있느냐고 물었다. 처녀가 자기의 신상 전후를 말해 주자 가마에 있던 분이 지금 고향에 내려가는 길인데, 자기는 아직 정혼을 한 데가 없으니 같이 내려가 백년해로할 것을 청하는 것이었다.

　옆에 있던 사람들이 원님이 아직 혼자시오니 같이 가기만 하면 행복한 나날을 보낼 것이라고 했다. 그래서 처녀는 함께 가마를 타고 원님의 고향으로 내려가 백년가약을 맺었다. 부부가 되어 자식을 여럿 두어 평안한 가정을 이루고 살면서 세월이 얼마 흐른 후에 청운사 관세음보살님께 참배하러 가는 중에 산중턱에 있던 할머니를 찾아보았으나 노파도 집도 찾을 수가 없었다. 이상히 여기며 청운사에 들러 참배하다 보니 관세음보살의 손가락에 머리털이 감겨져 있는 것을 보았다. 그때서야 처녀의 깊은 신앙심에 감응하여 관세음보살님이 나타나 자기를 도와 준 것을 알았다. 그 부부는 눈물을 흘리며 관세음보살님께 감사를 드리며 더욱 더 신앙심이 두터워졌고, 자자손손 평안한 세월을 보냈다.

□ 해인성지(海印聖地)

오랜 옛날, 가야산 심산유곡에 두 노인이 살고 있었다. 그런데 어느 날 머리가 물고기 형상인 괴상한 열두 사내가 집안에 들어서서 '용왕님의 분부로 노인을 모시러 왔습니다' 하고는 노인을 향해 공손히 예를 하는 것이었다.
"용왕님께서 저를 부르셨나요?"
"예, 어서 가마에 오르셔서 저희들과 함께 용궁으로 가시기 바랍니다."
노인은 열두 사람이 시키는 대로 옥가마에 올라 용왕이 있는 바다 속 용궁으로 들어가면서 오늘 일이 있게 된 3년 전 일을 회상했다.
두 노인이 여느 때와 같이 먼 곳에 가서 도토리를 따가지고 돌아와 보니 복슬복슬한 강아지가 마당 안에서 서성거리고 있었다.
아들도 하나 없이 외로이 살아가는 늙은 내외는 그 강아지를 매우 사랑하며 키웠다. 개는 늙은 내외의 귀여움을 받으며 무럭무럭 자라 어느덧 3년이란 세월이 지났다. 평일과 다름없이 늙은 내외는 먹을 것을 구하러 떠날 준비를 마치고 개에게 누룽지를 주었으나 개는 한참동안 노파를 쳐다보더니 사람의 말을 하는 것이었다.
"두분 어르신, 그동안 저를 알뜰히 보살펴 준 은혜는 잊지 않겠습니다. 저는 개가 아니라 용궁에서 죄를 짓고 인간세계에 나와 시간이 차도록 벌을 받고 있던 용왕의 딸이옵니다. 소녀를 친자식처럼 귀여워해 주셨으니 저도 두 어른을 수양부모로 모셨으면 하온데 허락해 주십시오."
하고 개는 땅에 머리를 대고 읍을 하는 것이었다. 두 내외는 놀랍고 기뻐서 어찌할 바를 몰랐다.
"수양부모가 되고말고."
기꺼이 응낙하니 개는 더욱 고맙게 생각하며 노인에게 말했다.
"소녀가 이번에 용궁으로 돌아가면 아버님께 수양부모님의 어진 마음씨와 소녀에 대한 알뜰한 은혜에 조금이나마 보답할까 하옵니다. 원컨대 만일 용궁 사람들이 모시러 오거든 서슴치 마시고 용궁을 찾아 주옵소서. 그리고 저의 아버님께서 무엇이든 가지고 싶은 것이 있으시면 가지라고 하실 것이니 다른 것은 마다 하시고 용좌 앞에 놓여 있는 해인을 달라고 하십시오. 그 해인이라는 것은 나라의 옥새와 같은 것인데 그것을 세 번 두드리고 소원을 말하면 반드시 이루어지는 신기한 보물이랍니다. 부디 저의 보은의 말을 잊지 마시고 그대로 행하여 주옵소서."
하고 개는 세 번 절을 하고는 사라졌다. 그 후 노인은 은근히 개가 남긴 말이 실현되기를 고대했고, 그러던 중 오늘 용궁에서 자기를 모시러 왔던 것이다.

노인은 용왕의 사신이 인도하는 대로 용궁에 도착했다. 생전에 보지 못했던 금·은·칠보로 장식된 찬란한 용궁은 눈이 부셨다.

노인이 옥가마에서 내리자 온몸에 기화·요초·보물로 장식한 어여쁜 공주가 반가이 맞으며,

"수양아버님, 먼길 오시느라고 얼마나 수고하셨습니까? 제가 바로 아버님께 대은을 입은 소녀이옵니다."

노인이 어안이 벙벙하여 어찌할 줄을 몰랐다. 그때 용왕이 자리에서 일어나 노인의 손을 잡고 미리 마련한 산해진미가 쌓인 곳에 앉도록 권하며,

"미천한 저의 딸을 3년씩이나 알뜰히 보살펴 주신 고마움을 어떻게 갚아야 좋을지 모르겠습니다."

했다. 그러는 한편 공주는 노인의 곁에 앉아 산에 홀로 계시는 할머니의 안부를 묻기도 하고 섬섬옥수로 미주를 부어 노인에게 권하기도 했다.

인간 세상에서 들어보지 못했던 온갖 풍악소리는 노구를 젊게 해주는 것 같았다. 이렇게 즐거운 나날이 흘러 어느덧 한 달이 지났을 때는 과연 노인의 풍채는 물론이고 주름진 얼굴 모습까지도 달라졌다. 그러나 산에서 홀로 도토리로 연명하며 살고 있을 할머니 생각에 마음이 편치 않아 용왕에게 이별을 청했다.

용왕은 노인의 마음을 이해한 듯 청을 승낙하여 용공에 온 선물로 마음에 드는 보물이 있으면 무엇이든지 말씀하시라고 했다.

선방야화 443

노인은 용왕의 이 말에 번뜩 공주가 전에 일러 주었던 말을 생각하며,

"해중의 임금님께서 아무거나 보물을 주신다 하오니 이 쇳조각이나 소인에게 주시옵소서. 다 늙은 주제에 너무 호화로운 보물을 가지면 수명을 재촉하게 될지도 모르리다."

하고 해인을 집어 들었다. 그러자 용왕은 좀 난처한 기색을 하면서도 이미 약속한 말이니 노인에게 가지라고 승낙했다. 그러면서 용왕은 노인에게,

"이 물건은 해인이라고 하는 것이며, 용궁의 옥새입니다. 꼭 이것을 갖으시겠다 하오니 드리옵니다마는 한 가지 부탁드릴 것은 인간세상으로 돌아가시거든 부디 대법보가람을 세우시어 몽매한 중생들을 구제하는 터전을 만들어 주시오."

하는 것이었다. 노인은 예를 하고 이별이 아쉬워 눈물을 흘리는 공주를 위로하고 산으로 돌아와 아내에게 그동안의 이야기를 자세하게 했다. 그리고 방바닥을 세 번 치고 소원을 말해 보았다. 그러자 역시 바라는 대로 이루어지는 것이었다. 자기 혼자서 실컷 먹었던 용궁의 산해진미도 쌓아 놓고 할머니에게 먹게 했고, 아쉬운 것이 하나도 없었다. 그러나 가까워 오는 목숨은 어찌할 수가 없었다.

노인은 마지막으로 용왕의 부탁을 쫓아 합천 땅에 절을 건립했다. 물론 해인의 위력이었다. 그리하여 해인사라는 이름으로 오늘에까지 이르고 있다.

노인은 옥새를 전할 사람이 없어 해인사에 보관시켰으나 조선 고종때 대원군 섭정시 정만인이라는 중이 그 해인을 갖고

서양으로 달아났다고 한다. 그리하여 해인은 찾을 길 없으나 그 위력으로 건립된 해인사는 보존되고 있는 것이다.

□ 선악(善惡)의 업보

이 이야기는 불교의 인과법칙을 여실히 증명한 실화(實話)이다. 태국 방콕에서의 일인데, 자식도 없이 쓸쓸히 사는 부잣집 늙은 부부가 있었다. 이 두 부부는 금실이 좋고 마음이 착하여 동네의 모든 사람들에게 선한 사람으로 통했다.

한편 그들의 옆집에는 젊은 부부가 살고 있었는데 그들은 늙은 부부의 외로움을 알고 서로가 친자식, 친부모처럼 의지하며 살았다. 젊은 부부는 진심으로 늙은 부부를 모셨다.

고씨 내외는 자식이 없어 외로워하던 중 젊은 부부가 양자가 되겠다고 하니 너무 기뻐 반기지 않을 수 없었다. 젊은 부부는 모든 일에 정성을 다해 고씨 내외를 모셨으며, 이에 고씨는 가까운 친척들과 상의 끝에 양자로 삼기로 했다.

그래서 젊은 부부는 양자식이 되어 지극하게 고씨 내외를 섬겼다.

몇 년이 지나 남편인 고씨는 병고로 세상을 떠났다. 홀로 남은 그의 아내 장씨는 몹시 슬퍼했으나, 젊은 부부는 슬퍼하기는 커녕 오히려 홀로 남은 장씨를 구박하기 시작했다.

장씨는 그제서야 젊은 부부가 자신들의 재산을 노린다는 것을 알고 더욱 슬퍼졌다. 그런 나날을 불행스럽게 지내다가 견딜 수 없어 천장에 목을 매고 자살을 했다.

　젊은 부부는 그 후 많은 재산을 물려받게 되었으며, 뜻대로 되어 행복스런 나날을 보내는 듯했다. 그 후 젊은 부부는 자식을 낳게 되었는데 낳고 보니 기형아였다.

　얼굴이 반은 고씨를 닮고 반은 장씨를 닮았는데, 그 몸이 몹시 쇠약해 보였다.

　젊은 아내는 자식을 보자마자 놀라 죽었으며, 그의 남편은 3년 후에 식중독에 걸려 숨을 거두었다. 그런데 그날이 바로 그 할머니의 제삿날이었다. 이야말로 콩 심은데 콩나고, 팥 심은데 팥나는 인과의 이치가 아닌가? 선악의 업보(業報)는 반드시 받는 법이다.

(end)

저자약력

1914년	제주도 남군 중문면 도순리에서 출생
1932년(19세)	제주도 산방굴사(현 광명사)에서 수계득도
1933년(20세)	지리산 화엄사로 진진응대강백을 찾아 제주를 떠남
1935년(22세)	전북 위봉사에서 유춘담스님으로부터 '일붕'이란 법호를 받음
1936년(39세)	서울 개운사 대원암에서 박한영대강백의 수제자가 되어 사교과와 대교과를 마침
1946~1950년	일본 임제전문대학, 동국대학교 졸업
1953~1963년	동국대, 원광대, 전북대, 해인대, 부산대, 동아대 교수 역임
1960~1966년	독일 함부르크대, 미 콜롬비아대, 워싱턴대, 캘리포니아대, 하와이대, 템플대 교환교수
1969년	미 템플대에서 철학박사 학위 수여
1969년	동국대 불교대학장
1996년	생전에 친필휘호 50만장, 시비 800여개, 책자 1,400종, 박사학위 126개 수여받음
1996년	6월 25일 오전 11시 40분 열반 83세 법랍 64세 사리 83과 남김

2011년 6월 10일 | 개정판 발행
발행처 | 서음미디어(출판)
등 록 | 2009. 3. 15 No 7-0851
서울시 동대문구 신설동 94-60
Tel (02) 2253-5292
Fax (02) 2253-5295

저 자 | 서 경 보
기획·편집 | 이 광 희
발 행 | 이 관 희
본문편집 | 은종기획
표지일러스트 | 주야기획
편 집 | 박정수·권영대·유승재
송 순·이다예
ISBN 978-89-91896-76-5

* 이 책은 저작권법에 의해 보호를 받는 저작물이므로 무단전재나 복제를 금합니다.
ⓒ seoeum